HARALD JUHNKE
HARALD WIESER

Meine sieben Leben

ROWOHLT

1. Auflage März 1998
Copyright © 1998 by Rowohlt Verlag GmbH,
Reinbek bei Hamburg
Alle Rechte vorbehalten
Lektorat Jens Petersen
Umschlaggestaltung Walter Hellmann
(Foto: Volker Hinz / Stern)
Dokumentation / Werkdaten Barbara Hoffmeister
Redaktionelle Mitarbeit Manfred Otzelberger
Satz aus der Janson PostScript PageOne
Gesamtherstellung Clausen & Bosse, Leck
Printed in Germany
ISBN 3 498 03331 X

Inhalt

«Eigentlich bin ich ganz anders.
Nur komm ich so selten dazu.»

Ödön von Horváth

Der Mann ohne Eigenschaften
oder
Allein zu Haus

«Ich bin eine leere Leinwand. Der Regisseur arbeitet auf mir … Wenn ich nicht spiele, langweile ich mich. Ich habe keine großen Interessen. Ich gehe nicht gerne ins Kino oder ins Theater. Ich lese wenig. Von Konzerten wollen wir erst gar nicht reden.»
Marcello Mastroianni

«Ein berühmter Zirkusartist hat mir gesagt: ‹Da oben auf dem Seil leben wir. Der Rest ist nur Warten.› Das ist auch mein Leben.»
Al Pacino

«Wenn mein Leben mit den Rolling Stones eine einzige ununterbrochene Tournee gewesen wäre, hätte ich vermutlich kein Drogenproblem gehabt. Es entsteht in der Leere nach dem Rausch, wenn die Euphorie verfliegt.»
Keith Richards

DER MANN im schwarzen Anzug mit geblümter Weste und roter Krawatte, auf der blaue Kerlchen gelbe Saxophone spielen; dessen Frau verreist ist und der nervös durch die Zimmer seines Hauses streift; der eine leere Kaffeetasse auf der Fensterbank entdeckt und sie in die Küche bringt; der die Gardinen zuzieht und sie wieder öffnet; der sich in die beige Couch vor dem Fernseher fallen läßt und in diver-

11

sen Illustrierten blättert, ohne sie zu lesen; der hastig wieder aufsteht, erneut auf und ab tigert und ungeduldig auf seine Armbanduhr sieht; der sich bückt, um die wirren Teppichfransen glattzustreichen, es aber bleiben läßt, weil er sich sagt, ich bin doch kein Heini; der nochmals in die Küche geht und den Kühlschrank aufmacht, obwohl er ihm gar nichts entnehmen möchte, ihn also wieder schließt, indem er ihn zutritt wie eine verbeulte Autotür; der dann die Treppe zu seinem Zimmer hinaufsteigt und nach seinem Telefonbüchlein sucht, wenige Augenblicke später im Garten aber sein Handy nicht findet und sowieso keine Lust mehr hat, die eben noch gewünschte Nummer zu wählen; der sich im Flur über die Vase mit dem großen Blumenstrauß wundert, weil er sich nicht erinnern kann, wie sie dort hingekommen ist; der vor dem Badezimmerspiegel plötzlich Grimassen schneidet, sich die Schuppen von den glänzenden Anzugschultern bürstet und seine verschmierten Brillengläser unter den Wasserhahn hält; der erneut auf seine Uhr sieht, sich ungeduldig hinter dem lukenartigen Fensterchen zur sonnigen Straße hin postiert, mit fast zugekniffenen Augen nach draußen späht und leise in sich hineinflucht: Wo bleibt die Schwiegermutter? Dieser Mann bin ich.

*

Der Besuch der Schwiegermutter ist mir durchaus lieb. Denn die junge Dame ist ungefähr in meinem Alter, so daß wir über den Zweiten Weltkrieg ebenso wie über unsere Gebrechen schimpfen können. Sie hat auch einen Sohn, der in der Nähe der Gedächtniskirche ein chinesisches Restaurant betreibt, aus dessen vorzüglicher Küche sie mir gern knusprige Ente oder «acht Kostbarkeiten» mitbringt, wenn ich Strohwitwer bin. Sie bringt mir also häufig etwas mit. Aber an jenem schwülen Samstagnachmittag, der wie die meisten schwülen Samstagnachmittage nicht enden wollte, zerrte ihre «Unpünktlichkeit» an meinen Nerven. Ich bin nämlich immer nervös, wenn ich privat Besuch erwarte. Es gibt Tage, an denen ich schon Stunden vor der verabredeten Zeit immer gereizter auf die Uhr schaue und mich in immer kleineren Abständen hinter der Fensterluke aufbaue und die Straße beobachte. Manchmal fühle ich mich dann wie ein Einbrecher im eigenen Haus, dem das «fremde Milieu» nicht ganz geheuer ist. Dabei habe ich meist gar keinen vernünftigen Grund für meine angespannte Stimmung. Meine Schwiegermutter etwa ist die korrekteste Person der Welt und klingelte wie meine anderen seltenen Gäste auf die Minute genau an der Tür. Doch was heißt bei mir schon «vernünftig»? Meine Tigernatur kann bereits einen Besuch als unpünktlich empfinden, der sich nicht verfrüht, der sich nicht wenigstens eine Viertelstunde vor der Zeit an meinem Gartentörchen blicken läßt.

*

Mir war diese innere Unruhe in den eigenen vier Wänden lange ein Rätsel. Ich kenne Leute, die lassen sich solche rätselhaften Eigenarten auf der Couch eines Psychoanalytikers deuten. Meine Psychoanalyse war und ist die intensive Beschäftigung mit meinem Buch. Auf dieser speziellen «Couch», die nicht immer bequem war, wurde mir bewußt, daß meine Ruhelosigkeit während des Alleinseins kein lustiger Spleen, sondern eine oft alles andere als lustige Not ist. Wäre ich ein Maler und könnte diese private Not in einem Bild ausdrücken, dann malte ich mich wohl wie der Amerikaner Edward Hopper manche seiner Menschen. Auf meinem Bild sähen die Betrachter einen müden Mann, der mit sich privat wenig anzufangen weiß – auf deprimierende Weise wenig anzufangen weiß. Nur wenn er ein Theater-

13

stück zu lernen oder ein Drehbuch zu lesen hat, kommt Leben in seine Einsamkeit. Nur dann ist er wirklich «zu Hause» – wie sein Nachbar, der sich beim Rasenmähen oder beim souveränen Auswechseln einer Glühbirne heimisch fühlt. Leicht übertrieben, fiele ihm dann nicht einmal ein Besuch als unpünktlich auf, der sich zum Frühstück angekündigt hat und erst zum Abendessen kommt. Aber sonst, an den vielen anderen Tagen, an denen es kein Theaterstück, kein Drehbuch oder keine Fernsehsketche für ihn zu lesen und zu lernen gibt? An diesen vielen anderen Tagen meckert oft nur das Telefon durch die Leere im Haus. Dann fühle ich mich wie aus dem Halbschlaf geweckt und greife noch als alter Mann so begierig zum Hörer wie einst als Kind auf dem Rummel nach der Wundertüte: Funkeln die gewünschten Bonbons und die ersehnten Perlen darin auf? Ist der Intendant Claus Peymann aus Wien am Apparat, um mich einzuladen, am Burgtheater Shakespeares bösen «Richard III.» zu spielen? Oder sein Kollege Jürgen Flimm aus Hamburg, um mir am Thalia Theater den verzweifelten alten «König Lear» anzubieten? Jene beiden Rollen, in denen ich mir in meinen schönsten Träumen begegne! Nein, ein Herr von der «Bild»-Zeitung erkundigt sich: «Wie geht es, Herr Juhnke?» Ich enttäusche ihn und lüge: Prima!

*

Sollte an einem solchen nutzlosen Tag doch noch der unverschämt verspätete Besuch aufkreuzen, würde ich ihm kein Abendessen mehr servieren. Nicht etwa, weil er sich schlecht benommen hätte und ich mich nun an ihm rächen und knauserig zeigen wollte. Da ich mich selber nicht immer gut benehme, pfeife ich auch bei anderen auf die Etikette. Ich würde mit den leeren Tellern auf dem Tisch nichts weiter als meine beiden linken Hände demonstrieren. Wenn

14

nämlich meine Frau verreist ist und unsere hilfreiche Haushälterin ihren freien Tag hat, steht auch für meine pünktlichen Gäste höchstens warmer Kaffee bereit. Schließlich bin ich in sämtlichen Hausarbeiten, also auch in der Küche, ein so ungeschickter Tölpel, daß mir nicht einmal eine ordentliche Bulette gelänge. Nur wäre beim späten Besucher der Kaffee inzwischen kalt. Indem er ihn hinunterschlürfte, schmeckte er mehr von mir, als er ahnte. Denn kalter Kaffee, das ist oft auch mein Leben, sobald ich wie Al Pacinos Zirkusdirektor vom Seil gestiegen bin und auf den nächsten Auftritt warte.

*

Mit der Seele gesprochen – diese Wartezeit ist für mich ein Leben wie am Stock. Wie ein Kranker sehne ich mich danach, wieder ohne ihn gehen – und spielen zu können. Denn kaum etwas, das mich zu Hause umgibt, ist mir wirklich nahe. Ich habe keine Beziehung zu den wenigen Bildern an den Wänden und könnte niemandem sagen, welche unserer vielen Bücher mir persönlich gehören. Einige neuere stapeln sich griffbereit auf dem niedrigen Wohnzimmertisch: die Erinnerungen des Berliner Kunstsammlers Heinz Berggruen; der Briefwechsel der Philosophin Hannah Arendt mit ihrem weisen Geliebten Heinrich Blücher; die kritische Retrospektive des ausgestiegenen Topmanagers Daniel Goeudevert über seine Konflikte im Vorstand von VW, eine Auto-Biographie im wahrsten Sinne des Wortes. Doch ich schlage die Bücher nicht auf. Zum Zeitvertreib staube ich sie gelegentlich ab und rücke sie auf dem Tischchen zurecht. Mir genügt, daß sie da sind und was ich aus der zufälligen Zeitungslektüre über sie erfahre. Der Schmöker des einstigen VW-Managers heißt übrigens «Wie ein Vogel im Aquarium». Der Titeleinfall gefällt mir, erschrickt mich aber auch, weil er von einer

Atemnot erzählt. Denn auch ich bin oft so ein erstickender Vogel im Aquarium. Nur ist mein Aquarium dann keine Vorstandsetage – sondern das eigene Haus.

*

Zu den Menschen, die den Psychologen mit ihrer Wohnung immerhin einen Zipfel ihres Charakters zeigen, gehöre ich also nicht. Das Mobiliar verriete ihnen nicht einmal meinen Geschmack; ich habe privat nämlich keinen. So hat sich in unserer gemeinsamen Wohnung vor allem meine Frau verwirklicht, mit durchaus liebevollem Sinn für unaufdringliche Eleganz, wärmende Behaglichkeit und allerlei neckische Kleinigkeiten, die sie sammelt wie die Elster das Silber. Hätte Susanne mich unsere Wohnung einrichten lassen, säßen wir noch heute auf unausgepackten Kartons. Schon aus diesem Grunde bin ich ihr dankbar für ihre Liebe zu den Dingen. Doch deren Schönheit bemerke ich nicht, ich bin zufrieden, daß sie praktisch sind. Die Stühle etwa, auf denen wir sitzen, sie sind garantiert kostbare Erbstücke oder zu unserem Ambiente passend ausgesucht oder eigens dafür gehobelt worden. Aber wenn sie über Nacht gestohlen würden, wäre das kein Drama; ich säße auf den neuen von Ikea bestimmt genauso bequem. Das teure Geschirr in unseren Schränken ist, glaube ich, nach asiatischen Motiven verziert. Für mich könnte es ebensogut Meißner Porzellan oder hübsches Billiggerappel aus dem Supermarkt sein. Nur bei Pappbechern und Plastikgeschirr verginge mir auf Dauer der Appetit. Säumt ein Orientteppich unsere gute Stube oder einer aus Shanghai, und welche Farben schmücken den weichen Flausch? Ich weiß es nicht, ich müßte nachschauen gehen. Die Familienfotos, die hier und da ein stilles Eckchen dekorieren, habe ich seit ewigen Zeiten nicht mehr in die Hand genommen, obwohl ich die Menschen in den Rahmen innig

16

liebe. Wenn ich unseren Garten betrete, umgeben mich große, alte Bäume. Sind es Buchen, Fichten, Eichen? Ich bin kein Förster, keine Ahnung.

*

Ich fabuliere mal und stelle mir vor, ich würde mein Haus für einen Tag der Öffentlichkeit zugänglich machen und dabei selbst den Museumsführer spielen. Da «Bild» die Sensation so sicher wie das Amen in der Kirche hinausposaunte («Juhnke – Haus der offenen Tür. Führt Harald durch seine unterirdischen Wodka-Labyrinthe?»), wäre der Publikumsandrang vermutlich enorm. Doch dann könnte ich den aus dem ganzen Bundesgebiet angereisten Besuchern über die Schätze in meiner Burg so wenig erzählen, daß sie nach zehn Minuten ihr Eintrittsgeld zurückverlangten und ihre Omnibusse wieder bestiegen. Nur eine kleine Gruppe von vierhundert Neugierigen bliebe länger. Unter diesen treuen Fans, die ich schweigend durch die untere Etage führte, befände sich ein vorlauter Herr in Knickerbockern, der sich mir als Landwirt aus Niederbayern zu erkennen gäbe. Als nach Stunden die acht Omnibusse auch für ihn und seine Gruppe zum Aufbruch hupen, würde er mich beim Hinausgehen fragen: «Wos hom S' denn da obi? San's da die Pullen?» Auf diesen Augenblick hätte ich gewartet. Ich schöbe den Knickerbocker und die anderen dreihundertneunundneunzig die Treppe hinauf und öffnete in dem Gedränge eine kleine Tür: «Herrschaften, nun sehen Sie mein Zimmer!» Wie übereinandergestapelt guckten sie hinein. Nach einer Schrecksekunde riefe da der Landwirt: «Ihr Zimmer, sagen S'. Dös is doch a Zellen. Do hom bei mir doheim jo die Viecher mehr Platz.» Ich klärte ihn auf: «Hier wohnt ja auch ein Viech, Sie Depp. Recken Sie mal Ihren Hals, dann bemerken Sie den Kameraden.» – «Jo, mei», entführe

17

es jetzt dem Bayern: «A Hos!» Richtig. Neben meinem Schreibtisch würden die Omnibusladungen das Plakat eines mannsgroßen Hasen sehen. Dieser einzige Schmuck meines Zimmers ist die Erinnerung an ein Theaterstück, in dem ich 1985 der ebenso versponnene wie freundliche Gefährte eines für die Zuschauer unsichtbaren Hasen war. Ein bißchen wie James Stewart, der den Sonderling 1950 im Kino spielte. Das Stück heißt «Mein Freund Harvey». Mit ihm spreche ich immer noch gern. Er ist mein Freund geblieben.

*

Ich bin wieder allein zu Haus (ach, ich war es ja die ganze Zeit), zünde mir eine Montecristo-Zigarre an und unterhalte mich mit meinem geduldigen Freund: «Weißt du was, Langohr? ‹Blockierte Sehnsucht› – hat einer meiner ersten Therapeuten meine private Eigenschaftslosigkeit, mein unterentwickeltes Interesse an der schönen, äußerlichen Schein-Heiligkeit genannt. Vielleicht hat er mich damit kalt erwischt, ich will mich nicht in sein Handwerk mischen, von dem er mehr versteht als ich. Dennoch hat er mich nicht überzeugt, mein Hase. Denn ich kann es nicht für eine ‹blockierte Sehnsucht› halten, daß es mir gleichgültig ist, ob ich eine Rolex oder eine Senioren-Swatch am Handgelenk trage oder ob mir meine Frau einen Blazer von Armani oder einen knautschfesten Fummel von C&A mitbringt.»

*

Bei einem Abendessen in einem Berliner Restaurant habe ich einmal mit Liza Minnelli und dem Modeschöpfer Gianni Versace palavert – ungefähr ein Jahr bevor er 1997 in Miami von einem Stricher erschossen wurde. Liza bekam unsere gestenreiche Unterhaltung nach einer Flasche Whisky be-

18

reits vor dem Truthahn nicht mehr so recht mit. Aber Versace sagte mir: «Machen Sie sich bloß nicht zum Gecken. Ziehen Sie an, was Ihnen gefällt, Signore Juhnke. Ihr Hut, der da an der Garderobe hängt, tragen Sie den immer?» – «Ja, Mister Versace, nicht immer, aber immer öfter.» – «Sehen Sie, der ist lustig genug.»

*

Meine Sehnsüchte sind nicht blockiert, weil ich über unser neues, zieliertes Teeservice nicht in Verzückung geriete und weil unser goldener französischer Brieföffner für mich eben nur ein Brieföffner ist. Hat Napoleon ihn etwa schon in der Hand gehabt? Na wenn schon! Wie schön für Napoleon. Nur über elegante Hotels, wo die Toilette und das große Bad auf zwei Räume verteilt sind, und über dicke Autos kann ich komischerweise Bauklötze staunen. Meine Frau fährt selber einen großen Schlitten, und auch ich entspanne mich lieber in einem Mercedes 600 als in einer «Ente» auf dem Beifahrersitz. Vielleicht ist das ein Statustick, der sich mit meiner bescheidenen Herkunft aus dem Wedding erklärt. Aber eine Sehnsucht? Nein, meine Sehnsüchte sind in den Theaterferien blockiert, wenn ich nicht in die von mir gewünschte Rolle schlüpfen kann. Denn ich bin ein Schauspieler nicht nur von Beruf. Ich bin ein Schauspieler mit meiner ganzen Natur.

*

Aus dem Fernsehgezappe erfuhr ich zufällig, daß sehr berühmte Kollegen dies lockerer sahen. Irgendein Sender strahlte ein älteres Interview mit Robert Mitchum aus, der im Sommer 1997 in derselben Woche wie James Stewart starb. Da saß dieser schnoddrige Hüne mit dem schläfrigen Rausschmeißergesicht und erzählte mir: «Die Schauspiele-

19

rei ist ein Job, das ist alles. Einer der größten Filmstars, die ich je erlebt habe, war Rin Tin Tin, und das war bekanntlich eine Schäferhündin. So schwierig kann die Sache dann ja wohl nicht sein. Ich gehe morgens zum Drehort, ich werde geschminkt, und mir wird ein Bart angeklebt. Abends nehmen sie mir den Bart wieder ab, und ich gehe nach Hause. Wie jeder andere, der seine Arbeit erledigt.» Da ich meine Brille verschusselt hatte, klebte ich beinahe Nase an Nase mit dem überlebensgroßen Kerl auf meinem kleinen Bildschirm zusammen. Diese unkomplizierte Type, dachte ich. Verklickert mir mit beiden Händen in den Hosentaschen auf typisch amerikanische Weise, ein Schauspieler sei auch nur «ein Klempner». Nie wäre ihm wie einem deutschen Künstler der romantische Satz über die Lippen gekommen, er hinge «mit Leib und Seele» an seiner Arbeit. Bis zu diesem Fernsehinterview bewunderte ich Robert Mitchum. Nun beneidete ich ihn auch noch. Denn wenn ein Klempner nach Hause geht, ist er nur von seinem Job getrennt. Ich bin «ohne Bart» von meiner Natur abgeschnitten.

*

Unser Charakter ist unser Schicksal – hat der noch in seiner Verzweiflung geniale Wiener Schauspieler Oskar Werner an einem kalten Vormittag in seinem letzten Interview gesagt, bevor er sein Haus schmückte und sich in den Tod trank. Es ist das einzige Interview des österreichischen «Hamlet», das auf einer Schallplatte verewigt ist. Mir wurde die seltene Kostbarkeit einmal zum Geschenk gemacht, und immer, wenn Oskar Werner «Schicksal» sagt, höre ich: Gefängnis. Genauso hat er es wohl gemeint. Aber man muß nicht Oskar Werner heißen, um auf diese bittere Pille zu kommen. Diese bittere Pille müßte eigentlich jeder kennen, der eine gewisse Lebenserfahrung auf dem Buckel hat. Nur versuchen natürlich alle, ihr Gefängnis möglichst hübsch zu tapezieren und es auch für andere möglichst wohnlich einzurichten. Ich jedoch bin ein Charakterknacki, dem das Talent zum Tapezierer fehlt. Wenn mich zu Hause die Leere überfällt, kann ich sie mit nichts übertünchen und mit rein gar nichts möblieren. Ich kann sie nicht einmal erträglich gestalten, indem ich sie auf sogenannten Steckenpferden durchreite. Denn ich habe keine Hobbys. Ich beherrsche nicht ein einziges Brett- oder Geschicklichkeitsspiel, weder «Mühle» noch «Mensch ärgere dich nicht», weder «Mikado» noch dieses «Parkstraße-Kaufen», das mein Sohn Oliver, als er noch klein war, mit seiner Mutter so gerne spielte. Auf Partys gehe ich nicht, wenn ich dazu eingeladen, sondern nur, wenn ich dazu vorgeladen werde. Wenn ich an Urlaubsreisen auch nur denke, möchte ich am liebsten unsere Koffer verstecken. Noch nie habe ich mit einem Fotoapparat geknipst, zur großen Freude der Leute, die auf den verwackelten Bildern zu sehen gewesen wären. Auf Spritztouren mit dem Auto kann ich der Düsternis auch nicht entfliehen, denn seit ich mich vor rund vierzig Jahren betrunken am Steuer mit der Polente geprügelt habe, ist mein Führerschein perdu. Meine Frau spaziert mit einer Freundin wenigstens einmal in der Woche über den Golfplatz. Ich würde mich in dieser Gesellschaft bis zum Trübsinn langweilen. Mein Handikap besteht darin, daß ich nicht einmal Tennis spielen, Ski oder Fahrrad fahren kann. Einen Computer, mit dem nicht nur die Kinder ihren Frühling, sondern neuerdings auch manche Oldies ihren Winter verbringen, besitze ich nicht. Es wäre ja auch ein Witz. Ich kann ja nicht einmal unsere Waschmaschine oder mein Telefax allein bedienen, ohne daß sie anschließend in die Reparatur gebracht werden müßten. Den Fernsehknopf finde ich zwar ohne fremde Hilfe. Doch das wenige, was mich

21

wirklich interessiert, wird leider nur alle vier Jahre übertragen: die Fußball-Weltmeisterschaft. Zwar hole ich mir meine Zigarren manchmal gerne selbst. Aber beim Bäcker oder im Kaufhaus war ich seit dem Dreißigjährigen Krieg nicht mehr. Der Bammel vor Karstadt ist übrigens der einzige, der nicht auf das Konto meines Charakters, sondern meiner Popularität geht. Denn bei all dem schrillen «Hallo, Harald» hier und all dem dröhnenden «Hallo, Harald» da, das mich vor dem Käsebüfett und dem Schrippenstand erwarten würde, käme ich mir wie in der Techno-Disco vor. Also bleibe ich lieber zu Hause – löse Kreuzworträtsel, die ich nicht kapiere, lese Horoskope, an die ich nicht glaube, und zähle Schäfchen, die mich endlich schlafen lassen.

*

Zum Frühstück mache ich mir Rührei. Dazu muß ich nur zwei Eier von freilaufend erdrosselten Hennen in die Pfanne plumpsen lassen, die Schalen mit einer Gabel wieder aus dem Gelb fischen und die Delikatesse ein bißchen brutzeln lassen. Dann rauf auf den nächstbesten Teller und rein in den gierigen Schlund. Meinen alten Frühsport, das gymnastische Hakenschlagen, betreibe ich seit meinem zweiundsechzigsten Lebensjahr nicht mehr. Früher bin ich nach dem Aufstehen im Garten den Hasen nachgerannt. Bis einer dieser kleinen Harveys mich mit einem besonders gemeinen Hakentrick dermaßen aus der rasenden Bahn warf, daß ich, wörtlich verstanden, ins Gras biß. Meinen schwarzen Anzug, die geblümte Weste und die rote Krawatte lasse ich nach einem kurzen Blick in meinen Terminkalender auf dem stummen Diener hängen. An diesem hundertsiebzehnten Tag des Jahres nämlich besucht mich kein Mensch, auch die liebe Schwiegermutter nicht. Also genehmige ich mir meinen weißen Frotteebademantel und spare auch an Schaum und Rasur. Denn ich schildere gerade einen der zahlreichen Vormittage, an denen ich nur per Telefon mit der Außenwelt verbunden bin.

*

Als erster ist Götz George am Apparat. Der arme Tropf ist beim Sporttauchen vor der Küste Sardiniens mit seinen Quadratlatschen in die Schiffsschraube eines Motorbootes geraten und berichtet mir jetzt aus einem Berliner Krankenhausbett davon. Ich sage: «Götz, so leid du mir auch tust, erzähl mir nix vom Riesenaffen, ich lese schließlich Zeitung, ich bin über dein Mißgeschick inzwischen also besser im ‹Bild› als du selbst.» – «Ach nee», sagt er, «det ham die Brüder allet schon …» – «Ja», sage ich, «det ham die allet schon in Balken jezimmert und in Farbe jebracht.» – «Jut», sagt er, «aber ick hab 'n Problem, Mann. Ick soll in meiner nächsten Rolle laut Drehbuch so 'n Mädel die Treppe hochtragen. Wie soll ick det denn machen, mit meene kaputten Beene?» Ich sage: «Det machste, indem ihr det Drehbuch ändert. Nun trägst nich du die Jöre, nun trägt die Jöre eben dir die Treppe ruff.» Götz sagt: «Aber wie soll det …?» Ich sage: «Wie det jehen soll bei deinem Jemuskel, weeß ick ooch nich. Aber wenn de die Rolle nich schmeißen willst, jibt et dazu keene Alternative.» Ich höre Stimmen in seinem Zimmer und frage: «Wat is, kriegste Besuch?» – «Nee, Visite nennen se det hier. Der Professor marschiert jerade mit seinem Sechsertrupp rin. Die wolln ma wat uff'n Jibs malen. Von der Stationsschwester har ick ma jestern extra Buntstifte dafür bringen lassen.» Ich bin hellwach: «Schwester, sagste. Wie isse denn?» – «Paß uff, det jeht jetz nich, det wär 'n janz neuet Thema. Aber ick untertreib ma: Jane Russell war nix dajejen. Nur muß ick nu wirklich Schluß machen. Der Oberarzt malt schon.» – Seit diesem Telefonat habe ich von Götz dazu nichts mehr gehört. Aber ich bin sicher, er ist meinem Rat gefolgt und hat sich von der Kleinen glatt die Treppe hochhieven lassen. Denn dieser Götz George ist auch so ein besessener Schauspieler wie ich.

*

Obwohl immer noch im Bademantel, habe ich plötzlich Lust, ein bißchen zu steppen. Ich lege eine flotte Scheibe auf den Plattenteller und steige in die Schuhe mit den Eisen unter der Sohle. Denn ich bevorzuge den klackenden Steptanz Fred Astaires und nicht so sehr den eisenfreien Soft Shoe Dance Gene Kellys. Doch schon beim ersten Geklacke auf der Gartenveranda, vor dem sogar die Spatzen die Flucht ergreifen, ruft mich mein Handy erneut. Mein mir liebster Berliner Bekannter, der Bauunternehmer Axel Guttmann, räuspert sich aus seinem weißen Ferienschloß in Vence bei Nizza. Axel ist im anschaulichsten Sinne des Wortes *stein*reich: Er hat sich eine eigene Kapelle in die mediterrane Idylle bauen und einen riesigen Weinkeller in die Felsen sprengen lassen. Berliner Zeitungen war vor nicht langer Zeit zu entnehmen, daß Axel seiner geschiedenen Frau monatlich die Kleinigkeit von fünfzigtausend Mark an Unterhalt und Alimenten zu zahlen hat. Meine Fresse, dachte ich damals, was für eine Partie! Mir war es immer sehr willkommen, daß Axel einen Mittelklassenkrösus wie mich als einen seiner besten Freunde akzeptiert. Jedesmal, wenn ich in Talkshows nach meinen Besitztümern ausgequetscht werde, antworte ich seitdem: Wozu soll ich mir Häuser im Ausland zulegen, solange ich Kumpels mit Häusern im Ausland habe? Nun freue ich mich über Axels Anruf, den er mit einer seiner berühmten Fragen beginnt: «Wie jeht et, Harald?» – «Ick hab ma grad 'n leckeres Rührei jemacht.» – «Mensch, dann biste ja echt gut drauf.» Danach schildert mir Axel die neuen Lagen in seinem Weinkeller. Was heißt schildern? Er reibt sie mir unter die Nase, ich muß an ganzen Flaschenbatterien exquisiten Rotweins schnüffeln. Solange mir dabei am Telefon das Wasser im Munde zusammenläuft, höre ich ihm geduldig zu. Doch als mir angesichts der diesbezüglich kümmerlichen Umstände bei mir zu Hause die Kehle auszutrocknen droht, unterbreche ich ihn: «Sach ma, reicht det jetzt, Axel? Haste vergessen, mit wem de redest?» – «Mit wem ick ...?» – «Ja, mit 'nem armen Schlucker!» – «Na, so schlecht verdienste doch ooch nich, Harald.» – Ich schweige, da fällt bei Axel Guttmann endlich der Groschen.

*

Mit dem dritten Anrufer an diesem Vormittag kann ich ein gepflegtes Hochdeutsch sprechen. Denn der mir liebste «König Lear» lebt im eleganten Hamburg, und er redet auch so. Viel reden müßte Will Quadflieg übrigens gar nicht. Ich verstehe den großen Alten schon, wenn er schwer atmet. Nun aber möchte er mit seinem Baß in der Stimme wissen, wie mir seine Lesung von Thomas Manns «Tod in Venedig» gefallen habe – die er zwar schon 1985 auf Schallplatte aufnahm, mir in seiner Bescheidenheit aber erst zwölf Jahre später schickte. Als ich mit meiner Begeisterung zögere, ist ihm sofort alles klar: «Ach so, du Schlawiner, ich verstehe, du hast dir die Platte nie angehört, und nun weißt du nicht mehr, wo du sie aufstöbern sollst.» Auf diese weise Weise erspart er mir die Pein, meine Dusseligkeit auch noch umständlich zugeben und mit akrobatischen Ausflüchten erklären zu müssen. Also kommen wir ohne Pause auf das Theatersterben in Berlin. Während nämlich in Hamburg sogar die Bürger kräftig ins Portemonnaie gegriffen haben, um ihrem «Thalia» eine neue, schöne Fassade zu verpassen, könnten die Berliner nicht einmal spenden, wenn sie wollten. Denn kaum hätten sie bei ihrer Bank den Scheck eingereicht, riefe ihnen auf der Straße der Zeitungsverkäufer entgegen, der Kultursenat habe die begünstigte Bühne soeben dichtgemacht. Der dreiundachtzigjährige Will regt sich darüber nicht nur mit seinem klugen Kopf, er regt sich mit seinem ganzen Herzen auf und stachelt mich an, mit ihm und anderen Künstlern gegen die «Politiker mit der Machete» in die Offensive zu gehen. Dabei dröhnt seine Stimme so kraftvoll und beneidenswert jung, daß ich ihre Empörung noch mitbekomme, als ich den Hörer längst neben mich auf die Couch gelegt habe. Ob mir der Name Julien Duvivier etwas sage, fragt er plötzlich leiser. Ich reiße den Hörer wieder ans Ohr: «Wie heißt der Herr? Du warst eben so weit weg. Kannst du den Namen noch mal wiederholen?» – «Julien Duvivier, das war ein französischer Regisseur, der Ende der dreißiger Jahre den Film ‹Lebensabend› gedreht hat. Das schwarzweiße Meisterwerk sollten wir uns dringend besorgen. Denn es handelt von abgetakelten Schauspielern, die in einem nur von ihnen bewohnten Altersheim ihre einstigen Rollen weiterspielen und jeden Morgen neue ausprobieren. Wenn wir eines Tages selber abgetakelt sind, machen wir nach diesem Vorbild *unser* Altersheim auf. Dann hätten wir unser eigenes Theater, das kein Kultursenator schließen könnte.» – «Aber ein Theater ohne Publikum, Will.» – «Wie kommst du auf diesen Unsinn, Harald? *Wir* wären unser Publikum. Ich wäre das Publikum von Johannes Heesters, Johannes Heesters wäre das Publikum von Bernhard Minetti, Bernhard Minetti wäre das Publikum von Christiane Hörbiger, Christiane Hörbiger jubelte Peter Alexander zu, und Peter Alexander kritisierte Udo Jürgens, sobald er sein Zimmer bezogen hätte und zu singen begänne. Ein kompetenteres Publikum wäre doch gar nicht vorstellbar.» – «Und ich,

26

Will, welche Rolle könnte ich spielen?» – «Du wärest unser Alten-Satan, du würdest natürlich Richard III. spielen. Aber du könntest dich auch als Evelyn Hamann verkleiden, deinem Zimmernachbarn Loriot einen Besuch abstatten und ihm eine Spaghettinudel auf die Nase kleben. Oder du könntest unseren Mitbewohner Horst Tappert im Seniorenfeuilleton verreißen, weil er beim Gemeinschaftstee seine Spielzeugpistole unsachgemäß gereinigt hat.» – «Schön und gut, Will, nur wäre, von Christiane mal abgesehen, unsere ‹Pension Lebensabend› ja die reinste Männerkiste.» – «I wo, in Zimmer 17 würde sich deine Freundin Heidi Kabel für ihre Auftritte schminken; und wenn du mal nicht einschlafen kannst und an Zimmer 24 klopfst, öffnet dir dort Inge Meysel die Tür. Also, Harald, denk mal über meinen Vorschlag nach.»

*

Nachdem sich Will Quadflieg mit liebsten Grüßen an meine abwesende Frau Susanne verabschiedet hat, klettere ich barfuß die Treppe zu meinem Zimmerchen hinauf und sehe dort nach meinem Tamagotchi. Die Pädagogen unter meinen Lesern müssen sich deswegen keine Sorgen um mich machen. Mein kleiner Freund piept nicht aus einem Plastikkörper, ich trage ihn auch nicht wie die Kinder am Hals, und er hat auch kein Displayherz, mit dem er mir seinen Gemütszustand offenbarte. Meinen Tamagotchi habe ich bereits vorgestellt: Es ist mein Papierhase Harvey, und er kauert neben meinem Sekretär. Vor seinen neugierig gespitzten Riesenlöffeln rede ich halblaut vor mich hin und denke über Will Quadfliegs Vorschlag wirklich nach. Okay, der aufgeräumte Kollege hat seinen Schabernack mit mir und sich selbst getrieben. *Nur* einen Schabernack? Nein, irgendwie hat er mit seinem Jux auch meine verborgenen Wünsche berührt. Ohne mich dagegen wehren zu können, falle ich in eines meiner Stimmungslöcher und bin diesen Wünschen plötzlich seltsam nahe. Obwohl mein Fenster geöffnet ist, höre ich nach einer Weile sogar den summenden Straßenlärm nicht mehr, versinke in einem eingebildeten Kinosessel und träume einen Film. Der Film spielt ungefähr im Jahre 2000 und zeigt ein farbiges Remake des schwarzweißen «Lebensabends» von Julien Duvivier: In den letzten Bildern der bewegenden Reprise bin ich unter schneebedeckten Tannen im Park unseres Künstlerheims zu sehen. Mir ist nach einem Spaziergang mit Heidi Kabel. Von Johannes Heesters borge ich mir dazu dessen weißen Schal – um vor dem Titelabspann und zur Schlußmusik von den «Toten Hosen» mit meiner Mitbewohnerin immer kleiner werdend in die kalte Nacht zu entschwinden. «Was meinst du, Harvey? Wären diese Aussichten bei aller Tragik nicht auch verlockend? Bevor du vor Mitleid von der Wand fällst, versetze dich bitte in meine Seele. Im Künstlerheim ‹Lebensabend› wäre ich mit einem Paukenschlag mein ungeliebtes Privatleben los. Ich meine damit gar nicht so sehr mein Privatleben hier bei dir im Grunewald. Ich meine: mein Privatleben überhaupt! Ich wäre, was ich mit allen Fasern sein will: Schauspieler. Von der morgendlichen Katzenwäsche bis zur abendlichen Kissenschlacht mit Peter Alexander wäre ich nur noch: ein Schauspieler. Ich könnte die größten Shakespeare-Rollen spielen. Nicht vor mißgönnenden Kritikern, die mich in die Pfanne hauen. Vor einem Theaterpatriarchen wie Bernhard Minetti, der mir freundlich näselnd applaudierte. Alle meine Tage und Nächte wären ein einziges Spiel – ganz gleich, ob ich zwischen Kaffee und Kuchen auf der Bühne unseres Altersheims stünde oder mir in meinem Zimmer einfach nur die Hosen wechselte. Die Wunden, die ich mir selber schlüge, und der Mist, den ich selber baute, wären ein Spiel. Aber auch die Gemeinheiten, die mir andere zufügten, wären ein Spiel. Nichts könnte mich verletzen, nichts täte mir wirklich weh. Das sollte dir doch eigentlich gefallen, Harvey!» Nur eins würde ich mir wünschen: Will Quadflieg müßte gleich nebenan auf derselben Etage wohnen. Denn so wie die Dinge in meinem jetzigen Leben stehen, komme ich viel zu selten in den Genuß seiner Freundschaft, bei einem schönen Telefongespräch vielleicht einmal im Jahr. Aber Cordon bleu nur alle zwölf Monate – das ist ein bißchen mager für jemanden, der gerne gut ißt. In der Pension «Lebensabend» genösse ich den Braten und die Freundschaft jeden Tag.

*

Zwei weitere Anrufe an jenem Vormittag beamen mich aus meinen Phantasien in die Wirklichkeit zurück. Ein Berliner Lokalredakteur möchte wissen, was ich von der Rechtschreibreform halte und ob er meine geschätzte Meinung in seiner Zeitung drucken dürfe. Ich sage: «Gerne. Drucken Sie, ich träte dafür ein, daß das Wort Papppapier ab sofort ganz ohne p geschrieben wird.» Die Dame eines Touristikbüros möchte mich dafür gewinnen, gemeinsam mit einer Reisegruppe aus Kiel vor dem Affengehege des Berliner Zoos zu posieren. Ich lehne die freundliche Einladung mit einer grundehrlichen Auskunft ab: «Ich habe Affen genug um mich herum. Auf Wiederhören.» So hätte ich nicht aus der Leitung gehen dürfen, denn zwei Minuten später höre ich die Stimme der Dame tatsächlich wieder: «Wollen Sie Ihre Kieler Fans nicht doch mit einem Auftritt vor dem Affengehege beglücken, Herr Juhnke?» Ich verstelle mich und radebreche: «Hierr nix Juhnki, nix Affki. Du nix gut Nummer wählen. Hier Russki Consulatzi. Ambassadozki,

29

du verstehn?» Zur Notbremse solcher Parodien, die ich in vierundzwanzig Sprachen beherrsche, greife ich bei unnötigen Anrufern oft. Regelmäßig mit dem gewünschten Erfolg. Auch die Dame murmelt eine Entschuldigung und meldet sich nie mehr.

*

Hätte der liebe Gott mich als Hund auf die Welt geschickt, ich wäre der Schrecken aller Postboten. Während meiner Quotenrekorde als Fernseh-Entertainer bekam ich wäschekörbeweise Briefe und Karten ins Haus. Aber auch jetzt quillt unser Briefkasten manchmal noch so über, daß mich das viele Zeugs ganz narrisch macht. Da ich es jedoch nicht wie ein Kläffer bereits im Vorgarten mit den Zähnen zerreißen kann, trage ich es grimmig ins Haus und lasse es auf den Stapel mit den alten Zeitungen fallen. Nur Absender, die ich kenne, und einige Stichproben sortiere ich in Windeseile aus. Auf diese Weise kam ich einmal in den Genuß des Briefes einer Hausfrau, die es mit mir auf dem Küchentisch treiben wollte. In unserer kleinen Küche steht doch gar kein Tisch, sondern nur eine Anrichte, dachte ich. Also landete auch der Schmachtfetzen beim Altpapier.

*

Die Briefpost respektiert immerhin meinen Pünktlichkeitswahn. Der Postbote kommt morgens meist gegen elf, so daß ich mein inneres Gebell auf seine Lieferungen einstellen kann. Was für eine Nervensäge ist dagegen die Faxenmacherei. Mit dem Fax wurde ein elektrischer Briefträger erfunden, der seine Sendungen zu jeder beliebigen Zeit in meine Klause spuckt – sogar mitten in der Nacht. Wie wichtigtuerisch und ruhestörend sich der Faxenmacher dabei aufführt. Er kündigt sich mit einem lauten Gebrumme und

Gepiepe an – so daß ich ihm zornig entgegenhechte und den Papiersalat, den er mir ruckend und zuckend in die Hand schiebt, sogleich zerknülle. Ich bin vor dem Fax schon zum Reißwolf geworden. Sein Papier ist nämlich meistens so vollgeschrieben, daß ich vor lauter Bäumen den Wald nicht mehr sehe. Warum steht in möglichst fetten Buchstaben nicht einfach drauf: «Herr Juhnke. Empfang beim Bundespräsidenten Samstag um 20 Uhr. Ihr Fan Hilmar Kopper von der Deutschen Bank anwesend. Möchte Ihnen gerne eine Million schenken. Fahrer holt Sie um 19 Uhr ab. Krawatte bitte.» Solche Peanuts wären nach meinem Geschmack. Aber diese Endlosrollen?! Häufig werde ich Tage später angerufen: «Herr Juhnke, haben Sie unser Fax erhalten?» Ich habe vermutlich, aber weiß es nicht mehr und antworte dann: «Ja, da sind eine Menge Faxe gekommen. Ob auch Ihres dabei war? Wenn Sie sich morgen melden, kann ich bis dahin die Putzfrau fragen.»

*

Ich zerknülle die meisten Briefe und Faxe nicht etwa, weil sie mir gestohlen bleiben können. Ich werfe sie vorsorglich weg – weil ich sie sowieso nicht wiederfände, wenn ich sie aufbewahrte und irgendwann mal bräuchte. So ergeht es mir leider auch mit einem Brief (oder war es ein Fax?) des lockeren Niedersachsen Gerhard Schröder, den ich seit Jahren kenne und mag. Nachdem ich im Februar 1997 in Los Angeles einem schwarzen Hotelangestellten gegenüber entgleist war, übermittelte mir mein Wunschkanzler seine Meinung, solche Entgleisungen traue er dem alten Lokführer Juhnke eigentlich nicht zu; wenn mich die deutsche Presse nun verheize, solle ich mir nicht in die Hosen machen. Ich hätte diesem Brief eines Politikers, der nicht gerade im Verdacht steht, etwas gegen Schwarze zu haben (er kommt ja

31

sogar mit Kohlrabenschwarzen gelegentlich gut aus), in meinem Buch gern ein Plätzchen reserviert. Bei der verzweifelten Suche danach habe ich in meiner Wohnung das Unterste zuoberst gekehrt und geflucht: «Wo steckt der verdammte Hannoveraner?» Doch er war nicht einmal im Kühlschrank zu finden.

*

Auf der Titanic meines Privatlebens gibt es auch keine liebevoll sortierten Fotoalben – in denen ich neben den gekrönten und ungekrönten Häuptern zu sehen wäre, die mir irgendwann einmal entgegengeschrödert sind. Mein Verleger kann ein bitteres Lied davon singen. Obwohl er mir seine erfahrensten Spürnasen mit einem regelrechten Durchsuchungsbefehl ins Haus schickte, wurden sie selbst unter der Matratze nicht fündig. Als sie enttäuscht wieder gingen, hätte ich mich am liebsten mit einem Spaten in die Tür gestellt und ihnen nachgerufen: «Wollen Sie es vielleicht mal im Garten probieren?» Mein Steuerberater, der auf meiner privaten Titanic einmal per annum ebenfalls im wirren Nichts ertrinkt («Wo haben Sie denn Ihre Reisebelege?»), hat mir jüngst den Tip gegeben: «Machen Sie es mit Ihren wertvollsten Fotos künftig doch einfach so wie mit den Quittungen für Ihre teuersten Zechen. Ab in Schuhkartons damit! Da läppert sich bei Ihnen doch so einiges zusammen.» Herrgott, das ist es ja gerade. Mein Buchprüfer hatte ja mehr recht, als er ahnte. Wenn ich auch noch all die Bilder meiner sieben Leben in Schuhschachteln aufbewahren würde, dann sähe es in meiner Villa wie im Sohlenlager von Bally und Salamander aus. Ich lese in der Zeitung, Heinz Rühmann (beziehungsweise dessen Witwe) habe seine Briefe, Originalkostüme, handverzierten Drehbücher, Faxe (?) und mehr als zweitausend seltene Fotos der «Deutschen Kinemathek» vermacht. Ich höre im Fernsehen, Curd Jürgens (beziehungsweise dessen Witwe) habe seine enorme Andenkensammlung dem «Deutschen Filmmuseum» geschenkt – wo sie wissenschaftlich durchleuchtet und eines Tages in Schaukästen zu bewundern sein wird. Ich erblasse vor Neid und frage mich: Wann haben Heinz und Curd eigentlich ihre vielen Filme gedreht und Stücke gespielt – bei soviel klebriger Beugehaft vor und über ihren Fotoalben? Von ihren Witwen will ich gar nicht reden! Ich hoffe, meine genießt *ihr* Leben und nicht länger das ihres berühmten Kerls, wenn mich der Sensenmann unters Gras gemäht hat. Das heißt nicht, daß mir meine Souvenirs völlig schnuppe wären. Dazu ist der Künstler viel zu eitel. So ein paar hübsche Fotos in einer Vitrine der «Deutschen Kinemathek» mit einem Knirps davor, der seinen Papi fragt: «War das der lustige Onkel Eddi Arent?» – das wär schon keine üble Aussicht. Aber ich bin offenbar nicht eitel genug, deswegen jede freie Minute vor meinen Alben zu sitzen und monatelang auf die Uhu-Tube zu drücken. Zum einen käme ich mir bei dieser Feierabendbeschäftigung ziemlich veralbumt vor, und zum anderen würde der klebrige Dienst an meinem Nachruhm nichts nützen. Ich würde das sehenswerte Panoptikum beim Zahnarzt liegenlassen oder beim nächsten Kehraus versehentlich dem Müllschlucker zu fressen geben. Denn ich bin einer der prominentesten Vertreter der in Deutschland lebenden Messies.

*

Messies? Nie gehört? Ich hatte ja selber bis vor kurzem keine Ahnung, daß man Leute wie mich so nennt. Nun weiß ich, daß der Name aus Amerika kommt, von «mess», zu deutsch: Durcheinander. Rund um die Uhr widerlegen wir Messies in unserem Privatleben das Bibelwort: Wer suchet, der findet. Denn ein Messie findet auf Anhieb zu Hause rein gar nichts. Die Manschettenknöpfe? Garantiert hinter der Heizung. Die Pantoffeln? Mit etwas Glück in der Garage. Nach welchem Krempel der Messie seine Wohnung auch immer durchwühlt, selbst seine Bermudashorts sind in dem gleichnamigen Dreieck verschwunden. Deswegen sind wir Messies keineswegs alle strohdumme Esel – oder Fetzenschädel, wie unsere komischen Leidensgenossen in Österreich sagen. Unseren geheimen Logen gehörten und gehören zuweilen sogar Genies an. Das glänzendste Beispiel dafür ist, daß unser Logenbruder Albert Einstein seine Nobelpreisrede einst in Sandalen ohne Socken hielt. Ein Bürohengst mit akkurat angespitzten Bleistiften auf seinem gläsernen Schreibtisch wird Tränen über unseren Kuddelmuddel lachen – wenn eine so tadellose Type überhaupt noch lachen oder weinen kann. Der Schreibtisch des Messie ist gewöhnlich ein solches Tohuwabohu, daß seinem Besitzer das Lachen vergeht. Aus diesem tränenreichen Grunde haben sich einige Messies bereits in Selbsthilfegruppen zusammengefunden, in denen sie sich nach dem Vorbild der Anonymen Alkoholiker ebenso vertraut wie verschämt mit Vornamen anreden: «Hallo, Harald, mal wieder ohne Hemd?» – «Vielen Dank für Ihre Aufmerksamkeit, lieber Albert, aber auch Ihre kurzen Hosen sind bei diesem Sauwetter doch ein recht relatives Vergnügen.» Bei ihren Begegnungen lernen die Messies, daß ihr chaotisches Völkchen aus einer Klamottenfraktion und einer Psychofraktion besteht. Die Klamotten-Messies leiden an ihrer privaten Überversorgung. Sie horten so viel Krimskrams in ihren Buden, daß sie wie in einer Rumpelkammer hausen. Die Psycho-Messies leiden an privater Unterversorgung. Ohne Interesse für ihre Häuslichkeit entledigen sie sich sogar der wichtigsten Papiere, so daß man in ihren Wohnungen vom

34

Boden lecken könnte. Während also die Klamotteros an ihrer äußerlichen Unordnung durchdrehen, finden die Psychos sich in ihrer inneren nicht mehr zurecht. Ich, der Messie Harald Juhnke, gehöre ganz entschieden der Psychofraktion an. Aber alle Messies ähneln dem Professor, der einer verbürgten Geschichte nach auf dem Universitätsgelände einen Studenten fragt: «Verzeihen Sie, Schober, in welche Richtung bin ich gegangen, als wir uns trafen?» – «Sie waren auf dem Weg in Ihr Büro, Herr Professor.» – «Sind Sie ganz sicher? Das ist gut. Dann habe ich ja schon zu Mittag gegessen.»

*

«Ich riskiere den Wahnsinn». So heißt nach einem Zitat des verstorbenen Schriftstellers Wolfgang Koeppen ein kleines Buch, das eine Weile auf meinem Wohnzimmertisch lag. Obwohl auch ich in diesem Büchlein zu Ehren komme, habe ich es verduselt. Wie aber gelangte der winzige Schmöker überhaupt auf meinen Tisch? Ein fabelhafter Münchner Interviewer mit dem Allerweltsnamen Müller führte vor vielen Jahren für den «Playboy» ein sehr intimes, um nicht zu sagen heikles Gespräch mit mir. Ich hatte gehört, daß Herr Müller es ganz gerne sieht, wenn seine Gesprächspartner betrunken vor seinem Tonband erscheinen. Da wollte ich mich nicht lumpen lassen und bestellte ihn in die Bar des Berliner Hotels Kempinski. Schon nach seinen ersten Fragen konnte ich mich wunschgemäß kaum noch auf dem Barhocker halten – äußerte mich despektierlich über meine Ehe und gab nicht nur mit einer brasilianischen Tänzerin, sondern auch mit ein paar anderen niedlichen Affären an. Ich erinnere mich lebhaft, welchen Riesenkrach ich mir dafür bei meiner Frau einhandelte. Als nun das alte, lose Interview 1997 auch in dem kleinen Buch erschien, hätte ich mich eigentlich geadelt fühlen müssen. Denn ich nehme darin mit meinen Rotzlöffeligkeiten immerhin neben den Schriftstellern Koeppen und Hans Magnus Enzensberger, den Theater-Methusalems Bernhard Minetti und George Tabori, den Sportskanonen Henry Maske und Reinhold Messner, der «Spitzenklöpplerin» Isabelle Huppert, den Kollegen Loriot und Kuli und anderen von Herrn Müller vermutlich abgefüllten Geistesriesen Platz. Da ich noch nie in einem Buchladen war, muß mir der «Wahnsinn» zugeschickt worden sein. Um mir zu Hause neuen Ärger zu ersparen, habe ich das Büchlein dann irgendwann versteckt – und nicht mehr gefunden. Seither überlege ich mir ein sicheres Versteck auch für «Meine sieben Leben».

*

Nur, muß ich mein Buch wirklich vor Susanne verbergen? Es ist doch eigentlich eine Liebeserklärung an sie – eine Liebeserklärung auf meine Weise, eine vielleicht unbeholfene aus dem Kummer. Aus dem Kummer darüber, daß ich so oft allein zu Hause bin. Sie sagt «Tschauli», wenn sie verreist. Ich sage «Tschauli», wenn sie geht – und beide spüren wir dann, daß wir mit unseren Herzen gar nicht wollen, was jetzt passiert. Natürlich hat Susanne bittere Gründe für ihre kleinen Fluchten. Denn ein Süchtiger ist kein einfacher Partner. Das weiß ich, und das verberge ich nicht. Susanne hat Dramen an meiner Seite erlebt, die ich keiner Ehefrau wünsche. Aber sie hat in schlechten Zeiten nicht nur einen unausstehlichen, sie hat in guten Zeiten auch einen satanisch unterhaltsamen Partner. Denn daß ich zu Hause ein langweiliger Hockedüster wäre, muß ich mir wohl nicht vorwerfen. Da ich beinahe jeden Morgen mit einem anderen Gesicht aufstehe und beinahe jeden Abend mit einer anderen Laune und Lust nach Hause komme, ist Susanne die einzige Berlinerin, die in einem Harem lebt: in einem Männerharem. Nur ist sie eine viel zu emanzipierte Frau, um die ständig wechselnden Juhnkes als ihre Paschas gewähren zu lassen. Sie ist vielmehr eine ungewöhnlich schöne und selbstbewußte Domina. Keine neumodische Domina, die ihren ungezogenen Sklaven ans Kellerkreuz schlüge. Eine Domina im alten, römischen Sinne: die um mich besorgte Herrin unseres Hauses. Nur, manchmal übertreibt sie ihre Sorge: Wenn ich zum Beispiel im Wohnzimmer eine Zigarre rauche oder das Kaffeegeschirr vom Garten in die Küche zurücktrage und dabei ein Löffelchen hinunterfällt, dann höre ich schon einmal tadelnde Worte. In solchen Momenten fühle ich mich wie ein uraltes Kind, obwohl ich auf der Bühne Bäume ausreißen könnte. Doch die Bühne macht leider Ferien.

*

Ich kenne jedoch auch Abendstunden, in denen ich mein Haus wie meine Bühne liebe. Diese Stunden teile ich mit meiner Frau, wenn sie fröhlich beschwipst und ich gutgelaunt nüchtern bin – und es sogar genieße, wenn sie ein Fläschchen Champagner entkorkt und ich neben ihr auf dem trockenen sitze. Denn ich sitze dann gar nicht wirklich auf dem trockenen, sondern betrinke mich daran, daß mein Igelchen alle Stacheln einzieht und mir eine ausgelassene und wunderbar weiche Partnerin ist. In diesen Abendstunden, die selten sind und wie alles, was man jenseits der Routine liebt, wohl selten sein müssen, schlägt ein ganz anderer als der gewöhnliche Puls in mir. Dann zieht das Leben auch privat in mich ein. Dann empfinde ich plötzlich die schönen Kleinigkeiten und die häusliche Geborgenheit um mich herum, die ich sonst so gut wie nie registriere. Die Blumen im Flur, ich erkundige mich bei Susanne nach ihren Namen.

Die Bücher in den Regalen, sie sind auf einmal Schätze. Selbst die krümeligen Kekse auf dem Tisch, sie sind nun wie ein Festmenü. Für vieles, was mir an grauen Tagen fremd vorkommt und verschlossen bleibt, öffnet sich plötzlich ein inneres Fenster.

*

Bis die Rolläden wieder fallen – wenn ich abermals allein bin, allein mit mir oder allein zu zweit. Doch die Erinnerung an das innere Fenster bleibt eine Zeitlang wach – das Gedächtnis daran, was ich durch dieses Fenster gesehen und gefühlt habe. Zuweilen beschert mir diese intensive Erinnerung ebenso verführerische wie ernüchternde Halluzinationen. So ist es mir schon passiert, daß ich, wenn Susanne längst wieder auf Reisen war, in einem Restaurant saß und sie draußen entlangspazieren sah. Oder daß ich auf dem Weg zum Taxi an einem Schaufenster vorbeihastete, stehenblieb und sie in einer der dort posierenden Puppen erkannte. «Susanne, du hier?» fragte ich sie dann erstaunt. Aber die Puppe antwortete mir nicht.

*

In Sophokles' Drama «Antigone» sagt der verzweifelt hartherzige König Kreon schon vor über zweitausend Jahren: «Man ist immer allein, und die Welt ist leer und nackt.» Jeder an den Klassikern interessierte Theaterspieler hat diese kalte Botschaft schon einmal gelesen. Für mich ist sie leider nicht nur Kunst – auf Papier. Ich spüre sie an einsamen Abenden vielmehr so frierend, als wäre sie meine Haut. Dann höre ich zwei Gestalten in mein Haus kommen. Sie wollen mich beide wärmen. Das erste Gespenst ist der Teufel. Er stiftet mich grinsend an: «Du zitterst ja wie Espenlaub. Verscheuche dein blödes Gefröstel, indem du dich mit der Flasche erhitzt. Du wirst schon sehen, Alterchen. Im Nu ist nichts mehr leer und nackt.» Der zweite Geist ist ein freundlicher Engel. Er empfiehlt mir nur: «Lösche das Licht!» Wann und wie oft ich dem Rat des Teufels gefolgt bin, das weiß dank seiner fleißigen Sekretäre an den Schreibtischen der bunten Blätter die ganze Nation. Was ich aber anstelle, wenn ich auf den Engel höre, das habe ich bisher weitgehend für mich behalten: Ich lösche wirklich das Licht. Ich gehe von Zimmer zu Zimmer und knipse die Lampen aus. Ich zünde im ganzen Haus Kerzen an. Ich räkele mich in einen Sessel nahe am Fenster zum Garten. Ich ziehe meine unbequemen Schuhe aus. Ich streichle eine Montecristo aus meinem Zigarrenetui. Ich lege ein Schallplättchen auf und höre meine Musik.

*

Meine Musik! Das ist meistens Frank Sinatra. Das ist häufig Johannes Brahms. Am liebsten der 3. Satz des Violinkonzertes mit Gidon Kremer oder Anne-Sophie Mutter. Warum gerade Brahms? Warum gerade dieses Konzert? Warum gerade diese beiden Solisten? Ich bin wie in allen privaten Neigungen auch in musikalischen ein viel zu banausiger Laie, um das mit dem Kopf zu wissen. Dafür weiß meine Seele, daß mir so unvergleichliche Geräusche wie die unterhaltsamen von Frankie-Boy und die ernsten von Johannes Brahms innere Entdeckungsfahrten wie keine andere Musik verschaffen, die ich gut kenne. Sinatra und Brahms sind das Ticket, das ich für meine Seelenwanderungen löse, und wo immer es mich hinbrachte, es hat meine Gefühle noch nie enttäuscht. Manchmal fahre ich mit meinem musikalischen Ticket in ein Stimmungstal, in dem ich gern einen Freund hätte, dem ich mich sorglos anvertrauen und bei dem ich mich ausheulen könnte. Manchmal sitze ich in einer Seilbahn und gondele auf den

Gipfel meiner verrückten Phantasien. An welchem Ort aber landet ein Schauspieler, wenn er diesen Gipfel erreicht? In Hollywood? In einem Paramount-Studio? Ich lande in Paderborn oder Magdeburg.

*

Meine Musik im Ohr und mit geschlossenen Augen sehe ich mich dort spätabends mit meinen Koffern aus einem Bummelzug aussteigen. Ich bin der einzige Reisende auf dem gottverlassenen Bahnhof. Es regnet in Strömen. Gegen den Sturm halte ich den Hut fest und frage den alten Schaffner mit der Trillerpfeife nach der Soundsostraße, in der ich meine Einzimmerwohnung beziehen möchte. Während wir im Laufschritt das Wärterhäuschen erreichen, erklärt er mir halbwegs die Richtung. «Und wo ist die Tankstelle?» will ich noch wissen. Der Schaffner schlägt seinen Regenschirm aus und mustert mich mißtrauisch: «Die Tankstelle? Für einen Mann mit Gepäck?» – «Ja, die Tankstelle», wiederhole ich, «wo es Benzin gibt, Benzin für das Leben.» Vorsichtig, als solle ich es nicht bemerken, greift der Schaffner zum Telefon und wählt die Nummer 110. Sachte lege ich seinen Hörer wieder auf die Gabel: «Sorry, woher sollen Sie das auch wissen? Ich meine natürlich die städtische Bühne. Ich bin nämlich Schauspieler, werde jetzt immer hier wohnen und demnächst im hiesigen Theater zu sehen sein: als ‹König Lear› und als ‹Richard III.›.» Als ich dem lausigen Bahnhof längst entflohen und unterwegs zu meinem Paderborner Apartment bin, rasen zwei Blaulichter an mir vorbei auf das Wärterhäuschen zu. Ich lasse die Koffer in die Pfützen fallen – und lache triumphierend.

*

40

Mein schallendes Gelächter übertönt sogar das Violinkonzert in meiner Berliner Villa. Um Mitternacht blase ich die Kerzen aus und turne ins Bett. «Paderborn», denke ich vor dem Einschlafen, «würdest du da *wirklich* wohnen wollen?» – «Nicht einmal, wenn dich zehn Pferde zögen», sagt mir die eine Stimme meines Herzens. «Doch, doch, für den bösen ‹Richard› schon», widerspricht ihr die andere. Die erste Stimme meines Herzens kennt mich nicht. Die zweite weiß alles über mich. Mit ihr im Zwiegespräch schlafe ich glücklich ein.

*

Am nächsten Morgen erwache ich nach unruhigen Träumen zwar nicht als Kafkas Käfer Gregor Samsa, aber als Schotte Andrew Carnegie. Dieser im Amerika des 19. Jahrhunderts zu einem Reichtum jenseits der Neidgrenze gekommene Mäzen, nach dem die New Yorker Carnegie Hall benannt worden ist, wurde einmal gefragt, was er auf seine alten Tage machen werde. Sparsam schottisch gab er die verblüffende Auskunft: «Ich frühstücke im Bett, dann lese ich die Todesanzeigen in der ‹New York Times›, und wenn ich dort nicht erwähnt werde, stehe ich auf.» Ich werde zu meiner großen Überraschung in den Todesanzeigen der Berliner Zeitungen immer noch nicht erwähnt. Also steige auch ich in den Anzug und lasse wie gewohnt das leckere Rührei brutzeln.

*

Die mittelprächtige Villa, die ich seit dem Sommer 1984 gemeinsam mit meiner Frau Susanne und unserem fünfundzwanzigjährigen Sohn Oliver bewohne, der dazu ein eigenes Häuschen auf dem Gartengrundstück verwildert, liegt direkt an einer Bushaltestelle. Auf einem der Linienbusse, die dort im Zwölf-Minuten-Rhythmus verkehren, prangt in riesigen Lettern eine verführerische Werbung. Sie grinst mich wie ein hochprozentiger Doppelter an: Wodka Gorbatschow. Das nenne ich Sadismus auf vier Rädern. Die Bushaltestelle heißt Hasensprung. Zwei etwa zwölfjährige Pfiffikusse, die dazu «Prösterchen» über den hohen Gartenzaun piepten, haben sie vor geraumer Zeit in «Haralds Sprung» umgekritzelt. Als ich ihnen durch einen Bretterspalt zublinzelte, mit wie elektrisch aufgeladenen Augenbrauen, die sich meist derart teuflisch kräuseln, wenn ich neugierig bin, keuchte der eine Satansbraten erschrocken: «Me-Me-Mensch, Kalle, da isser!» Dann nahmen sie ihre Treterchen unter den Arm, und ab ging die Post. Wäre ich ein grantiger Berliner Opa mit Spazierstock, hätte ich den Spitzbuben bei ihrem nächsten Anschlag sicher aufgelauert. Ich drückte mich in den kommenden Tagen zur Tatzeit auch wirklich hinter dem Gartenzaun herum. Aber eben nicht, um den Kerlchen die Hintern zu versohlen. Doch die Duckmäuser ließen sich nicht mehr blicken. So daß ich im Schutz der Dunkelheit allein erledigen mußte, was ich mit den beiden Schmierfinken gerne im Trio angestellt hätte: Ich habe, verstohlen um mich spähend, das unleserliche d in «Harald» kräftig nachgezogen. Es war wohl der sausenden Flucht der Bengel zum Opfer gefallen. Doch wenn sie schon die Wahrheit verkündeten, und Kinder wie Trinker sind ihr bekanntlich nahe, dann sollten sie das wenigstens deutlich tun. Vom Scheinwerferlicht der vorbeifahrenden Autos ebenso wie von der Wahrheitsliebe erfaßt, war ich einen Moment lang sogar versucht, dem «Sprung» ein «in der Schüssel» hinzuzufügen. Aber dann dämmerte dem alten Theaterhasen in mir, daß die Kunst der Satire sich mit der Andeutung begnügt. Kalle und sein kleiner Freund brauchen keinen Bammel vor mir zu haben. Sollten sie einmal bei mir klingeln, würde ich ihren Streich mit Keksen, heißer Schokolade und einem Autogramm belohnen. Denn wenn ich gegenüber Kindern überhaupt zur Strenge neige, dann kommt dabei grimmigstenfalls ein Feuerzangenbowlen-Pauker heraus.

*

Mein Haus steht vis-à-vis der Busstation Hasensprung in der Lassenstraße. Ein Geheimnis muß ich daraus nicht machen. Zwischen Kreuzberg und Zehlendorf kennt das sandsteingraue, leicht verwitterte Domizil ohnehin jeder Taxipilot. Im Scherz, der vom Ernst nur Millimeter entfernt war, hat mir einer von ihnen einmal erzählt, die wie aus dem Revolver geschossene Adresse gehöre bei der Berliner Taxifahrerprüfung zum Evangelium: Frage eins, meine Herren: Die Gedächtniskirche? Frage zwei, meine Damen: Harald Juhnke? Auf Computerfreaks wird das folgende Wunder keinen großen Eindruck machen: Ich muß, wenn ich in der Lassenstraße zum Telefon greife und eine Droschke erbitte, mich auch niemals langatmig vorstellen. Eine mir unbegreifliche Technik sorgt dafür, daß mein Name in der Taxizentrale schon beim ersten Läuten aufblinkt.

*

Nach einem verzwiebelten Bonmot des legendären Filmregisseurs Ernst Lubitsch kann ich daher guten Gewissens behaupten: In Deutschland bin ich weltberühmt. In Berlin noch weltberühmter. Nur hat die Medaille zwei Seiten: Die nationale leuchtet. Die internationale? Forget it! Denn mein Englisch ist noch angreifbarer als mein Deutsch, und so wurde mir der Stempel zum Exportartikel zeitlebens mürrisch verwehrt. Während mein großer Bruder Frankie-Boy selbst auf den Fidschiinseln nicht spazierengehen konnte, ohne daß ihm Zuckerrohr schneidende Groupies die Kleider vom Leibe rissen, müßte ich bereits in Madrid den Personalausweis zücken: Juhnke? Bei jeder Polizeikontrolle, an jeder x-beliebigen Hotelrezeption: Buchstabieren Sie gefälligst, Señor! Zum Ausgleich für dieses Inkognito turne ich von Flensburg bis Wien meist schnell ohne Hemd durch die begeisterte Menge. Diese handgreiflichen Liebeserklärungen können zwar mitunter lästig sein, aber wenn das Thermometer nicht gerade minus 6 anzeigt, verwöhnen sie natürlich auch. Vielleicht bringt der neckische Widerspruch das Seelenleben der meisten populären Schauspieler auf den Punkt: Wir brauchen heimlich dringend, was uns oft gehörig auf den Wecker geht. Das wäre das Gift als Medizin. Die rastlose Komplimente-Safari könnte auch ein Motiv dafür sein, daß ich das überschaubare Sendegebiet der deutsch-österreichischen TV-Anstalten nur selten verlasse – und seit über vierzig Jahren so gut wie nicht mehr in Urlaub fahre. Irgendwie fehlte mir das «Hallo, Harald» dann doch. Und am Strand von Copacabana, an dem ich die bezirzende Gewißheit hätte, daß mir deutsche Touristen damit in den Ohren lägen? Dort möchte ich aus Rück(enan)sichten, die meinem siebten Jahrzehnt geschuldet sind, nicht unversehens in Boxershorts dastehen. Aus dem lauten «Hallo» würde schockartig ein leises «Hallöchen».

*

Also Deutschland und Berlin. Der Dampfer nach Hollywood ist lange ohne mich abgefahren; und heute führe er zu spät. Ich schätze es nur nicht, zu spät zu kommen. Mein Vater kam häufig zu spät – aus der Kneipe, wo er mal wieder drei zuviel «gelüpft» hatte. Da tat mir meine wartende Mutter leid, und ich schwor schon als Steppke, das würde besser bei ihrem Sohn. So bin ich ein preußisch pünktlicher

Mensch geworden; es sei denn, ich schmeiße mein Rendez-vous ganz. Dann tut mir mein Publikum wie anno dazumal meine Mutter leid. Dann bin ich wie mein Vater: ein manchmal unzuverlässiger Streuner, dem man dennoch immer wieder verzeiht. Auch wenn das dem einen oder der anderen zu sehr nach Westentaschenpsychologie schmeckt: Die ewig verzeihende Geduld meiner Mutter mit meinem Vater wiederholt sich, für mich, in der ewig verzeihenden Zuneigung meines Publikums. Ich hantiere in meinem Zimmer in der Lassenstraße mit ein paar Holzscheiten vor dem glimmenden Feuer und frage mich: Sucht einer bei so viel verdienten und unverdienten Kränzen das Weite? Auf dem Sunset Boulevard, wo es gerade für uns Schauspieler noch in der strahlendsten Sonne arg kalt sein kann? Oder begnügt er sich mit Berlin, wo er sich zu Hause am Kamin wärmen kann und auch sonst überall in der Stadt einen findet – wenn schon keinen echten, dann einen, aus dem die Freundlichkeit knistert? Der zu Hause müßte übrigens mal wieder durchgepustet werden; das Miststück funktioniert nicht richtig.

Im Gaddafi-Zelt

Der mir liebste private Platz ist mein Zelt. Es ist weiß und steht in meinem Garten direkt vor dem Swimmingpool. Dort darf ich meine Montecristo qualmen, bis ihre Bande-role angesengt ist und mir ihr Stummel die Finger verbrennt. Als dieses *tabernaculum nobile*, vulgär: dieser Garten-partyzeltling, vor Jahren an einem hitzigen Sommertag für alle Zeiten seinen Platz einnahm, spielte ich mit dem Gedanken, ihn meine Hollywood-Laube zu nennen. In diesem Moment wehte der Berliner Wüstensand von der nahen

Straße in meinen Garten herüber. Den Staub in Augen und Nase, habe ich da die weiße Plane nach der Kommandozentrale eines berühmt-berüchtigten Libyers mein Gaddafi-Zelt getauft. Mit dem Herrn verbindet mich außer dem Zelt allerdings nichts. Um unerwünschten Verwechslungen vorzubeugen, lasse ich mich darin auch nicht im Beduinen-Outfit nieder, sondern gewöhnlich in einem Bademantel aus dem Kaufhaus des Westens. Dies können sämtliche Paparazzi bezeugen, die wie der kleine Kalle und sein Freund zuweilen durch die schmalen Spalten der Straßenbegrenzung schielen – weil sie gern sähen, daß ich mein Anwesen schwankend durchmesse. Doch ich bin dem Taufnamen des Zeltlings eine gewisse Haltung schuldig. Ich kann mich dort nicht einfach hinlümmeln und dabei zugucken, wie der elektrische Diener unermüdlich den Swimmingpool reinigt. Wie Gaddafi in der Wüste treffe ich in meinem Garten alle wichtigen Entscheidungen. Während jedoch der Namenspatron meines Zeltlings in seinem Original angeblich darüber nachzudenken pflegt, welches Flugzeug demnächst abstürzen und welche Bank in die Luft fliegen wird, frage ich mich in meiner Kopie: Nehme ich Uwe Seelers Einladung zu seinem sechzigsten Geburtstag in der Hamburger «Schlachterplatte» an? Hocherfreut, denn es wird Kaiserstimmung herrschen, auch Beckenbauer kommt. Spiele ich den «Hauptmann von Köpenick», oder hat mir der kleine Heinz Rühmann dafür zu große Stiefel hinterlassen? Ich sage mir: Versuch es. In noch größeren von der Bühne zu gehen ist doch genau, was du willst. Turne ich als Werbedepp durchs Fernsehen – indem ich Waschmaschinen anpreise, die ich nicht bedienen kann, und Molke trinke, die ich nur während der Sendezeit mag? Aber klar doch, wenn die Kohle stimmt – wenn ich für den Blödsinn an zwei Tagen soviel Geld nach Hause schleppe wie für den «Hauptmann» in zwei Jahren. Tauche ich in der Late Night Show Harald Schmidts auf, um den fächernden Karl Lagerfeld zu parodieren? Warum nicht, ich habe eine Schwäche für sympathische Kotzbrocken. Tue ich mir das Flagellantentum einer vierwöchigen «Galareise» durch norddeutsche Badeorte wie Norderney und Borkum an, bei der ich auf der autofreien Insel Juist im offenen Pferdekarren durch die Dünen geruckelt werde, um abends im Kurhaus zu singen? Ich lasse mich, das «Hallo, Harald» der Insulaner am Wegesrand im Ohr, von den Gäulen klaglos verfrachten, denn ich brauche die «Vitaminspritze Publikum» auch in kleineren Sälen. Trete ich meinem alten Freund Paul Kuhn in den Hintern, weil er in einer Zeitung mault, auf mich sei kein Verlaß? Nein, ich verzeihe Paulchen; schließlich hat ihm *seine* Verläßlichkeit gegenüber dem Finanzamt schon genügend Ärger eingebracht. Erinnere ich meinen Sohn an das vierte Gebot, weil er neulich beim Abendessen auf mein Alter anspielte: «Papa, du bist kein Grufti mehr, du bist schon ein Komposti»? Ich verzichte auf die biblische Ermahnung, denn der ungezogene Bengel hat ja an manchen Tagen gar nicht so unrecht. Bin ich bereit, mich von Günther Jauch in ein Gespräch verwickeln zu lassen? Von *diesem* Moderator in jeder seiner Sendungen. Schließlich: Schmeiße ich meinen Manager raus, weil er wie ich ein Schurke ist, oder erhöhe ich seine Provision, weil die Kanaille das Talent besitzt, die Firma Juhnke richtig brummen zu lassen? Bei diesem kitzligen Thema, das mich wie alle hier beliebig aufgezählten Fragen in der Kommandozentrale des Gaddafi-Zeltes 1996 beziehungsweise 1997 beschäftigte, fliegen zwischen mir und meinem Manager wohl auch in Zukunft gelegentlich die Fetzen.

Manchmal, wenn ich der Entscheidungen müde bin, nicke ich im Gaddafi-Zelt auch zufrieden ein und nehme träumerischen Kontakt zu den großen künstlerischen Ahnen im Grunewald auf. Von diesen Ahnen wimmelt es nämlich nur so in meiner unmittelbaren Nachbarschaft. Der Stummfilmpapst Friedrich Wilhelm Murnau («Nosferatu») wohnte in der Douglasstraße 22, der gefürchtete Theaterkritiker Alfred Kerr nur ein paar Häuser weiter in Numero 10. Er mußte 1933 emigrieren, wie der Karikaturist George Grosz, der in der Trautenaustraße 12 zu Hause war. Der Theaterregisseur Max Reinhardt lebte nach der Jahrhundertwende vorübergehend in der Fontanestraße 8. Das schöne Haus, das sich die berühmte Tänzerin Isadora Duncan und der Komponist Engelbert Humperdinck («Hänsel und Gretel») teilten, steht noch heute in der Trabener Straße 16. Nicht weit vom einstigen Domizil des Schriftstellers Gerhart Hauptmann in der Trabener Straße 54, der viele Jahre später in die Hubertusallee 25 umzog. Alle gleich um meine bescheidene Ecke in der Lassenstraße. An ihr summt die Königsallee vorbei. Nur dreihundert Schritte vom Gaddafi-Zelt entfernt saß dort hinter der Hausnummer 45 in den späten zwanziger Jahren Vicky Baum an ihrem Schreibtisch. Sie war eine ebenso begabte Harfenspielerin wie populäre Schriftstellerin. Ihr Roman «Menschen im Hotel» wurde 1932 in Amerika mit Greta Garbo und Joan Crawford verfilmt. Das letzte Tüpfelchen aufs i des Romans aber hatte Vicky Baum 1929 in der Königsallee gesetzt. Im selben Jahr, in dem ich im roten Wedding geboren wurde, der vom schicken Grunewald so weit weg ist wie der Mond. Der Berliner Wüstensand steigt wieder auf. Er weht mir Erinnerungen an meine Kindheit ins Zelt.

Vor dem Gaddafi-Zelt im Jahr seiner Taufe

«Wer angibt, hat mehr vom Leben»

Das Vorspiel

AM 1. MÄRZ 1923 wurde im Standesamt zu Frankfurt an der Oder das Paar Numero 7 aufgerufen: Herbert Hermann Heinrich Juhnke und Margarete Kolberg. Streng blickte der Standesbeamte durch seinen Kneifer: «Sie, Herbert Hermann Heinrich Juhnke, wurden 1898 in der Gemeinde Znin im königlich-preußischen Regierungsbezirk Bromberg geboren. Sie sind also heute fünfundzwanzig Jahre alt und üben den Beruf eines Eisenbahn-Frachtkontrolleurs aus. Sie, Margarete Kolberg, wurden 1903 in Frankfurt an der Oder geboren, sind also heute zwanzig Jahre alt und die mithelfende Tochter eines hiesigen Bäckermeisters und seiner Gattin. Dem Aufgebot der vor mir erschienenen Herbert Hermann Heinrich und Margarete, welches zwei Wochen lang im Schaukasten unseres Amtes aushing, entnehme ich gefälligst, daß Braut und Bräutigam die Ehe zum ersten Male eingehen, kinderlos und evangelischen Glaubens sind. Ansteckende Krankheiten haben die vor mir Erschienenen beide nicht. Herbert und Margarete: Treffen diese Angaben zu?» Die zwei, die da auf dem besten Wege waren, demnächst meine Eltern zu werden, nickten. Ihnen wurde ein Familienbuch überreicht. Am 14. März 1923 ging die kirchliche Trauung über den Altar. Sie war für die beiden Brautleute aus dem Volk eine Märchenhochzeit. Margarete imponierte ihrem Herbert im Hochzeitskleid mit Schleier und Schleppe, auf das sie zwei Jahre lang ge-

spart hatte. Herbert beeindruckte seine Margarete im Frack mit Stehkragen und weißer Fliege – und dem Eisernen Kreuz II. Klasse auf der Brust. Sonst trat er auf, wie ich ihn später kennenlernen sollte: sein schwarzes Haar rasiermesserscharf gescheitelt. Ein kleines Foto, das einzige, das sie mir von diesem Tag vermacht haben, zeigt, wie Mutter sich leicht bückt. Sie mochte nicht größer sein als Vater.

Der Höhepunkt

Theodor Fontane, der Brandenburger unter den deutschen Dichtern, hatte geulkt: «Was heißt Karriere machen anders, als in Berlin leben. Und was heißt in Berlin leben anders, als Karriere machen.» So wie der Ostpreuße Herbert hatte auch die Brandenburgerin Margarete von Theodor Fontane garantiert nie eine ausgeruhte Zeile gelesen – es sei denn beim Kuchen häppchenweise in der «Gartenlaube», dem «Reader's Digest» von anno dazumal. Doch Margarete hielt Fontane seit ihrer Schulzeit wohl für so etwas wie ihren Heimatdichter und baute auf seinem Kalenderspruch ihre kleinen Träume auf. Nur, wie sie verwirklichen? Margaretes Glück war Herberts Pech. Denn der halb zerschossen aus dem Ersten Weltkrieg heimgekehrte Mann verlor seinen Posten bei der Eisenbahn noch in seinem Hochzeitsjahr. Für einige Monate kam er als Buchhalter bei der Deutschen Bank unter. Als aber 1924 die Inflation unter der «Rentenmark» weiter auf die Kaufkraft drückte, wurde er auch dort nicht mehr gebraucht. Mitsamt seinen Ärmelschonern hockte er am Küchentisch seiner Schwiegereltern und dachte nach: Verbrecher wird es immer geben, die Polente also auch! Seine Bewerbung saß: Herbert fing im Lohnbüro der Polizei an. Auf diesem Schemel in Frankfurt an der Oder

52

wäre er womöglich still und selig versauert, wenn die zwanziger Jahre so golden gewesen wären, wie es im Buche steht. Sie waren aber nicht so golden wie im Buche: Meines Vaters Dienststelle wurde eines Tages eingespart – sein Lohnbüro mit Mann und Maus nach Berlin abkommandiert.

*

Während Vater mit dem Zug fuhr, ließ Mutter die Pferdespedition vor die elterliche Backstube traben, lud das gemeinsame Mobiliar auf den Karren und siedelte aus der brandenburgischen Provinz in die wirklichen zwanziger Jahre um. Hü! In die leuchtende Metropole an der Spree. In die Metropole? Herbert und Margarete trafen im Wedding ein, in einer von der übrigen Etage abgetrennten Anderthalbzimmerwohnung in der Stockholmer Straße – mit einer Gemeinschaftstoilette (dem «Donnerbalken») auf der knarrenden Haustreppe im Funzellicht. In dieser bescheidenen Behausung wurde Vaters Eisernes Kreuz II. Klasse zum Talisman eines Lebens zweiter Klasse. Doch verglichen mit ungezählten anderen jungen Paaren in dieser Zeit der Arbeitslosigkeit, hatten es die beiden an ihrem Bullerofen noch recht gut. Und wenn sie durchs Fenster ins Freie guckten, lebten sie sogar erster Klasse. Denn direkt vor ihrer Mietskaserne floß die Panke, ein schmales, hübsches Flüßchen, vorbei.

*

Die Märchenhochzeit blieb dennoch das einzige Märchen auf der Karriereleiter meiner Eltern. So borgte sich meine Mutter ihre Märchen. Wie die meisten Frauen, die aus Backstuben oder einem ähnlich bescheidenen Hause kamen, interessierte sie sich mitfühlend für das Schicksal der Großen ihrer Welt, besonders für die in ihrer Heimat abgeschafften Könige. Nur gab es damals noch kein «Goldenes

53

Blatt», keine «Neue Revue» und keine «Gala» zu kaufen. Darum war sie, um ihren Majestäten zu begegnen, auf Reisen ins königliche Ausland angewiesen, die sie sich nicht leisten konnte – oder aufs Theater. Auch für die Eintrittskarte mußte sie sich zur Decke strecken. Sie streckte sich, und so geschah es, daß Margarete, die ein Theater eigentlich nicht zu betreten wagte, am 9. Juni 1929 doch in einem saß: im Berliner Theater, wo sie den «König Richard III.» in einer Inszenierung Fritz Kortners spielten. Daß das Stück aus dem Federkiel eines gewissen Shakespeare stammte, nahm die hochschwangere Margarete nur am Rande zur Kenntnis. Daß aber der König kein gnädiger Rauschebart, sondern ein mordendes Monster war, entsetzte sie auf dem Höhepunkt des Gemetzels so, daß ihr der Schreck ins Bäuchlein fuhr. Halb ohnmächtig von dem «Wehe!» auf der Bühne und ihren Wehen im Parkett, wurde sie in die Frauenklinik Charlottenburg gefahren. Am 10. Juni 1929 brachte sie mich dort zur Welt: Harry, ihren ganz anderen Schreck.

1929

An meinem Geburtstag war Berlin ein Fahnenmeer. Denn der Ägypter-König Fuad der Erste besuchte die Stadt, um vom Reichspräsidenten Hindenburg dem Letzten empfangen zu werden. Doch für die Menschen, die an den geschmückten Straßen artig winkend Spalier standen, zogen hinter dem Tschinderassabum der Paraden dunkle Wolken auf: Ihnen dämmerte die Weltwirtschaftskrise, der berüchtigte Schwarze Freitag. Zwischen dem falschen Glanz und der leider echten Not tummelten sich das kleine Leben und die große Kunst, der pfiffige Pioniergeist und eine pöblige Politik. Die Braunhemden der Nazis, denen die Krise kräftig die

Harry mit seiner Mutter, 1930

Muskeln stärkte, schlugen sich in jedem zweiten Versammlungslokal mit den Kommunisten die Köpfe blutig. Das Berliner Reichspostzentralamt schickte probeweise die ersten deutschen Fernsehsendungen über den Äther: sensationelle Bilder, die noch sehr lange regelmäßig im «Schneetreiben» untergingen. Mit «Berlin Alexanderplatz» veröffentlichte der Nervenarzt Alfred Döblin den vielleicht großartigsten Berlin-Roman aller Zeiten. Die Berliner Stadtbahn wurde elektrifiziert. Der Senatorensohn Thomas Mann, der als Fünfundzwanzigjähriger den Roman «Die Buddenbrooks» vollendet hatte, wurde mit dem Literatur-Nobelpreis geehrt. Von dem ehemaligen Grabsteinverkäufer Erich Maria Remarque erschien ein heftig umstrittener Kriegsroman, dessen Titel zum geflügelten Wort wurde: «Im Westen nichts Neues». Die jungen und alten Kinder verschlangen das Buch «Emil und die Detektive», das der wunderbare Erzähler Erich Kästner geschrieben hatte. Noch im Juni des Jahres 1929, dem Monat auch meiner «Premiere», konnten die Berliner in ihren Lichtspielhäusern die deutsch synchronisierte Fassung einer der frühesten Tonfilme bestaunen: «Sonny Boy» aus der Werkstatt der amerikanischen Filmpioniere Warner Brothers. Ich vergrub mein Kindspech in den Windeln und krähte zu alledem.

Später

Nur wenig später sollte mir meine Mutter Onkel Kästners Gutenachtgeschichten am Bettchen vorlesen. Nicht allein «Emil und die Detektive», auch «Pünktchen und Anton». Als ich bereits in etwas längeren Hosen in Erscheinung trat, kam «Das fliegende Klassenzimmer» hinzu. Daß die Nazis die Bücher des Autors inzwischen verbrannt hatten, kümmerte meine sonst eher ängstliche Mama nicht. Aus Kinderbüchern nicht lesen dürfen? Das hätte sie nie verstanden. Sehr viel später sollte ich «Sonny Boy» lieben lernen, dieses ans Herz gehende Melodram eines traurigen Narren und singenden Kellners (Al Jolson), der am Tod seines Kindes zu zerbrechen droht. Denn auch ich werde eines Tages ein Kind verlieren, auch ich werde eines Tages singen, auch ich werde irgendwann ein trauriger Narr sein, und die Kellner werden zu meinem Leben gehören. Vielleicht höre ich die alten melancholischen Chansons Al Jolsons darum noch heute manchmal so gern. Ich empfinde sie nachträglich seit langem als meine Wiegenmusik.

«Det wilde Kind»

Von meiner Mutter erbte ich das Suppentellergesicht, mein Vater gab mir den Namen Harry. Mein Papa, der brave Polizeibeamte, war nämlich in seiner Freizeit eine Stimmungskanone. So ließ er mich nach Harry Piel taufen, einem aus Düsseldorf stammenden Regisseur beliebter Artistenfilme, der sich als Sensationsdarsteller auch selber in die Manege traute und Raubkatzen bändigte. Die Manege des Raubkätzchens Harry Juhnke war die Plumpe – so nennen die Bewohner des Wedding den Ortsteil Gesundbrunnen, in dem ich herangepäppelt wurde. Ich soll nur schwer zu bändigen gewesen sein. Ich galt als unruhiges Kind mit einer Hummelschar im Hintern. Ich machte Putz für zwei. «Vorsicht, die Grete schiebt ihren kleinen Krakeeler spazieren», hieß es unter den Nachbarinnen, wenn Mutter mit dem Babywagen um die Ecke bog, «Achtung, det wilde Kind kommt», wenn ich als Fünfjähriger schreiend durch die Plumpe raste: im Gamaschenhosenensemble mit Pommelmütze und Stulpenhandschuhen. Nur wenn mich jemand zu fassen kriegte, wie eine Zuckerstange abschmatzte oder mich fotografierte, stand ich, schon damals im Lackschuh, eitel still. Für die Lackschühchen, die natürlich zum «Sonntagsstaat» gehörten, hatte Mutter gesorgt. Vater schenkte mir Fußballschuhe. Keine richtigen mit Stollen unter den Sohlen. Meine Fußballschuhe waren winterfeste und, da sie möglichst lange halten sollten, viel zu große Lederbolzen, mit denen ich auch durch den Schnee tobte und Schlitten fuhr. Nur waren sie vor den Zehen mit einer Art Hartgummi sportlich verstärkt. Dieses Geschenk an seinen Harry war Vater dem Gesundbrunnen schuldig. Denn in unserem vorwiegend proletarischen Heimatbezirk war nach einer bierseligen «Herren»-Tour auf einem Ausflugsschiff namens «Hertha» am 25. Juli 1882 der Fußballclub Hertha BSC gegründet worden. Im Gesundbrunnen wußte das fast jeder Vater, wohl nicht auf den Tag, aber aufs Jahr genau. Also hielten die Väter stolz auf Tradition und erzogen ihre Knirpse danach. Meine dreikäsehohen Freunde kickten in der Plumpe an jeder Straßenecke mit einem Ball, gegen die nächstbesten Häuserwände und manchmal auch ins nächstbeste Fenster. Ich stand mit meinen gefütterten Winterschuhen auch im Sommer oft dabei – und guckte ihnen zu. Wenn dann der Ball mal in meine Richtung flog, gurkte ich ihn noch mit sechs so ungelenk wie mit drei zu den spielenden Kameraden zurück. Woher diese Verlegenheit? Ich war doch ein wieselflinker Junge und hätte mitflanken können. Ich konnte dem Mannschaftsspiel einfach nicht viel abgewinnen. Schon als Kind war ich offenbar einer, der die Lorbeeren so ein bißchen für sich allein einheimsen wollte. Ich ließ die anderen Jungs ohne mich weiterbolzen – und trödelte nach Hause.

*

Schon auf der Treppe hörte ich Mutters Radiomusik durch die dünnen Wände der Mietskaserne: Richard Tauber, den großen Tenor, oder «Veronika, der Lenz ist da» von den Comedian Harmonists. In diesen Augenblicken war «det wilde Kind» plötzlich zahm – und kauerte so gespannt vor dem Radio wie die Spitzbuben draußen vor dem Fußballtor. «Willste *uns* hören, Harriken?» fragten mich Mama und Tante Elsa. «Ja, ick will!» Da sangen die beiden «Dein ist mein ganzes Herz» für mich.

Vater

Mein Vater hatte meine Mutter mit seinen Händen auf ihren Schultern im Dreivierteltakt kennengelernt: auf einem Einfache-Leute-Ball bei der Polonaise. Dieser Ringelpiez mit Anfassen war so sehr nach seinem Geschmack, daß er schnell zum «Dirigenten» seines Kupplerclubs in einem Dorfschuppen bei Frankfurt an der Oder avancierte. Auch als meine Eltern längst verheiratet und nach Berlin gezogen waren, blieb Vater seinem Hobby treu. Auf bunten Abenden der Polizei organisierte er im Wedding so manche Hupfdohlerei. Um sich dafür in Schale zu schmeißen, stand er zu Hause lange vor dem kleinen Rasierspiegel. Dann tanzte er in gestreifter Hose, mausgrauer Weste und mit einer weißen Chrysantheme im Knopfloch pfeifend die Treppe hinunter. Aber seine Bügelfalten trug er nur äußerlich. Im Innern dieses korrekten Beamten loderte eine Künstlerseele. Diese Seele von Mensch kümmerte sich, wenn sie von der häuslichen Kette gelassen wurde, nicht groß um die Bügelfaltenmoral ihrer Zeit. Vater lebte ebenso eisern wie vergnüglich nach dem Motto: Dienst ist Dienst, und Schnaps ist Schnaps. Mutter wußte, daß er auf seinen bunten Abenden gern über die Stränge schlug und den Herzensbrecher spielte. Doch sie nahm seine Amouren mit einem Augenzwinkern. Sie konnte nämlich sicher sein, daß er nach seinen charmanten Expeditionen wieder brav an ihrem Küchentisch und vor ihrer Schürze saß. Nicht im Unterhemd, wie der Vater von nebenan, sondern immer so, wie er sagte, daß jederzeit Besuch kommen konnte.

*

Trotz Vaters kleiner Eskapaden liebten sich meine Eltern ganz dicke. Von dieser Liebe gaben sie ihrem Einzigen ab, was übrigblieb, und das war viel. Niemals ist meinen Eltern auch nur die Hand ausgerutscht, ich bin nicht einmal angeschrien worden. An unserem Lebensmittelpunkt, dem wackeligen Küchentisch, pflegte Mutter kopfschüttelnd zu sagen: «Das Kind schreit wie ein Affe und futtert wie ein Löwe.» Doch selbst aus diesem «Tadel» sprachen Zuneigung und sogar ein bißchen Stolz. «Harriken, springste ma?» fragte mich Vater täglich vor dem Abendbrot. Dann sprang ich mit sechs, mit neun, mit elf in die Kneipe an der Straßenecke und holte ihm seine zwei Liter Bier. Oft atemlos und voller Vorfreude schleppte ich sie ihm die Treppen hoch. Denn Vater wurde nie böse, wenn er gemütlich trank, und am nächsten Morgen erschien er wieder eisern diszipliniert zum Dienst. Vater erzählte Geschichten, so freundliche und träumerische Geschichten von einem reicheren Leben, daß ich ihn voller Bewunderung nicht nur für einen großen Polypen, sondern sogar für einen großen Piloten hielt – und am nächsten Tag in die Wolken schaute und mir einbildete, daß er mir aus seinem Vogel zuwinkte. An einem unserer abenteuerlichen Abende nahm Vater mich plötzlich bei beiden Ohren und sprach den erzieherischen Satz: «Wer angibt, hat mehr vom Leben, Harriken!» – «Herbert, ich bitte dich», sagte Mutter. Auch für diese Ermutigung habe ich den frühen «Monaco Franze» geliebt.

Sturmfreie Bude

Eine der vorlautesten Presseenten über mein Leben schnattert, ich sei als Einzelkind aufgewachsen. In Wirklichkeit hatte ich einen Stiefbruder. Er war eine Winnetou-Büste und stand geduldig auf dem einzigen Regal meines Zimmerchens in unserer neuen Weddinger Wohnung in der Fordoner Straße, in die wir uns inzwischen verbessert hatten. Von dort aus sah er mir zu: wie ich mein Klappbett schnürte und in die Höhe stemmte, damit Mutter die Tür öffnen konnte, um mir eine Butterstulle oder Schokoladenkekse durch den Spalt zu reichen. Ich nannte meinen Stiefbruder Winnetou Büste, Vorname: Winnetou, Nachname: Büste. Winnetou, wenn ich ihn liebhatte, und Büste, wenn er mir mal schnuppe war. So hatte ich es bei den Lehrern in der Schule gehört, die es mit uns Kindern genauso machten: Bei einer Eins riefen sie mich freundlich Harry, bei einer Sechs abschätzig Juhnke. Winnetou Büste war übrigens ein durchaus lebendiges Kerlchen, denn in den drei Bänden meiner Karl-May-Bibliothek überstand er die gefährlichsten Ritte. Nun soll bitte niemand denken, ich erzählte eine sentimentale Geschichte. Es gibt keinen Grund, daß mein Acht-Quadratmeter-Kämmerchen zum Weinen rührt. Der Knirps, den ich rückblickend in dieser Bude rackern sehe, war ein glückliches Kerlchen. Sie war nämlich wirklich so klein, daß niemand hineinkam, wenn das Bett heruntergeklappt war. Als Vater mir dann das neben meinem Dreirad lange einzige Spielzeug schenkte: ein von ihm selber gebasteltes Indianerzelt und eine von ihm selber gezimmerte Burg mit holzgeschnitzten Rittern und Burgfräulein, war das Zimmerchen für Eindringlinge endgültig verbaut. So blieb ich vor unerwünschten Überraschungen meist sicher und mit meinen Geheimnissen auf schönste Weise allein. Zu diesen Geheimnissen zählten die Besuche meines Mitschülers und Freundes Jo Herbst: Wenn meine Eltern nicht zu Hause waren, schossen Jo und ich mit einem Luftgewehr Kugel um Kugel in die Tapete der sturmfreien Bude. Vor deren Kratern nach der Schlacht wieder Winnetou Büste, «Old Surehand» und «Der Schatz im Silbersee» standen.

Schöner Sonntag

An Sonntagen weckten mich die nahen Kirchenglocken. Sie läuteten warme Festtage ein. Schon weil ich nicht immer zur Messe mußte. Wie die meisten «Evangelischen» gingen meine Eltern eher selten ins Gotteshaus. Es war nämlich nicht geheizt, und zu Hause wurde sonntäglich an nichts gespart: auch an den Kohlen für den Bullerofen nicht. So daß ich mich im Schlafanzug noch vor dem Frühstück in mein Indianerzelt verkroch und alles mit hineinnahm, was mir lieb und teuer war: meine Winnetou-Büste, meine «Karl Mays» und die «Comics» von Erich Ohser, vor allem seine Bilderbücher «Vater und Sohn». Wenn Vater mich darin schmökern sah, mahnte er mich: «Erzähl nur nichts in der Schule davon!» Ich wunderte mich, fragte ihn aber nicht nach dem Grund. Punkt zwölf läutete Mutters Glocke. Ich wußte, was sie nun wie singend rufen würde, denn sie sang jeden Sonntagmittag dasselbe lockende Lied in meine Höhle: E-i-s-b-e-i-n! An den Wochentagen gab es meist Heringe und Käse mit Leinöl zu Mittag, an den Sonntagen aber kam mein Lieblingsgericht auf den weißgedeckten

Tisch. Nach dem Essen pflegte Mutter ihre Balkongeranien, und Vater klimperte am Klavier, diesem glänzenden, aber für unsere kleine Wohnung mit dem Rauchtisch und den beiden Sesselchen viel zu großen Ungetüm. Manchmal bin ich übrigens auch gerne zur Kirche gegangen. Wenn ich nicht stillsitzen mußte: Mit neun Jahren spielte ich in der «Evangelischen» 1939 meine allererste Rolle: einen der Schneider in Hans Christian Andersens Märchen «Des Kaisers neue Kleider».

Später

Bis ich in die Hauptrolle des Märchens schlüpfen und den Kaiser spielen durfte, habe ich fünfundfünfzig Jahre warten müssen. Für einen Kinofilm von Juraj Herz war ich 1994 Andersens nette Majestät, die sich in ein Ekel verwandelt, sobald man ihr die höfische Garderobe überstreift. Meine im Film ebenso wie ich verkommene Partnerin Andréa Ferréol galt als eine internationale Berühmtheit – seit sie zwanzig Jahre zuvor in Marco Ferreris «Das große Fressen» mitgespielt hatte. Wir drehten in Mähren, die Außenaufnahmen im Örtchen Česky Krumlov, das «Innen» im nahen Schloß Vranov. Meine Frau Susanne begleitete mich auf dieser tschechischen Reise. An einem Abend im Hotel erzählte ich ihr von meiner Kinderrolle in der Kirche. Und ich erzählte ihr auch, warum mein Vater sich sorgte, ich könnte die Bilder Erich Ohsers mit in die Schule nehmen: Der politische Karikaturist des sozialdemokratischen «Vorwärts» hatte in den späten zwanziger Jahren auch die Titelblätter einiger Gedichtbände meines Lieblings Erich Kästner illustriert und war in der Berliner «Katakombe», dem populären Kabarett Werner Fincks, als Schnellzeichner auf-

64

getreten. Weil er aber nach 1933 nicht auf ihren Strich gehen wollte, verboten ihm die Nazis seinen Beruf. Doch unter dem Pseudonym «e. o. plauen» übte er ihn für die «Berliner Illustrirte» auch weiterhin aus. Bis ein Nachbar Erich Ohser denunzierte. Vom Volksgerichtshof Roland Freislers zum Tode verurteilt, kam er den Henkern zuvor und nahm sich in der Nacht vor der Hinrichtung 1944 selber das Leben. Ich mußte als Vater keine Angst vor «Onkel Erich» haben und habe meine beiden Söhnchen, viel zu selten, vor dem Schlafengehen in seinen Bilderbüchern blättern lassen.

Unter den Linden

Nachdem Vater sich auf dem Klavier ausgeklimpert und Mutter ihre Blumen gegossen hatte, putzten sie mich und sich für den Sonntagsspaziergang heraus. Nicht etwa für den auf dem Ku'damm, wo Damen mit großen Hüten und Herren mit Pelzkragen flanierten. Schon um die feinen Herrschaften einmal aus versteckter Nähe zu bewundern, hätte sich Mutter zwischen der Gedächtniskirche, dem Café Kranzler und dem Olivaer Platz zwar nur allzugerne gezeigt. «Aber ich hab für die teure Meile doch gar nichts im Kleiderschrank», sagte sie mehr belustigt als neidisch. «Unter den Linden sind wir drum nicht zu finden», witzelte Vater dazu und bürstete Mutters schönen warmen alten Mantel stäubchenfrei. Das Trio Juhnke zog um den Häuserblock im Wedding, am Flüßchen Panke entlang. «Da grüßen uns die Leute wenigstens», prophezeite Vater, «du wirst es gleich sehen, Harriken.» Ich sah und hörte es mit Stolz: «Guten Tag, Herr Polizist – guten Abend, Frau Polizistin!» Mutter reckte ihren Hals wie eine Schwänin. Denn manche der Männer zogen ihre Kappe, manche Mädchen knicksten sogar vor meinen Eltern.

In der Schule

«Vor dir sollen auch die Leute auf dem Ku'damm eines Tages ihre Hüte ziehn, Harry», sagte Vater – und schickte mich auf die Gonthard-Oberschule in der Badstraße. Auf diesem Gymnasium machte ich meine ersten Gehversuche nicht nur in einer neuen Klassengemeinschaft, sondern auch in einer für mich neuen Klassengesellschaft. Denn nun schrieb ich nicht länger vom Sohn des Metzgers, Krämers oder Möbelpackers ab, sondern vom «Filius» des Augenarztes, Rechtsanwaltes oder Bankdirektors. Während die meisten meiner Mitschüler ihren guten Ruf auf leichter Schulter von zu Hause mitbrachten, war ich gezwungen, ihn mir selber zu verschaffen. Ich mauserte mich zu einem bei meinen Kameraden beliebten Klassenclown. Bei meinen Lehrern brachten mir die mangelhaften Führungsnoten die zeitweilige Befreiung vom mißliebigen Unterricht ein: Ich wurde zum erst unwichtigen, später kriegswichtigen Altpapiersammeln auf dem menschenleeren Schulhof abkommandiert. Den Eimer in der Hand, schnitt ich Grimassen ins Klassenfenster und bekam erneut eine Fünf in Betragen verpaßt. Als mir die Fünfen auch in anderen Fächern drohten, nahm mich mein Lateinlehrer spitz ins Gebet: «Repititio mater studii, amice. Die Wiederholung ist die Mutter des Studiums, Freund Juhnke.» Der unangenehm tiefe Sinn: Ich Pappenheimer blieb pappen.

*

Zu einem Musterschüler machte mich auch das Ehrenjahr nicht. Aber es verhalf mir zur Entdeckung einer Begabung, die mich wie keine andere auf den Beruf des Schauspielers vorbereiten sollte: Ich hatte die Hausaufgaben für Erdkunde verschlafen und kam ohne die geringste Ahnung über das Baltikum in die Klasse. Ich warf nur einen kurzen Blick auf die Weltkarte meines Freundes Heini Heise, prägte mir ein, was er dazu in sein Heft gepinselt hatte, und wurde nach dem Stundenschellen prompt an die große Tafel zitiert. «Phänomenal, Harry!» lobte mich der Lehrer und schrieb eine Eins ins Notenbuch. Zum ersten Male war mir klargeworden: Wenn ich wollte oder mußte, funktionierte mein Gedächtnis wie ein Fotoapparat.

Sommerferien

Keine noch so gute Zensur in der Schule und kein noch so schöner Sonntag in der Plumpe aber konnten mir das Paradies ersetzen. Es lag beinahe vor unserer Haustür, im nur achtzig Kilometer entfernten Frankfurt an der Oder, wo meine Großeltern ihre Bäckerei besaßen. Sommer um Sommer verbrachte ich meine Ferien dort, und ich kann mich nicht erinnern, daß es mich an einen anderen Ort gezogen hätte. «Ach, der kleine Harry aus Berlin ist wieder da», neckten mich Großmutters Kundinnen, wenn ich mit einer viel zu großen Schürze in Großvaters Backstube aushalf und die frischen Schrippen in einem riesigen Korb vor die Warteschlangen ins Geschäft bugsierte. «Hier beim Opa kannste lernen», sagte Mutter, wenn sie zu Besuch kam, «und, wenn du groß bist, das Geschäft übernehmen.» – «Ja, das wär doch was», pflichtete ihr Onkel Walter aus Peenemünde bei, der selber Konditor war. «Du erbst mal die Bäkkerei.» Doch wenn ich zur Nacht in meiner Kate neben dem Mehlboden nicht einschlafen konnte, machte ich, vielleicht, eine ganz andere «Erbschaft». Großvater schlich sich an mein Bett und schaute mich durch seine dicken Brillengläser liebevoll forschend an: «Harriken, gönnste mir 'n Schlückchen? Du weißt doch, Oma sieht det nich so gern.» – «Schmeckt et dir denn, Opa?» – «Un wie et schmeckt, mein Junge!» Dann zog Großvater ein Fläschchen Schnaps aus der Tasche, legte seine Brille ab und trank den Flachmann in einem Zug leer.

Mein erster Kuß

An den Tagen, an welchen es in der Backstube für mich nichts zu lernen gab, packte mir Großmutter deren Früchte in den Ranzen: Zuckerstangen, Honigplätzchen, Marzipan. «Aber iß nicht alles auf einmal», rief sie mir nach, «sonst wirst du noch so dick, wie dein Vater mal war. Der hat fünfzig Pfund zugenommen, als er deine Mutter bei uns kennenlernte.» Dem beugte ich schon vor, indem ich rannte. Ich flitzte, immer allein, über die Blumenkohlfelder ins Wäldchen, das nach Harz und Moos roch, sammelte Himbeeren und stellte den Eichhörnchen und Kaninchen nach. Bis eines Sommers ein Mädchen in meinem Wäldchen auftauchte und in meinem Paradies auch meine erste «Liebe» wuchs: meine Kinderliebe zu Hannelore Bunk. Schon im zweiten Sommer küßten wir uns. Zuerst mit geschlossenen Lippen. Dann so, wie die Filmstars es in den Kinos meist in den Szenen kurz vor dem «Ende» taten: «Cinema Paradiso».

*

Mit Backblech und Bäckerschürze bei den Großeltern

Selbst aber mit Hannelore an der Hand und selbst auf dem Mehlboden meiner Großeltern, diesem schönsten Platz meiner kleinen Welt, flogen mich bei hellstem Gemüt urplötzlich schwarze Vögel an und versank ich in unerklärliche Traurigkeit. So wie ich in der Schule mein fotografisches Gedächtnis entdeckt hatte, so hörte ich nun ein doppeltes Herz in mir schlagen: Ich war, was die Großen «manisch-depressiv» nannten; und ich bin es bis heute geblieben.

*

Als Schulbub in Berlin wunderte ich mich während der Sonntagsspaziergänge mit meinen Eltern, daß nun manche Menschen auf manchen Parkbänken nicht mehr ausruhen durften; und daß die Leute, die dort ausruhen durften, meinen Vater nicht länger mit «Herr Juhnke», sondern mit «Heil Hitler» grüßten.

«Schnurrbart»

> «Hitler persönlich hat mich zum Satiriker gemacht. Komisch. Ich bin der liebste Autor der Nachkommen meiner Henker.»
> *Ephraim Kishon, dessen Geschichten*
> *«Der seekranke Walfisch»*
> *ich 1985 auf Schallplatte sprach*

Meine Mutter schwieg zu Adolf Hitler. Nie habe ich erfahren, ob sie mit ihrem Schweigen leise Zustimmung oder Ablehnung ausdrücken wollte. Mein Vater sagte: «Ja.» Stolz auf sein EK II aus dem Ersten Weltkrieg, dachte er deutschnational und erklärte mir: «Harry, du verstehst das vielleicht noch nicht. Aber dieser Onkel mit dem Schnurrbart hat uns Arbeit und zu essen gegeben.» Aus dem Volksempfänger, der bei uns zu Hause nun nicht mehr zur Ruhe kam, hörte ich Schnurrbarts donnernde Stimme. Sie hätte mich eigentlich erschrecken müssen, aber sie ergriff mich – mir lief eine Gänsehaut über den Rücken. Vater war rasch in die braune Partei eingetreten und schickte auch mich in die Hitlerjugend. Ich brannte darauf, das schmucke Uniförmchen anzuziehen, das er mir für siebzig Reichsmark gekauft hatte. Ich stand vor dem Spiegel und fühlte mich zum ersten Male als ein kleiner Mann. Ich griff mir an die Oberlippe. Nein, ein Schnurrbart wuchs mir noch nicht. Dafür nahm ich Schnurrbarts Haltung an und sprach: «Du bist nichts, dein Volk ist alles.»

HJ

Schnurrbarts Jugendclub, die HJ, gefiel mir. Sobald ich von der Schule nach Hause gekommen war und unter Mutters Aufsicht meine Hausaufgaben erledigt hatte, schwärmte ich ins «Deutsche Jungvolk» aus. So hießen die zehn- bis vierzehnjährigen «Pimpfe» der HJ. Dann trommelten wir, hißten Fahnen, trugen Wimpel und übten Schießen. Bei den Nachbarn, die Schnurrbart nicht mochte, durften wir nicht nur Klingelstreiche machen. Wir hätten den «bösen Leuten», die sich einen Stern auf die Brust nähen mußten, sogar die Fensterscheiben einwerfen und in ihren Geschäften Feuer legen dürfen – so wie die Großen es im Winter 1938 wirklich gemacht hatten. Sie nannten das die «Reichskristallnacht». Obwohl Häuser und Synagogen brannten, waren keine Feuerwehrautos zu sehen gewesen. So spielten auch wir jetzt «Räuber und Gendarm». Doch was wir kleinen Räuber auch immer anstellten, die Gendarmen kamen einfach nicht. Dafür kam der Weihnachtsmann. Er nannte sich Hermann Göring und war Schnurrbarts dickster Freund. An einem Heiligen Abend hat er zwar nicht mir, aber einem anderen Berliner Jungen einen Kinderstahlhelm geschenkt. Als der Krieg begann, klebte ich neben meiner Winnetou-Büste eine Weltkarte an die Tapete. Sie wurde zu meiner wöchentlich «geschmückten» Pinnwand. In alle Länder und Städte nämlich, in denen Schnurrbarts Armeen standen, stach ich kleine Fähnchen hinein. Die Fähnchen wurden immer mehr, sogar in Paris steckte bald ein Wimpel. Ich nannte mich «Atatürk», wollte Reichsprotektor in Griechenland werden und gedachte wie Schnurrbart einmal einen ganzen Staat zu gründen, der nach meiner Trillerpfeife tanzt.

*

Mit zwölf wurde ich selber zum «Führer»: zum Jungzugführer mit einer grünen Kordel um die Brust. Meine Mitpimpfe hörten mir staunend zu, wenn ich sie farbig belog und von nächtlichen Überfällen der «Roten» schwadronierte, die ich mit Heldenmut abgewehrt hatte. Ich ließ die mir untergebenen Schnösel an jedem Sonntag frühmorgens auf der Straße antreten: «korrekt» in kurzen schwarzen Hosen, braunen Hemden und Halstüchern mit Lederknoten. Sie standen vor mir stramm. Dann marschierte unser dreißigköpfiger Kindersturmtrupp durch den Wedding und piepte sich durchs Gesangbuch der HJ: vom Horst-Wessel-Lied bis zu «Es zittern die morschen Knochen». Wir wollten Kommunisten erschrecken – nicht ahnend, daß es von ihnen nur noch wenige in Freiheit gab. Nur mein Schulfreund Kalle Friemel, der als frommer Katholik Gott mehr gehorchte als Schnurrbart, versuchte meine Begeisterung zu dämpfen. Und Onkel Walter, der Bäcker aus Peenemünde, der den Krieg der Nazis in Bausch und Bogen ver-

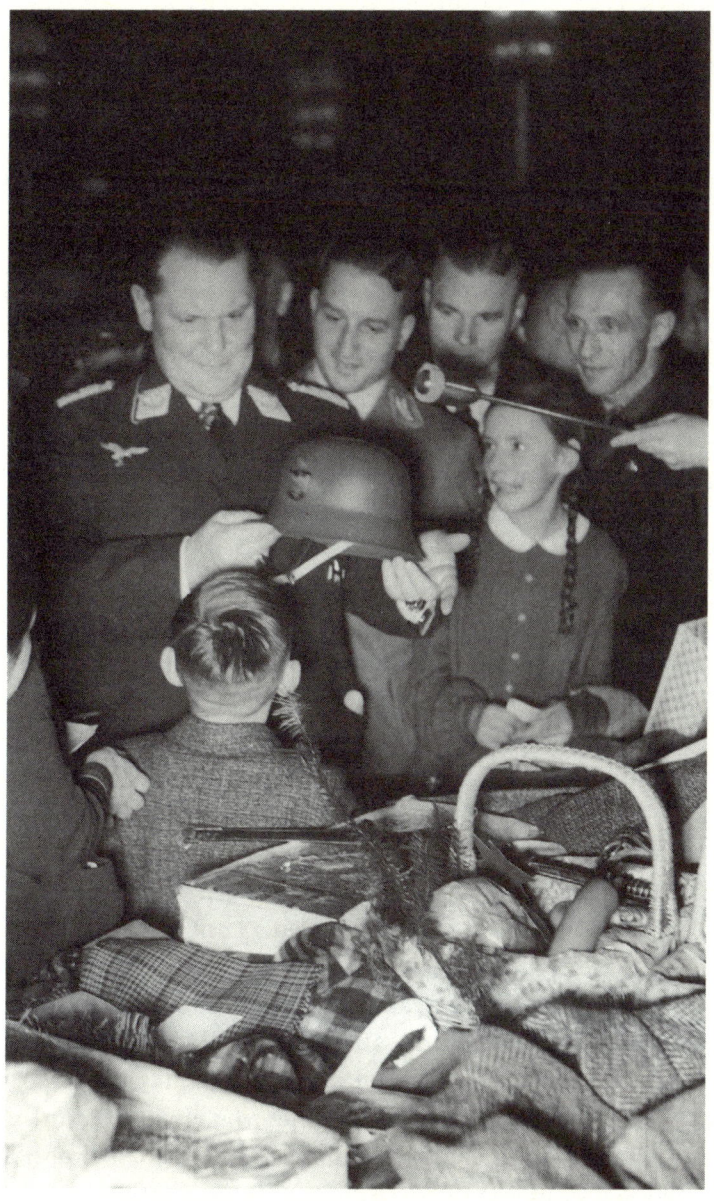

Dezember 1938: Göring schenkt einem Jungen einen Kinderstahlhelm

dammte. Solche Töne empfand ich als Provokation. Schnurrbart ein Verbrecher? Nein! Ich sprang wütend vom Kaffeetisch auf, ließ die Tassen scheppern und schrie: «Det is ja hanebüchen, Onkel. Det hör ick mir nich länger an.»

Kinderland

Ich mußte mir viel lauteren Lärm anhören, den Lärm der ersten Bomber über Berlin. Angesichts dieser Schrecken bauten Schnurrbarts Leute die «Kinderlandverschickung» aus, die es für «arische» Oberschüler als Sommerfrische schon vor dem Kriege gab. Ganze Schulklassen wurden nun aus den bedrohten Städten in die noch sichere Provinz gebracht. Das Wort gefiel uns Zwölfjährigen gar nicht. Erst nämlich hatte man uns eingeredet, wir seien ganze Kerle. Nun sollten wir plötzlich wieder sein, was wir waren: Kinder! Ich wurde mit meiner Schulklasse 1942 für einige Wochen im «Kinderland» Schloß Nordhof in Ostpreußen einquartiert. Die weinenden Mütter stickten uns zum Abschied Monogramme in die Wäsche. Noch war ich stolz auf meine zwei Buchstaben: HJ wie Hitlerjugend stand in meiner Unterhose. Schon am ersten Tag ließen wir uns fotografieren. Ich posierte als einziger in der ersten Reihe – mit einer Ziehharmonika in den Händen. Dabei konnte ich gar nicht auf ihr spielen. Aber mir lag wohl an der Botschaft: H. J. gibt auch hier den Ton an. Zu unserer Wehrkraftertüchtigung kam ein grimmiger Sturmbannführer ins «Kinderland» geritten und parkte seinen Gaul am Schloßtor. Ich erkletterte den Klepper, wurde sogleich wieder von ihm abgeworfen und brach mir einen Arm. Nun lief H. J. im Gips durchs Kinderland und war erst recht eine halbe Portion. Genau wie sehr bald das Reich, dem er tausend Jahre dienen wollte.

Im «Kinderland»

Superstar Mölders

Bei Mutter wieder am Rockschoß, beschloß ich, eines möglichst baldigen Tages Kampfpilot zu werden. Mit meinem geschienten Arm hängte ich neben der Winnetou-Büste und der Weltkarte mit den Fähnchen nun Fotos eines gewissen Oberst Mölders auf – er wurde zum Michael Jackson *meines* Kinderzimmers. Mein Superstar sang und tanzte jedoch nicht. Oberst Mölders war Schnurrbarts «erfolgreichster» Jagdflieger. Ich konnte es kaum noch erwarten, ihm nachzueifern und in die luftige Metzelei hineingeworfen zu werden. Sogar bei meinem Vater stellten sich nun angstvolle Bedenken ein. «Sag mal, bist du verrückt geworden, mein Junge? Du willst dich bei denen freiwillig melden? Die schicken dich mit deinem Flugzeug zwar in den Himmel, aber in einen, der die Hölle ist.» – «Na und, Papa», gab ich zur Antwort, «da gehör ick doch hin.»

Segelfliegen

Nach meiner «Einsegnung», der Konfirmation, war ich bald fünfzehn, mit Mutters Suppentellergesicht. Da schien mein Wunsch in Erfüllung zu gehen. Ich wurde nach Schüttenhofen, dem heutigen Sušice, südlich von Prag, «eingezogen»: in eine Drillanstalt für künftige Offiziersanwärter in einem Jagdgeschwader Schnurrbarts. Ich war begeistert, denn so langsam wuchs mir selber einer. In Schüttenhofen spielten wir Krieg. Den richtigen Krieg kannte ich nur aus den «Wochenschauen» der Berliner Kinos, die ihn romantisch verklärten, und aus den «Sondermeldungen», die während des Rußlandfeldzuges seit 1941 aus den Volksempfängern in unsere Wohnstuben drangen – zur von Pauken un-

Konfirmation, 1943

terlegten Fanfarenmusik des Abbé und Komponisten Franz Liszt, die Schnurrbart (der arme Abbé Liszt konnte nichts dafür) selber ausgesucht hatte. Ich lernte, was «deutsch sein» hieß: üben, wie man Betten «baut», vor dem «Spieß» durch den Schlamm robbt und jeden, aber auch wirklich jeden Befehl ausführt. Ich «baute» akkurate Betten, ich robbte durch den tiefsten Schlamm, ich war gern «ein Deutscher», oft Schnurrbarts lisztige Fanfarenklänge im Kopf und immer in der Hoffnung, irgendwann in einer Zweimotorigen mit Bombe zu sitzen. Doch es gab bald keine deutschen Flugzeuge mehr. Wir kleinen dummen Helden lernten Segelfliegen.

Gefährlicher Spaß

Trotz meines flaumigen Schnurrbarts war ich unter den Jung-«Nazis» ein Exot. Denn der liebe Gott hatte mir eine Eigenschaft mitgegeben, die in Schnurrbarts Reich verpönt war: Ich lachte gern, ich hatte Humor; und mein Humor machte auch vor Schnurrbarts Kabinett nicht halt. In diesem saß ein Mann, der hinkte, wenn er aufstand. Auf jenen Joseph Goebbels hatte meine Parodie es abgesehen. Eines Abends, wir hatten unsere Segelflieger geschrubbt, machte ich ihn «auf Stube» vor den Kameraden naturgetreu nach – bis hin zu seiner beim Sprechen hin- und herbaumelnden Hand: «Die Zeiten, liebe Volksgenossen, in denen die Filmschauspielerinnen durch die Betten der Regisseure mußten, sind vorbei. Jetzt sind *wir* dran!» Mein halbwüchsiges Publikum lachte Tränen. Da platzte unser «Spieß» herein: «Sag mal, Juhnke, was erlaubst du dir, du verscheißerst hier den Reichspropagandaminister.» – «Ja, Herr Feldwebel, aber nur so aus Spaß», verteidigte ich mich mit meiner

78

Hand nun an der Hosennaht. «Ich hab doch nur ans Kino gedacht. An den Schauspieler Johannes Heesters. Der darf doch auch lustig sein.» – «Lustig nennst du das, Juhnke? Dann will ich dir mal was sagen: Diesen Heesters, diesen Holländer, wird es nach dem Krieg nicht mehr geben.»

Die Mücke

Nach dem Segelfliegen drückten wir wieder eine Weile die Schulbank in Berlin. Der Direktor bemühte sich in unsere Klasse. Seine Miene war feierlich und ernst: «Ich habe die Ehre, euch mitzuteilen, daß der Führer morgen unsere Anstalt besucht. Ich erwarte von euch allen Sonntagsstaat, saubere Fingernägel und fröhliche Gesichter.» Der Fingernägel wegen wäre ich in der Nacht zuvor am liebsten mit Handschuhen ins Bett gegangen. Am nächsten Morgen trat, nach der zweiten Stunde, unser komplettes Gymnasium auf dem Schulhof an: vom Direktor bis zum Pedell – auch dieser nicht wie gewöhnlich im Kittel, sondern im grauen Anzug. Streng nach dem deutschen Alphabet standen wir von A bis Z stramm. Der Fotograf, der den Besuch verewigen sollte, mußte keinem von uns sagen, daß er still zu stehen habe. Wie aus Stein taten wir das von allein, wir standen wie die Salzsäulen da. Doch dann ging alles rasend schnell. In einem langen Mantel mit großen Knöpfen ging Schnurrbart an uns vorbei. Erst gab er A, dann B, dann C kurz die Hand – und mit dem Buchstaben I unterhielt er sich sogar. Doch ausgerechnet in dem Moment, als J wie Juhnke an der Reihe gewesen wäre, flog Schnurrbart eine feindliche Mücke ins Auge. Verärgert verscheuchte er sie mit dem Daumen, so daß er mich im Eifer des Gefechts überging und erst vor Kamerad K wieder klar sehen konnte. So blieb meine Hand von Schnurrbart ungedrückt. Vielleicht war das auch sauberer so. Denn ich hätte die von Schnurrbart gedrückte Hand wohl lange nicht mehr gewaschen.

Der schwarze Mann

Als wir, erneut in Sušice, die ersten düsteren Takte aus Richard Wagners «Götterdämmerung» hörten, wußten wir, das hat «nichts Gutes» zu bedeuten. «Mann» schrieb den 30. April 1945, und diese Musik, die da aus den Lautsprechern des böhmischen HJ-Fliegerhorstes in die Ohren von uns hundert Hitlerjungen drang, war gespenstisch. Dann verkündete der Sprecher des Großdeutschen Rundfunks mit umflorter Stimme das Unfaßbare: «Unser Führer Adolf Hitler ist im Kampf gegen den Bolschewismus, dem sein ganzes Leben galt, als Soldat an vorderster Front gefallen.» Für mich brach eine Welt zusammen. Ich heulte die halbe Nacht. Am nächsten Morgen der schnarrende Befehl unserer Offiziere: «Gräben besetzen, auf keinen Fall zurückweichen, dem Ami und dem Iwan Saures geben.» Wir kauerten in einem Erdloch, der Maulwurf neben mir hieß Heini Heise. Unsere Stimmung schwankte zwischen «Ich mach mir gleich in die Hose» und «Jetzt erst recht». Ich hielt die Panzerfaust mit einer Hand umklammert, als die ersten Ami-Tanks auf uns zufuhren. Heini zischte: «Bist du verrückt geworden, was willst du jetzt noch? Der Krieg ist aus. Laß das Ding da in Ruhe. Glaub mir, das ist gesünder.» Ein Äste und Schlamm mitreißender Kettenkoloß schoß vor. Aus der Luke des Panzers federte ein baumlanger GI heraus. Er war der erste schwarze Mann meines Lebens. Ich hatte Bammel. So sahen also diese «Neger» aus, die uns in der Schule als «Halbaffen» geschildert worden waren. Unter dem Helm sah man das gekräuselte schwarze Haar, und in seinem Gesicht stand ein Lächeln: «Hey, boys, you want chocolate?» Wir griffen gierig und erleichtert zu. Dann begann das zuerst launige Verhör. «What are you doing here? You are soldiers?» – «No soldier, Hitlerjugend!» Das Gesicht unseres GI, der sich mittlerweile eine Zigarette angezündet hatte, verfinsterte sich: «Hitler youth more dangerous than soldiers.» Mit der Maschinenpistole im Anschlag befahl er uns, einen Jeep zu besteigen.

«Der Feind»

Ich hatte den Krieg für ein Ritterspiel gehalten, für so eine Art Mischung aus «Mensch ärgere dich nicht» und Schiffeversenken. Die Gewehrkolbenstöße der russischen Soldaten belehrten uns rasch, daß es nun ernst zu werden drohte. Bei Nacht und Nebel hatten uns die Amerikaner auf einem offenen Lastwagen im Höllentempo zur Roten Armee kutschiert. «Wir sind beim Iwan, die Amis ham uns verkooft.» Es ging glimpflicher ab, als wir fürchteten. Die Russen waren im wahrsten Sinne des Wortes siegestrunken. Sie brüllten «Uhri, Uhri, Uhri» und streiften auch mir mein Konfirmationsgeschenk vom Arm. Ich zitterte. «Bub, in der Nacht is a Ruh», tröstete mich ein bayrischer Landser: «Da trinken s' und singen s' ihre Heimatlieder.» Dann erzählte er mir, daß die Russen ihre Angst vor dem Töten und Getötetwerden schon während des Krieges mit Alkohol betäubt hatten. Viele von ihnen, nicht viel älter als ich, seien betrunken in die deutschen MG-Salven gewankt.

Die Flucht

Als es dunkel wurde, tranken und sangen unsere «Feinde» wirklich. Das war unsere Chance. Da das Lager nicht einge- zäunt war, nutzten wir die Chance und robbten durch das regennasse Gras schon in der ersten Nacht auf und davon. Mit meinem Taschenmesser schnitten wir uns auf einer Waldlichtung im Mondlicht unsere Uniformhosen ab. So sahen wir nicht länger wie Soldaten, sondern wieder wie Kinder aus. Wir zerrissen unsere Papiere, vergruben unsere Erkennungsmarken, Soldbücher und Uniformjacken; sogar mein Koppelschloß, auf das ich so stolz war, ließ ich in einem böhmischen Birkenwäldchen zurück. Über einen Kompaß verfügten wir nicht, aber «Orientierung im Ge- lände» hatten wir in der Hitlerjugend gelernt. Wir besaßen noch achtzig Reichsmark, ein kleines Stück Käse und vier Scheiben Brot. Vier Tage lang marschierten wir vorwiegend nachts durch die Wälder, nach Nordwesten, Richtung Sach- sen, immer auf der Hut vor Militärkolonnen und Einheimi- schen, die uns hätten «verpetzen» können.

Der alte Tscheche

Für die sechshundert Kilometer nach Berlin aber hätte unser Proviant nicht gereicht. Wir nahmen unseren ganzen Mut zusammen, klopften mit einem Sträußchen Kräuterblumen und einem treuherzigen Lächeln an einem Bauernhaus. Ein alter Mann mit zerfurchtem Gesicht, einer Triefnase und einem Pferdegebiß, das wohl noch nie einen Zahnarzt gese- hen hatte, öffnete uns. Er roch nach billigem Fusel, aber er war eine Seele von Mensch. Von ihm bekamen wir Eier, Brot und Milch, sogar ein Stück Speck in einem Leinenbeutel.

Schließlich schleppte er zivile Kleidung an: zwei Hosen, Blusen, Hemden. Mit einer Schere schnitt ich die Hochwasserhosen auf Kniehöhe zu, legte zehn Mark auf den Tisch und, als der Gesichtsausdruck unseres Wohltäters plötzlich verdrießlich wirkte, noch einmal zehn. Ob er mit der verfallenden Währung überhaupt etwas anfangen konnte? Wir nahmen unsere kurzen Beine in die Hand.

Der Güterzug

Nach der Begegnung mit dem freundlichen Alten hatten wir mehr Zutrauen zur tschechischen Bevölkerung und fanden eine sudetendeutsche Bäuerin, die uns erstens ein Stück Kernseife gab, das wir dringend benötigten, und zweitens den Tip, unterwegs einen Passierschein zu besorgen. Wir nickten dankbar, weil uns allmählich die Blasen an unseren Füßen zu quälen begannen. An einem Bach wuschen wir uns und marschierten ins nächste Rathaus. Es roch nach Bohnerwachs, und die Treppen knarrten, als wir in den zweiten Stock stiefelten. Wir sagten unser Sprüchlein auf: von zwei kinderlandverschickten Jungs, die nichts sehnlicher wünschten, als ihre Mama wiederzusehen. Der Beamte hinter dem Schreibtisch schüttelte bedächtig den Kopf. Wir baten flehender, so laut, daß man unser Deutsch auch im Warteraum hörte. Da stürmten zwei junge Männer ins Büro, spuckten uns an und schlugen auf uns ein. Bis der Beamte sie bremste. Aus Barmherzigkeit und weil er Geld gut brauchen konnte. Gegen die uns verbliebenen sechzig Mark händigte er uns den begehrten Passierschein und ein paar Brotmarken aus.

*

Der Passierschein war Gold wert. Wir kamen unbehelligt voran. Viele Kilometer mit einem Güterzug, manche zu Fuß oder auf einem Pferdegespann. Doch an einem ehemals böhmisch-sächsischen Grenzübergang stoppten uns russische Soldaten. Sie zwangen uns und etliche andere Hänflinge zum Schienenverlegen. Dann ließen sie uns wieder laufen – zum nächsten Bahnhof. Wir waren in guter Stimmung, bis sich kurz vor Cottbus unser Abteil füllte: mit Gesichtern, wie ich sie nie zuvor gesehen hatte. Aus den Gesichtern starrten Augenhöhlen. Die ausgemergelten Körper steckten in schwarz-weiß gestreiften Drillichen. Sie waren dreckig und zerlumpt, auf den Jacken standen Zahlen zu lesen. Die Drillich-Menschen sprachen kein Wort. Als wollten sie sich wärmen, kauerten sie sich dicht zusammen. Manche zitterten, als ob sie dennoch frören. Ich war zum ersten Male KZ-Häftlingen begegnet. Ich hielt den Anblick nicht aus. Ich verließ das Abteil – und verdrängte das Bild.

Mutters Tagebuch

Als der Zug am Ortsschild Königs Wusterhausen vorbeifuhr, sahen Heini und ich uns an. Wir wußten: «Morjen sind wa in Berlin.» Vor den Ruinen des Schlesischen Bahnhofs stiegen wir aus. Heini wanderte Richtung Süden nach Neukölln, ich nach Norden zum Wedding. Trotz der Maisonne war die Berliner Luft kaum zu ertragen. Denn es staubte, überall lagen Schutt und Scherben. Die Spatzen zwitscherten auf Trümmerbergen. Frauen mit Schürzen und verknoteten Kopftüchern warfen sich Steine zu, auf den Straßen fuhren Militärfahrzeuge. Schon nahe der Plumpe, traf ich einen einstigen Nachbarn, der um Jahre gealtert zu sein schien: «Harry, geh nicht nach Hause, ist alles kaputt.»

Aber wo sollte ich hin? Als ich in die Fordoner Straße einbog, schloß ich die Augen – und betete. Ich machte sie wieder auf und sah: Das Mietshaus mit der Wohnung meiner Eltern, es stand noch. Ich stürmte die Treppen hoch, schlug an die Tür und schrie: «Ick bin's, Harry, macht uff.» Mutter öffnete, wir fielen uns in die Arme. Dann kam Vater aus der Küche. Er weinte. Mutter kratzte ihre letzten Mehlreste zusammen und buk zur Feier des Tages einen Kuchen. Vater lief Kilometer um Kilometer durch unsere kleine Wohnung und führte die immer wieder gleichen Selbstgespräche: «Det har ick jewußt. Unser Junge, der schafft det, mein Harry, der kommt zurück.» Es war der 31. Mai 1945, und Mutter schrieb in ihr Tagebuch: «Harry heimgekehrt.» Sie nahm einen Rotstift aus meinem alten Malkasten und rahmte ein krakeliges Herz um die glückliche Notiz. Früher hatte Mutter ihr Tagebuch versteckt gehalten. Nun lag es meist auf dem Küchentisch. Eines Tages schenkte sie es mir. Ich habe das zerfledderte Heftchen leider verloren.

Swinging Berlin

Aus allen Berliner Bars dröhnte der Swing. Dieser Rhythmus war die musikalische Befreiung vom braunen Gleichschritt. Ein Tanz, bei dem die Partner knieweich in der Hüfte einknicken, um dann, als hätten sie sich auf einen Igel gesetzt, wieder hochzuschnellen. Hatte ich nach meiner Rückkehr nach Berlin immer noch ein paar «Schnurrbart»-Haare an mir, so verflogen sie durch diese Musik. Hatte ich im Sommer 1945 noch ein Flugblatt mit schwarzweiß-roter Fahne und trotzigen Parolen («Die deutsche Jugend bleibt wachsam») gegen die Besatzer entwerfen wollen, so fand ich nun Gefallen an der noch kurz zuvor «verhaßten» amerikanischen Kultur. Sie ging in die Beine und wusch den Kopf. Von einem swingenden Lehrer erfuhr ich, welches «Teufelszeug» ich da plötzlich liebte. Er erzählte mir, die Swinger hätten sich vor den Nazis in acht nehmen müssen. Denn sie galten als «entartet, undeutsch und verniggert», sie wurden früh von der Gestapo observiert. Vor ihren Lokalen hingen Schilder der Reichsmusikkammer: «Swingtanzen verboten». Der akrobatische Spaß galt als «Rückgraterweichung und hysterische Zuckung», als «anglo-jüdische Pest», welche die Jugend verderbe. Dabei hatten die Swinger lediglich Schallplatten untereinander getauscht, die sie sich auch in Feldpostpaketen schicken ließen. Sie verkehrten in Kaffeehäusern, setzten auf Bahnsteigen Koffergrammophone in Gang, fluchten statt verdammt und zugenäht «damned» oder «hell and damnation». Die Jungs trugen modische Jacketts mit Krawatten unter den unvermeidlichen Mänteln, die jungen Frauen Hüte, Flanellanzüge und Seidenstrümpfe. «Wir Swinger», sagte mein noch junger Lehrer, «waren für euch uniformierte Hitlerjungs eine ‹Schande›. Euch wurde eingetrichtert, wir seien ‹Volksschädlinge›.» Ich schämte mich und antwortete meinem Lehrer: «Dann habe ich ja etwas in mir selber gehaßt!» Er schwieg – und ich drehte mich am nächsten Abend wieder swingend durch irgendeinen verrauchten Saal. Zum Saxophon- und Klarinetten-Swing von Glenn Miller, dem Orchesterleiter des «Feindes», der 1944 mit einem Flugzeug abgestürzt war. Glenn Millers Swing wurde zu meiner nicht nur körperlichen Entnazifizierung. Seine «verbotene» Musik machte aus mir strammem einen zeitlebens verrückten Deutschen.

Nachruf auf meine Kindheit

Nur eine Art

Denk immer dran, mein liebes Kind,
daß Deutsche unvergleichbar sind.
Wir sind nicht einfach Lebewesen
wie beispielsweise die Chinesen,
Amerikaner und Franzosen
und all die vielen Namenlosen.
Nur eine Art lebt hier auf Erden,
die kann an uns gemessen werden:
Merk dir, mein Kind, das sind gesunde
stubenreine Schäferhunde.
(Loriot)

Horst Motzek

Mein Schulfreund Horst Motzek («Motze»), der wohlgenährte Sohn eines Metzgermeisters, war eine Marke. Ich
nannte ihn den schönen Horst, weil er in jener Zeit der
knurrenden Mägen mit rosigen Wangen auffiel. Mit siebzehn saß ich in der Klasse neben ihm und schrieb von ihm
ab. Denn ich war zwar nicht doof, aber faul. Ernsthaft überlegten wir uns, das Abitur am Bahnhof Zoo einfach zu kaufen: für hundertfünfzig Mark. Aus Angst vor stümperhaften
Fälschungen ließen wir es schließlich. Ich ging mit Horst
auf eine Abendschule. Jeden Werktag von sechs bis zehn
rechneten und schrieben wir uns die Finger wund. An den
Wochenenden poussierten wir mit den Berliner Gören,
lockten sie in die Berliner Parks, verdrückten uns in die Berliner Büsche und kämpften dort mit den Berliner Parkameisen. Eines der Mädchen mit nach Hause zu nehmen war da-

mals undenkbar. Das verbot nicht nur die Kirche, sondern auch der Staat: der berüchtigte Kuppelei-Paragraph, der die Jugendliebe in der elterlichen Wohnung unsanft bestrafte.

Schwarzmarkt

Zu Hause galten wir noch als pubertäre Lümmel, in den Kneipen führten wir uns wie die Mafiosi Al Capone und Meyer-Lansky auf. Wenn Motze und ich am Sonntag zum Tanzen ins Grand Café oder in die Grotta Azurra einliefen, orderten wir eine Flasche Schnaps. Die Penunsen dafür hatten wir uns auf dem Schwarzmarkt verdient. Unsere Devise lautete: Nie mehr eine «Stalintorte», das war eine Scheibe Brot, gegen zwei Zwiebeln tauschen müssen. In der Westminster-Bar handelten wir mit Glimmstengeln und Alkohol, der in schummrigen Hinterzimmern gebrannt wurde. Wenn der Schmuggel unter dem Thekentisch für unser fideles Leben nicht reichte, kaufte ich Penicillin bei amerikanischen Soldaten und verscherbelte die billig erworbene Arznei zu Höchstpreisen an russische Offiziere, die große Schwierigkeiten bekamen, wenn sie sich eine Geschlechtskrankheit einfingen. Nach dem Motto «Erst kommt das Fressen, dann die Moral» hatte ich der Syphilis und ihrem kleinen Bruder, dem Tripper, die Butter auf dem Brot zu verdanken.

Bogart für Arme

Ich verließ die Schule – die Straße wurde zu meiner Universität. Ich durchstreifte sie als stenziger Gigolo – trug einen hellgrauen Zweireiher mit blauen Nadelstreifen, dazu eine Nelke im Knopfloch und einen breitkrempigen Hut. Den

Anzug hatte ich mir von einem Schneidermeister, dem Vater meines Mitschülers und Freundes Manfred Zoch, nähen lassen. In meinen blauen Wildlederschuhen mit Keilabsatz hätte man mich locker für einen Luden halten können. Dabei war ich nur ein Humphrey Bogart für Arme, der zu Hause im Wedding nach den Fettaugen auf der Steckrübensuppe suchte – und dabei nur bis zwei zu zählen brauchte. Doch ich wollte das große Einmaleins des Lebens lernen. Wenn schon nicht auf die feine, dann eben auf die schräge Tour. So waren Motze und ich bald auf dem besten Wege, Hallodris zu werden, mit allen Abwassern gewaschene Kleinganoven. Ich galt als cleverer Schieber, doch ich zog auch manchmal den kürzeren. In einer fremden Wohnung legte ich mein ganzes Geld für ein paar tausend Zigaretten auf den Tisch, die ich dann meistbietend verhökern wollte. Ich witterte das Geschäft meines jungen Lebens. Mein Schieberkollege knöpfte mir meine Moneten ab und versprach, in einer Viertelstunde mit den Lullen wiederzukommen. Ich wartete vier Stunden, tobte, heulte, schrie, bis ich begriff: Mein Kumpan hatte mich gelinkt. Auch meiner hungrigen Eltern wegen mußte ich nun ständig nach Frankfurt an der Oder fahren, um bei meinem Cousin billigen Korn aufzustöbern, den ich in Berlin zum fünffachen Preis losschlagen konnte. Als ich Motze von meiner Pleite erzählte, sagte er nur: «Macht nix, Harry. Neues Spiel, neues Glück!»

Später

Ich verlor Horst Motzek viele Jahre lang aus den Augen, aber wir sind «entfernte» Freunde geblieben. Er ging bei einem Kürschner in die Lehre und hat heute ein Pelzgeschäft in Nürnberg. Ich besuche ihn – selten. Die alte Freundschaft dieses Pelzhändlers mit der ganz und gar nicht pelzigen Seele aber wärmt meine Erinnerung.

«Franzosen-Uschi»

Eines Abends bot ich Uschi «schwarze» Zigaretten an, sie zuckte verächtlich mit den Schultern. In der Westminster-Bar nannte man sie nur «Franzosen-Uschi», weil sie innigste Kontakte zu französischen Offizieren unterhielt. «Die is jut bewacht, mach da keene Hoffnung», meinten meine Zechbrüder, aber das stachelte meinen Ehrgeiz erst recht an. Am dritten Abend kam die Gelegenheit: Uschi wartete vergeblich auf ihren Leutnant, die Kapelle spielte «Sentimental Journey», und ich legte eine kesse Sohle aufs knarrende Holz. Meine Verrenkungen machten mächtig Eindruck auf sie und waren mein Sesam-öffne-dich. Uschi nahm mich mit in ihre Schatzkammer. Auf ihrer Bude gab es alles: Parfüm, Bohnenkaffee, Datteln aus Tunis und natürlich Baguettes. Die Schätze hatten ihren Preis: Uschi mußte ihre Abende mit den Franzosen verbringen, aber die Nachmittage gönnte sie mir. Ich war ihr Afternoon-Lover. Sie schenkte mir ausrangierte Offiziersjacken aus feinstem französischem Tuch. Ich machte sie zu Geld und lebte wie die Made im Speck. Bis die Franzosen-Uschi dann zur Ami-Uschi avancierte und in den amerikanischen Sektor wechselte, weil die Amis mehr Sold und bessere Naturalien boten. Ich trat in der Westminster-Bar wieder als Kneipenschreier auf: «Wer will noch mal, wer hat noch nicht?» Fast jeden Abend bot ich Zigaretten, Schokolade und Kaugummis an.

Verhext

Mit meinem schrägen Bauchladen hätte ich mich wohl auch in die fünfziger Jahre gelümmelt, wenn mir der Himmel nicht Jo Herbst ins Leben zurückgeschickt hätte. Jo war der Freund meiner knirpsigen Tage, das Kerlchen mit dem Luftgewehr in meiner sturmfreien Bude, und während der gemeinsamen Kinderlandverschickung hatten wir «Karl May» aufgeführt: ich den stolzen Winnetou, er meinen mörderischen Rivalen Santer. Inzwischen hatte er unseren Spaß zum Beruf gemacht. Er wollte Kabarettist werden und hatte sogar schon in einem in Berlin gedrehten Film des berühmten Italieners Roberto Rossellini mitgewirkt: in «Deutschland im Jahre Null» – als ein Halbverhungerter. «So siehst du auch aus», verkniff ich mir zu sagen, als ich ihn 1947 zufällig auf der Straße wiedertraf. Mir stand ein schmales Handtuch mit Brille gegenüber. Der Schlaks schob seinen Schmollmund vor, musterte mich mit seinen klugen Augen und erkundigte sich nach mir. «Ick verkoofe», sagte ich lässig. «Du verkaufst, Harry, was denn?» – «Ach, weeßte, Arznei, Branntwein und so Sachen.» Jo nestelte in seiner Westentasche: «Also, zu verkaufen habe ich nix. Aber ich könnte dir etwas schenken. Du hast doch damals bei unseren Karl-May-Spielchen so 'n Spaß gehabt. Warum bleibst du nicht dabei, warum machst du nicht weiter? Paß auf, ich hab zwei Karten für ‹Romeo und Julia› übrig. Guck dir den Zauber doch mal an.» – «Den wat soll ick mir angucken, Jo?» – «Mensch, Harry, das kann doch nicht so schwer sein: Shakespeare, ‹Romeo und Julia›.» Als ich mein Gesicht verzog, besänftigte mich Jo, indem er geschickt an mein Banausentum appellierte: «Keine Sorge, Harry, du mußt keinen blasierten Abend befürchten. In dem Stück geht's um Mord und Totschlag, bis

aufs Blut verfeindete Familien und gebrochene Herzen.»
Ich staunte: «Det is ja wie im Kino.»

*

Mit meinen Theaterkarten in der Hand aber kam ich mir
wie im *falschen* Kino vor. Den harten Jungs in der Westminster-Bar konnte ich die zweite Karte schlecht anbieten; sie
hätten sich dusselig gelacht. Die meisten mir bekannten
Mädchen jedoch hielten Männer, die ins Theater gingen,
für «Weichlinge». Eines von ihnen fragte mich später sogar: «Wat, du und Homo?» Also schlenzte ich solo ins
Deutsche Theater, sozusagen mit hochgeschlagenem Man-
telkragen, haute mich breitbeinig ins Parkett – und gähnte
erst einmal. Ich atmete den Duft der Frauen im Publikum
ein, die unverschämt sündig und edel nach Parfüm rochen –
und dachte: «Hoppla, vielleicht bist du hier gar nicht so ver-
kehrt.» Ehe ich mich versah, sollte dieser Witz zur Wahrheit werden. Nicht wegen des betörenden Dufts im Publikum, sondern wegen der betörenden Schönheit auf der
Bühne. Wie der «Romeo» Horst Caspar seine Sätze läuten
ließ, einmal stürmisch, ein andermal spieluhrenleise. Ich war
wie verhext von ihm und seiner «Julia» Antje Weißgerber,
dem Star schon der alten Ufa. Ich spürte einen bis dahin verborgenen Harry in mir und brannte innerlich wie eine Fak-
kel. Aus mir, dem Theatermuffel, war binnen drei Stunden
ein Kunstbesessener geworden: aus dem Saulus ein Paulus.
Schließlich klatschte ich, bis keiner mehr klatschte. Ohne es
zu merken, hatte ich meine Eintrittskarten zerknüllt.

*

Nach dem letzten Vorhang schlich ich dem fünfunddreißig-
jährigen Horst Caspar zur S-Bahn nach. Aber ich, der allzeit
wortgewandte Stenz aus der Plumpe, hatte keine Traute, ihn

anzusprechen. Nicht diesen Mädchenschwarm mit dem edel geschnittenen Gesicht, der auf der Bühne so begnadet Shakespeare spielte. Normalerweise brauchte ich für meinen Mund einen Waffenschein. Vor Horst Caspar aber versagte meine kesse Klappe und rutschte mir das Herz in die Knie.

*

Nach meiner Verwandlung traf ich Jo Herbst erneut und packte ihn an seinen Ellenbogenflicken: «Wat soll ick sagen, wie soll ick dir danken? Ick bin wie besoffen jewesen, so hat mir det uffjereecht. Ick kenn mir selber nich wieder.» Jo grinste stolz – und zog schon wieder ein Geschenk aus dem Ärmel. Es waren drei zerlesene Bändchen: Bert Brechts «Furcht und Elend des Dritten Reiches», Jean-Paul Sartres «Die Fliegen» und Wolfgang Borcherts gerade erschienenes Hörspiel und Theaterstück «Draußen vor der Tür».

Der Schwur

Auf einer zerbombten Bühne, im Schauspielhaus am Ostberliner Gendarmenmarkt, dessen Intendant während des Krieges Gustaf Gründgens gewesen war, stand ich am nächsten Tag in meinen blauen Wildlederschuhen vor einem leeren Rund. Als ich sicher war, daß mir niemand gefolgt sein konnte, verneigte ich mich vor den Trümmern, breitete die Arme aus, winkte dem nicht anwesenden Publikum zu und schwor: «Meine Damen und Herren. Hier sehen Sie Harry Juhnke aus dem roten Wedding, der eines Tages der berühmteste Schauspieler Deutschlands sein wird.» Niemand applaudierte. Aber es lachte auch keiner.

Vater hatte mir vor dem Notabitur geraten: «Werde Zahnarzt, mein Junge. Denn gebissen wird immer, wenn die
Leute wieder was zwischen die Zähne kriegen.» Für die
Dentistenkarriere war es nach meinem «Romeo und Julia»-Abend zu spät. Der Theatervirus hatte mich ange-
steckt: unheilbar. Nachts wälzte ich mich in meinem Jung-
gesellenbett hin und her, tagsüber dachte ich schon bei
Mutters morgendlichem Frühstückskakao nur noch an eines: Auch ich will spielen, spielen, spielen. Ich schränkte sogar meine Tagesration von manchmal zwei Kinofilmen zugunsten des Theaters ein. Jeden Abend hatte ich die Qual
der Wahl: Siebenundzwanzig Theater, vier Freilichtbühnen
und drei Spielstätten für die Jugend gab es im zerbombten
Berlin. Ich verkaufte meinen Zweireiher aus dem Hause
Zoch und verhökerte meine blauen Wildlederschuhe an den
Reporter Heinz Stadelmann von der «Frankfurter Allgemeinen». Denn ich brauchte dringend Bares. Nicht länger
für Penicillin, sondern für die Bimmelbahn. Mit ihr, die an
jeder Ecke hielt, fuhr ich sogar ans andere Ende der Berliner
Welt: nach Steglitz, wohin ich mich mein Leben lang noch
nicht verirrt hatte.

*

Hier spielte Hans Söhnker «Ein Leben lang» von William
Saroyan. Ich saß in Reihe 15 und erlebte ihn zwischen See-
leuten, Nutten und Tagedieben. Söhnker war mir von der
Leinwand her vertraut: als singender Sonnyboy, der den hei-
teren Charmeur mit Charakter verkörperte; als ein feinsinniger Draufgänger, dem derber Klamauk nicht lag. Im Film
«Auf Wiederseh'n, Franziska» hatte er einen rasenden Reporter gespielt, in «Große Freiheit Nr. 7» den Rivalen von

Hans Albers, der um die junge Ilse Werner buhlt; neben Heinz Rühmann in «Der Mustergatte» imponierte er mir mit seiner Leichtigkeit. Sie war mir wesensverwandt und gab mir den Mut, dem großen Söhnker nach einer Vorstellung am Bühnenausgang aufzulauern. Er wollte gerade sein Fahrrad besteigen und hielt mich für einen Autogrammjäger. «Nein, Herr Söhnker, ich will Schauspieler werden. Ich würde Ihnen gern mal vorsprechen.» Söhnker zuckte zurück und schaute mir bohrend in die Augen: «Schauspieler – heute, mein Junge? In dieser Zeit, wo man nicht weiß, was wird? Weißt du, wo ich wohne? In einer Garage in Zehlendorf. Und übrigens, junger Mann – ich unterrichte nicht.» – «Dann fangen Sie mit mir doch an», bat ich und setzte meinen Dackelblick auf. «Also gut, komm morgen vor der Vorstellung in meine Garderobe und näsel mir vor.» Hans Söhnker radelte mit seinem Drahtesel in die Dunkelheit davon. Mit einem Fahrrad, so Hildegard Knef in ihrem Erinnerungsbuch «Der geschenkte Gaul», «dessen Schläuche mittlerweile an Lochstickerei gemahnten».

*

Nachdem ich in der Nacht über dem «Romeo» geschwitzt hatte, klingelte ich am nächsten Morgen unausgeschlafen, aber hellwach pünktlich am Bühneneingang. Söhnker setzte sich in einen knarrenden Sessel und erzählte mir von Gustaf Gründgens, bei dem er in den zwanziger Jahren Schauspielunterricht genossen hatte. Dann legte ich los und deklamierte frei Berliner Schnauze Verse wie:

«Doch schnell, wat schimmert durch det Fenster dort?
Oh, wie sie die Hand auf die Wange lehnt!
Wär ick der Handschuh doch auf dieser Hand

und küßte diese Wange.
Der Tod, der dir den Honigatem nahm,
hat über deine Schönheit nicht Macht.»

Söhnker schmunzelte. Ich war irritiert. «Bin ich ein hoffnungsloser Fall?» fragte ich. «Nein», beruhigte mich Söhnker, «nur – so hab ich den Romeo noch nie gehört, das war wie Verona in Berlin, wie eine Bulette mit Spaghetti. Aber irgendwas ist in dir, mein Junge, du brennst. Wie eine Kerze, aber von beiden Seiten. Weißt du, was das bedeutet?» – «Nein, Herr Söhnker, keine Ahnung.» – «Daß du gar nicht anders kannst, als Schauspieler zu werden.» Das war für mich der Ritterschlag. «Und bei wem soll ich lernen gehen, Herr Söhnker?» – «Die Marlise Ludwig ist eine gute Adresse, sag der mal, ich hätte dich geschickt.»

Marlise Ludwig

Sie war eine kleine, ältere Dame, eine Respektsperson, eine Schwester Oberin. Widerspruch war zwecklos. Ihre roten Haare leuchteten keck und verwegen. Sie wohnte im vierten Stock eines Hauses in der Wilmersdorfer Wilhelmsaue, im Dachgeschoß darüber führte sie die Schauspielschule: «Ja, Harry, ich nehme Sie gern, aber können Sie sich die neunzig Mark im Monat auch leisten?» Ich schluckte. Sollte ich die Wahrheit sagen? Ich sei nur ein Weddinger Westentaschengigolo, der noch dazu seine Eltern durchfüttern mußte? Nein, wegen der Knete gab ich meinen Traum nicht auf. Ich einigte mich mit ihr aufs Abstottern: von meinen ersten großen Gagen – die Hälfte an sie. Dann tanzte ich an: jeden Werktag sieben Stunden, Dienstbeginn: früh um halb acht. Sie brachte mir meine einzige Fremdsprache bei: Hoch-

Marlise Ludwig beim Schauspielunterricht in ihrer Dachkammer

deutsch. Eine, meine, weine, deine ... Marlise Ludwig hielt mich offenbar für talentiert und gab mir Selbstvertrauen. Und einen neuen Namen: «Harry ist zu unseriös für dich, das klingt zu sehr nach Harry Piel. Ab sofort heißt du Harald, einverstanden!?» – «Aber nach Harry Piel hat mich mein Vater genannt, Frau Ludwig», entgegnete ich schüchtern. «Dein Papa? Papperlapapp!»

Victor de Kowa

Mein großes Vorbild war Victor de Kowa. Der Ufa-Star sah blendend aus und galt als schnoddriger Herzensbrecher. Am 1. Juni 1945 hatte er Deutschlands erste Nachkriegspremiere organisiert: einen bunten Abend mit Ilse Werner und der blutjungen Hilde Knef. Der Abend war ein Riesenerfolg, den er mehrfach wiederholte, immer vor ausverkauftem Haus. Viele Theaterbesucher, die nach Ablenkung und einem Hauch Glamour in der täglichen Not suchten oder einfach nur lachen wollten, mußten abgewiesen werden. Zwei deutsche Russenbräute waren schlechte Verliererinnen. Weil sie keine Karten mehr bekamen, schwärzten sie den «Nazi» de Kowa bei den Russen an. Mitten in der Vorstellung stürmten sie mit Maschinenpistolen auf die Bühne, führten de Kowa ab und warfen ihn auf einen Militärlastwagen. Im Untersuchungsgefängnis des sowjetischen Geheimdienstes stellte sich dann heraus, daß de Kowa keineswegs ein Nazigünstling gewesen war, zu dem ihn die beleidigten Gänse gestempelt hatten. Er kam wieder auf freien Fuß. Ich wuchs um Zentimeter, als Marlise Ludwig bereits nach wenigen Wochen Schauspielunterricht über *meine* Füße sagte: «Der Harald, der geht so gut. Der hat 'ne gewisse Eleganz. Der macht mal 'ne Karriere wie der de Kowa.»

Klaus Kinski

In der Schauspielschule war ich lange der Hahn im Korb: der einzige männliche Schauspielschüler. Alle Mädchen, darunter auch die junge Conny Froboess, hatten mich zum Partner, ob sie wollten oder nicht. Nur ab und zu mußte ich mir die Aufmerksamkeit mit einem berühmten Mitschüler teilen: Klaus Kinski schaute herein. Er hatte diesen dämonischen Blick, bei dem die Mädchen sich sofort ergaben. Gerüchten nach taumelte er ständig zwischen Genie und Wahnsinn. Die Gerüchte stimmten: Vor seiner finsteren Erotik kam ich mir wie ein Ministrant vor. Er machte seine Arroganz zur Kunstform, er zelebrierte sie. Ich kann mich an eine François-Villon-Lesung im Münchner Luitpoldpalast erinnern: Kinski trat im Rollkragenpullover und in Turnschuhen auf. Er sprach Villons lasterhafte Balladen intensiv leise: «Daß ich mit vielerlei Figuren deinen Leib beschrieben habe, war mein schönster Zeitvertreib, was mir sonst noch herausfiel aus dem bröckligen Gebiß, das wiegt kaum einen Vogelschiß.» – «Bitte etwas lauter, Herr Kinski», rief jemand aus dem Publikum. Kinski warf ihm einen verächtlichen Blick zu und brüllte: «Sperr gefälligst deine dreckigen Ohren auf!» Dann verließ er noch übler pöbelnd die Bühne. Mich hat der Meister der Publikumsbeschimpfung übrigens nie beschimpft, weil ich seine Flegeleien akzeptierte. Auch mit ihm probte ich bei Marlise Ludwig «Romeo und Julia»: ich als Romeo und Kinski als umwerfende Julia.

Mein Theaterdebüt
1948

Marlise Ludwig war wie eine Mutter zu mir. Sie riet mir, wie ich mich kleiden und bewegen solle, wie ich Menschen beeindrucken könne, ohne unnatürlich und maniert zu wirken. «Schau dir Charlie Chaplin an, er ist auch deshalb so beliebt, weil er noch in den größten Schuhen leichtfüßig wirkt. Drum merke dir: niemals verkrampfen.» Mit ihrer künstlerischen Lebenserfahrung war sie *der* Kompaß für mich. Auch am 9. November 1948 im Haus der Kultur der Sowjetunion: Nach dreieinhalb Monaten Schauspielunterricht traute sie mir dort einen russischen Offizier in dem Revolutionsstück «Ljubow Jarowaja» zu. Es beruhigte mich, daß Marlise bei meinem Debüt höchstselbst auf der Bühne stand und mich nicht mit ihren Argusaugen aus dem Publikum beobachtete. Dort aber saß meine wirkliche Mutter. Mir fiel ein Stein vom Herzen, als ich sie applaudieren sah. Zu Hause legte ich ihr meine Gage auf den Küchentisch: fünfzehn Mark und ein «Pajok» – ein russisches Freßpaket mit Fleisch, Wurst, Mehl, Zigaretten, Bonbons. Diese schöne Bescherung zerstreute Mutters Bedenken gegenüber meiner Schauspielerei.

Heimweh

Mein «russischer Offizier» entpuppte sich nicht gerade als ein Renner, und ich trat weiter zu Sprechübungen in der Dachwohnung von Marlise Ludwig an. Bis eines Tages ein Wink aus der Provinz kam: Im mecklenburgischen Neustrelitz wurden junge Schauspieler gesucht. Besser als in Berlin arbeitslos rumsitzen, dachte ich mir. Zum ersten Male war ich nun von zu Hause fort: beruflich. Drei lange

Monate spielte ich den Dr. Trench in George Bernard Shaws Komödie «Die Häuser des Herrn Sartorius». Aber mir wurde in der nahen Fremde nicht warm – trotz einer neckischen Affäre mit Hanne, meiner Bühnenpartnerin. Mich plagte Heimweh – mein Kiez, mein angestammtes Milieu fehlten mir. Also meldete ich mich bei Marlise Ludwig zurück. Meine liebevoll strenge Zuchtmeisterin, die wieder keinen Pfennig Gagenrückzahlung von mir bekam, weil ich in Neustrelitz das komplette Honorar für Kost, Logis und Hanne aufgebraucht hatte, inspizierte die Kritiken und haute sie mir um die Ohren: «In Neustrelitz weder gut noch schlecht, sondern nur dagewesen zu sein ist eine Beleidigung für mich – an die Arbeit.»

Der Trick

Mit hochroten Ohren machte ich mich an dieselbe. Mein Ziel: ein festes Engagement in Berlin. Aber davon träumten viele, die Konkurrenz war groß. Ich setzte auf einen Trick, der leicht hätte schiefgehen können: Ich namenloser Bühnenwicht foppte zwei Theaterriesen. Zunächst sprach ich bei Boleslaw Barlog am Schloßpark-Theater vor, dem Haus, in dem auch Hans Söhnker spielte. Ein Handumdrehen später machte ich meine Aufwartung bei Ernst Karchow, dem Boß der Freien Volksbühne – Theater am Kurfürstendamm.* Vor beiden spielte ich mir die Seele aus dem

* Ich weiß, die Berliner Theaterszene und ihr Namenswirrwarr sind ein Kapitel für sich: Die Freie Volksbühne war zu jener Zeit nur ein «Verein» ohne eigene Bühne. Als Spielstätte für ihr Programm benutzte sie das Theater am Kurfürstendamm. Erst 1963 bezog die Freie Volksbühne ein eigenes Haus, in der Wilmersdorfer Schaperstraße 24 – unter dem berühmten Intendanten Erwin Piscator. 1993 wurde die Freie Volksbühne zum «Musical Theater Berlin» umgebaut. Ihr alter Charme wich einem modernen Gesicht. Denn der

Leib, gab alles, was an Komik und Leidenschaft in mir
steckte. Einstudiert hatte ich ein «Romeo»-Szenchen, ein
paar Scheibchen «Prinz von Homburg» und ein Portiön-
chen «Hokuspokus» von Curt Goetz. Denn Marlise Ludwig knuffte mich immer: «Du mußt mal ein bißchen ins
Boulevard schielen, du hast den jugendlichen Tralala
drauf.» Sowohl Barlog als auch Karchow entließen mich
Tralala mit den Worten: «Sie hören von uns, junger
Mann.» Ich hörte natürlich nichts. Nach einer Woche
wurde es mir zu bunt. Ich beschloß, die beiden Intendanten
gegeneinander auszuspielen, und kombinierte: Am Schloßpark-Theater gibt es zehn junge Schauspieler wie mich, an
der Volksbühne nur zwei, und selbst die waren älter als ich
mit meinen zwanzig. Also kann nur die Volksbühne mein
Tischleindeckdich sein.

*

Ich stampfte in eine Telefonzelle, wartete, bis das Herzklopfen leiser wurde, nahm meine ganze Chuzpe zusammen und
wählte die Nummer der Volksbühne: «Hier Juhnke, ich
hätte gerne Herrn Karchow.» – «Sie wünschen?» fragte
mich umgehend die Vorzimmerdame. «Hier noch mal
Juhnke», sprach ich scharf am Gestotter vorbei. «Ich bin
Schauspieler und habe neulich Herrn Karchow vorgesprochen. Nun hab ich 'n Angebot von Herrn Barlog vom
Schloßpark-Theater. Ich muß mich entscheiden, und drum
wollte ick mal fragen, wat Herr Karchow denn so meint.» –
«Moment mal, bleiben Sie am Apparat.» Der «Moment»
kam mir wie Stunden vor. Mein Herzklopfen meldete sich
wieder. Vor der Telefonzelle formierte sich eine Schlange.

«Cats»-Produzent Friedrich Kurz hatte das Haus gepachtet und präsentierte
den Berlinern und ihren Touristen das Musical «Shakespeare & Rock 'n'
Roll». Aber auch das ist inzwischen vorbei.

Ein ziemlich drahtiger Hüne schlug mit der Faust gegen die Tür und drohte mir «Saures» an. Da hörte ich die rettende, mich auch vor Prügel rettende Stimme der Sekretärin: «Also, Herr Jonke, Herr Karchow läßt Sie zu sich bitten. Sie haben dem Chef gefallen, er wollte sich zuvor nur noch einige andere Kandidaten ansehen. Sagen Sie Herrn Barlog ab, und kommen Sie, so bald Sie können.» Bald? Mit einem Sprung an dem inzwischen rotangelaufenen Hünen vorbei machte ich mich *sofort* auf den Weg. Ich rannte um die Häuserblocks. Als ich schließlich schwitzend vor Karchow stand, gab er mir die Hand, so etwas wie einen Vertrag und ließ eine antike Rüstung nebst Römerhelm aus der Requisite kommen. «Is det hier die Arbeitsmontur?» fragte ich den Meister perplex. «Nee, mein Lieber. Dies ist das Kostüm für Ihr erstes Stück bei mir. Es heißt ‹Karthagische Komödie›, und ich dachte mir, da laufen Sie mal ein bißchen mit. In dem schweren Eisen wird das gleich 'ne heiße Nummer für Sie. Aber schwitzen können Sie ja, wie ich sehe.» Für zweihundertfünfzig Mark Gage stand ich im Oktober 1950 dann wirklich in der Römerrüstung auf der Bühne und stellte mich dem Publikum vor: «Ich bin's – der Adler Roms!» Nun hatte ich ein festes Engagement und mußte nicht länger Klinken putzen. Ich gewann Routine und arbeitete mich mit Nebenrollen recht pfiffig aus dem Schatten ans Licht. Nach meinem Theaterdebüt schon 1950 auch ins Kinolicht.

«Professor» Froelich

Hoher Besuch in Marlise Ludwigs Schauspielschule. Rolf von Gooth, Regieassistent der vierundsiebzigjährigen Ufa-Legende Carl Froelich, machte sich auf die Suche nach jungem, hungrigem Nachwuchs für seinen Chef. Froelich hatte harte Jahre hinter sich. Er war ein altes Schlachtroß der Leinwand, das sich mit dem hinkenden Teufel Goebbels eingelassen hatte und nach 1945 wegen seiner braunen Sünden als Leiter der Reichsfilmkammer zur Verantwortung gezogen worden war. In den fünfziger Jahren durfte er wieder inszenieren – das Lustspiel «Drei Mädchen spinnen», das zu Recht nicht in die Filmgeschichte eingegangen ist. Marlise Ludwig überredete Froelichs Assistenten, mich zu Probeaufnahmen einzuladen: zum «Casting», wie man heute sagen würde.

*

Carl Froelich, den ich nie zuvor gesehen hatte, begegnete mir persönlich auf der Treppe zum Studio. Er musterte mich neugierig und fragte augenzwinkernd: «Wat wolln Se hier?» Ich antwortete dem Alten, den alle ehrfürchtig «den Professor» nannten: «Probeaufnahmen. Bin bestellt.» Froelich, ein Schalk, der gern in andere Felle schlüpfte, um seine Umgebung unverstellt kennenzulernen: «Mir ham se ooch nich jenommen.» Ich tröstete den Filmopa flapsig: «Na ja, et is ja 'ne Typenfrage.» Als ich ihm später offiziell vorgestellt wurde, gab er mir die Rolle. Ich errötete. Er lachte. Unsere kleine Unterhaltung hatte mir nicht geschadet.

Mein Filmdebüt
1950

Drei Mädchen wollen ihrer Mutter einen Prinzen besorgen und kriegen ihn schließlich selber. Der Prinz sollte ich sein, der gerade mal drei winzige Theaterrollen absolviert hatte. Von Beruf war der Herzensprinz Pfarramtskandidat, bei sei-

Szene aus «Drei Mädchen spinnen», mit Maria Körber

nen Balztänzen ein tolpatschiger Liebhaber. Ich juckte mich
also zum ersten, aber nicht zum letzten Male als ausgemach-
ter Trottel durch einen Film. Er war so erfolglos, daß er später noch zweimal umetikettiert wurde: in «Komplott auf
Erlenhof» und «Mutti muß heiraten». Bis man darauf kam,
daß es nicht am Titel lag.

Der Streifschuß

Unfreiwillig angestachelt zu meinem Kinodebüt in «Drei
Mädchen spinnen» hatte mich der berühmte Axel von Ambesser, der den läppischen Film durch seine Mitwirkung auf-
werten sollte. Ich saß in der Maske, der Veteran kam von
hinten auf mich Frischling zu und beugte sich gnädig zu mir
herab: «So, Sie spielen also einen Liebhaber, Juhnke. Merkwürdig, mit so einem Gesicht?» Dieser Streifschuß saß.
Ambesser, dieser Grandseigneur des deutschen Films, der
noch als Greis mit seinen grauen Schläfen die Frauen bezau-
berte, hatte gut blödeln. Er trug eine Visage mit sich herum,
die Gott persönlich an einem seiner besten Tage gemeißelt
zu haben schien.

*

Ich ließ mir meine Verletzung nicht anmerken, aber mu-
sterte mich, als Ambesser die Garderobe verlassen hatte, im
Spiegel. Hatte der Bonvivant vielleicht recht und ins
Schwarze getroffen? Natürlich war auch ich nicht ganz
ohne, die Natur hätte mir schlimmer mitspielen können.
Eine imposante Naturwelle auf dem Kopf, eine fliehende
Stirn, neugierige Augen und eine ulkige Nase. Natürlich,
den blonden und blauäugigen deutschen Helden, den Hardy
Krüger oder Curd Jürgens draufhatten, konnte ich damit

beim besten Willen nicht verkörpern. Mir lag das Stehauf-
männchen, das sich pfiffig durch die Welt schlägt. Aber in
meinem Unschuldsgesicht war die Botschaft zu lesen: «Vorsicht, unterschätzt mich nicht!» Obwohl seine Augen von
Tag zu Tag schlechter wurden, sah das wohl auch «Professor» Carl Froelich so. Denn als er von Ambessers salopper
Unverschämtheit hörte, tröstete er mich: «Der ärgert sich
doch bloß, weil du die bessere Rolle spielst. Du kannst mal
eine Mischung aus Hans Albers und Heinz Rühmann werden. Deine Zeit kommt noch, wenn dein Charakter gefor-
dert ist.»

Wolfgang Gruner

Produzent Horst Wendlandt hatte mich bei den Verhand-
lungen zu «Drei Mädchen spinnen» eindringlich angesehen: «Zweitausendfünfhundert Mark auf die Kralle, das ist
mein erstes und letztes Angebot!» Ich hätte den Mann, der
später die Bücher von Karl May und Edgar Wallace zu Kas-
senknüllern machte, fast geküßt. Denn diese Gage war wie
ein Fünfer im Lotto für mich. Ich habe mit zweihundertfünfzig Mark im Theater angefangen, da konnte ich mir in
der Kantine gerade mal eine Bulette leisten. Nun zweieinhalb Mille echtes Westgeld, ich wollte die ganze Welt umarmen – und umarmte die nächsthübscheste Schauspielerin.
Ich war in der Scheinwerferbranche gelandet und spielte
eine meiner liebsten Rollen: die des Scheinwerfers, der mit
Banknoten nur so um sich wirft. Ich fuhr sofort zu meinem
Freund Wolfgang Gruner in die Moabiter Markthalle, um
ihm die Sensation mitzuteilen. Wolfgang, ein Urberliner
mit sprudelndem Mutterwitz, der aber immer auf dem Teppich blieb, lebte eine Dreifachexistenz: Er handelte mit

Kupfer, Zink und Zinn; er lernte bei dieser Arbeit Shakespeare und Schiller; er ölte seine Stimme dafür als Marktschreier für Obst und Gemüse. Die Nazis hätten Wolfgang fast mehr als nur seine Jugend gestohlen. Er hatte weniger Glück als ich im Krieg und war erst 1949 aus russischer Kriegsgefangenschaft entlassen worden. Immerhin: Im Laientheater des Kriegsgefangenenlagers Charkow, in dem auch Marlise Ludwigs Mann Heinz-Oskar Wuttig interniert war, hatte ihm eine weibliche Rolle eine Art Goethe-Preis eingebracht. Ich glaube, für «Die lustige Witwe», die keiner so witzig darstellen konnte wie Wolfgang. Heinz-Oskar Wuttig erkannte sein Talent und gab ihm den Rat: «Geh mal zu meiner Frau, wenn du wieder in Berlin bist. Die hat eine Schauspielschule und kann dir sicher zu weiteren Rocknummern verhelfen.»

*

Als der Spätheimkehrer Wolfgang Gruner seine weiblichen Parodien vorexerzierte, wollte Marlise Ludwig gar nicht mehr aufhören zu lachen. Aber er hatte wie ich natürlich auch Männer drauf, und damit verdienten wir unser Brot – meist nur mit Butter ohne Wurst. Für den Rias, den «Rundfunk im amerikanischen Sektor», sprachen wir in Hörspielen mit: Penner und Ganoven, verquere, zwielichtige Typen. Die Moneten, die es dafür gab: zuviel zum Sterben, zuwenig zum Leben, zum richtigen. Im richtigen aber wollten wir landen. Bei Filmpremieren sahen wir die Stars vorfahren. In deren viertürigen Schlitten wollten wir auch mitrollen: ans Büfett, an die Champagnerpullen. Raus aus dem «Arme-Schlucker»-Hemd, hinein in den Smoking. Um mit zwei Starlets links und rechts im Arm auf Glamour, Glanz und Gloria zu machen.

«Weltstar»

Ich stöberte Wolfgang in seinem Moabiter Alteisenhandel auf. Er rezitierte gerade den Mohren aus «Fiesco»: «Herr, einen Schurken könnt ihr mich schimpfen, aber den Dummkopf verbitt ich.» – «Ganz recht, Wolfgang, aber nu sperr mal deinen Laden ab und komm mit. Ick hab ma nämlich en duftet Ding einjehandelt. Heute haun wa gescheit zu, wir feiern standesjemäß im ‹Queen›.» Dieser Laden war die Königin aller Berliner Lokale, das Nobelste, was die schicke Gastronomie zu bieten hatte: befrackte Kellner, Goldstühlchen, Miniportionen, französische Cuisine, bei der die Teller dreimal so groß waren wie das Gericht. Satt wurde man hier nicht mit dem Magen, sondern mit den Augen. Ich war bisher nur die darbende Schauspielerszene und die Halbwelt gewohnt. Nun bestellte ich mit französischem Akzent so geziert, daß Wolfgang mir unter dem Tisch gegen mein Bein trat. Die Band spielte «Vielleicht ist Liebe nichts als Illusion». Die toupierten Frauen an den Nebentischen warfen uns ihren «Die-gehören-ja-nun-wirklich-nicht-hierher»-Blick zu, aber meine gute Stimmung war selbst durch diese Arroganz nicht zu bremsen. Wir alberten herum und widmeten uns Consommé parisien, Ragout fin en coquille und Méridon d'écrevisses: einer Brühe, einer Muschel mit Ragout sowie Reis in Puddingform plus Krebsschwanz. Wolfgang, der mit siebzehn schon angehender Steuerinspektor gewesen war, rechnete nervös: «Hast du überhaupt soviel Marie dabei?» Natürlich nicht. Denn die Rechnung, die der Kellner zwischen einer Serviette auf einem Zinntellerchen brachte, betrug fast hundert Mark – und meine zweitausendfünfhundert hatte ich natürlich noch nicht in der Börse. Also mußte ich meinen Freund, den ich so vollmundig in ein Restaurant eingeladen hatte, das er ohne mich niemals freiwillig betreten hätte, kleinlauter werdend anpumpen. Wolfgang schäumte. Aber die treue Seele trollte sich und holte die fehlenden fünfzig Piepen aus seinem krummen Altmetallschuppen.

*

Mein Erstlingsfilm «Drei Mädchen spinnen» war eine knappe Woche im Programm, als ich Wolfgang zu dem Kino führte, vor dem auf einem Plakat überlebensgroß mein Kopf prangte. «Wolfgang, guck ma, wie populär ich schon bin. Ist das nicht unheimlich? Paß auf, ich geh voraus, du bleibst zehn Meter hinter mir. Dann kannste sehen, wie die Leute nach mir die Hälse recken.» Tatsächlich starrten mich die Passanten an wie einen bunten Hund. Wolfgang war tief beeindruckt: «Also nee, Harald, aus dir wird bestimmt mal ein Weltstar.» Dabei hatte sich der «Weltstar» einfach mit Spucke ein Markstück auf die Stirn geklebt.

*

Wolfgang selber besaß genügend andere Pfunde, mit denen er wuchern konnte. In Grunerle steckte schon damals ein begnadeter Kabarettist, und ich erhebe noch heute das Patent darauf, ihn zu einem «Stachelschwein» gemacht zu haben. «Versuch's doch mal bei Rolf Ulrich, dem Ober-‹Stachelschwein›. Ich habe das Gefühl, Theater ist nicht unbedingt dein Ding, du bist eine Kabarettgranate.» Wolfgang gewann Rolf Ulrichs Herz binnen einer Sekunde: «Guten Tag, mein Name ist Wolfgang Gruner, ich komme von Harald Juhnke, der hat gesagt, ich bin komisch.» Das war wirklich komisch. Wolfgang Gruner wurde vom Fleck weg engagiert und avancierte innerhalb eines Jahres zum neuen Star der «Stachelschweine».

«Die Stachelschweine» 1954: Jo Herbst, Wolfgang Gruner,
Günther Pfitzmann, Achim Strietzel (von links nach rechts)

Götz George

Das schüchterne Bübchen, mit dem ich vor der Wannsee-Villa seiner Eltern 1950 Fußball spielte, war zwölf Jahre alt und nach einem gewissen Herrn von Berlichingen benannt worden: Götz George, Sohn der immer so ein bißchen eckig sprechenden, aber warmherzigen Schauspielerin Berta Drews und des großen Heinrich George. Der Regisseur Jürgen Fehling hat den bullig-düsteren Heinrich, der aus Stettin stammte und eigentlich Georg Schulz hieß, auf treffende Weise beschrieben: «Er war in nichts schön. Seine Stimme quietschte wie ein rostiges Rad, er war unbeholfen in jeder Beziehung. Aber aus dieser häßlichen Banalität, aus Georg Schulz aus Stettin, baute sich unterm Sturm der Worte und Bewegungen etwas auf, das einmalig war. Seine Stimme [im ‹Prinzen von Homburg›] klang seidenweich, sein Gang, seine Haltung waren behutsam, sorglich, elegant. Man kann sich nichts Zarteres, Lieblicheres vorstellen. Er war eine Tonne und tanzte im ‹Postmeister› wie ein Gott. Er war mittelgroß, sehr beleibt, ohne Grazie, aber er war zugleich die Kraft, der Körperelan selber. Er konnte kindlich und greisenhaft sein.»

*

In einem größeren Schatten kann ein Kind nicht aufwachsen. So war es die Tragik und das «Glück» des kleinen Götz George, daß er seinen Vater nach dem Einmarsch der Roten Armee nicht mehr wiedersah. Denn Heinrich George, in der Weimarer Republik eine Galionsfigur des expressionistischen, linken Theaters, hatte sich 1933 den Nazis angepaßt. Im KZ Sachsenhausen, das sie erst von Hitlers Henkern befreit hatten, um es dann in Stalins Kerker zu verwandeln, ließen die Russen das den «Staatsschauspieler» auf furchtbare

Weise spüren. Stellvertretend für andere deutsche Künstler wurde er gequält und nicht mit den nötigen Medikamenten versorgt – bis er 1946 starb. Nur durch diesen elenden Tod seines Vaters aber war der Weg für den Schauspieler Götz George frei. Heinrich hätte es nämlich wohl nicht zugelassen, daß sein jüngster Sohn in seine Fußstapfen tritt. «Ein Genie in der Familie reicht», soll der Patriarch gesagt haben, der, so wiederum sein Bewunderer Jürgen Fehling, «wie ein Steinadler» über den diversen Hühnerhaufen an den deutschen Theatern thronte.

*

Nur, wie kam ein Hahn aus dem armen Wedding wie ich in den luxuriösen Horst des Adlers am Wannsee? Als ich ein Jahr zuvor den Film «Drei Mädchen spinnen» unter der Regie von «Professor» Froelich drehte, war dessen Regieassistent Jan George, der ältere Bruder von Götz. Jan und ich verstanden uns auch privat und verbrachten hin und wieder unsere Freizeit zusammen. In Begleitung zweier junger Damen tauchten wir dann eines unvergeßlichen Tages bei Jans Mutter Berta Drews auf. Ich hörte sie schon von weitem skandieren, sie studierte eine neue Rolle ein. Nach dem Mittagessen, das sie uns selber kochte, verlustierten Jan und ich uns mit den beiden Mädchen im Garten. Da trottete der kleine Götz mir nach und «machte mich an»: «Sach ma, mußte denn immer nach de Gören gucken? Kannste nich mit mir kicken?» Götz hielt einen Ball im Arm und rollte ihn mir hoffnungsvoll zu. «Nu schieß doch!» rief mir das Bübchen kurz vor dem Stimmbruch zu: «Ich bin Fritz Walter, und du bist Sepp Herberger.»

Später

Nur noch einmal habe ich den sanften Macho Götz George so bedröppelt erlebt wie im Garten des schönen Hauses seiner Mutter. Das war zweiundvierzig Jahre später bei den Dreharbeiten zu «Schtonk!»: Helmut Dietls Satire auf die Hitler-Tagebuch-Affäre des «Stern». In einer Drehpause schlenderten Götz und ich durch den Hamburger Hafen und guckten uns Kräne, Barkassen und so 'n Riesenschiff an. Da kamen Matrosen, Spaziergänger und Touristen auf uns zu. Irgendeiner rief: «Harald!» Dann ein zweiter. Schließlich riefen immer mehr. «Sach ma, is det nich unjerecht?» sprach George, «keine Sau ruft ‹Götz›. Ick bin doch Schimanski-mäßig auf allen Fernsehkanälen.» – «Det is et ja gerade», klärte ich ihn auf. «Du gehst dauernd so, als kämste direkt aus dem Bodybuilding-Studio. Wundert et dich da, det die Leute vor dir in Deckung gehen?! Gib dich doch ma, wie soll ick saren, nich janz so muskulös.» Nun hat Götz so seine einschüchternde Art, nach solchen Ohrfeigen wieder in den Ring zu gehen – und sich zu rächen: Als man ihm 1997 das Angebot machte, in der *Verfilmung* meines «Hauptmanns von Köpenick» den Bürgermeister zu spielen, lehnte er ab. Mit einer niederschmetternden Gegenfrage, aus der wunderbares Selbstvertrauen sprach: «Sollte ick? Heißt der Film etwa ‹Der Bürgermeister von Köpenick›?»

Streng nach Vaters Motto «Wer angibt, hat mehr vom Leben» hatte ich mir das Engagement an der Volksbühne in der Telefonzelle mit einer Hochstapelei erschwindelt. Wenn ich damals geahnt hätte, wer dieser Riese Boleslaw Barlog war, mit dessen angeblichem Angebot ich Zwerg Ernst Karchow günstig stimmte, dann wäre mir mein Seemannsgarn wohl im Halse steckengeblieben. Hildegard Knef hat dem Barlog der Nachkriegsbühne viele Jahre später in ihrem «Geschenkten Gaul» ein Denkmal gesetzt: «Boleslaw Barlog sprang vom Parkett auf die von einer schwächlichen Glühbirne angestrahlte nudelbrettgroße Bühne. Der Saal, einem engbrüstig-dürftigen Vorstadtkino ähnlich, schien für Theatervorstellungen hoffnungslos ungeeignet. Die Schauspieler standen im Halbkreis, ihre mageren Gestalten vornübergeneigt, als könnten sie die Last der Knochen nicht mehr tragen. Barlog erklärte, spielte vor … er spielte [absichtlich] grauenvoll, schamlos übertreibend, uneitel … erweckte in uns … das wärmende Überheblichkeitsgefühl, es besser zu können. Er verbreitete Enthusiasmus und Vertrauen, ließ Hunger und Krankheiten vergessen, freute sich spontan und armeschwenkend über Gelungenes, trauerte erschüttert über … Unbegabtes. Er sagte Bedeutendes nebenbei, war intellektuellen Ergüssen abhold, brauchte sie nicht als ehrfurchtverbreitende Lückenbüßer, löste scheinbar spielerisch einen klebrigen Satz, eine nicht zu streichende Szene, beatmete sie, ließ sie leben, diktierte, ohne Diktator zu sein, stichelte stachelte ohne Sadismus … Mit Barlog begann für mich das Leben … Er schuf die glorreichste Theaterzeit, die sich ein Schauspieler … wünschen kann.»

Boleslaw Barlog, um 1950

Himmelfahrtskommando

Meine erste große kleine Stunde schlug im Januar 1953, als Shakespeares Komödie «Viel Lärm um Nichts» auf dem Spielplan der Freien Volksbühne stand und sich der liebe Gott das größte anzunehmende Unglück ausgedacht hatte: Der glänzende Victor de Kowa, der den verhinderten Frauenhelden «Benedick» allabendlich wie im Schlaf gespielt hatte, schlief plötzlich wirklich: mit einer Meniskusverletzung zu Hause auf der Couch. Ich verknallte mich in nur einen Gedanken: Könnte nicht ich für de Kowas Knie einspringen? Natürlich, die Rolle war einerseits noch ein paar Nummern zu groß für mich. Aber andererseits war ich längst de Kowas Schatten geworden. Während er den «Benedick» vorgeführt hatte, saß ich als sein Sklave im Publikum. Sagte er etwas, wiederholte ich es leise in der hinteren Parketthälfte. Drehte er sich um, verrutschte ich im Sessel. Mahlte er mit den Wangenmuskeln, mahlte ich bis zum Zahnweh mit. Ich imitierte Victor de Kowa wie ein Affe, bis er mir in Fleisch und Blut übergegangen war.

*

Als ich die Klinke zu Ernst Karchows Büro drückte, telefonierte er gerade mit allen möglichen Ersatzmännern für seinen Star – und schien resigniert zu sein. Ebenso großmäulig wie verlegen bemühte ich mich, ihn aufzumuntern: «Ich spiel Ihnen die Rolle morgen abend, Herr Karchow. Ick hab den ‹Benedick› druff. Jede Bewejung. Un den Text, den hab ick uffjefrischt bis morjen. Morjen früh könn wa proben, abends spielen.» Ernst Karchow hielt mich für übergeschnappt: «Bist du verrückt? Wir müssen Victor vollwertig ersetzen oder es ganz lassen. Wir haben keine Zeit für Experimente.» Ungerührt servierte ich eine kleine

Kostprobe. Aus dem Stegreif deklamierte ich, die Linke ans Herz gepreßt: «Daß mich ein Weib geboren hat, dafür dank ich ihr. Daß sie mich aufzog, auch dafür sag ich ihr meinen demütigsten Dank, aber daß ich meine Stirn dazu hergebe ...» – «Schluß, verdammt noch mal: Schluß!» polterte Karchow. Um es sich wie vom Teufel geritten dann doch anders zu überlegen. Ich war sein einziger verfügbarer Notnagel, der einzige Youngster, der den Mut hatte, sich hemmungslos zu blamieren. «Also gut, du probierst es. Hau ab, nimm dir den Riemen über Nacht vor.» Der «Riemen» mundete mir an einigen Stellen wie eine speckige Schuhsohle. Ich kaute, ich würgte, ich spuckte, der Text war für mich schwer verdaulich. Doch ich schluckte ihn bis zur letzten Pointe.

*

Bei der morgendlichen Probe schrie der Regisseur mich an. Zu Recht, ich wirkte hundemüde, ich hatte die ganze Nacht kein Auge zugetan. Für eine Stunde haute ich mich in der Garderobe aufs Sofa. Doch die Uhr lief unerbittlich. Ich putschte mich mit Kaffee auf. Die Kollegen spuckten mir über die Schulter. Sie gönnten mir zwar das Beste, aber in ihren Mienen stand zu lesen, daß ich mich auf ein Himmelfahrtskommando eingelassen hatte, bei dem das Fiasko programmiert zu sein schien. Doch dann geschah das Unerwartete: Ich spielte wie in Trance, hatte keinen Hänger, die Souffleuse blieb arbeitslos. Erst der rauschende Schlußbeifall zeigte mir, daß alles gutgegangen war. Später saß das Ensemble in einer Kneipe zusammen und feierte den Erfolg. Klaramaria Skala, meine Bühnen-Beatrice, drückte mich und machte mir das Kompliment: «Du hast mich wirklich verblüfft, Harald. Nur selten hast du den Text richtig gebracht, aber du *hast* ihn gebracht. Mit einem Strahlen im

Gesicht, mit einer wunderbaren Selbstverständlichkeit. Dein Leichtsinn, er ist ein Gottesgeschenk.» Auch Victor de Kowa, der in die Vorstellung gehinkt war, gratulierte mir: «Junger Freund, das war gar nicht schlecht, aber Sie sollten versuchen, Ihren eigenen Ton zu finden.» Da beschloß ich, kein zweiter Victor de Kowa, sondern ein erster Harald Juhnke zu werden.

« Sir » Whisky

Den Alkohol, diesen König und diesen Teufel, die mir aus ein und derselben Flasche zublinzeln, habe ich im Kino kennengelernt. In den amerikanischen Filmen der deutschen Nachkriegslust stand die Hausbar ja ständig offen. Wenn Humphrey Bogart in Hollywoods famoser schwarzer Serie, die ich in schummrigen Kinos wie einen Benimmkurs verschlang, lässig einen Whisky nach dem anderen kippte, hatte das was. Whisky on the rocks hielten wir jungen Kerle einfach für schick. Der edle Sprit war so etwas wie der Rolls-Royce unter den harten Getränken. Er versprach halbstarke Weltläufigkeit, und auf dieses eingebildete Statussymbol konnte schon in der Westminster-Bar kein einziger von uns Kleinganoven verzichten. Unsere gemeinsame Philosophie hatte gelautet: Ich trinke, also bin ich (wer). Nun kippten auch wir jungen Künstler die Drinks hinter die offenen Hemdkragen, als turnten wir alle miteinander im selben Film herum.

*

Unser anderer unsichtbarer Freund (nicht nur) an der Theke hieß Frank Sinatra. Wie man möglichst angerauht romantisch eine Frau verführt, niemand löste unsereins dabei besser die Zunge als «The voice». Frankie-Boy elektrisierte mich: als Sänger in der Big Band von Tommy Dorsey und in seinen Filmen mit Gene Kelly. Die Sinatra-Platten waren heißbegehrte Sammlerstücke. Zuerst klang der Held meiner Jugend vielleicht etwas schnulzig, dann immer kantiger. Frank hat mit jedem Song eine kleine Geschichte erzählt, die ich auch ohne Englischkenntnisse verstand, weil er das Lebensgefühl einer ganzen Generation auf den Punkt brachte. Er präsentierte einen Typ Mann der Marke Mafioso, der sich durchboxen mußte und selbst seine Niederlagen auskostete, ja zu einem Kunstwerk machte. Die Melancholie dieses harten Burschen wurde nie zur Pose, ich spürte sie förmlich unter der Haut. Wo immer ich in meinen sieben Leben abstieg oder zu Hause war: Noch mit dem Türschlüssel in der Hand und mit Hut und Mantel legte ich seine Chansons auf die Scheibe. Und Frank war noch im Alter für einen halbstarken Witz gut: Schlagen irgendwo in Amerika ein paar gedungene Rowdys einen Mann auf der Straße zusammen. Sinatra kommt zufällig vorbei und sagt: «Das reicht!»

*

Einer der goldenen Sätze meines Vaters hieß: Jugend ist Rausch – ohne Alkohol. Das klang ein bißchen komisch aus seinem Munde, weil er selbst kein Mineralero war und mich schon als Kind an seinem Bierglas nippen ließ. Nur welcher Vater «erzog» so *nicht* seinen Sohn?! Dennoch, für mich war der Alkohol lange vor dem Westminster-Bar-Geprotze keineswegs eine Liebe auf den ersten Schluck. Als mir ein amerikanischer GI den ersten Whisky vor die Nase gestellt hatte, begann sich vielmehr ein Kettenkarussell in meinem Kopf zu drehen. Ich übergab mich und leistete innerlich meinen Anti-Alko-Eid: Nie mehr, schwor ich mir, wird ein

Tropfen dieses scheußlichen Zeugs über meine Lippen kommen. Der einmalige Fahneneid wich allerdings schon bald der täglichen Fahne. Warum? Ganz einfach! Das in der Nazizeit Verbotene übte nun einen besonderen Reiz auf uns aus. Die Zeit der Heimlichkeiten war vorbei: in unserer Kleidung, unseren Tänzen, unserem Suff. Nun wollten wir leben, und zwar aus dem vollen. Nicht im stillen Kämmerlein, sondern möglichst auf der Galerie. Das Hineinschütten von Alkohol wurde so selbstverständlich wie das Zähneputzen, und es war so prestigeträchtig wie ein teurer Nadelstreifenanzug.

«Juhnex»

In der Nadelstreifen-Disziplin verehrte ich ein nie erreichtes Vorbild: meinen Schauspielerkollegen Wilfried Seyferth, der für seinen guten Geschmack auf allen Lebensbühnen berühmt war. Dieser väterliche Freund, immerhin einundzwanzig Jahre älter als ich, fuhr Porsche, rauchte Brasil-Zigarren und trug edle Anzüge mit Seidenhemden. Ein echter Herr, kein Herrenmensch. Die Nazizeit hatte er im Theater und als Mann für die tragenden Nebenrollen im Kino überstanden. Dieser Gentleman, nach 1945 Charakterdarsteller an den Münchner Kammerspielen, veredelte noch Tinnef und Talmi und hatte eine Marotte, die ihn zu einer Rarität in unserem Bussi-Bussi-Gewerbe machte: Er siezte jeden. Auch mich, aber in meinen Ohren klang sein «Sie» persönlich und vertraut, weil er mir den Kosenamen «Juhnex» gab. Seyferth hatte sich in meine Bühnenpartnerin Eva-Ingeborg Scholz verguckt. Im Lokal «Beim Kelch» machte er ihr so schöne Augen, daß ich freundschaftlich lästerte: «Vorsicht, Eva, dem Wilfried glimmen die Pupillen.» Schließlich wurden die beiden ein Paar, heirateten und erkoren mich zum Hausfreund der Familie. So wurde Seyferth mein geistiger Ziehvater – geistig in jeder Hinsicht. Er verordnete mir eine flüssige Grundausbildung zum gepflegten Trinker. Genuß mit Haltung – das war seine Mission. Herumpöbeln, die Zunge nicht mehr im Zaum halten, die Kontrolle verlieren – all das wäre für ihn undenkbar gewesen. Ich schaute bei seinen Ritualen andächtig zu: Seyferth trank Porter's Beer, und zwar die stärksten Sorten «Brown stout» und «Double stout». Sie mischte er elegant mit Sekt. Extravaganter ging's nicht. Ich staunte und himmelte ihn an – und begann ihn aus einem verlockenden Grund zu kopieren: Wenn ein Herr wie Seyferth den Trinksport betrieb und immer haarscharf vor dem Besäufnis aufhören konnte, mußte doch auch ich mich zu einem «Mann von Welt» trinken können.

*

Seyferth und mich verband jedoch mehr als die Theke. Er holte mich so oft nach meinen Theatervorstellungen ab, daß sich manche schon die Mäuler über unsere Männerfreundschaft zerrissen. Ihn kümmerte das nicht, er hatte einen Narren an mir gefressen. Er war mein Professor, ich sein Student: «Juhnex, die Schauspielerei hat eine unerhört lange Lehrzeit. Sehen Sie zu, daß Sie mit zwanzig Jahren auskommen.» Und: «Lehnen Sie sich in Ihrer Freizeit nicht an Schauspieler an, Juhnex. Die Kollegen haben Sie mehr als reichlich um sich. Wählen Sie für Ihren privaten Umgang Ärzte und Rechtsanwälte aus. Die reden zwar auch nur über ihre Arbeit, aber sie ist uns auf lehrreiche Weise fremd.» Und: «Ihnen fehlt Schliff, Juhnex, Ihre Mädchengeschichten behindern Sie. Sie haben ständig neue am Hals und sehr selten begeisternde. Haben Sie mal geprüft, ob Sie

Wilfried Seyferth im Film «Hollandmädel» (1953)

diese Mädchen benötigen? Den ewigen Reigen, heute diese, morgen jene, ist es das, was Sie reizt?» Dabei war Seyferth kein Sittenprediger, er wollte mich lediglich in der *Kunst* der Liebe unterweisen: «Sie müssen in die Hände einer Frau kommen, die Ihnen mehr als ein paar tolle Nächte bereitet. Eine Frau, mit der Sie sich auch am Tage sehen lassen können, eine, die Format hat.» Dann kam er auf den Punkt: «Morgen stelle ich Ihnen eine solche Frau vor. Eine Grazie. Eine aus gutem Hause.»

Heino Gaze

Die deutschen fünfziger Jahre in Berlin – musikalisch hießen sie Heino Gaze. Heino war gelernter Rechtsanwalt, wollte jedoch seinen Beruf in der Nazizeit nicht ausüben und verdiente sich sein Geld fortan als Komponist am Klavier. Mit seiner wundervollen Frau, der von der «Göttin» Isadora Duncan ausgebildeten Tänzerin Sonja Kogan, bewohnte er eines der prächtigsten Anwesen im Grunewald. Dort erfand er, meist mit einer Zigarette im Mundwinkel, die Melodien zu manchmal auch eigenen Texten – die allesamt Ohrwürmer wurden: «La-le-lu, nur der Mann im Mond schaut zu» und «Kalkutta liegt am Ganges, Paris liegt an der Seine». Irgendwann schrieb er auch für mich erste Lieder. Nicht für mich, sondern für seinen Freund, den abgebrochenen Jurastudenten und Schlagersänger Bully Buhlan, fiel ihm 1951 eine Samba-Polka-Nummer ein, die meine damals unverschämten Sehnsüchte ziemlich locker traf – und so losberlinerte:

> Hab'n Sie nicht, hab'n Sie nicht,
> hab'n Sie nicht 'ne Braut für mich?

Ja, ja, ja,
wir hab'n Verschied'nes da!
Eine, die mir gefällt,
mit 'nem großen Haufen Geld?
Ja, ja, ja,
das hab'n wir alles da.
Sie muß schick sein,
nicht zu dick sein,
mit viel Zaster,
keine Laster,
schön solide,
nicht zu müde,
kurz und klein – sie muß ein Engel sein.

Sybil

Das «Kopenhagen» gehörte zu den feinsten Restaurants
Berlins. Wer hier saß, hatte entweder Geld oder Stil. Wilfried Seyferth verfügte über beides. In diesem kulinarischen
Tempel wollte er mich mit Sybil Werden verkuppeln. Sybil
mit einem l und Werden wie «Es wird was werden». Sie war
die Primaballerina der Berliner Staatsoper, eine Artistin, die
Poesie in Bewegung verwandelte. Diesem Zauberwesen, das
in den Himmel springen konnte, mußte ich eine besonders
gute Show bieten. Denn Seyferths Schwärmereien zufolge
glich sie keinem der Mädchen, die ich bisher gekannt hatte.
Mich erwartete vielmehr die erste Dame meines Lebens, für
eine meiner flüchtigen Affären ganz und gar ungeeignet.
In einem Schaufenster überprüfte ich noch einmal meine
Krawatte und meine immerhin angedeutete Elvis-Presley-
Haartolle. Dann tief durchgeatmet und hinein ins «Kopenhagen». «Knackig sehen Sie aus, Herr Staatsschauspieler»,

begrüßte mich der Kellner ironisch. Ich bestellte eine Flasche Champagner und fragte ihn: «Hab'n Se nicht, hab'n Se nicht det schöne Lied von Heino Gaze? Det sollten Se uff de Scheibe legen, wenn ick jetzt an den Tisch da drüben spazier!» Der schnieke Kellner rang nach Fassung und konterte mich schlagfertig aus: «Ham wa nich, ham wa nich, aber ich könnte Ihnen ersatzweise Vivaldis ‹Vier Jahreszeiten› bieten.»

*

«Gestatten: Juhnex, Pardon, Juhnke», stellte ich mich an Seyferths und Frau Werdens Tisch vor und knallte zu den «Vier Jahreszeiten» die Hacken zusammen. Ich strengte mich an, meinen Drei-Lover-Blick hinzukriegen: Rodolfo Valentino, Cary Grant und Hans Albers in einer Pupille. Dann küßte ich Frau Werdens Hand und ließ mich neben ihr auf einem Plüschstuhl nieder. Anmut und Mut saßen sich gegenüber, Seyferth war nur noch ein Statist. Tief und ausdauernd lachte ich in Sybils Augen: in «die schönsten Augen der Welt» – so stand es auf einem Plakat zum Film «Das letzte Rezept», in dem sie eine morphiumsüchtige Tänzerin spielte. Das Filmplakat log nicht. Im Nu war ich hin und weg, Sybil zündete mich an wie ihr Streichholz. Seyferth registrierte mein Feuer mit Vergnügen und verabschiedete sich nach einer Weile diskret. Sybil und ich, wir plauderten, bis die Ober verdächtig oft auf die Uhr schauten. Als sie die Stühle hochzustellen begannen, begleitete ich Sybil zum Taxi, küßte sie auf ihre gepuderten Wangen und winkte ihr nach. Ich, der Dutzend-Lover Harald Juhnke, hatte mich verknallt wie ein Pennäler. Schon am nächsten Tag überraschte ich sie mit einem Heiratsantrag. Ich wollte nicht, daß einer mir diesen Engel entführt. Sybil zeigte sich geschmeichelt, aber sie kannte meinen windigen Ruf als leicht

126

entflammbarer Schwerenöter und ließ mich zappeln. Erst beim echten Cognac kamen wir uns ein paar Abende später in ihrem Zimmer näher. Bis zu dieser Umarmung war Cognac für mich nur eine schöne französische Stadt. Nun wurde er zum Passepartout zu (m)einer Primaballerina.

Erste Heirat
1952

Ich versteckte meine Eroberung nicht. An meinen spielfreien Tagen ging ich zu ihr in die Oper, ich war mächtig stolz, mit ihr gesehen zu werden, unsere Auftritte waren ein Fest für die Gaffer. Meine Bühnenpartnerin Uschi Lingen ermunterte mich: «Harald, das ist ja eine Frau wie aus dem Bilderbuch. Trag sie auf Händen!» Kristina Söderbaum, mit der ich in Göttingen «Die blaue Stunde» drehte, riet mir ebenfalls zu: «Harald, Sybil ist wunderschön, diese Augen – wie tiefe Wasser.» So sprach immerhin die «schönste Wasserleiche» der deutschen Filmgeschichte, *der* Kassenmagnet des Unterhaltungskinos der Nazizeit. Jetzt durfte diese deutsche Schwedin froh sein, in zweitklassigen Filmen mit Harald Juhnke besetzt zu werden. Denn ich spielte in «Die blaue Stunde» neben der Söderbaum einen Staubsaugervertreter, der liebesbedürftigen Damen reihenweise neues Glück einpustete. Noch Wochen zuvor hätte ich mir nichts anderes gewünscht. Nun aber waren mir meine Partnerinnen eher lästig. Mit meinen Gedanken nämlich war ich (fast) nur bei Sybil. Am Tage bei den Dreharbeiten und nachts am Telefon. Von Hotel zu Hotel. Denn sie drehte während meiner «Blauen Stunde» einen Operettenfilm, ich glaube mit Dieter Borsche.

*

Als wir im Frühling 1952 heirateten, war ich zweiundzwanzig und zog aus meiner Bude bei Tante Elsa aus, die seit 1950 mein Schlupfwinkel gewesen war. Zuerst wohnten wir im Haus meines Schwiegervaters, dann in einer eigenen Wohnung im Grunewald und schließlich in unserem Zehlendorfer Haus. Auf einem Riesengrundstück mit dreitausendfünfhundert Quadratmetern. Hinter dem Haus stand eine Pferdekoppel. Wenn Gäste kamen, habe ich die Rappen, Schimmel und Braunen gern als «mein Gestüt» ausgegeben. Nur Wilfried Seyferth wäre mir dabei wohl auf die Schliche gekommen – und hätte mir deswegen den Kopf gewaschen. Wie gern hätte ich mir das gefallen lassen. Doch 1954 ist der Elegant bei einer Autofahrt tödlich verunglückt.

Die Stimme Brandos

Der österreichische Emigrant Sam Spiegel, der Produzent des Hollywood-Films «Die Faust im Nacken», kam 1954 persönlich nach Berlin. Denn er hatte die Fahndung nach der deutschen Stimme für seinen Star Marlon Brando zur Chefsache erklärt. Sam Spiegels «Comeback» nach Berlin war eines nach fünfundzwanzig Jahren. 1929 hatte er dort für die amerikanische Filmgesellschaft Universal Pictures die deutsche Kinoversion von Erich Maria Remarques «Im Westen nichts Neues» betreut. Die Nazis, noch nicht an der Macht, setzten bei der Uraufführung im Zoo-Palast weiße Mäuse aus. Sie witterten in der ungeschminkten Darstellung der Verrohung des Militärs Vaterlandsverrat. Sam Spiegel wartete nicht, bis aus den weißen Mäusen die schwarzen Ledermäntel der Gestapo wurden, emigrierte nach dem «Anschluß» Österreichs und ging nach Hollywood.

Nun stieg der Amerikaner aus Österreich in einem Berliner Hotel ab – auf der Suche nach einer deutschen Stimme, die Marlon Brandos heiseres Organ imitierte. Sam Spiegel hatte mit der «Faust im Nacken» im heruntergekommensten Teil von New Jersey ein Stück amerikanischer Zeitgeschichte verfilmen lassen. Doch er sorgte sich, daß der brisante Stoff in den USA boykottiert würde. Schließlich deckte er die Mafiastrukturen der amerikanischen Gewerkschaften auf, deren innere Korruption und äußere Gewalt. Die aber zeigte der Film so realistisch, daß Sam Spiegel sich sogar eine «Drehgenehmigung» der wirklichen Mafia hatte einholen müssen. Mit all seinem Herzblut setzte er auf den Erfolg in deutschen Kinos.

*

Marlon Brando war brillant in der Rolle des Boxers und einsamen Taubenzüchters Terry Malloy: brutal, zynisch, kalt, im nächsten Moment hilflos wie ein bettelndes Kind und empfänglich für das Märchen von einer gerechteren Welt. Marlon Brando war Terry Malloy, und Terry Malloy war Marlon Brando: zwischen berührender Verletzlichkeit und mitreißender Aggressivität. Aber als Sam Spiegels Regisseur Elia Kazan seinem Star den fertigen Film vorführte, soll Brando so deprimiert gewesen sein, daß er den Vorführraum verließ. Er fand, er habe versagt, und schämte sich. Das Publikum und die Kritiker sahen das ganz anders. Marlon Brando bekam für «Die Faust im Nacken» einen Oscar – der ihm allerdings so wenig bedeutete, daß er ihn verlor und erst Jahre später in einem Londoner Auktionshaus wiederfand.

*

Marlon Brando hatte sein Handwerk in der berühmten Schauspielschule Lee Strasbergs in New York gelernt, in der auch James Dean und Marilyn Monroe zu ihren ersten Sprechübungen antraten. Lee Strasberg «befahl» dem jungen Brando, ein Huhn zu spielen, ein Huhn in den Sekunden vor einer Atomexplosion. Die meisten jungen Schauspieler liefen aufgeregt über die Bühne, scharrten wie wild mit den Füßen und flatterten angstvoll mit ihren Flügelarmen. Nur Brando blieb regungslos sitzen und gackerte gelangweilt. «Was soll das, muß ich dir Beine machen?» herrschte Strasberg seinen renitenten Schüler mit gespieltem Zorn an. Da gab Brando seinem strengen Lehrer genau die Antwort, die dieser hören wollte: «Sir, Sie haben mir befohlen, ein Huhn zu sein, das seine Angst vor einer Atomexplosion zum Ausdruck bringt. Ich habe Ihnen gehorcht. Denn ein Huhn fürchtet sich vor der Atomexplosion genausowenig wie vor dem nächsten Regen.»

*

Als Brando «Die Faust im Nacken» drehte, war er dreißig Jahre alt und, seit «Endstation Sehnsucht», bereits ein großer Star. Im amerikanischen Original hieß «Die Faust im Nacken» milieugerecht «On the Waterfront». Milieugerecht sollte sich der Hafenarbeiter Terry Malloy auch in der deutschen Synchronisation anhören. Sam Spiegel verlangte nach einer dreckigen Stimme, der man das Proletarische abnahm. In den ersten Tagen hakte er mit Freddy Vohrer, dem Chef des Berliner Synchronstudios, einen Kandidaten nach dem anderen ab. Sogar Klaus Schwarzkopf und Martin Benrath fielen der Prozedur zum Opfer. Der eine klang Sam Spiegel zu fein, der andere zu betulich, der dritte zu geschwollen, der vierte zu kraftmeierisch, der fünfte zu intellektuell. Der Hollywood-Produzent wollte einen ebenso kernigen wie feinnervigen Wüstling, der aber von einer Sekunde auf die andere auch Brandos melancholische Töne traf. «Herr Vohrer», sagte er, «der Brando spielt einen Boxer, einen ehemaligen. Gut – einen Boxer haben S' net, dös kann i mir denken. Aber Sie werden doch hier irgendwo einen Kerl sitzen haben, der sich so geben kann wie Brando, der dessen Sätze so zur Seite wegspricht.»

*

Schon leicht verzweifelt nahm Freddy Vohrer einen letzten Anlauf: «Also, Mr. Spiegel, ich hätte da vielleicht einen in der Kartei. Der Bursche heißt Juhnke, ist fünfundzwanzig und hat auch schon synchronisiert. Aber erwarten Sie bitte keine Wunder. Moment, hier hab ich ihn: Dieser Juhnke hat mal einen italienischen Komiker und Folke Sundquist in ‹Sie tanzte nur einen Sommer› synchronisiert.» – «In Gottes Namen, und wenn er den tanzenden Winter synchronisiert hat», gab sich Sam Spiegel geschlagen, «versuchen Sie es mit dem Mann.» Als Freddy mir am Telefon erzählte, was er von mir wolle, und mich fragte, ob ich «deswegen» zu ihm kommen könne, sagte ich – und ich schwöre, es war wahr –: «Deswegen? Deswegen käme ich auf beiden Händen gehend zu dir.» Eine Stunde später saß ich «zur Probe» in Freddys Studio. Ich bekam einige besonders markante Szenen der «Faust im Nacken» im englischen Original zu sehen – und das über mein Glück entscheidende Handwerkszeug: die Kopfhörer mit Marlon Brandos deutschem Text. Nun probierte ich den Terry Malloy: Ich sprach ihn rauh, roh, rotzig, trotzig, flapsig, wüst und zärtlich, gerissen und naiv. Spätabends, ich war längst zu Hause und wartete, spielte Freddy Vohrer meine Proben Sam Spiegel vor. Noch während das Tonband sich drehte, sagte Spiegel: «Das könnte er sein.»

Um Mitternacht alarmierte mich Freddy. Am nächsten Morgen kaufte ich mir blaue Jeans, ein Ringelhemd und eine schwarze Lederjacke und stürmte, nun nicht nur stimmlich Marlon Brandos Double, über den Kurfürstendamm Richtung Studio: die Finger in den Jeanstaschen, die Daumen nach außen, den Kopf leicht vornübergebeugt. «Na, du halbstarke Sau», rempelte mich unterwegs jemand an. «Danke», rief ich zu seiner Verblüffung zurück und meinte es ernst: Man schien mir meinen Terry Malloy sogar vor dem Café Kranzler abzunehmen. Im Studio begrüßte ich Sam Spiegel betont cool: «Hello, guy!» Freddy Vohrer zuckte zusammen und warf mir einen gereizten Blick zu. In diese haarige Situation hinein sagte Sam Spiegel: «Das könnte er nicht nur sein. Das *ist* der Typ. Das ist er!»

*

Zwei Wochen lang leistete ich unter meinen Kopfhörern akustische Schwerstarbeit, um den aufregend heiseren Brando für die deutschen Kinogänger hinzukriegen. Um das Getriebene, Beleidigte, Stolze, Verdorbene und Leidenschaftliche seiner Stimme nachzuahmen, gurgelte ich mit Kamillentee – den ich am liebsten mit Reißnägeln angereichert hätte. Marlon Brandos Sprechweise und Ausdruckskraft zu studieren war meine beste Schauspielerausbildung. Nie habe ich von einer fremden Rolle mehr gelernt. Marlon Brando war *mein* Lee Strasberg. Die Botschaft seines Hafenarbeiters Terry Malloy sprang mir förmlich ins Gesicht: Ein einzelner Mensch kann in einer Welt von Befehl und Gehorsam, Fressen und Gefressenwerden mit Mut das Schlimmste verhindern, aber er bewegt sich dabei auf einem schmalen Grat und bezahlt seine Courage mit Schlägen ins Gesicht. Ich konnte Brandos Atem auf der Leinwand sehen, so (nicht nur äußerlich) kalt war es bei den Dreharbeiten in

132

New Jersey. Und wenn Terry Malloy seinen gedungenen Bruder, der ihn umbringen soll, in der berühmten Taxiszene anklagt: «Was bin ich geworden? Ein gemeiner Lump! Und wer ist schuld daran? Niemand anderer als du», gefror auch mir im geheizten Studio beinahe der Atem.

*

Als «Die Faust im Nacken» am 5. November 1954 deutsche Premiere feierte, war das Filmdrama bei Publikum und Kritik ein großer Erfolg. Dazu haben nicht nur Marlon Brando, sondern auch seine großartigen Partner Rod Steiger und Karl Malden und die Filmmusik von Leonard Bernstein beigetragen – und mit meiner Stimme ein bißchen vielleicht auch ich. In Amerika wurde «Die Faust im Nacken» mit acht Oscars überhäuft. An der deutschen Fassung aber gab es auch Kritik. Man hielt der deutschen Synchronvariante vor, sie habe für den Doppelsinn des Wortes «pigeon» (die Taube *und* der Verräter) keine atmosphärisch angemessene Übersetzung gefunden. Die Kritik traf zu: In einer Filmszene wirft Jimmy seinem Freund Terry Malloy, den er inzwischen für gekauft hält, eine tote Taube vor die Füße und spottet: «A pigeon for a pigeon.» Zu deutsch: «Eine Taube für einen Verräter.» Die Moral war in dieser Szene jedoch ganz auf der Seite Terry Malloys und lautete: Manchmal ist sogar der Verrat nützlich und gut. Diesen komplizierten Doppelsinn aber konnte die deutsche Fassung gar nicht überzeugend nachahmen. Und selbst wenn sie es vermocht hätte, wäre ich nicht für die deutsche Sprache, sondern nur für Marlon Brando zuständig gewesen. Das war ich mit Erfolg. Nach dem Premierenabend stand bei mir zu Hause das Telefon nicht mehr still. Noch dreimal habe ich mir «Die Faust im Nacken» im Kino angesehen. Kaum einer (er)kannte mich. Doch ich war berühmt: durch meine Stimme.

Vom Olymp stieg ich wieder hinab auf die Erde. Dort hastete ich als fleißiger Triebtäter von Bühne zu Bühne, der manchmal am selben Abend in zwei Vorstellungen zu sehen war. Um zwanzig Uhr trat ich zwei Akte lang im Ku'damm-Theater auf. Dann rannte ich rüber in die «Komödie», um dort, noch gerade rechtzeitig, im letzten Akt eines anderen Stücks dabeizusein. Ich spielte einen Berserker, der in eine fremde Wohnung einbricht und ein Ehepaar tyrannisiert. Während der Proben zu diesem Amokläufer-Stück hatte der Regisseur plötzlich schlecht gelaunt mein Outfit bekrittelt: «Sie machen das nicht schlecht, Sie Schlot, aber Sie sind für Ihr Alter falsch angezogen.» Ich wehrte mich, indem ich mit dem gerade erworbenen Selbstbewußtsein einer «Stimme Brandos» zurückflegelte: «Was ein junger Kerl anzuziehen hat, weiß ich besser als Sie alter Sack. Was ist an meiner Lederjacke, dem karierten Hemd und an Jitterbug-Hosen denn verdammt noch mal so falsch?» Der Regisseur im Brenninkmeyer-Anzug atmete vernehmlich durch. Es war kein Geringerer als Erik Ode, der dem deutschen Fernsehpublikum in den sechziger und siebziger Jahren in siebenundneunzig Freitagabend-Folgen als «Kommissar Keller» bekannt wurde – so berühmt, daß das «Deutsche Allgemeine Sonntagsblatt» staunte, Erik Ode werde «hierzulande an Prominenz und Popularität von keinem Beckenbauer, Böll oder Baader übertroffen». Nur noch wenige aber wissen wohl, daß der «Kommissar» zuvor ein Regisseur war. Ein besonders gütiger, und das war damals mein Glück. Denn er verzog nach unserem geharnischten Wortwechsel keine Miene, sondern sagte mir mit unverdienter Höflichkeit: «Also gut, Sie Lederjacke, morgen um vierzehn Uhr Durchlaufprobe.» Ich kenne viele

Regisseure, die meine Großmäuligkeit mit lebenslanger Abneigung quittiert hätten. Erik Ode jedoch war das Gegenbild eines autoritären Menschen und nachtragenden Chefs. Er ebnete mir den Weg ins Boulevardtheater. Schon als mein Kollege Karl John krank geworden und in Hugh Herberts Komödie «Wolken sind überall» nicht mehr einsatzfähig war, hatte Erik Ode mir die Rolle zugeschustert. Auch meine erste *Haupt*rolle im Kino habe ich ihm zu verdanken. «Heldentum nach Ladenschluß» hieß der 1955 angerührte Spaß, der vom Verleih als «erste humorvolle Chronik der Fluchtabenteuer deutscher Soldaten» angepriesen wurde. Ich spielte den Feldwebel Burmann, der in einem Sarg aus einem amerikanischen Kriegsgefangenenlager türmt. Als untote Leiche trommelte ich gegen den Sargdeckel. Das sollte komisch sein in einer Zeit, die außer den Volkswagen mit ihren ovalen Rückfensterchen keineswegs komisch war: Nach einem Moskau-Besuch des Bundeskanzlers Adenauer waren 1955 die letzten deutschen Kriegsgefangenen aus sibirischen Lagern heimgekehrt.

Später

Noch einige Male arbeitete ich mit Erik Ode zusammen. Im Kinofilm «Kann ein Mann sooo treu sein… (Der Mustergatte)» spielte ich 1956 einen Spießer, als der schon Heinz Rühmann aufgetreten war. Im Fernsehen spielte ich Mitte der siebziger Jahre in «Preußenkorso Nr. 17» unter seiner Regie; und einmal war ich als Gast sogar in einem seiner «Kommissare» dabei. Lange nach Erik Odes Tod erschrak ich in Rottach-Egern vor dem Hotel meines alten Kumpels Bachmeier. Mir kam, mit seinem Pepitahütchen schräg auf dem Kopf, «Erik Ode» entgegen. Ich blieb wie angewurzelt stehen, der Mund stand mir offen. Der ältere Herr hatte die Statur und Größe Erik Odes, er bewegte sich und guckte wie er, und er war ihm mit seinen kleinen, forschen Augen wie aus dem glatten Gesicht geschnitten. Dann der Gipfel: Als ich den Mann um ein Haar mit «Erik, du?» anredete, sprach er auch so wie Ode, in dieser einmaligen Mischung aus schneidend und sanft: «Herr Juhnke, das nenne ich aber eine Freude, Ihnen einmal persönlich zu begegnen.» Dabei lüftete er wie Erik Ode kurz sein Hütchen und setzte es wieder seitlich auf den Kopf. Bei unserem Gespräch, bei dem ich meine Verwirrung nur notdürftig verbergen konnte, entpuppte sich dann Erik Ode als Georg S. Der freundliche Pensionär hatte sein Berufsleben als Filialleiter in einem Supermarkt beschlossen und gab sich als mein besorgter Fan zu erkennen: «Versprechen Sie mir, daß Sie nicht mehr soviel trinken, Herr Juhnke?!» – «Ich verspreche Ihnen lieber, was ich halten kann, Herr S.» – «Schorsch», sagte er, «für Sie ‹Schorsch›, Harald.» Am 13. Juli 1996 habe ich Schorsch und seiner reizenden Frau Ellen mit einer großen Autogrammkarte zur Goldenen Hochzeit gratuliert. Ich mußte die Adresse zweimal schreiben. Erneut irritiert, hatte ich versehentlich «Schorsch und Ellen Ode» auf den Umschlag gemalt.

Die Entscheidung

Bei meinem Karrierestart hatte ich aus der Telefonzelle heraus den Volksbühnen-Intendanten Ernst Karchow mit Boleslaw Barlog ausgeblufft: immerhin dem Generalintendanten des Schillertheaters, zu dem auch das «Schloßpark» gehörte, an das ich wegen der zu großen jugendlichen Konkurrenz nicht wollte. Boleslaw Barlog konnte mein kleiner

Trick nicht verborgen geblieben sein, bei all der ebenso fröhlichen wie hinterfotzigen Klatschsucht in den Berliner Theaterkantinen. Doch meine Nasführerei kümmerte ihn offenbar nicht; er legte sie mir augenzwinkernd sogar als gelungene Schauspielerei aus: Noch während ich 1954 unter Erik Ode den Berserker spielte, bot mir Boleslaw Barlog einen Dreijahresvertrag für sein illustres Schillertheater an. Dabei legte er mir eine Schokolade in den Mund, die ein junger Schauspieler damals höchstens einmal zu lutschen bekam: «Du könntest bei mir im ‹Schiller› mit Klaus Kammer zusammen spielen. Ihr beede wärt doch 'n fabelhaft Jespann.» Ich fühlte mich vergeigt: Hatte den Herrn Generalintendanten die Sonne gestochen? Ich im Gespann mit Klaus Kammer? Dem funkelndsten neuen Stern am klassischen deutschen Theaterhimmel? Klaus Kammer war aufs Jahr so jung wie ich, hatte aber schon als Hugo in Die schmutzigen Hände von Sartre, als Melchior Gabor in Wedekinds «Frühlingserwachen», als Pierre in Giraudoux' «Die Irre von Chaillot» und in ungezählten anderen schwierigen Rollen Aufsehen erregt. Unter der Regie seines Mentors Willi Schmidt sollte er 1962 sein größtes Zauberstück abliefern: als Affe in Franz Kafkas «Bericht für eine Akademie». Nie zuvor und nie danach habe ich im Fernsehen größere Schauspielkunst bestaunen können als die des äffigen Klaus Kammer. Nun, als mich Barlog vollen Ernstes einlud, meine Karriere an der Seite Kammers fortzusetzen, hatte dieser den Affen zwar noch nicht im Repertoire, aber was er bereits zu bieten hatte, war geniale Zentnerlast genug. Kurzum: Sie war mir noch (!) zu schwer. Ich entschied mich für mein leichtes Lebensgefühl und gegen die gewichtige Kunst – und sagte Boleslaw Barlog ab. Einfach so, als ließe jemand einen riesigen Lottogewinn oder eine hohe Auszeichnung sausen. Wenn ich mich mit einem «Ja!» entschieden hätte, wären meine Kunst und mein Leben vermutlich ganz anders verlaufen – und ich legte heute auch ein ganz anderes Buch vor. Ob es ein glücklicheres Lebensbuch wäre? Ich habe meine Zweifel! Nachdem Klaus Kammer unter Fritz Kortner den Ferdinand in Schillers «Kabale und Liebe» geprobt hatte, fand man ihn am 8. Mai 1964 tot in der Garage seines Berliner Hauses. Er hatte die Auspuffgase seines Autos eingeatmet. Selbstmord? Unfall? Klaus Kammer hielt das Textbuch zu Schillers Stück in der Hand.

U und E

MIT AXEL SPRINGER, dem großen Verleger, der zum Entsetzen seiner Redakteure einmal bekannt hat, er litte unter einem seiner Blätter wie ein Hund, geriet ich in den wilden sechziger Jahren in ein Gespräch über Journalismus. Der Pressezar, dem die rebellischen Studenten Feuer machten, beschied mich ebenso freundlich wie kühl: «Juhnke, was regen Sie sich auf? Sie sind prominent und führen ein bewegtes Leben, vorsichtig ausgedrückt. Also berichten meine Leute über Sie. Das müssen Sie bitte verstehen. Wären Sie ein harmloses Kerlchen, das seit Ewigkeiten seiner Ehefrau treu ist, niemals durchdreht und auch sonst zur Langeweile neigt, kämen Sie in meinen Zeitungen allenfalls unter ‹Vermischtes› vor. Und scheren Sie die Journalisten nicht alle über einen Kamm. Sie sind Menschen, wie Dichterinnen, Fliesenleger, Lehrerinnen und Verkäufer. Selbst bei der ‹Bild›-Zeitung, die Sie vermutlich manchmal nicht mögen, werden Sie schwarzen Schimmeln begegnen, also Kollegen, die Ihrem Bild von ‹Bild› aufs angenehmste nicht entsprechen und Sie fair behandeln.» – «Aber warum schreiben Ihre Zeitungen meist nur über mein Privatleben und so selten über meine Kunst?» – «Weil dafür Rudolf Augstein und seine Feuilletonisten zuständig sind, Herr Juhnke.» Rudolf Augstein, den anderen Presse-Tycoon, traf ich, viele Jahre nach diesem Gespräch mit Axel Springer, auf einer Party der charmanten Gastgeber und großzügigen

Mäzene Renate und Hubertus Wald in deren Traumhaus hoch über dem Wattenmeer auf Sylt. Ich war ganz gegen meine Gewohnheit auf solchen Festivitäten nüchtern, er hatte ganz nach seiner Gewohnheit ein Fäßchen Bier intus. Der Meister der Selbstironie kam auf mich zu und beschwerte sich: «Herr Juhnke, ich bin enttäuscht. Denn ich hatte gehofft, gerade Sie in einem Zustand anzutreffen, in dem auch ich mich momentan befinde.» Unter den vielen Personen, die ich verkörpere, hatte sich Augstein Juhnke Numero 2 gewünscht. Nun mußte er mit Juhnke Numero 5 vorliebnehmen. Ich hatte dem schlauen Fuchs ein Schnippchen geschlagen und fragte ihn: «Herr Augstein, warum hält sich Ihr ‹Spiegel› so auffällig mit Rezensionen meiner Kunst zurück? Dafür wäre Ihr Blatt doch eigentlich zuständig.» – «Ach, wissen Sie», antwortete er mir, «das hat wohl damit zu tun, daß meine Feuilletonisten Sie nicht so richtig einordnen können. Manche jungen Schreiber denken heute in der Eile so ein bißchen in Schablonen. Sie haben das Pech, ich wollte natürlich sagen: Glück, daß Sie in keine Schablone passen. Sie sind ein Pendler. Sie fahren dauernd zwischen den Ortsschildern U und E hin und her. Wenn ich Theaterkritiken schriebe, ich würde mich Ihnen gerade deshalb widmen. Vielleicht manchmal wie einem Huhn, das ich liebevoll tranchierte. Aber auch beim ‹Spiegel› schlüpfen eben nicht alle aus einem Ei.»

Schwarzer Schimmel

Richtig, nicht einmal die Boulevardmagazine schlüpfen alle aus demselben Ei – obwohl sie unter ähnlichem Gefieder gackern. Vor dem Fernseher geht mir dieses Lichtlein binnen zwei Minuten auf – wenn ich beispielsweise «Explosiv»

(RTL) und «blitz» (SAT.1) mit so gelungenen Boulevard-
sendungen wie «Brisant» bei der ARD und «hallo Deutschland» beim ZDF vergleiche. Nach der Fliesenlegertheorie
Axel Springers ist es um das schreibende Personal nicht anders bestellt: Meine Erlebnisse nämlich beweisen, daß es
Foulspieler auch in den Teams der seriösen Presse gibt, während sich Gentlemen gelegentlich sogar im Geschirr der weniger seriösen halten. Ich spreche von den Journalisten, die
Springer schwarze Schimmel nannte. Einer dieser schwarzen Schimmel ist mir vor nicht langer Zeit im Hamburger
Hotel Atlantic entgegengetrabt. Als ich nach einem exquisiten Rührei auf meinem Zimmer in die Lobby hinunterfuhr,
schienen die Lokaljournalisten und ihr bunter Fotografen-
troß dort förmlich aus allen Schränken hervorzuquellen.
Denn es räkelte sich noch andere sogenannte und wirkliche
Prominenz in den Sesseln. In einem wurde die Schauspielerin Anita Kupsch (damals «Praxis Bülowbogen») interviewt,
die mich scheinheilig umarmte. Aus einem zweiten lächelte
zwar nicht die Prinzessin Caroline von Monaco in die fix po-
stierte Leica, aber immerhin ihr deutscher Advokat, seiner-
seits ein Prinz. In einem dritten nahm soeben Johannes Mario Simmel Platz – nicht allein, sondern mit seinem gerade
erschienenen dreißigsten Roman auf dem Schoß: «Träum
den unmöglichen Traum». Da ich meiner Hühnerspeise
nichts weiter als einen hurtigen Espresso folgen lassen
wollte, träumte ich den unmöglichen Traum, möglichst un-
geschoren davonzukommen. Doch auch ich saß inzwischen
nicht mehr solo in der Lobby. Der Hotelgast Dr. Zufall hatte
mir die reizende «Tagesschau»-Sprecherin Susan Stahnke
vorgestellt. Kaum hatte ich mit der jungen Dame die ersten
Worte gewechselt, preschte der schwarze Schimmel vor:
«Sie gestatten, ‹Bild›-Zeitung, Hamburg-Ausgabe, Abteilung ‹Stadtgespräch›.» Nach etwa zwanzig Minuten wieder

in meinem Zimmer, schoß mir durch den Kopf: Junge, das kann ja mal wieder heiter werden! Die TV-Blondine und ich als Stadtgespräch! Was wird dir der schwarze Schimmel wohl alles andichten, welches «Pferdegeflüster» wird morgen durch die Zeitung wiehern? Ist das nicht zum Weinen, ist das nicht zum Lachen? Da hockt unsereins in der Ecke eines Hotels und kaut auf den Fingernägeln, weil er Manschetten vor dem Bleistift eines Klatschreporters hat, so wie der kleine Angestellte vor den Launen seines Chefs.

Schöne Aussicht

Doch wie durch ein Wunder verwandelte sich mein Sorgensack in einen Luftballon. Denn als ich am nächsten Tag die Zeitung mit dem «Stadtgespräch» aufzitterte, war darin haarklein niedergepinselt, was die Blonde und der Alte miteinander hatten: eben nichts. Kein zweideutiger Zungenschlag, kein halbseidenes Fragezeichen, keine sensationelle Anspielung. Sogar daß mir über die damalige «Tagesthemen»-Lady Sabine Christiansen der Flachs herausgerutscht war, sie wirke «auf dem Bildschirm» viel strenger als privat, nämlich «als ob sie ein VW-Werk leitet», stimmte und stimmt perfekt. Noch ganz im Glück, beschlich mich plötzlich das Gefühl, daß es an der Rezeption des Hotels Atlantic zu Hamburg von Theaternarren nur so wimmeln muß. Denn zum wiederholten Male hatte man den «Hauptmann von Köpenick» ins Zimmer 324 einquartiert – gleich neben 323: der Carl-Zuckmayer-Suite. Die sich unter Balken biegende Zeitung mit dem «Stadtgespräch» in der Hand, schubste er dort ein Sofa vors Fenster, lehnte sich zufrieden zurück und genoß die schöne Aussicht auf die Alster. Dabei störte ihn nicht eine Sekunde, daß die grinsende Minibar verriegelt war.

Bruder Simmel

Natürlich war es einem Fotografen in der Lobby gelungen, auch Johannes Mario Simmel und mich zu einem Familienfoto zu überreden. Als ich es mir vor dem Fenster sitzend nun in einer der Zeitungen ansah, lief eine alte lange Geschichte vor meinem inneren Auge ab. Es ist die Geschichte der Zwillingsbrüderschaft zwischen Simmel und mir, und es ist die Geschichte der magischen Buchstaben U und E – von U wie Unterhaltung und E wie Ernst in der Kunst, die in Deutschland wie nirgendwo sonst in der Welt durch einen unüberwindbaren Orchestergraben getrennt sind. Oder soll ich sagen: durch einen elektrischen Zaun? Es mag eine Ewigkeit her sein, ich war noch ein grüner Hallodri, da traf ich Simmels erste Ehefrau. Sie lud mich ein, ich solle mich wegen meiner Alkoholprobleme doch einmal an ihren Mann wenden, der es inzwischen geschafft hatte und nach einer Entziehungskur seit Jahren trocken war. Irgendwann saß ich zu Hause vor der Pulle und erinnerte mich der Einladung. Ich wählte Simmels Nummer, er gab mir freundliche Ratschläge. Sicher, er meinte es mit jedem Wort gut, doch als ich nach wohl einer Stunde auflegte, war Simmel wieder weit weg, der Whisky aber stand griffbereit, und so half die Telefonseelsorge wenig. Später habe ich ihn immer wieder mal getroffen, meist zufällig und in großen Abständen. Bei einem dieser Hallos versprach er mir, eines Tages werde er einen Roman schreiben, einen Roman nur für mich, in dessen Verfilmung ich die Hauptrolle spielen müsse. Als Produzenten wollte er Luggi Waldleitner gewinnen, der 1970 Simmels «Und Jimmy ging zum Regenbogen» mit Ruth Leuwerik in die Kinos gebracht hatte und den er seitdem sehr schätzte. Aber aus dem «eines Tages» wurde bis heute leider nichts. Meine Sympathie für den fünf

Jahre Älteren hat unter dem unerfüllten Versprechen nie gelitten. Ich hatte mir sein verrücktes Leben schon vor unserem Telefonat auf der Zunge zergehen lassen, danach schmeckte es mir erst recht. Weil ich in Simmels abwechselnd ruhigem und rasendem, verzweifeltem und fröhlichem Pulsschlag, der jedes EKG irritieren muß, die eigene Pumpe zu hören glaube. Weil ich in seinen legendären Eskapaden, und damit meine ich keineswegs nur seine champagnerösen, stets eigene Gelüste witterte. Weil auch er die propere Bürgerlichkeit zuweilen als einen Knast empfand, aus dem er urplötzlich ausbüxen mußte – um mit reumütigem Dackelblick doch wieder hinter die gewohnten Gardinen zurückzukehren. Dieser Simmel ist eben eine zerrissene Type: Bei einer Weltauflage von zweiundsiebzig Millionen Büchern, übersetzt in dreiunddreißig Sprachen, müßte unser aller Mario einen satten Batzen auf der hohen Kante haben, doch er tritt nicht als blasierter Pinsel auf, er wirkt eher schüchtern und linkisch. Er ist ein eisernes Arbeitstier, das für jedes neue Buch eine seiner zahlreichen im Keller gehorteten «Gabrieles» zertrümmert, doch sobald er sich eine seltene Pause von der Galeere am Schreibtisch gönnte, wurde der Asket zum munteren Baal und genoß in vollen Zügen das Dolce vita. Als Humanist gehört er einer von den Zeitgeist-Freaks belächelten Stammesgruppe an, er versteht sich sogar als engagierter Linker, doch er fehlte jahrelang auf keiner Jet-set-Party. Er war und ist eine treue Seele und hat sich zum Andenken an seine an Krebs verstorbene zweite Ehefrau in den Schlüsselanhänger gravieren lassen: «JMS ist beschützt von Lulu»; doch auch zu Lulus Zeiten stach ihn der Hafer und schlich er jeder zweiten Schürze nach. Um einer seiner Geliebten zu imponieren, probierte er sogar den Gockel aus, stieg von seinem alten Opel in einen funkelnagelneuen Cadillac um und brannte, direkt aus Lulus Armen, mit der Neuen nach Monte Carlo durch. Dort hat sie ihn wie eine Weihnachtsgans ausgenommen, so daß selbst der Betuchte irgendwann in Unterhosen dastand und mit sechzig wieder wie ein armer Debütant in die Tasten griff. Schließlich, er ist berühmt, doch bescheiden geblieben. Dafür ließe sich manche Anekdote zitieren. Die wohl komischste ist der Anruf einer alten Dame: «Guten Tag, hier ist Marlene Dietrich.» Als stünde einem Mann wie ihm ein so bedeutendes Telefonat nicht zu, hielt er den Anruf für einen Witz und fertigte die Diva ab: «Und hier ist Mao tse-tung.» Der Simmel legte auf, die Dietrich meldete sich subito erneut. Aus dem vermeintlichen «Falsch verbunden!» wurde eine Telefonbeziehung, die bis zu Marlenes Tod anhielt. Als ich mich damals bei Simmel meldete und sagte: «Hier ist Harald Juhnke», spielte er nicht den Kaiser von China. Das muß meiner Eitelkeit zu denken geben.

Ausbrecherkönige

Mein Partner stellt verwundert das Tonband ab: «Mein Künstler, Sie sollen nicht von Simmel, Sie sollen von sich erzählen.» – «Genau das tue ich die ganze Zeit, mein Journalist. Indem ich von Simmel rede, spreche ich von Juhnke, wenn auch nicht mit jeder Kleinigkeit. Gefällt Ihnen der Trick etwa nicht? Ich kann versteckte Leckereien aus meinem Leben präsentieren, die ich ohne diese Tarnung vielleicht nicht einmal andeuten würde.» – «Sie inszenieren also eine Verwechslungskomödie?» – «Und eine Verwechslungstragödie! Denn ich packe ja nicht nur Pralinen aus, ich schildere ja nicht nur den Schokoladen-Simmel. Sie kennen doch sicher diese Rank-Xerox-Geräte. Wenn Sie Simmel auf eine dieser Vervielfältigungsmaschinen legen, kommt als

Kopie Juhnke heraus. Und umgekehrt. Der gleiche schräge Charakter. Die gleiche glücklich-traurige Type. Derselbe ewig suchende, findende und wie im Fieber erneut suchende Kerl. Ein verträumter Doppelkopf, der zufrieden ist mit dem, was er hat, und sich gleichzeitig davon eingeengt fühlt. Nicht nur bis zum üblichen Unmut eingeengt, wie ihn wohl jeder und jede manchmal kennt: bis zur Atemnot eingeengt. Ein Ruheloser, der, wie soll ich sagen, am Wahnsinn der Normalität krepiert und darum ständig zerschlagen muß, was er liebt. Dann steht, nein, kniet er vor einem Scherben-haufen und flickt wieder mühsam zusammen, was er liebt – und worunter er demnächst wieder leiden wird. Denn wenn er zu Hause ist, vermißt er, was er nicht hat, und wenn er un-terwegs ist, sehnt er sich nach Hause. Das ist das Schicksal dieses getriebenen Burschen.» – «Man könnte Sie Mauer-springer nennen, Sie und Ihre Kopie?» – «Ausbrecherkö-nige, die allerdings immer wieder in ihren bürgerlichen Bau zurückschleichen, um bei nächster Gelegenheit abermals zu türmen.»

Ingenieursgesichter

«Nun will ich Ihnen mal was gestehen, das Sie sich hinter den Toilettenspiegel stecken können: Die Leute fragen sich, spielt der Juhnke den Verrückten nur, oder ist er tat-sächlich verrückt? Ich verrate Ihnen eines meiner Geheim-nisse: Er ist wirklich verrückt, er spielt den Verrückten nicht nur. So, jetzt ist es heraus. Nur ist er dabei keine Ge-fahr für andere, sondern allein eine Gefahr für sich selbst. Darum müssen sie ihn auch nicht einsperren.» – «Aber der eigentliche Wahnsinn ist für Sie die Normalität, wie Sie eben sagten?» – «Passen Sie auf, ich saß mit Simmel mal in der Abfertigungshalle eines deutschen Flughafens. Uns gegenüber ein Paar wie aus einem Comic dieses ätzenden Österreichers, ich glaube, Deix heißt der kluge Schweinehund: der kleine Herr im blauen Blazer mit weißem Rolli über dem Spitzbauch, die lange Dame eine Bohnenstange im Blümchenkleid. Ältere Semester, artig und adrett. Händchenhaltend, aber dazu vertrocknet aus der Wäsche guckend und 'ne halbe Stunde ohne einen Piep zu sagen. Ich fragte Simmel: Wollen wir das? Er antwortete nicht, sah mich an mit einem Blick, der Bände sprach, und vergrub seine Stirn in einer Illustrierten. Ich trat noch mal aufs Pedal: Wollen wir das wirklich? Er flüsterte: Geben Sie endlich Ruhe. Woher wollen Sie wissen, ob die Ingenieursgesichter nicht meine Leser und Ihre Zuschauer sind, lieber Juhnke? Erst kapitulierte ich und murmelte: Machen wir denn so viel falsch, lieber Simmel? Doch nach fünf Minuten reizte mich das Pärchen erneut: Wie kommen Sie auf die Ingenieursgesichter, mein Freund? – Ach, sagte er, man könnte mich für arrogant halten, aber ich meine das gar nicht böse. Das Bild stammt von meinem seligen Wiener Kollegen und großen Landsmann Heimito von Doderer. Der hat das brillante Buch ‹Die Dämonen› geschrieben, da kommen auch die Wiener Kaffeehäuser, Branntweinschenken und ihre ständigen Bewohner drin vor. Aber die Ingenieursgesichter findet man irgendwo in seinen Tagebüchern, ich schicke Ihnen die Trouvaille mal nach Berlin, Herr Juhnke. – Die Post kam jedoch nie an, drum hab ich mir die Stelle raussuchen lassen. Nur ist das nicht unbedingt Schulbuchlektüre. Man braucht schon starke Nerven:

Ich halte jeden Menschen für voll berechtigt,
auf die
von den Ingenieursgesichtern herbeigeführte
derzeitige Beschaffenheit unserer Welt
mit schwerstem Alkoholismus zu reagieren,
soweit er sich nur was zum Saufen beschaffen kann.
Sich auf eine solche Weise zu zerstören
ist eine begreifliche
und durchaus entschuldbare Reaktion.

Sehen Sie, es hat graue Nächte, sehr graue Nächte in meinem Leben gegeben, da trieben auch mich solche düsteren Gedanken um. Nicht weil ich etwas gegen Ingenieure hätte; auf die Idee könnte nur ein Hampelmann kommen. Das *Bild* des Ingenieurs, die Funktionärswelt konnte ich in solchen Stimmungen nicht länger ertragen, deren Klischee, das verlogen Glatte. Und die Kehrseite des Glatten nicht. Die Dämonie... Wie war noch der Titel des Buches, das Sie neulich erwähnten?» – «‹Die Dämonie der Gemütlichkeit› von Hilde Spiel, übrigens auch eine Wienerin.» – «Ja, vor dem meist verlogen Glatten und dem meist verlogen Gemütlichen bin ich in den Rausch geflohen.» – «Aber sie waren nicht die einzigen Gründe für Ihre Flucht?» – «Natürlich nicht, ein Trinker, der Ihnen weismachen will, er durchschaue alle seine Motive, der gaukelt auch sich selbst etwas vor. Dich stacheln tausend Gründe zu dieser Flucht an, und ich werde sie hier nach und nach beim Namen zu nennen versuchen. Ich kenne sogar launige Varianten. Der Schauspieler Heinz Reincke, der viele Jahre bei Gustaf Gründgens in Hamburg und noch länger im Wiener Burgtheater spielte, wurde einmal gefragt, warum er denn wieder trinke. Wissen Sie, was der alte Witzbold geantwortet hat? Weil er sonst seinen Partner auf der Bühne erkenne. Von dem Pappenheimer hielt er offenbar nicht viel.» – «Wer sich den Satz Heimito von Doderers ernsthaft zu eigen macht, der könnte ihn als eine Art Freifahrtsschein in die Sucht auslegen. Damit stünde die Selbstzerstörungsampel auf Grün.» – «Mir sind solche Grünphasen durchaus bekannt. Aber mir ist die rote Ampel erheblich lieber. Ich versuche ja, mich gegen die Krankheit zu wehren. Sonst wäre ich längst ex und hopp, und wir tränken hier keinen Kaffee.» – «Vertrauen Sie dabei den Therapeuten?» – «Meinem jetzigen schon. Früher kannte ich mal einen, der meinte, ich müsse mich selbst finden. Mich selbst finden, dachte ich auf dem Nachhauseweg, das wäre das Schlimmste, was mir passieren könnte. Stellen Sie sich vor, was für ein Teufel den Leuten dann im Nacken säße.» – «Sie changieren pausenlos zwischen Kummer und Blödelei.» – «Wundert Sie das? Haben Sie vergessen, wer vor Ihnen sitzt? Ich bin der große Schauspieler Harald Juhnke.» – «Der sich Johannes Mario Simmels Zwillingsbruder nennt. Doch gerade in puncto Scotch und Bourbon existiert die Brüderschaft nicht mehr. Denn der Schriftsteller rührt seit über dreißig Jahren nicht einmal eine Mon-chérie-Schachtel an.» – «Sie besteht aber in fast allen anderen Charakterschwächen, die ich Ihnen ausgemalt habe. Oder Charakterstärken, das hängt von der Brille ab. Und sie besteht vor allem in einem gemeinsamen Ärger, auf den bisher nur noch niemand gekommen ist.» – «Ich vermute, wir bleiben bei U und E.» – «Ja, wir bleiben bei U und E, dem Eisernen Vorhang, der die deutsche Unterhaltung vom deutschen Ernst trennt – und unter dem der Schriftsteller Simmel und der Schauspieler Juhnke zeitlebens wie kein zweites Zwillingspaar zu leiden hatten. Hört unser Tonband eigentlich noch mit?» – «Nee.» – «Dann knipsen Sie es doch bitte wieder an.»

Gnade!

Also, der Simmel hat sein erstes Buch 1941 bereits mit siebzehn geschrieben, das Novellenbändchen «Begegnung im Nebel». Als 1949 die Bundesrepublik aus den Eierschalen schlüpfte, erschien Simmels erster Roman: «Mich wundert, daß ich so fröhlich bin». Da war ich zwanzig und meinerseits fröhlich. Denn ich war wunderbarerweise Schauspielschüler geworden und bereits ein Jahr zuvor zu meinem Bühnendebüt angetreten. Im Feindesland der Braunen, im Ostberliner «Haus der Kultur der Sowjetunion», ließ mich der aus dem Moskauer Exil zurückgekehrte Regisseur Hans Rodenberg einen jungen russischen Offizier spielen – im Revolutionsstück «Ljubow Jarowaja» des inzwischen wohl zu Recht vergessenen Autors Konstantin Trenjow (Rückblende Seite 100). Der Vorhang zur Premiere hob sich am Dienstag, dem 9. November 1948. Das Datum habe ich auch deshalb nicht vergessen, weil es der zehnte Jahrestag der entsetzlichen Reichspogromnacht war – und das Publikum an der Kasse mehr Gedenkschriften zu dieser Nacht als Theaterzettel zu unserem Stück in die Hände gedrückt bekam. Sowohl für Simmel als auch für mich schließt sich zwischen dieser Vergangenheit und der Gegenwart ein Kreis. Denn der Held in Simmels erstem Roman «Mich wundert, daß ich so fröhlich bin» heißt Robert Faber – genauso wie der in seinem nach bald fünfzig Jahren vorerst letzten: «Träum den unmöglichen Traum». Und ich bin mit meinem «Hauptmann von Köpenick» nach ebenso langer Zeit wieder in der Rolle eines «Soldaten» und vor allem an meine erste Bühne zurückgekehrt. Denn das damalige «Haus der Kultur der Sowjetunion» ist das heutige Maxim Gorki Theater.

In den Golden Fifties verwandelte sich der examinierte Chemieingenieur Simmel in einen Reporter, schrieb für die Münchner Illustrierte «Quick» und bereiste die Welt. Ich blieb ein quicker Komödiant in Berlin und schnappte nach jedem Happen, der mir angeboten wurde. Im Theater am Kurfürstendamm verdiente ich mir meine Sporen in so bedeutenden Stücken wie «Fips mit der Angel»* (1952) und turnte durch siebenundzwanzig (!) Kinofilme des Prädikats «Stupide Leinwand». Muß ich sie nennen, muß ich die Titel dieser Streifen wirklich noch einmal herunterbeten? Ja, das mußt du, Harry Juhnke, verdonnert mich eine innere Stimme, das mußt du wohl oder übel, wenn du eine schonungslose Autobiographie abliefern willst. Doch weil du inzwischen ein ganz netter Kerl bist, den ich nicht unnötig piesacken möchte, erlasse ich dir die Strafe der Vollständigkeit und gewähre dir die Gnade der flüchtigen Auswahl: «Wenn am Sonntagabend die Dorfmusik spielt» (1953), «Der Frontgockel» (1955), «Der Glockengießer von Tirol» (1956), «Allotria in Zell am See» (1963) und Dutzende weiterer Allotria-Filme in jenen Jahren. Herrgott, ich war als «Frontgockel» um die fünfundzwanzig, wäre Zahnarzt wirklich der lustigere Job gewesen? Geschenkt, dann hätte ich auch vor jaulendem Publikum praktiziert, aber einem, das unter meinen Verrenkungen vor lauter Qual Grimassen schneidet und jault. In meiner Praxis, dem Deppenkino, jaulte das Publikum immerhin vor Begeisterung, und wenn es nicht gerade lachend Grimassen schnitt, stampfte es wie zur Karnevalszeit mit den Füßen. Um mit dem leicht reiferen Geschmack meines nun vorgerückten Alters und mit dem Titel eines Shakespeare-Stückes zu sprechen, war das

---

* In diesem Stück von Dieter Rohkohl spielte ich nur eine Nebenrolle. Es war zwar ein Kinderstück, über einen Heimjungen in der Nachkriegszeit, enthielt in seinem großen U aber bereits ein kleines E.

Gejohle in den roten Sesseln natürlich «Viel Lärm um Nichts». In dieser Schurkenkomödie des Intrigenmeisters aus Stratford-on-Avon stand ich 1953 als flinkzüngiger Höfling «Benedick» auf den Brettern am Kurfürstendamm (Rückblende Seite 117). Die Erinnerung daran ziehe ich besonders gerne aus dem Hut, weil sie wider mancher Erwarten beweist, daß der «Fips mit der Angel» schon damals erste Abstecher ins seriösere Fach unternahm – wenn auch zugegeben in dessen leichtere Abteilung. «Mein Shakespeare» nämlich war keine Eintagsfliege. Mit «des Himmels wunderbarer Fügung» ergatterte ich 1954 auch in Heinrich von Kleists kriminalistischem Lustspiel «Der zerbrochne Krug» eine Rolle. Als Ruprecht, der Sohn des Bauern Veit Tümpel, wurde ich ebenfalls am Kurfürstendamm vor den verlogenen Dorfrichter Adam geladen, der mir in die Schuhe schieben wollte, was er selbst verbrochen hatte. Der dritte Aufwärtssalto in die höhere Etage der Schauspielkunst gelang mir 1958 schließlich am Berliner Renaissance-Theater: Mein leicht arroganter Kollege und Freund Harry Meyen, der spätere Ehemann Romy Schneiders, riskierte seine erste Regie und lud mich netterweise ein, neben ihm selber die zweite Hauptrolle zu spielen. Der absurde Bühnenjux hieß «Bunbury», stammt aus der Feder Oscar Wildes und sorgt für amüsante Verwirrung vor allem darum, weil die Herren John Worthing (Juhnke) und Algernon Moncrieff (Meyen) sich drei turbulente Akte lang zwischen dem Wörtchen «earnest» (ernst) und dem Vornamen Ernest (Ernst) verheddern. Beziehungsweise verhedder*ten*, denn auf unserer «Bunbury»-Farce, in der ich um die hinreißende Ursula Herking herumschwänzeln mußte (was heißt eigentlich: mußte?), liegt ja nun der fingerdicke Staub des Imperfekts.

«Sag mal, Papa», rätselt mein Sohn Oliver staunend, als er mir bei dieser bemerkenswerten Formulierung über die Schulter sieht: «Der Imper ... was? Wie alt war Mama denn da?» – « Na, so um die dreizehn, mein Sohn.» Obwohl mir die zügige Rückkehr zu Meister Simmel auf den Nägeln brennt, schweife ich ein Sekündchen ab und kläre Oliver und alle jüngeren Leser auf, die noch ganz im Präsens leben: Unsere Oscar-Wilde-Inszenierung ging im Jahr über die Bühne, als der GI Elvis Presley in Deutschland stationiert wurde und ein gewisser Willy Brandt gerade Berlins Bürgermeister geworden war. Der stand mit fünfundvierzig in der Blüte seiner Manneskraft, saß im Schöneberger Rathaus und hatte zur «Bunbury»-Premiere zwei Ehrenkarten ordern lassen: eine für sich und eine für seine wunderbare Gattin Ruth. Doch im letzten Moment sagte der Regierende ab. «Aus Terminnot», raunte es durch die Maskenbildnerei. Harry Meyen schüttelte den Kopf: «Terminnot? Daß ich nicht lache. Nee, nee, das ist nur die amtliche Sprachregelung. Gattin Ruth wird ganz anderen Nöten vorbeugen wollen. Die muß nämlich befürchten, daß ihr Willy, der alte Schlawiner, sich nach dem Applaus zu der schönen Ursula mal kurz in die Garderobe verdrückt.» Diese Richtigstellung meines Regisseurs erschien mir auf der Stelle glaubhaft. Denn mein ganz spezieller Willy war einer der wenigen deutschen Meinungsriesen, denen das Geschmuse von U und E nicht wie eine verwerflich wilde Ehe vorkam. E war für ihn rot, und U war für ihn Wein, ergibt zusammen Rotwein – eine der bekömmlichsten Verbindungen zwischen U und E, die sich denken lassen. «Also, Papa», meldet sich Oli noch mal zu Wort: «Von diesem Willy hast du wohl eine Menge gehalten?» – «Ja, mein Junge, der war noch ein Vorsitzender seiner Partei. Seine Nachfolger in diesem Amt bibberten doch lange vor Angst, wieder zu einem Verein von der Größe eines Kegelclubs zu werden. Das konntest du an ihren Hemdsärmeln sehen, wenn sie Reden hielten. Das waren bis vor kurzem keine Vorsitzenden mehr. Das waren SPD-Vorschwitzende, mein Sohn.»

*

Von Oskar Lafontaine zurück zu Oscar Wilde. Dieser ebenso gescheite wie witzige englische Dandy gehört zu meinen Lieblingsdichtern, weil er nicht nur am Schreibpult viel von der Liaison zwischen Unterhaltung und Ernst verstand, sondern dafür auch im Leben teuer bezahlte: Nur vier Tage nach der umjubelten «Bunbury»-Uraufführung 1895 prangerte ihn der Marquess of Queensberry öffentlich als «Sodomiten» an. Die Klage des blaublütigen Moralpolizisten brachte dem Autor des sinnesfrohen «Dorian Gray» nach verlorenem Prozeß zwei Jahre Kerkerhaft wegen «homosexueller Praktiken» ein. 1900 starb er an gebrochenem Herzen im französischen Exil. Ein Theaterschmöker weiht mich ein, daß Oscar Wilde sein «Bunbury»-Stück mit einem Untertitel in die Welt geschickt hat: «Eine triviale Komödie für ernsthafte Leute». Meist schwant mir bei solchen Doppeltiteln nichts Gutes. Sie kommen mir umständlich und furchtbar akademisch vor. Doch dieser hier trifft ins Schwarze. Ins Schwarze der lebenslangen Enttäuschung, die ich mit Simmel teile. Ins Schwarze unseres gemeinsamen Reizthemas U und E. Denn so wie Simmel einige triviale Romane für ernsthafte Leute geschrieben hat (im Sinne Oscar Wildes also anspruchsvoll-amüsante), so habe ich schon als Twen in einigen trivialen Stücken für ernsthafte Leute gespielt – neben all dem Schwachsinn (vor allem in meinen frühen Filmen), den ich ja gar nicht beschönige. So, und weil ich ihn nicht beschönige und nie beschönigt habe, war ich so naiv zu glauben, die deutschen Kritiker würden mir genau auf die Finger gucken und verdammt noch mal gerecht sein. Ich hoffte, sie würden vorurteilslos registrieren, daß der junge Bühnenaffe Harry Juhnke sich über sehr viele verschiedene Bretter schwingt; daß er sich mit dümmlich-trivialen Nummern seine Bananen, mit geistreich-trivialen Stücken seinen Zucker – und später mit eindeutig ernsten Rollen seine Schokolade, den Applaus der Logen, verdient. Doch ich hatte die Rechnung ohne die Wirte gemacht: ohne jene humorlosen und bildungsblasierten Feuilletonisten, von denen manche ihren Griffel erst spitzen und sich zum Lob herablassen, wenn sie in Ehrfurcht Franz Kafka oder Samuel Beckett lauschen. Ich weiß, was ich jetzt sage, ist eine Übertreibung. Aber zuweilen ist sie nötig, wenn man gehört werden will: Daß er nicht vom ersten Roman an wie Kafka schrieb, war der Fehlstart und das spätere Unglück Simmels. Daß er nicht gleich mit Beckett antrat, war der Fehlstart und das spätere Unglück Juhnkes. Nicht in der Optik des deutschen Publikums, in der Optik mancher deutscher Kritiker. Stopp, um Mißverständnissen vorzubeugen: Ich will den Kritikern ihren Mund nicht verbieten. Ich habe schon in den Kinderschuhen meiner Schauspielerei nichts dagegen gehabt, wenn sie mich einen Milchzahn nannten und mein Allotria eben ein Allotria. Aber dafür habe ich das Gegengeschenk erwartet – daß sie meine gelungenen Auftritte auch gelungene Auftritte nennen. Doch auf meinen Hahnenmist stürzten sie sich mit Adleraugen, für meine Kunst waren sie blind wie die Fledermäuse. Nach der Maxime «Einmal ‹Fips mit der Angel› – immer ‹Fips mit der Angel›» sperrten sie meine Schauspielerei in die Unterhaltungsschublade ein und spülten den Schlüssel die Redaktionstoilette hinunter. Freund Simmel erging es nicht besser: Trotz dann und wann erstaunlicher Bücher wurde er für die Kritiker mit den hochgezogenen Augenbrauen zum «Fips

mit der Angel» der deutschen Literatur. In dieser Mause-
falle saßen wir beide bis ins hohe Rentenalter.

*

Dabei war ich keineswegs erst im Rentenalter, sondern
schon mit zarten fünfundzwanzig nicht *nur* ein «Fips mit der
Angel». Denn Heinrich von Kleists «Der zerbrochne
Krug» gehört auch in die Kategorie «Triviale Komödie für
ernsthafte Leute». Den zu Unrecht vor den Kadi zitierten
Bauernsohn Ruprecht spielte ich darin 1954 an der Seite kei-
nes Geringeren als Ernst Schröder, des Dorfrichters Adam.
Ernst Schröder jedoch zählte zeitlebens zur ersten Garnitur
der seriösen deutschen Schauspielergarde. Er war am Berliner Schillertheater in den späten dreißiger Jahren nicht nur
der Götterliebling des Intendanten Heinrich George. Er
hatte vor unserem gemeinsamen Part im «Zerbrochnen
Krug» auch bereits den Karl Moor in Schillers «Die Räuber» gespielt und Schillers «Don Carlos» in eigener Regie
inszeniert. Nachdem der Fünfunddreißigjährige als Caligula
in Albert Camus' gleichnamigem Stück 1950 über Berlin
hinaus fast schon zu einer Theaterlegende geworden war,
glänzte er 1952 als Mephisto in Goethes «Urfaust» und als
Marc Anton in Shakespeares «Julius Cäsar». Nach meinem
kurzweiligen Zusammenspiel mit ihm im «Zerbrochnen
Krug», das ich noch heute als Ehre empfinde, feierte er noch
im selben Jahr grandiose Erfolge an den Münchner Kammerspielen: im Duett mit Heinz Rühmann in Becketts
«Warten auf Godot». Was immer er auf seine kleinen Beine
stellte, geriet ihm zu einem großen Abend: der finstere
«Richard III.», der traurige «Marquis de Sade», der zwei-
felnde «Galileo Galilei». Als Beckett höchstpersönlich 1967
am Berliner Schillertheater sein «Endspiel» inszenierte,
wünschte er sich den Hauptdarsteller Ernst Schröder und

nahm während der schwierigen Proben interessiert dessen dickschädeligen Rat an. Bei den Salzburger Festspielen überzeugte er zwischen 1969 und 1972 als Hugo von Hofmannsthals populärer «Jedermann», als jener im Diesseits sorglose Reiche, den der Tod vor Gottes Gericht führt. Sein Buch «Die Arbeit des Schauspielers» war da bereits veröffentlicht. Es ist eine Fundgrube für jeden Komödianten, für jeden von uns, doch wie viele dieser Schätze leider «vergriffen». 1975 verabschiedete er sich vom Theater und lebte fortan zurückgezogen in der Toskana. Nach Deutschland kam er nur noch selten – um Filme zu drehen. So sah ich ihn zuletzt 1992, an einem Freitagabend, in einem vorzüglichen «Derrick»: «Die Festmenüs des Herrn Borgelt». In der Toskana hatte er, lange zuvor, seine Autobiographie geschrieben: «Das Leben – verspielt». 1994 nahm er es sich in Berlin. Er wurde nicht ganz achtzig Jahre alt. An die Adresse der jüngeren Leser, denen Hollywood-Stars mehr als Theaterhelden sagen: Ernst Schröder war ein Verwandlungskünstler von der Besessenheit Robert De Niros. Da er seine Gestalt seinen wechselnden Figuren anpaßte, konnte man auf der Bühne manchmal einen schlanken und manchmal einen stämmigen Ernst Schröder bestaunen. Als er 1954 in die Figur des Dorfrichters Adam schlüpfte und mir, seinem Ruprecht, die Leviten las, trug sein bis ins hohe Alter beneidenswert haariger Charakterkopf eine Glatze zur Schau – und die war weiß geschminkt, in einem kalkigen, fast furchterregend wirkenden Weiß.

*

Nach den «Zerbrochnen Krügen» in Berlin wurden wir zu einem Gastspiel in London eingeladen. Ich trat eine der ganz wenigen Auslandsreisen meines Schauspielerlebens an. Wenn ich mich nun daran erinnere, so ist dies auch ein

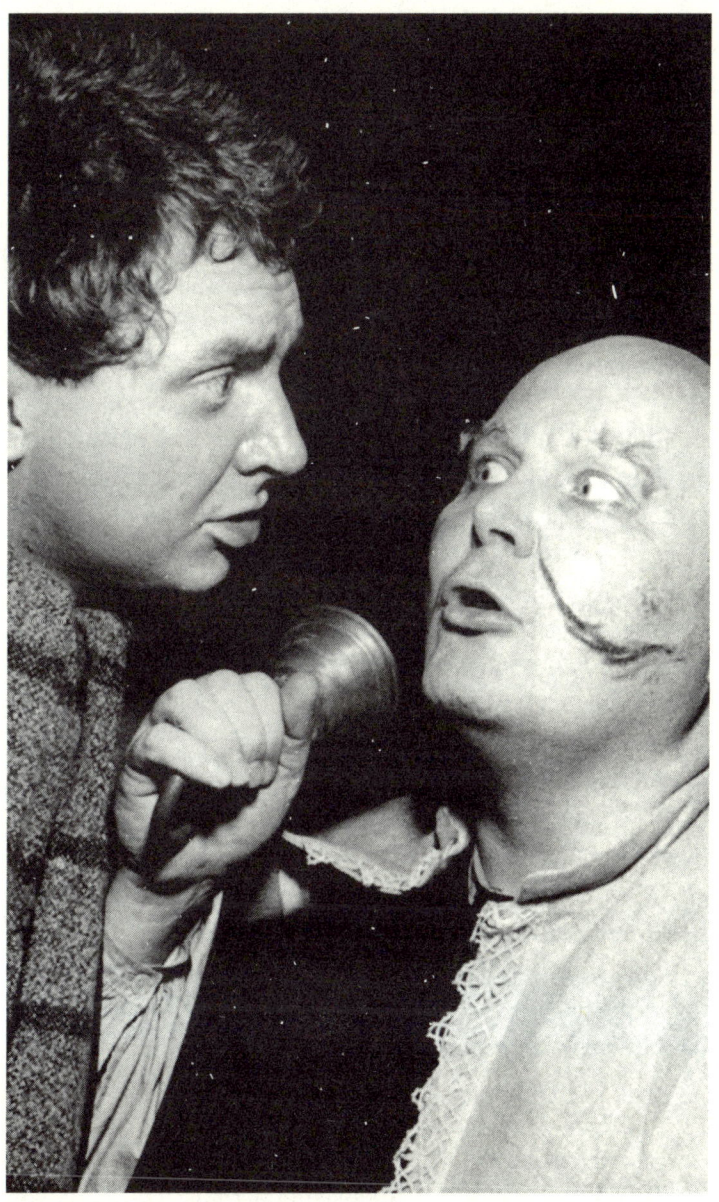

Mit Ernst Schröder in Kleists «Zerbrochenem Krug», 1954

(zu) spätes Dankeschön für einen freundlichen Klaps auf den Hintern. Denn als ich Ernst Schröder nach unserer Londoner Aufführung auf dem Garderobenflur begegnete, knurrte er trocken: «Gar nicht übel, Angeklagter Ruprecht, mach weiter so!» Das aus dem Munde dieses Mannes! Da schien natürlich die Sonne im Gemüt des kleinen Harry Juhnke. Doch wo die Sonne scheint, gibt es bekanntlich auch Schatten – und so zog, kaum war ich zurück in Berlin, ein Gewitterwölkchen auf. Im Theater am Kurfürstendamm näselte mich ein junger deutscher Herr Kritiker an: «Na ja: ‹Der zerbrochne Krug›, Juhnke. Ich habe gelesen, Sie sollen Ihren Bauerntölpel ja auch in London ganz gut hingekriegt haben. Doch das war nicht ‹Der Prinz von Homburg›, das war keine ‹Hermannsschlacht›. Das war eben nur das zerbrochne Krüglein. Mal sehen, ob Sie irgendwann auch die höhere Liga schaffen.» Sprach's, etwa so jung wie ich, und ließ mich mit überlegenem Grinsen stehen. Dieser neunmalkluge Knilch, der dem Goliath Ernst Schröder nicht einmal bis zur Schuhsohle reichte, teilte sogar Heinrich von Kleist und dessen Kunst-Stücke in zwei Spielklassen ein: in eine reife und eine weniger reife, in eine für den ersten und eine für den zweiten Bildungsweg. Damals schüchterte mich diese Kritikeranmache ein. Heute nenne ich sie eine Arroganz, wie sie sich dümmer nicht äußern kann. Zu ihr paßt eine Notiz des großen Wiener Feuilletonisten Alfred Polgar: «Der Kritiker läßt den Künstler, den er nicht versteht, das fühlen. Er behandelt ihn sehr von unten herab.»

*

Nicht jeder Kritiker jedoch gebärdete sich als ein-gebildeter David, um mit seiner Steinschleuder auf alles zu zielen, was im Theater nach Amüsement roch. Vor allem die wirklich gebildeten nicht. Vor allem einer nicht. Er versteckte sich im Frühling der fünfziger Jahre beim Berliner «Tagesspiegel» hinter dem Pseudonym «Urbanus», und er war danach bald zwanzig Jahre in einer monatlichen Radiosendung zu hören. Diese Sendung präsentierte er unter seinem richtigen Namen: «Mit Friedrich Luft ins Theater». Das Radio blieb sein bescheidenes Megaphon, noch als das Fernsehen längst triumphierte. So war er seit 1946 im Rias Berlin vierundvierzig (!) Jahre lang die «Stimme der Kritik». Sein brillanter Kritikerkollege Georg Hensel von der «Frankfurter Allgemeinen Zeitung» hat über ihn gesagt: «Friedrich Luft war ein gelehrter Herr.» Doch «er fühlte sich nie, wie er sich einmal brieflich ausdrückte, in der ‹Oberklasse der deutschen Klugscheißer›». Auch wenn er über noch so gewichtige Stücke schrieb, «seine Prosa schwitzte nicht». Sie blieb kenntnisreiches «Parlando». Georg Hensel, der ihm das Kompliment gemacht hat, war wie gesagt nicht irgendwer. Wir Theaterverrückten verdanken ihm unter anderem den dickleibigen, einzigartigen «Spielplan», einen «Schauspielführer von der Antike bis zur Gegenwart».

*

Friedrich Luft war dieser Schauspielführer von der Antike bis zur Gegenwart in lebendiger Person. Doch wie Georg Hensel protzte er mit seinem ungeheuren Wissen nicht. Sein Glaubensbekenntnis lautete vielmehr: «Theater darf alles!» So saß er mit seinem Taschenlampenstift an einem Abend bei einer «Hamlet»-Aufführung in der ersten Reihe und am nächsten Abend in Boulevardklamotten vom Zuschnitt «Mann beißt Hund». Denn den Orchestergraben zwischen Ernst und Unterhaltung durchquerte er nicht nur spielerisch, er bemerkte ihn wohl gar nicht. So war er sich auch nicht zu schade, eines Tages im Stück «Polizeistation 21» aufzutauchen. Eine etwas größere Rolle spielte darin ein junger Schlaks, den man auf die Wache zitiert, weil er für seine Liebste irgendwas geklaut hat. Friedrich Luft gefiel der völlig unbekannte «Dieb», und so setzte er ihn anderntags in seine Zeitung: «An der ‹Freien Volksbühne› war gestern ein neuer Schauspieler zu sehen. Er spielt, als hätte er nie etwas anderes getan. Er geht über die Bühne wie durch die kalte Küche. Auf den lohnt es sich zu achten. Er heißt übrigens Harald Juhnke.» Und soweit ich mich blaß erinnere, steckte er mir diese Ehrennadel noch vor seiner Zeit beim «Tagesspiegel» an, ich glaube, in der Berliner «Neuen Zeitung», die 1945 zuerst in amerikanischer Lizenz erschien und bei der er der erste Feuilletonchef war. Als Friedrich Luft am Heiligabend 1990 starb, verlor ich meinen freundlichsten frühen Förderer. Ohne seine wiederholten Ermutigungen hätte ich die Flinte womöglich ins Korn geworfen. Denn die «Oberklasse der deutschen Klugscheißer», die meine Bühnentänze zwischen E und U ignorierte, war zwar nicht größer, aber größer an Zahl als er.

*

Meinem Zwillingsbruder Simmel gelang der sogenannte Durchbruch 1960 – mit seinem Roman «Es muß nicht immer Kaviar sein». Die weltweit fünfzehn Millionen verkauften Exemplare zählen zwar zu den deutschen Nachkriegsrekorden und haben ihm sicher die Taschen gefüllt. Doch in puncto Reputation war der Kassenknüller das Schlimmste, was dem Autor passieren konnte, wohlgemerkt: in Deutschland passieren konnte. Im Lehrerzimmer der deutschen Kritik nämlich gelten über zwanzigtausend verkaufte Exemplare als verdächtig, wobei seltene Ausnahmen nur die piekfeine Regel bestätigen. Aber nicht erst der immense Erfolg, schon der vom Schüler Simmel unvorsichtigerweise gewählte Schmucktitel seines Romans über einen lebensdurstigen Bankier hatte ihm das literarische Abitur verdorben: «Die tolldreisten Abenteuer und auserlesenen Koch-Rezepte des Geheimagenten wider Willen Thomas Lieven». Abenteuer? In unserem Elitegymnasium? Wo kämen wir dahin! Nein, solche U wie Ulkigkeiten konnten unsere Studienräte natürlich nicht durchgehen lassen. Sie verspotteten den Roman als Kochbuch und fanden dessen «Kaviar» alles andere als erlesen: Note 5 minus, mit Pauken und Trompeten durch die Reifeprüfung gerasselt. Wer jedoch einmal durch dieselbe fällt, den haben die Deutschlehrer auch beim wiederholten Examen auf dem Kieker: Schüler Simmel konnte nach dem «Kaviar» schreiben, was er wollte – wenn ihn die Doktoren der Kritik überhaupt eines Blickes würdigten, zogen sie ihm ihr Linealstöckchen über die Finger. Ein anderer von den Lehrern derart gebeutelter Pennäler hätte die Schule womöglich zu hassen begonnen. Simmel hingegen war längst zum Masochisten geworden und hatte bereits 1959 das Theaterstück «Der Schulfreund» vorgelegt. Von Robert Siodmak mit Heinz Rühmann verfilmt, erzählt es von einem Briefträger in der Nazizeit. Doch diese hochgelobte Unterwerfung verschaffte ihm nur eine Erholungspause, danach hagelte es wieder blaue Briefe der Kritiker. In einigen dieser blauen Briefe mußte er lesen, er sei ein «Bestseller-Mechaniker», in anderen sah er sich einen «demokratisch engagierten Gebrauchsgraphiker» genannt, also einen netten Kerl, der aber besser Bademeister hätte werden sollen. So ging das seit seinem «Kaviar»-Roman siebenundzwanzig Jahre lang. Mal zogen sie ihm das Fell noch recht milde über die Ohren und ziehen ihn nur der «Kolportage». Mal zückten sie ihre Rotstifte energisch und kritzelten «Kitsch» an die Ränder seiner tausend Seiten. Und wohl nie wird er den Tag vergessen, als er nach einer neuen Probe seiner Unterhaltungskunst die Zeitung aufschlug und darin einen blauen Brief vorfand, dessen grimmiges Wortspiel nicht nur den Himmel, sondern ihm selber den Magen umdrehte. Er las: «Es stinkt zum Simmel.»

*

Anno 1987 war Simmel dreiundsechzig und drückte die Schulbank immer noch. Doch da geschah ein Wunder: Der freundliche Studienrat Dr. Fritz Rumler vom «Spiegel»-Gymnasium in Hamburg führte sich Simmels neueste Klassenarbeit zu Gemüte, seinen Mikrobiologie-Thriller «Doch mit den Clowns kamen die Tränen». Über diesen Roman, der von einer Journalistin erzählt, deren Kind bei einem Zirkusbesuch ermordet wird und die daraufhin die Täter in einem Virologischen Institut sucht, nämlich waren Dr. Rumler die Gutachten zweier Kollegen in die Hände gefallen: Der junge Studienreferendar Dr. Frank Schirrmacher von der «Frankfurter Allgemeinen Oberschule für kluge Köpfe» hatte nach der «Clowns»-Lektüre überraschend verlauten lassen: «Man soll den Simmel nicht schmähen.» Und Studienassessor Dr. Mathias Greffrath nutzte einen Vortrag in der Hamburger «Zeit»-Akademie dazu, Simmels «Clowns»-Sujet als einen «Gegenstand von großem Interesse» zu feiern. Von der Phantasie, Spannung und Recherchierkunst des Romans zeigte sich Dr. Greffrath derart angetan, daß er zu einem Paukenschlag ausholte – und den zuweilen mit dem Sonderschüler Heinz G. Konsalik verglichenen Gymnasiasten Simmel in eine illustre Reihe mit «Balzac, Flaubert, Zola, Hugo, Tolstoi» stellte. Dennoch kamen selbst diese Lobeshymnen nicht ganz ohne Tadel aus. Ebendieses Hin und Her ging Dr. Rumler vom

«Spiegel»-Gymnasium gewaltig auf die Hutschnur. Also ließ er das Her links liegen, entschied sich beherzt für das Hin und stellte dem Schüler Simmel endlich das Abiturzeugnis aus. Gesamtnote: «Doch mit den Clowns kamen die Freuden.» Die Zeugnisübergabe fand am Montag, dem 7. September 1987, statt, gegen 4,50 Mark am Zeitungskiosk. Nun fehlte nur noch die Immatrikulation an der literarischen Universität. Sie erfolgte bereits drei Wochen danach: Prof. Dr. Joachim Kaiser von der «Süddeutschen»-Höchstschule donnerte von seinem Katheder aus in den Hörsaal: «Den Simmel nicht ernst zu nehmen scheint mir eine schnöde und unergiebige Haltung zu sein.» Heiland, geschafft! Simmel fühlte sich «ins Reich der feinen Kritik und guten Literatur aufgenommen». Da verlor *er* die Haltung, steppte aus dem Hörsaal und sprang, so behende es die morschen Knochen zuließen, vor Freude im Dreieck.

*

Doch der frischgebackene Abiturient hatte in seiner Freude das Gras nicht wachsen hören. Sonst hätte er seine Rolex danach stellen können, daß seine nächste Bauchlandung nur eine Frage der «Zeit» sein würde. Denn Studienrat Dr. Ulrich Greiner von der Hamburger Akademie gleichen Namens waren die milden Zensuren seiner ernsten Kollegen von Anfang an ein Dorn im Auge. Als ein besonders trübes Fehlurteil kam ihm dabei das Gönnertum vor, mit dem der damals achtundzwanzigjährige Studienreferendar Dr. Frank Schirrmacher von der «Frankfurter Allgemeinen Oberschule für kluge Köpfe» die «Clowns» des damals dreiundsechzigjährigen Schülers belohnt hatte: «Man soll den Simmel nicht schmähen.» Angesichts dieses Prädikates nahm sich Dr. Greiner viel «Zeit» für eine Gegennote und schrieb verärgert in sein Klassenbuch: «Man soll den Simmel nicht hochjubeln.» Die Kunde dieses Rüffels drang natürlich auch in die Lehrerzimmer der anderen deutschen Gymnasien. Die Lunte war gelegt. Gezündet wurde sie, als Simmel für seinen über sechshundert Seiten dicken Roman «Träum den unmöglichen Traum» gleich ein kleines Wäldchen in Papier verwandelte. Exakt, das ist jener dreißigste Roman, den er in seinem Schoß vergrub, als ich sah, wie er sich im Sommer des Entbindungsjahres in der Lobby des Hamburger Hotels Atlantic ausruhte.

*

Ein Hotel steht auch in Simmels Roman. Den durchstreift der betagte Schriftsteller Robert Faber, der nach endlosen Kämpfen gegen Windmühlen an sich selber und der Welt derart verzweifelt, daß er sich erschießen will – allerdings nicht, bevor er die Hotelrechnung beglichen hat. Dieser Don Quichotte unserer Tage aber ist keineswegs nur der Phantasie an Simmels «Gabriele» entsprungen, sondern der müde Held einer kaum getarnten Autobiographie des betagten Schriftstellers. Darum ist, was ich jetzt zum besten gebe, auch keine Kabarettszene: «Was machen Sie denn da?» fragte ich Simmel nervös, als er sich an der Hotelrezeption anstellte und seine Brieftasche zückte. «Ja, was Sie vermutlich auch gleich tun, ich bezahle die Rechnung.» Einen verwirrenden Augenblick lang konnte ich zwischen Roman und Realität nicht mehr unterscheiden. Mir wurde merkwürdig mulmig, ich machte mir Sorgen um meinen Zwillingsbruder. Natürlich waren sie nichts weiter als ein flüchtiges Trugbild. Doch mit einem Quentchen dieser Sorgen hatte ich die Erinnerung an eigene graue Tage und Nächte im Kopf. Denn auch in meinem Leben hatte es die plötzliche Nachbarschaft von Hotel und Pistole schon gegeben. Keine bedrohlich wirkliche, ich besitze nämlich gar keine Waffe, wohl aber eine in zermürbenden Gedanken. Die schwarzen Vögel der Depression fliegen einen aus tausend Gründen an. Mir saßen sie meistens dann im Nacken, wenn die Polizisten des deutschen Ernstes mich mal wieder in ihre U-Zelle sperrten; damit ich wieder «nüchtern» würde und mir nicht länger einbildete, ich sei meinen innigsten Träumen gewachsen; nämlich eines baldigen Tages «König Lear» und «Richard III.» zu spielen; vom Publikum *und* von den Kritikern honoriert zu spielen. Solche Häme waren die entmutigendsten Anschläge auf mich, und wenn ich vor ihnen in die Knie gegangen wäre und meine Träume in den Wind geschrieben hätte, wäre ich wirklich nüchtern gewesen, nüchtern im leersten Sinne des Wortes, nämlich lebend tot. Meine Schauspielerei und meine Vision von ihr sind doch alles, was ich habe. Wer sie mir nähme, brächte mich um. Die Einsamkeit vor der Flasche ist Sarg genug. Aber verglichen mit der Ernüchterung, die mich abschaffte, seelisch und körperlich abschaffte, wenn ich nicht mehr zeigen dürfte, was ich kann, ist das Elend nach dem Rausch ein Luxusgrab.

*

Ich habe mich jedoch nie ernüchtern lassen, und auch Simmel hat seine Hotelrechnung ohne dumme Gedanken bezahlt. Obwohl der freischaffende Magister Dr. Gerhard Henschel von der «Frankfurter Allgemeinen Oberschule» nach der Lektüre von Simmels «Träume» erst zur Feder und dann zum Streichholz gegriffen hatte: Simmel sei ein «liebenswerter Mann, ein liberaler Menschenfreund, der krebskranken Kindern hilft, es vor Gericht mit Nazis aufnimmt, sich für Kollegen einsetzt». Schon dieses seines großen Herzens wegen wäre es «wundervoll», auch «ein gutes Wort» über sein neues Buch verlieren zu können. Doch das sei ganz und gar «unmöglich». Denn Simmels Roman «Träum den

unmöglichen Traum» lade zwar ein – aber nur «zum Gäh-
nen». Um nachzuweisen, daß das «dumme Zeug» auch
wirklich «dummes Zeug» ist, betritt Dr. Henschel sogar die
Naßzelle im Hause Simmel: «Robert Faber ging ins Bad,
duschte noch einmal, putzte lange und gewissenhaft seine
Zähne und wechselte die Unterwäsche. Dann zog er eine
Flanellhose und einen blauen Pullover an.» Dr. Henschel ist
im Angesichte dieser banalen Toilette ganz außer sich vor li-
terarischem Zorn: «Von solchen vollkommen belanglosen,
unergiebigen, nichtsnutzigen und schmählichen [!] Mitteilungen wimmelt es im Roman.» Meine Damen und Herren,
verstehe ich hier etwas nicht richtig? Warum bei den Göt-
tern der Kernseife sollte Simmels Duschvergnügen «armse-
lig» sein? Weil Goethe garantiert eleganter in sein Badezimmer stolziert ist? Weil Shakespeare sich die Zähne gar nicht
erst geputzt hat? Weil Dante noch keine Flanellhosen trug?
Oder weil Dr. Henschel seine Unterwäsche nur ausgesprochen vornehm wechselt und «schmähliche Mitteilungen»
über diesen ernsten Striptease darum nicht schätzt? Nein,
Dr. Henschel bleibt dabei: Simmels Buch, das immerhin
«die Summe seines Lebens» ist, verströme «nichts als Öd-
nis». Also riskiert unser Doktor die Prognose: «Um so rät-
selhafter ist der Erfolg, der voraussichtlich auch diesem Roman beschert sein wird.» Ja, du meine Güte, das Rätsel läßt
sich lösen: Weil auch ich und Millionen andere Nackte uns
darin wiedererkennen, weil auch wir in unseren Badezim-
mern keine Hochämter zelebrieren, sondern genauso «be-
langlos» zum Waschlappen greifen wie Simmels Robert Faber im Roman.

*

Bei diesem Hü und Hott der Kritiker aber ist guter Rat teuer.
Ich bin mit meinen achtundsechzig Jahren darüber so ver-

wirrt wie ein kleiner Junge, dem man den Brummkreisel weggenommen hat. Wie bitte soll ich als kleiner Zeitungsleser die großen Erwachsenen verstehen? Selbst wenn ich meinen ganz kindlichen Scharfsinn aufbiete, es gelingt mir nicht: Also, der Doktor von der «Frankfurter Allgemeinen Oberschule für kluge Köpfe» hat über Onkel Simmels Buch der «Träume» ordentlich geschimpft. Der Doktor vom «Spiegel»-Gymnasium aber hielt es für ein gelungenes Buch. Nun fragt sich der kleine Bub in mir: Ist der Doktor vom «Spiegel»-Gymnasium oder der von der «Frankfurter Allgemeinen Oberschule für kluge Köpfe» doof? Oder ist deren «Latein am Ende» nur ein beliebiges Puzzle, eine Art Geschmacksrassel? Wenn aber vieles nur Geschmack sein sollte, warum sind die Lehrer dann so furchtbar streng und wollen immer recht behalten? In dieser Not erscheint mir nach dem Einschlafen ein Geist. Es ist der Geist des weisen «Großvaters» Georg Christoph Lichtenberg. Er hat im 18. Jahrhundert gelebt, war ein buckliger Professor und so witzig, daß er sogar «Sudelbücher» schrieb. Er beugt sich zu meinem Bettchen herab und sudelt mir ins Ohr: Wenn ein Buch und ein Kopf zusammenstoßen und es dabei hohl klingt, ist nicht immer das Buch schuld, mein kleiner Freund.

*

Die Leser von Theaterrezensionen wissen, daß es auch ein Billard zwischen Kopf und Stück gibt, die Karambolage zwischen dem Ernst (der Kritik) und dem Vergnügen (des Publikums). Schließlich bin ich selber ganz verbeult davon. Doch ich habe inzwischen auch einen mir gewogenen Zeitungsdoktor. Nur war er mir ausgerechnet in jenem Kollegium zu Diensten, das Bruder Simmel so «schmählich» verdammte. Während das «Spiegel»-Gymnasium an meinem «Hauptmann von Köpenick» kein gutes Haar ließ (Note 6),

flocht mir ein Herr der «Frankfurter Allgemeinen Oberschule» dafür den Kranz meines Künstlerlebens und verlieh
mir, mit sechsundsechzig, ein Einser-Abitur:

Abiturzeugnis der «Frankfurter Allgemeinen Oberschule für kluge Köpfe»

«Der Schuster, bekannt als Hauptmann von Köpenick, wird in Berlin seit Wochen nur noch in
einem Atemzug mit Harald Juhnke genannt, der
die Rolle unter öffentlicher Anteilnahme geprobt
hat und an diesem Abend spielt. Aber das wissen
wir noch nicht, denn die Geschichte fängt ja gerade erst an. Zumindest tun wir so, als ob wir es
nicht wüßten, und das Theater tut auch so, als ob,
was ja sowieso zu den Grundlagen der Schauspielkunst gehört. Es tut also so, als liefe da ein alter
Film mit schneidigen Gardeoffizieren, Marsch-
musik und einem veritablen Uniformschneider
... Eine Schmierenkomödie, die lustig sein
könnte. Wenn da nicht plötzlich ein Mensch die
Szene beträte. Dieser Mensch ist natürlich der
Schuster Voigt, aber Harald Juhnke menschelt
nur ein ganz klein wenig, um zu zeigen, daß diese
geschundene Kreatur als einzige zwischen all den
Knallchargen das Herz auf dem rechten Fleck
hat. Er ist der einzige, der an diesem Abend nicht
so tut, als ob, er ist und bleibt Harald Juhnke;
aber virtuos hat er es geschafft, den Schuster

Voigt sich anzuähneln. Er wirkt geduckt und geht doch einen aufrechten Gang, er ist trocken und spröde und kann doch mit einer einzigen hilflosen Handbewegung die ganze Sehnsucht des von allen Seiten gehetzten Mannes zeigen. Schon wenn er die Tür des piekfeinen preußischen Uniformschneiders öffnet, spürt man, daß der arme Kerl mit dem abgerissenen Rock und dem ärmlichen Packerl in Händen etwas auf der Seele hat. Es schmerzt, wenn er nicht zu Wort kommt, weil er die schneidigen Floskeln der militärisch gedrillten und akademisch gebildeten Herrschaften nicht beherrscht. Wenn er auf die Frage: ‹Wo ham Se gedient?› entgegnet: ‹Bei verschiedene Handwerksmeister›, so wirkt das nicht als billige Pointe eines Witzes, sondern wie anrührende Wahrheit ... Die Geschichte ist märchenhaft und doch historisch, denn erst der Zeitgeist mit seinem preußischen Uniformenrespekt hat den Handstreich des Hauptmanns von Köpenick und dessen Erfolg überhaupt möglich gemacht. Carl Zuckmayer hat diesen Zeitgeist mit seinem ‹deutschen Märchen in drei Akten› verspottet, die Regisseurin Katharina Thalbach erzählt zwar das Märchen, doch die Zielscheiben des Spottes sind in ihrer Inszenierung Pappkameraden. Liebevoll ausstaffiert und ironisch zugerichtet, aber ohne jedes Leben wird da die ganze mickrige Männlichkeit des Militarismus vorgeführt. Die Kerls sind zum Schießen, doch es lohnt das Lachen kaum: Daß man sich trotzdem nicht unter

Niveau amüsiert, liegt an der Leichtigkeit, mit der Katharina Thalbach das alles auf die Bühne gebracht hat, und an der Ernsthaftigkeit, mit der Harald Juhnke spielt, als wäre Voigts herzzerreißendes Schicksal ein Stück von ihm.»

Checkpoint Charlie

Mein «herzzerreißendes Schicksal» aber wird wohl immer wieder die deutsche Frage sein: Knallt dir der Kunst-TÜV für deine Schauspielerei den Stempel U oder E ins Fahrtenbuch? Oder sollte dir das schnurzegal sein, und kann dich der Kunst-TÜV mal? Solltest du mit deinem verrückten Namen nicht besser für die «staatliche Anerkennung» des künstlerischen Niemandslandes werben? Für eine dritte Spielwiese *zwischen* dem leichten U und dem schweren E? Für eine Spielwiese, auf der getanzt wird und sich plötzlich wer ein Bein bricht – oder das Herz. Für eine Spielwiese, auf der gelacht wird und einem das Lachen plötzlich im Halse steckenbleibt. Für eine Spielwiese, auf der U und E so innig Händchen halten, daß man sie kaum noch voneinander unterscheiden kann. Für diese «dritte Kunst» müßte man einen ganz neuen Buchstaben finden. Vielleicht M wie Mischling oder Z wie Zwitter. Oder G wie Glasnost und P wie Perestrojka. Wenn ich diesen Stein ins Rollen brächte, dann ginge ich womöglich als eine Art Gorbatschow des Vergnügens in die Lexika ein. Diese kleine Eintragung im Großen Brockhaus müßte doch zu schaffen sein: «Juhnke. Genialer Schauspieler und berühmter Attentäter. Sprengte am Ende seines Lebens den Kunst-TÜV in die Luft.» Denn der Eiserne Vorhang zwischen Ernst und Unterhaltung ist doch nur eine deutsche Grenze, eine in humorlosen Köpfen. So wie wir die innerdeutsche Mauer geschliffen haben, sollten wir auch diese Schranke öffnen. Die Amerikaner, Franzosen, Italiener, Engländer nämlich – ich bin sicher, sogar die Ägypter – wissen garantiert nicht, was der deutsche Kunstzoll von ihnen will, wenn sie unseren einschüchternden Checkpoint Charlie passieren. Kein Mensch außer dem deutschen kapiert, was der «Schießbefehl» von E nach U bezwecken soll und warum wir um so friedliche Kameraden wie den fünften und einundzwanzigsten Buchstaben unseres Alphabets so unfriedliche Schlachten schlagen; als gäbe es nur Fisch *oder* Fleisch, J. W. Goethe *oder* H. G. Konsalik.

«Wertvoll»

Apropos Checkpoint Charlie. Zu welchem Waterloo diese Schlachten für die Offiziere des deutschen Ernstes führen können, zeigt das Beispiel eines anderen Charlie, das Beispiel von Charlie Chaplins Film «Der große Diktator». Chaplin spielt in dieser grimmigen Parodie auf das Kabinett der Nazis sowohl den Adolf Hitler karikierenden Operetten-«Führer» Hynkel als auch einen kleinen jüdischen Friseur: das vertrottelte Scheusal mit der Weltkugel auf dem balancierenden Hintern zu Richard-Wagner-Klängen, den liebenswerten Kauz mit dem flinken Rasierpinsel zu einem ungarischen Tanz von Johannes Brahms. Als der 1940 in Hollywood gedrehte Film mit bemerkenswerter Verspätung 1958 erstmals in die deutschen Kinos kam, war ich neunundzwanzig und selber im Kino zu sehen: mit dem Boulevardmätzchen «Piefke, der Schrecken der Kompagnie». Von Chaplin hätte ein junger Schauspieler wie ich also etwas lernen können. Doch ich ließ den «Großen Diktator» einen «Großen Diktator» sein und ging lieber einen trinken. Warum? Warum sagte sich ein Stenz wie ich, der sonst alles begierig einatmete, was aus Amerika kam, der Whisky-Cola schluckte, Kaugummis kaute und pausenlos Frank Sinatra herunternudelte: Diesen Chaplin kannst du dir sparen? Weil die wie die Schlange aufs Kaninchen auf E fixierte Wiesbadener «Filmbewertungsstelle», das gefürchtete Kürzel FBW, Chaplins komischen Geniestreich eben nur für U hielt und darum *nicht* mit dem Prädikat «Besonders wertvoll» schmückte. Dem schönsten, weil rasantesten Berlin-Film aller Zeiten, Billy Wilders «Eins, zwei, drei» mit James Cagney als Coca-Cola-Boß, erging es 1961 übrigens nicht anders. «Wertvoll» ohne «besonders» jedoch, das wußte schon damals jeder Kinogänger, wird von den Wiesbadener Film-Weisen jeder Käse auf Zelluloid genannt. In der Schule wäre das 4 minus, haarscharf an der 5 vorbei, gewesen. Ich meine mich zu erinnern, daß sogar mein dämlicher «Piefke» als «wertvoll» galt. Er war damit richtig ausgezählt, für den «Großen Diktator» und «Eins, zwei, drei» war es ein schlechter Witz. Natürlich weiß ich nicht, was die FBW-Jury geritten hat, meinen «Piefke» mit Charlie Chaplin und Billy Wilder auf eine Treppe zu stellen. Ich denke mir das etwa so: Bei der Vorführung des «Großen Diktators» und von «Eins, zwei, drei» muß in der Jury irgendwann irgendwer *gelacht* haben. Da war es aus mit «besonders», da konnte es nur noch «wertvoll» heißen. Denn in Deutschland lacht man in einem «besonders wertvollen» Film einfach nicht.

«Wimbledon»

An dem zähen Jägerlatein, in dem das E immer der schlaue Fuchs und das U immer die dumme Gans ist, haben mein Zwillingsbruder und ich uns noch im Rentenalter die Zähne ausbeißen müssen. Simmel hat diese deutsche Katalogisierungswut als eine «unerträgliche Krümelkackerei» gegeißelt – und sich damit getröstet, daß ihm ein weniger wütender Kritiker einmal sagte: «In England wäre einer mit Ihrem Lebenswerk doch längst geadelt.» In England, wo der Thrillerautor John le Carré («Der Spion, der aus der Kälte kam») als Herr des U und E in einer Person gilt; wo Graham Greene («Der dritte Mann», «Das Herz aller Dinge») immer wieder für den Nobelpreis vorgeschlagen wurde; und wo sogar ein Papiertiger, der nie gelebt hat, der pfeifenrauchende Meisterdetektiv Sherlock Holmes, wie ein Klassiker gefeiert wird – und noch heutzutage akademische Fanpost in die Londoner Baker Street bekommt, in der nicht einmal sein Erfinder *Sir* Arthur Conan Doyle wohnte. Und ich, womit tröste ich mich? Wenn ich ein paar Jährchen vor dem «Hauptmann von Köpenick» zu sagen gewagt hätte: Eines Tages stehe ich in «Wimbledon» nicht nur im Finale, sondern gewinne das Finale sogar, dann nämlich spiele ich Shakespeares «Richard III.» und den «König Lear» – manche meiner Kritiker hätten mir den Vogel gezeigt oder mir auf der Stelle zwei stämmige Pfleger mit weißen Kitteln ins Haus geschickt. Ich tröste mich also damit, daß sich schon vor meinem «Hauptmann» Zuschauer zu Wort meldeten, die meine hochfliegenden Bühnenträume keineswegs für irre hielten. Hören wir den ernsthaften Theaterkritiker Hellmuth Karasek vom «Literarischen Quartett»: «Gäbe es in Deutschland nicht immer noch diese idiotische Trennung von Unterhaltung und Kunst, die keine andere vernünftige Kulturnation aufrechterhält, dann wäre niemand erstaunt, wenn ich Harald Juhnke zu den wichtigsten und größten deutschen Schauspielern zählte. Da es aber die Trennung gibt, muß Harald Juhnke ab und zu mit Molière beweisen, was er kann, und das beweist er dann auch.»

In Molières «Tartuffe» und «Der Geizige»

Liebe Karriere

«Wer Schauspieler werden will, sollte seine Kindheit in den Tornister schnüren, mit ihr losrennen und sie unterwegs nie verlieren.»

Max Reinhardt

Hans Albers

ALS DREIKÄSEHOCH hatte ich Hans Albers schon im Radio gehört: «Komm auf die Schaukel, Luise! Du fühlst dich wie im Paradiese», trällerte er in einem eigens für ihn geschriebenen Lied nach einem Stück Ferenc Molnárs als «Liliom» – als jener ebenso rauhbeinige wie zärtliche Hutschenschleuderer auf einer Kirmes, den die Dienstmädchen lieben, der aus Enttäuschung zum Verbrecher wird, sich ein Messer in die Brust stößt, in den Himmel kommt und für eine «gute Tat» noch einmal auf die Erde zurückgeschickt werden soll. Da fällt Liliom nur ein: seinem alten Komplizen, der ihn einmal böse reingelegt hat, den Schädel einzuschlagen. Hans Albers, ein Hamburger Schlachtersohn, der den Ersten Weltkrieg mit zwei Verwundungen überstand, sah aus wie ein junger Gott, hatte Schlag bei den Frauen und ungeheuren Mumm. Nun durfte ich mit dieser Legende aus der deutschen Stummfilmzeit, die seit 1917 vor der Kamera stand, 1957 filmen: «Der tolle Bomberg» schockte den Adel und erfreute das Volk. Josef Winckler hatte ihn in seinem Schelmenroman in ziemlich kräftigen Farben gemalt: «Bei den

Mit Hans Albers in dem Film «Der tolle Bomberg» (1957)

geistlichen Herren war der Baron ein Besessener, bei den Adligen ein Trottel, bei den Spießern ein Hundsfott, bei den Militärs ein Saufgenie, bei den Damen ein Wüstling, aber beim Volk ein Kerl.» Albers mochte mich: «Kleener, du hast wat im Blick, wat Irres. Du hast zwar nicht meine blauen Augen, aber du wirst trotzdem eine Publikumsgranate.» Mein Prophet war schon deutlich auf dem absteigenden Ast. Er hatte Tränensäcke unter den Augen, er nuschelte undeutlich. Heinz Rühmann und Curd Jürgens waren dabei, ihm in der Gunst des Publikums den Rang abzulaufen. Dennoch lernte ich viel von dem alten Roß: Sinnvolles und Fatales. Daß Ruhe zwar nicht die erste Bürger-, aber leider die erste Schauspielerpflicht sei; daß man ganze Eimer austrinken und trotzdem wie ein Baum vor der Kamera stehen kann. Dieser Mensch vertrug mehr als eine ganze Kneipe voller Schnapsnasen. Schon beim Schminken zum «Tollen Bomberg» trank er eine halbe Flasche Cognac – und servierte mir das entspannteste Arbeitsklima, das ich bei Dreharbeiten jemals erlebt habe. Albers betrachtete den Film nur als Vorwand für ein Riesenbesäufnis, selbst dem jungen Regisseur Rolf Thiele schenkte er einen Cognac nach dem anderen ein. Ich war im «Tollen Bomberg» Albers' «Sohn». In einer Drehpause winkte er mich zu sich: «Kleener, siehste die junge Schauspielerin da neben der Kamera?» – «O ja, Herr Albers, die sehe ich wohl.» – «Meinste, daß das Mädel mich kennt?» – «Aber Herr Albers, das ist doch selbstverständlich.» – «Nee, ob sie mich *wirklich* kennt?» Bevor mir eine Antwort einfiel, ging er auf die Statistin zu: «Gestatten, mien Deern, Albers, ich möchte mich gerne vorstellen.» Sprach es, öffnete seinen Hosenstall und legte ihr vor versammelter Mannschaft seine Männlichkeit in die zurückzuckende Hand. Hätte es damals schon die bunte Presse gegeben, Hans wäre ihr wohl jeden Tag einen Balken wert gewesen.

Der Volksschauspieler aus dem Volk verführte mich nicht nur zum harten Trinken, sondern auch zum Rauchen. Er schenkte mir «krumme Hunde», regelrechte Prügel von Zigarren. «Damit hat man was in der Hand», sagte er. «Wenn gerade keine Frau, kein Whisky oder kein Revolver greifbar sind.» Ganz in diesem Sinne lud er mich eines Abends an seinen Tisch, ein Liebchen an seiner Seite. Doch war der Haudegen vorsichtig: «Wenn ich dir einen Wink gebe, läßt du Vadder mit de Deern allein.» Diese «Deern» war ein Mannequin, das ihm bei einer Modenschau im Hotel ins Auge gestochen war. Ich machte ihr erst gar keine Avancen, denn sie war die designierte Albers-Braut an diesem Abend, und mit einem der größten Draufgänger der deutschen Filmgeschichte konkurriert man nicht, den studiert man höchstens. Also zog ich mich nach dem vierten Gang des Menüs pflichtschuldigst zurück, setzte mich aber mit unserem Regisseur Rolf Thiele in die Hotelhalle. Nach einer Weile sah ich Albers demonstrativ mit einer Flasche Champagner und dem «Model» nach oben staksen. Am nächsten Tag platzte ich vor Neugier. Ich fragte das Mädchen, wie es denn so mit dem großen Liebhaber gewesen sei. «Ach, ganz zivil, kaum der Rede wert», kicherte sie. «Wir haben noch ein Gläschen getrunken, dann hat Herr Albers mir mein Bett im Salon gezeigt und nebenan in seinem Zimmer geschlafen. ‹Nur runterhüpfen darfst du nicht›, hat er gesagt. ‹Denn da unten wartet der junge Juhnke, und wenn du dich dem nun ohne mich zeigst, dann schadet das meinem Ruf. Dann ist mein Ladykiller-Image dahin.›»

*

Schon früh machte mich Hans auch mit dem A und O guter PR bekannt: «Egal, ob gut oder schlecht, Hauptsache, die Presse schreibt über dich. Paß nur auf, daß sie deinen Na-

men richtig drucken.» Ich verstand: Juhnke ohne h, das
wäre nicht gut. Dann schon lieber so, wie ihn die Kameraden von der «Bild»-Zeitung mal buchstabiert haben: «J wie
Jever, U wie Underberg, H wie Henkel, N wie Napoleon, K
wie Korn, E wie Edelzwicker.» Die Zürcher «Weltwoche»
kreierte aus mir sogar einen «Funburger» und teilte ihren
Lesern auch die Rezeptur mit: «Einfach Danny Kaye, Dean
Martin, Whisky-Cola, Swing und Nierentisch durch den
Fleischwolf drehen, dann eine tüchtige Portion trümmer-
stäubigen, kleinkarierten, hobbykellerfrohen Biedersinn da-
zugeben, das Ganze mit einem Schuß Berliner Schnauze ab-
schmecken, und fertig ist die Juhnke-Bulette.»

*

Hansi Burg, die langjährige jüdische Geliebte von Hans Albers, war 1939 nach England geflohen. Um ihr Leben zu
retten – und um die Karriere ihres Partners nicht zu gefähr-
den. Seit 1945 hatten Hans und Hansi dann wieder zusam-
mengelebt. Nach seinem Tod im Jahre 1960 schrieb sie mir
aus Starnberg: «Hans hat recht behalten mit seiner Meinung, daß aus Ihnen was wird. Lassen Sie sich nicht unter-
kriegen von der Trinkerei. Hans hat es auch geschafft.»

O. E. Hasses «Diener»

Sie waren Knabenliebhaber, meine geschätzten Kollegen
Hubert von Meyerinck, den alle nur «Hupsi» nannten, und
O. E. Hasse. Daß ich ein «Normalo» war, wurde ihnen
ziemlich schnell klar. Dennoch nahmen sie mich in ihre Berliner Tafelrunde auf. Sie war eine der begehrtesten Stationen
auf dem Weg zum Theaterolymp. Wer an O. E. Hasses
Tisch im «Diener» oder in der «Schildkröte» sitzen durfte,

war geadelt. Eintrittskarte: Trinkfestigkeit! Unter zehn Whiskys kam man selten davon. Und manchmal ging es in der Wohnung von O. E. Hasse weiter. Eines Abends war ich der letzte Gast, und O. E. Hasse überlegte, wie er mich verführen könnte. Ich zeigte mich wenig anlehnungsbedürftig und sagte: «Herr Hasse, im ‹Diener› bin ich gerne Ihr Diener. Aber dieses Fest hier müssen Sie leider ohne mich feiern.» «Hupsi» hingegen kümmerte dieses «ohne mich» nicht. Er wollte mich partout zu seinesgleichen erziehen. Selbst noch nachdem ich Susanne geheiratet hatte, hielt er das für den Beweis seiner Erziehung. Als er Susanne mit ihrer knabenhaften Figur zum ersten Male sah, sagte «Hupsi» mit seiner kuriosen Lispelstimme zufrieden: «Na bitte!»

«Manöver» am Fließband

Wenn das Telefon klingelte und irgendeine halbseidene Figur bot mir eine Filmrolle an, interessierten mich in den fünfziger Jahren nur drei Fragen: Wie hoch ist die Gage für den Quatsch? Wie hübsch sind meine Partnerinnen? Wo wird der Heuler heruntergespult, wie sonnig ist es dort? Da kam mir Bubi Seitz gerade recht. Bubi war der hemdsärmlige Chef einer Schauspielervermittlung. Ihm ging es mehr darum, den Laden am Laufen zu halten und an der Kinokasse Reibach zu machen, als große Kunst zu präsentieren. Mir kam er so: «Den nächsten Sommer brauche ich dich, da mache ich zwei Filme, und dann bist du in einem noch etwas später dran.» Sieben bis acht Filme drehte ich auf diese Weise pro Jahr, sogenannte B-Filme: schnell und lieblos heruntergespulte Fließbandware. Die Schauspieler waren häufig gar nicht schlecht, die Drehbücher aber meist grausam oder abgekupfert. «Kann ein Mann sooo treu sein ...»

182

Das erste Auto

hieß zum Beispiel das bereits erwähnte Remake des Rühmann-Klassikers «Der Mustergatte». Den Lover spielte ausgerechnet Theo Lingen, ich mimte einen lustfeindlichen Langweiler, ohne Lust. Ich drehte am Tage und spielte abends auf der Bühne. Denn meine Texte lernte ich blitzschnell. Das war bei diesen Heimatfilmen, Verwechslungskomödien und Militärklamotten, die wie «lustige» Werbefilme für die neue Bundeswehr schepperten, auch kein Kunststück: «Schön ist die Liebe am Königssee» – «So liebt und küßt man in Tirol» – «Wenn die Alpenrosen blüh'n» – «Das Geheimnis der drei Dschunken» – «Schick Deine Frau nicht nach Italien» – «Jede Nacht in einem anderen Bett» – «Die grünen Teufel von Monte Cassino» – «Wenn Mädchen ins Manöver zieh'n».

Sprachfehler

An einem lauschigen Abend des Jahres 1957 begegnete ich vor den Kammerspielen in der Münchner Maximilianstraße einem Dichter, der mich in meiner Kindheit beglückt hatte. Mein Nachttischlampen-Liebling von einst war fast genau doppelt so alt wie ich mit meinen achtundzwanzig, Präsident des deutschen PEN-Clubs und gerade mit dem Georg-Büchner-Preis ausgezeichnet worden. Es ist und bleibt eine Ungerechtigkeit der damals langsam flügge werdenden Mediengesellschaft, daß nicht ich ihn, sondern er mich erkannte: «Guten Abend, Herr Juhnke. Ich heiße Erich Kästner.» Er bat mich, «ein Gespräch von Mann zu Mann, Künstler zu Künstler, Humorist zu Humorist» führen zu dürfen. «Sie dürfen alles, Herr Kästner», antwortete ich. «Nun denn, Herr Juhnke, was leisten Sie sich bloß für Fehler! Sie drehen einen dürftigen Film nach dem anderen. Das hat doch ein Talent Ihres Formates nicht nötig. Lassen Sie die Finger von diesen Wald-und-Wiesen-Schnulzen. Warum werfen Sie sich nicht ganz aufs anspruchsvolle Theater?» Ich gelobte Besserung. Und konnte doch erst in den späten sechziger Jahren vom belanglosen deutschen Nachkriegsfilm lassen. Weil ich die Atmosphäre im Filmgeschäft erregend fand. Weil ich Geld verdienen wollte und weil ich einen Sprachfehler hatte: Ich konnte nur selten nein sagen.

Meine Tochter Barbara

Barbara kam auf die Welt, ein Kind der Liebe und ein kleines Würmchen, das an einer unheilbaren Schädigung am Rückgrat litt. Sybil und ich machten alle Höllen durch: Wie konnten wir der Kleinen helfen? Warum ist gerade unser Baby krank? Haben wir vielleicht schuld daran? Barbara starb im Alter von vierzehn Monaten. Sie hätte nie sitzen, laufen oder sprechen können. Ich flüchtete mich erst recht in den Suff, Sybil in die Depression. Sie unterstellte mir in ihrer Not mehr oder weniger direkt, das Kind sei unter Alkohol gezeugt worden. Die Ärzte beruhigten mich, mein schlechtes Gewissen, aber meine Seele war wund, ich fühlte mich tief verletzt. Mit einer Kollegin zog ich durch die Kneipen. Zum ersten Male trank ich ganze Nächte durch. Mein anderer Trost war das Theater. Ich spielte den Ruprecht im «Zerbrochnen Krug» von Kleist. Intendant Oscar Fritz Schuh, der Ernst Karchow als Volksbühnen-Chef nachgefolgt war und mich mochte, wollte die Vorstellung absetzen, als ich von der Todesnachricht erfuhr. «Harald, das müssen Sie nicht machen.» Doch Ernst Schröder, der Dorfrichter Adam, ermunterte mich, auf die Bühne zu gehen: «Du kannst dir nur helfen, indem wir jetzt Theater spielen wie die Baßgeiger.» Für Sybils und meine Ehe war Barbaras Tod ein Schicksalsschlag, der die erste große Entfremdung bewirkte. Wir haben Jahre gebraucht, um aus unserer Leere wieder herauszukommen, und dann hatten sich längst andere Leeren aufgetan. Obwohl ich keine Schuld hatte, verfolgten mich Schuldgefühle. Bis Peer 1956 auf die Welt kam, unser Sohn.

Curt Bois

Aus der Ferne hatte ich ihn immer bewundert. Jetzt saß er mir an einem anderen Tisch im Restaurant gegenüber: Curt Bois, der Großberliner Charakterkomiker, der im Theater des Westens bereits als Siebenjähriger debütiert hatte: als Heinerle in «Der fidele Bauer». Curt Bois, der «Leichtathlet mit dem flinken Witz und den flinken Beinen» (Erich Kästner), war ein zweibeiniges Gesamtkunstwerk mit bald einem Dutzend von Berufen: Operettenkomiker und Salonhumorist, Varietékünstler und Revue-Original, Clown und Artist, Kabarettist und Bühnenexzentriker, Alleinunterhalter und Brecht-Interpret – ein Tausendsassa des Showbusineß der zwanziger Jahre. Er trat in Wirtshäusern ebenso elegant wie in Staatsopern auf. Ich war zu jung, um seine famosen Kabinettstückchen noch selbst miterlebt zu haben. Aber ältere Schauspieler erinnerten sich und sagten: Curt Bois hätte der deutsche Chaplin werden können – spätestens seit er 1928 im Wiener Theater in der Josefstadt den Lord Babberly in «Charleys Tante» hingezaubert hatte. Doch schon 1933 mußte der jüdische Entertainer Deutschland verlassen. Seine Filme wurden von den Nazis wegen «jüdischer Dekadenz» verboten. Über Prag, Wien, London und Paris kam er 1934 nach New York und 1937 nach Hollywood. Dort spielte er in etwa vierzig Filmen meist kleinere Rollen, unter anderem neben Humphrey Bogart und Ingrid Bergman in «Casablanca». Aber die große amerikanische Karriere blieb ihm versagt, für seinen Mutterwitz brauchte er die deutsche Sprache. Als er 1950 nach Deutschland zurückkehrte, wurde er nicht wie ein Held, sondern wie ein überflüssiger Konkurrent empfangen, dessen überlegenes Können beinahe als Zumutung galt. Ein Kollege begrüßte ihn etwa mit der kurzen Bemerkung: «Ach, Sie sind es, man hat sich ja lange nicht mehr gesehen.» Als sei der Emigrant in einer Sommerfrische gewesen oder habe sich mal eben den Blinddarm herausnehmen lassen. So blieb es um Curt Bois, dem man Rollenangebote nach seiner Rückkehr nicht gerade nachschmiß, bis ins hohe Alter bestellt. Ein Kritiker der «Frankfurter Allgemeinen Zeitung» hat sich diesen Reim darauf gemacht: «Das Niveau des Curt Bois war für die Deutschen zu hoch. Also stuften sie es zu niedrig ein. Sie konnten wenig mit diesem Schauspieler anfangen. Die kleine, zarte Bestie mit dem spitzen Gesicht, den dunklen Augen, der gaumig rauhen Stimme und den präzisen Bewegungen war ihnen zu einfach-kompliziert … Er machte nicht eigentlich lustiges Theater, es schien immer so, als mache er sich übers Theater lustig.»

*

Am Ostberliner Theater am Schiffbauerdamm hatte ich Curt Bois 1952 zum ersten Male leibhaftig auf der Bühne gesehen: als Puntila in Bertolt Brechts Stück «Herr Puntila und sein Knecht Matti» – das Brecht selber inszenierte. Im selben Jahr führte Bois im Deutschen Theater Regie: beim «Polterabend» von Werner Bernhardy. Auch diesmal saß ich im Publikum. Ich also kannte Curt Bois, aber kannte er auch mich? Darüber dachte ich nach, als wir uns 1954 im Restaurant Schlichter gegenübersaßen: ein junger und ein älterer Herr – allein an ihren Tischen. Ich beobachtete ihn aus den Augenwinkeln und pfiff seine Hits in mich hinein: «Ich mache alles mit den Beinen» oder «Guck doch nicht immer nach dem Tangogeiger hin» – bis heute blühende Gassenhauer von Friedrich Hollaender und Peter Kreuder. Der «Tangogeiger» und ich aßen nicht gerade um die Wette. Er war einfach schneller fertig als ich, nahm seinen Hut und seinen Mantel – und kam auf mich zu. Es ist wahr und nochmals wahr: Der große Curt Bois kam auf den kleinen Harald Juhnke zu: «Ich weiß, daß Sie Schauspieler sind, ein aufstrebender Schauspieler von der Volksbühne. Darf ich Ihnen gratulieren? Ich habe mit Genuß registriert, wie Sie sich Ihre Speisen bestellt haben und wie Sie nun alleine dasitzen und sich freuen über Ihr Essen. In Ihrem Gesicht habe ich gelesen, daß Sie ein sinnlicher Mensch sind. Solche braucht man am Theater. Auf Wiedersehen.» Ich saß an meinem Tisch wie im «Himmel über Berlin». In einem Film dieses Titels von Wim Wenders hat Curt Bois, neben Bruno Ganz, eine seiner letzten Rollen gespielt. Wer ihn zu Hause anrief, den überraschte er gerne mit der Frage: «Zu welchem Friseur gehen Sie eigentlich?» Noch bevor der Anrufer die Adresse des Salons nennen konnte, empfahl ihm Curt Bois: «Gehen Sie zu meinem in Ostberlin. Dort kostet der Herrenhaarschnitt heute noch acht Mark.» In seinem einundneunzigsten Pubertätsjahr ist Curt Bois Weihnachten 1991 viel zu jung gestorben.

Curt Bois in den fünfziger Jahren

«Das tanzende Herz»

Unter der Regie von Wolfgang Liebeneiner drehte ich 1953 «Das tanzende Herz». Das war trotz des poetischen Titels ein ziemlich biederes Operettenschmankerl, in dem ein fürstlicher Hofmechaniker nach Frankensteinart eine singende und tanzende Puppe konstruiert, die genau wie seine Tochter aussieht. An der Kinokasse war der Film ein Verlustgeschäft. Für mich war er während der Arbeit daran ein menschlicher Gewinn. Nicht nur, weil einer meiner Partner Paul Hörbiger hieß und ein anderer Wilfried Seyferth – mein Benimmlehrer in dieser Zeit, der mich mit meiner Ehefrau Sybil verkuppelt hatte. Sondern vor allem, weil ich die gleichaltrige Gertrud Kückelmann kennenlernte. Diese junge Frau aus dem festen Ensemble der glänzend beleumundeten Münchner Kammerspiele nahm mich durch ihre unerhört herzliche Ausstrahlung für sich ein. Sie war ein scheues Wesen, frei von Berechnung und unfähig zur Intrige. Die große Seele «Kücki» war sexy und begehrt. Karlheinz Böhm war mit ihr liiert, und auch Maximilian Schell soll ihr nahe gewesen sein. Wie die Puppe, die sie im «Tanzenden Herzen» spielte, wäre sie wohl auch gerne durchs Leben getanzt, doch ihre Heiterkeit tarnte ihre Depression.

Später

Einer, der meine Bewunderung für «Kücki» nicht vergessen hatte, schenkte mir zu meinem zweiundfünfzigsten Geburtstag 1981 ein Buch: Hans Werner Richters Erzählung «Die Flucht nach Abanon». Darin nähert sich der Begründer der literarischen «Gruppe 47» in Gedanken einem weiblichen Schatten, der in der Münchner Wohnung über der seinen zu Hause ist: «Er hört ihre Schritte über sich. Sie geht hin und her, anscheinend auf nackten Fußsohlen. Es ist vor oder nach Mitternacht. Er weiß es nicht genau. Wäre die Decke über ihm durchsichtig, er könnte ihre Fußsohlen sehen ... Das Geräusch, das die Füße über ihm verursachen, ist so leise, daß es ihn in seinem Schlaf nicht stören würde. Er hört trotzdem hin. Jetzt entfernen sich die Füße, sehr eilig, sie sind ... in einem anderen Zimmer ... Er gleitet hinüber in den Schlaf, schon fast im Traum, kommen die Schritte über ihm zurück, sehr weit entfernt zuerst, dann näher, sehr leise ... Er hört, so glaubt er, alles, was über ihm geschieht. Die Schritte sind wieder da, die nackten Füße. Sie haben es eiliger als vorhin. Doch dann sind sie wieder weg: die Schritte, die Füße, alles.» Es sollte nicht der letzte «Freitod» eines Künstlers sein, den ich persönlich kannte. Am 17. Januar 1979 hat sich Gertrud Kückelmann aus dem Fenster ihrer Münchner Wohnung gestürzt.

Kellner Everding

Mit Hilde Krahl, der Ehefrau meines Regisseurs Wolfgang Liebeneiner, die von Ibsens «Nora» über die Katherina in «Der Widerspenstigen Zähmung» bis zu Schillers «Maria Stuart» bereits alle Facetten «klassischer Weiblichkeit» gespielt hatte, ging ich 1956 auf Theatertournee. In Hans José Rehfischs Stück «Oberst Chabert» fiel mir die Ehre zu, Hilde Krahls junger Liebhaber zu sein. Den Oberst Chabert spielte O. E. Hasse. Er nahm seine Rolle so ernst, daß er vor einem unruhigen Publikum schon einmal abbrach und sich auf der Bühne verärgert Luft machte: «Meine Damen und Herren in der siebten und zwölften Reihe, ich komme gleich wieder und fange noch mal an, wenn Sie endlich ruhig sind.»

Keiner murrte, denn er war eine Respektsperson, mich hätte das Publikum nur ausgelacht. Hans Schweikart, der Regisseur des Stücks, konnte sich während der Tournee auf eine großartige Besetzung verlassen – bis in die kleinste Rolle hinter den Kulissen. Ein gewisser August Everding zum Beispiel war offiziell Schweikarts Regieassistent, inoffiziell das «Mädchen für alles». Er wußte es zu schätzen, daß ich auf Kommando weinen konnte. Als O. E. Hasse alias Oberst Chabert auf der Bühne eines Abends wieder einmal sein Verschollenenschicksal erzählte, flennte ich still vor mich hin. August war begeistert: «Harald! Wunderbar, ich wette, in den nächsten Tagen spielst du O. E. glatt an die Wand.» Dann holte mir der spätere Opernimpresario und Generalintendant der Bayrischen Staatstheater Kaffee und legte mir ein tadellos gebügeltes frisches Hemd zurecht.

Gerissene Lippe

Mir war nach einer «Kneip-Kur» an diesem 25. Februar 1959. Doch Sybil hatte sich mit einer Freundin verabredet, und die beiden wollten mich in eine Theaterspätvorstellung mitnehmen. Nur das nicht – ich war überfüttert mit Theater: «Wißt ihr was, ich hole euch nach der Vorstellung ab.» Nachdem das Kindermädchen gekommen war, nahm ich mein Auto und fuhr zu einer meiner Stammkneipen. Ich prostete den Zechbrüdern zu und redete mir an der Theke meinen kleinen Kummer über Gott und das Geld von der Seele. Dann sah ich auf die Uhr: Allerhöchste Zeit für die beiden Damen. Mit zehn Bier und dreiundzwanzig Klaren in der Birne drehte ich den Zündschlüssel herum.

*

Minuten nach Mitternacht drückte ich auf die Tube und schlingerte kreuz und quer in mein Verhängnis. Eine Zivilstreife beobachtete, wie ich drei Rotlichtampeln überfuhr, und zeigte mir die Kelle. Ich geriet in Panik und gab erst recht Gas. Schon leuchtete das Blaulicht hinter mir auf, Sirenen heulten. Neun Kilometer hielt ich durch, mehrmals schaltete ich zur Tarnung das Licht aus und raste über Vorfahrtstraßen, ehe mich die Schupo mit vier Wagen einkreiste und grob aus dem Mercedes zerrte. Ich schlug um mich und bekam selber ein paar Veilchen verpaßt. Ein Polizist erkannte mich: «Das ist ja Harald Juhnke, der bekannte Schauspieler.» Aber der Beamte wollte kein Autogramm. Im Polizeigriff beschimpfte ich die Freunde und Helfer als «Rotzköppe und Drecksäcke» und drohte ihnen mit der Roten Armee: «Wenn die Russkis erst mal auf den Ku'damm scheißen, wird euch schon das dämliche Grinsen vergehen.» Dieser betrunkene Anschlag auf das «freie Berlin» war das Schlimmste, was ich mir leisten konnte. Er brachte mir neben meinem Filmriß auf der Stelle auch eine gerissene Lippe ein.

Vor Gericht

Drei Monate nach der Skandalnacht wartete ich am 22. Mai 1959 mit Sybil auf einem Flur des Berliner Verkehrsschöffengerichts auf den Beginn der Verhandlung: ironischerweise unter einem Polizeiplakat «Hör' auf deine Frau, fahr' vorsichtig!». Kameras blitzten, die Reporter spitzten ihre Bleistifte. Der Richter war ein scharfer Hund. Von Prominenz ließ er sich nicht blenden, weder von meiner eigenen noch von der, die mir leihweise beistand. Ich hatte als Entlastungszeugen nämlich ausgerechnet meinen Freund, den

Vor Gericht wegen Trunkenheit am Steuer: mit Ehefrau Sybil und Zeugen
Bubi Scholz, Mai 1959

Boxer Bubi Scholz, aufgeboten, der über meinen einwandfreien Lebenswandel Auskunft geben sollte. Nur ein halbes Jahr zuvor, am 4. Oktober 1958, war Bubi im Berliner Olympiastadion Europameister im Mittelgewicht geworden. Mit Champagner hatten wir seinen schmerzhaften Titelkampf in meiner Wohnung gefeiert. Die Siegesfeier habe ihm körperlich mehr abverlangt als die zwölf Runden, kommentierte er hinterher das Fest. Doch der Kadi war ebenso humor- wie ahnungslos: «Was sind Sie noch mal von Beruf, Herr Scholz?» – «Boxer, Herr Richter», sagte Bubi unter dem Gelächter des Publikums. «Aha, das paßt ja», sprach der Vorsitzende und brummte mir sieben Monate ohne Bewährung auf. Für: 1,52 Promille am Steuer, Körperverletzung, Widerstand gegen die Staatsgewalt und Beamtenbeleidigung. Mein Vater, der ehemalige Polizeibeamte, empfand das Urteil als ziemlich hart, machte mir aber keinen Vorwurf: «Junge, du wirst da rauskommen!» tröstete er seinen gefallenen Sohn.

Im Knast

«What a wonderful world!»
Louis Armstrong

Zuerst jedoch ging ich nicht raus, sondern rein. Nachdem ich noch einen Film heruntergespult hatte («La Paloma» mit den Kessler-Zwillingen, Karlheinz Böhm und der Jazz-Legende Louis Armstrong), fuhr mich Sybil im Sommer 1960 vor die schwere Eisenstahltür der Justizvollzugsanstalt Tegel. «Mach's gut, Zusel», verabschiedete ich mich von meinem Söhnchen Peer, «Papa muß einen Film in Südamerika drehen, Mama bringt mich schnell zum Flughafen.»

Ein letzter Kuß, dann ging's zum Knastfotografen: erkennungsdienstliche Behandlung, ein Bild für das Polizeialbum von vorn und von der Seite, ein fixer Gang in die Kleiderkammer. Dann bezog ich meine acht Quadratmeter – mit einem Klappbett, wie in meiner Kindheit. In den Zellen neben mir waren schwere Jungs untergebracht: Triebtäter, Räuber, Totschläger. Die Sitten waren rauh und mitunter grotesk, nach jedem Schlüsselgerassel an meiner Zellentür mußte ich an die Fensterluke treten, die Hände in den Nakken verschränken und die zackigen Anweisungen abwarten. Doch der Anstaltsdirektor besuchte mich persönlich und gewährte mir einige Hafterleichterungen: Ich bekam Tageszeitungen, in denen zu lesen war, daß es mir gutging – und Besuche von Sybil. Sie stand im schwarzen Schleier vor der Trennscheibe. Ich trug einen roten Schal über der blauen Gefängniskluft und war gut gelaunt. Erstaunt sagte sie mir: «Ich hoffte, dich aufzuheitern. Aber den Spaßvogel spielst wie immer du.»

Atze

In der Knastgärtnerei wurde ich zum «Chef» einer Tomatenerntebrigade ernannt. Ich mußte immer «rot, rot, rot» sagen, mein «Knecht» trottete mir hinterher und sammelte die Früchte ein. Er hieß Atze, kannte mich aus der Zeitung und nahm mich unter seine Fittiche. Beim Hofgang machte er gleich allen Gaunern klar, daß er mein Bodyguard sei: «Mit dem Filmschauspieler hier gehe ich und sonst keiner.» Ich bekam Einblick in das Leben eines liebenswerten Kleinkriminellen, der über viel Humor verfügte. «Na, wie lange haste denn?» fragte er mich. «Sieben Monate», antwortete ich. Atze grinsend: «Ich hab noch drei Sonntage. Drei Totensonntage.» Der Witzbold überzeugte mich auch von den Vorzügen eines geregelten Kirchgangs: «Sonntag ist katholischer Gottesdienst, da muß man einen Stab aus der Zelle strecken, wenn man ausgerufen wird. Eine Stunde später ist evangelischer Gottesdienst, also wieder raus mit dem Stab. Ehe sie dir darauf kommen, daß du doppelt betest, vergehen Monate, und dann stellst du dich dumm und sagst, du hättest dich noch nicht entschieden.»

*

Nach vier Monaten wurde ich wegen guter Führung entlassen. Mir ging es leidlich, nur meinem Ringfinger nicht. Er hatte sich beim Tomatensammeln an den Pflanzenschutzmitteln entzündet. Sogar eine Amputation drohte mir. Im Gefängniskrankenhaus in Moabit wurde der Finger gerettet. Ich bekam meine Entlassungsurkunde. Freunde empfingen mich mit einer Whiskyflasche vor dem Knast. Wir fuhren in die nächste Kneipe. Den Führerschein habe ich mir nie mehr abgeholt. Erstens bin ich sowieso nicht so gern Auto gefahren. Zweitens traute ich mir nicht über den Weg und wollte die Bewährung nicht riskieren. Zu den nächsten Dreharbeiten ließ ich mich im Taxi kutschieren. «Der letzte Zeuge» hieß der Film von Wolfgang Staudte. Darin spielte ich 1960 passenderweise einen Polizeibeamten, der einen Untersuchungsgefangenen verhört.

Atzes Rita

Ich traute meinen Augen nicht und mußte dreimal hinschauen. War das wirklich mein Knastbruder Atze, der da im Publikum saß, als ich in «Irma La Douce» spielte? Ein blondes Mädchen links, eine schwarze Mieze rechts? Nach der Vorstellung trafen wir uns in einer Kneipe. Atze umarmte mich und druckste herum: «Also, ich wußte nicht, was ich dir mitbringen soll, ich meine, Blumen sind ja für einen Kerl wie dich nicht so das Wahre. Ich hab dir Rita mitgebracht.» Das war lieb gemeint von ihm, aber ich verzichtete. Danach habe ich meinen Mitknacki nur noch einmal wiedergesehen. Im Berliner Hotel Kempinski ist er wie auf Stelzen an mir vorbeigegangen. Wohl weil meine Frau Sybil und «wichtige» Freunde mich begleiteten.

O. W. Fischer

Seltsam: Nach meiner Einbuchtung hinter schwedischen Gardinen fiel mir auch in meiner kleinen Familie die Decke auf den Kopf. Die Tür zur «Flucht» war mein Beruf: Ich ging auf Theatertournee, und wenn ich wieder zu Hause war, ging ich mit meinen Gedanken bereits auf die nächste. Sybil war eine sehr kultivierte Frau, wir taten uns schwer, uns offen die Wahrheit einzugestehen, daß wir nicht zusammenpaßten. Sie hatte mit dem Filmen aufgehört, aber die Bewunderung für ihr väterliches Idol O. W. Fischer, mit dem sie vor der Kamera gestanden hatte, nahm aus der Entfernung noch zu. Sie war wie eine seiner Hofdamen und lag ihm zu Füßen, zu gerne hätte sie mich zu seinem Doppelgänger gemacht. Ich hingegen ertrug das gestelzte Mundwerk dieses Lackaffen nicht. Bei seiner Arroganz bogen sich die Balken: Wenn ihn ein Bühnenarbeiter versehentlich duzte, wurde er wütend und verbat sich das. Viele Filmleute hätten ihm am liebsten eine Lampe auf den Kopf fallen lassen. Er trug sein Ego wie eine Monstranz vor sich her. Aber Sybil hielt seine Marotten für «Niveau». Unsere Streitgespräche über den unsichtbar glänzenden Dritten im Bun-

198

de wurden immer heftiger. Ich versuchte es mit Humor: «O. W. steht auf, bewundert sich im Spiegel und massiert sich eine Handvoll Grübeln in die Poren. Grübeln statt After-shave.» Sybil las darin nur Neid: «Du erträgst es nicht, daß er so gut aussieht und sich so gut benimmt.» Ich: «Die Anzüge kannst du mir nirgendwo machen lassen, in denen ich aussähe wie dieser Gockel.»

«Aus» mit Sybil

Nach etwa zehn Ehejahren trennte ich mich von Sybil und verließ die gemeinsame Wohnung. Peer wuchs bei seiner Mutter auf, und das war bei seinem umtriebigen Vater auch gut so. Ich hätte viel zuwenig Zeit für meinen inzwischen siebenjährigen Zusel gehabt. Ein häßliches Gezerre um das Kind vermieden wir, ich konnte Peer sehen, sooft er und ich es wollten. Natürlich litt der Kleine unter der Trennung, aber es wäre eine große Lebenslüge seiner Eltern gewesen, dem Kind zuliebe zusammenzubleiben. Unsere sicher schlimmer werdenden Heftigkeiten hätten wir vor dem Jungen kaum verbergen können. Materiell sorge ich bis heute für meine Primaballerina, aber gesellschaftlich fiel sie damals durch ein Sieb: Sie hatte ihre Schauspielerei wegen des Kindes aufgegeben und war mit den Jahren immer mehr als «Frau Juhnke» angesprochen worden. Sie – die umschwärmte Primaballerina! Nun mußte sie erleben, was geschiedenen Frauen häufig widerfährt: Sobald eine Ehe in «unseren Kreisen» kaputtgeht, wird die «verlassene Gemahlin» immer seltener eingeladen. Wenn sie gut aussieht – und Sybil sah immer noch blendend aus –, schon gar nicht mehr. Das verhindern bereits die Frauen der Gastgeber: Die schicke Person ist jetzt frei, die kommt uns nicht ins Haus.

Kaum ein Aas hat sich um Sybil gekümmert, unsere «feine Gesellschaft» wollte auf ihren Partys nur glückliche Menschen sehen – mit einem ewigen Blendax-Lächeln.

*

Ein Berliner Schauspieler hat sich auf dem Presseball, einem schwatzhaften Jahrmarkt der Eitelkeiten, einmal den «Spaß» gemacht, nach nennenswerter Freundschaft zu schürfen. Auf die floskelhafte Frage «Wie geht es dir?» hat er gebetsmühlengleich gesagt: «Schlecht, mir geht es ganz schlecht!» Da bekam er das immer gleiche Gemurmel zu hören: «Ja, mein Lieber, warum denn nur? Müssen wir uns unbedingt unterhalten. Demnächst. Ruf doch mal an.» Dann verschwanden «die Freunde» und verschanzten sich in sicherer Entfernung hinter ihren Pikkolos. Der Berliner Schauspieler war: ich.

«Irma La Douce»

Mit Shirley MacLaine und Jack Lemmon schickten die Traumfabrikanten aus Hollywood 1962 einen Alptraum für den biederen Geschmack auf die Leinwand: «Irma La Douce», eine Pariser Straßenhure aus der Rue Casanove, die ihrem relativ milden Zuhälter den Kopf verdreht. Ich sah mir «Irma» bei einem Besuch in London als Musical an und rief gleich danach Hans Wölffer an, den Privatdirektor der Wölffer-Bühnen, der heutigen «Komödie» auf dem Ku'damm: «Das müssen wir auch auf die Beine stellen. Ich spiel dir den Loddel.» Der sonst durchaus risikobereite Hans Wölffer zeigte Bedenken. Denn was heute ein Evergreen ist, galt unter dem Regiment der «moralischen» Adenauer-Jahre noch als eine Art Skandal. «Außerdem», sagte er mir, «darfst du nicht vergessen: Was im Kino akzeptiert wird, verstößt im Theater leicht gegen die guten Sitten.» Doch mir gelang es, ihn umzustimmen und zu einem Kompromiß zu bewegen: «Also gut, wir proben die ‹Irma›, spielen sie aber zuerst in Baden-Baden und nur, wenn das Publikum uns keine Pappbecher auf die Bühne wirft, auch in Berlin.» So haben wir es gemacht. Ohne Blessuren aus Baden-Baden zurück, spielten wir das Hurenstück an Wölffers Bühne in Berlin an sage und schreibe zwölfhundert Abenden. In den ersten Monaten trat Violetta Ferrari als meine «Irma» auf. Als Violetta ausstieg, um sich mehr um ihr Kind zu kümmern, wurde Chariklia Baxevanos zu meiner «La Douce».

Baxi

Baxi, wie alle Welt sie nannte, war die Ehefrau des «Bösewichts» Horst Frank, mit dem ich schon manchen Drink inhaliert hatte. Die Rolle der «Irma» war ihr auf den göttlichen Leib geschneidert. Sie war eine typische Griechin: pechschwarze Haare, dunkle Augen und eine Seele, die vor Lebendigkeit sprühte. Von Abend zu Abend wuchsen wir mehr zusammen, sie war die Verkörperung von Leidenschaft und Freude; wenn sie lachte, lachte ich auch. Ich hatte diese fabelhafte Frau bereits ein Jahr zuvor, 1961, in der Inszenierung «Wolken sind überall» unter der Regie meines Freundes Harry Meyen kennengelernt; als Irma La Douce war sie nun eine Wucht. Baxi spielte befreit auf, ihre Ehe mit Horst Frank war ebenso am Ende wie meine mit Sybil, wir waren Singles und beide wieder zu haben. Ostern 1963 lud ich sie nach Berlin in meine neue Wohnung ein, um mit ihr auf dem Wannsee Motorboot zu fahren und uns danach beim Spaziergang ein Osternest zu bauen. Meine schlichten Argumente überzeugten sie. «Du bist jetzt alleene, ick bin jetzt alleene, wollen wir uns nicht zusammenraufen?» Und wie wir uns zusammenrauften! Wir schliefen bis in die Puppen und machten die Nacht zum Tage. Wir tranken viel und stritten viel. Wir küßten und wir schlugen uns, selbst Richard Burton und Liz Taylor hätten sich von uns eine Scheibe abschneiden können. Die Schimpfwörter, die sie mir an den Kopf warf, waren immer wieder neu: «Dösbattel, Lügennase, Affengesicht». Wenn ich die «Lügennase» voll hatte, tröstete ich mich mit Frank Sinatra. Ich hörte mein Idol von früh bis abends. Im Kino studierte ich ihn: wie er ein Mikrophon hielt, wie er tanzte, wie er mit dem Publikum sprach.

Sängerleben

In mein neues privates Leben platzte in dieser Zeit auch ein künstlerisches: Werner Müller, der Dirigent des Rias-Tanzorchesters, war in Nöten: «Harald, ich soll morgen abend mit meinem Orchester aufspielen, irgendeine lustige Sause in einer Unterhaltungssendung. Die Jungs an den Instrumenten sind okay, aber mein Sänger ist spurlos verschwunden. Bevor ich mich selber hinstelle und den Laden leerdröhne: Könntest du dich nicht in einen Frack werfen und das läppische Liedchen vorträllern? Du kommst rein, machst drei Minuten lang den Schnabel auf und gehst mit 'nem kleinen Sack Kohle wieder nach Haus.» Ich war bis zu dieser überraschenden Offerte «Frankie-Boy's German Voice» allenfalls unter der Dusche. Doch warum eigentlich nicht, sagte ich mir: Es haben sich schon ganz andere Leute als ich ohne eine Minute Gesangsausbildung in den Himmel geröhrt. Ich röhrte am nächsten Abend so verblüffend schön, daß Werner Müller sagte: «Du darfst dein Talent nicht länger in der Badewanne ertränken. Du solltest es unbedingt auf Platte verbreiten.»

*

Trotz Baxi und reichlich anderer «künstlerischer» Affären am Halse, kam ich aus dem Plattenstudio kaum noch raus – und legte allein 1962 drei Singles vor. Meine Premierenplatte hieß: «Die Dame mit dem giftgrünen Schleier», B-Seite: «Der schwarze Joe aus Idaho». Und keiner soll glauben, mir Badeenten-Sinatra hätte sich nur die zweite Garnitur der Schlagerkomponisten und Songwriter angedient. Im Gegenteil: Schon bei meiner zweiten Scheibe standen mir Heino Gaze, der komponierende Pianist mit der Zigarette, und Fred Ignor respektive Günter Neumann als Texter zur Verfügung. Ignor war ein im Berliner Rundfunk bekannter Kulturkommentator, und der Kalte Krieger Neumann mit seinem Radiokabarett «Die Insulaner» einer *der* Satiriker jener Zeit; das politische Gegenstück zum linken Wolfgang Neuss, dem «Mann mit der Pauke». Mit diesem verrückt-illustren Trio spielte ich den «Mr. Brown Madison» und auf der B-Seite das Schnapslied «Was nützt das schlechte Leben» auf Schallplatte ein:

Was nützt das schlechte Leben

Polka-Fox

Text: Günter Neumann

Musik: Heino Gaze
Klav.-Arr.: Hans J. Naumann

Refrain   Chor.

mützt das schlechte Le-ben, das Ak-kern und das Stre-ben? Dann lie-ber ei-nen he-ben! Ja

Bb

Solist:

e-ben! Na Prost! Gleich steht man auf den Bei-nen und sieht die Ster-ne schei-nen! Drum nehmen wir noch

Eb   Gb°   Bb7

Chor: Solist:

ei-nen, 'n klei-nen zum Trost! Und sind wir auch be-trun-ken, es wird ein Lied ge-sun-ken! Wir

Fm7 Bb7 +5   Eb   Eb

Chor und Solist:

fei-ern, bis der letz-te Kuk-kuck schreit! Ein Pro-sit der Ge-müt-lich-keit, und

Bb7   F° Eb7 Ab   Bb7 Bb9   Ab Eb   Ab7

1+2   3

das nicht nur zur Win-ters-zeit im Wald und auf der Heid'! 2. Herr Heid'!

3. Bei

Bb7⅞ Bb7 Bb7⅞ Ab Eb   Bb7   Eb   Eb7⅞   Fine

ST 584

205

Wilde Ehe

Meine explosive Baxi roch jede meiner Affären auch aus zehntausend Kilometern Entfernung. In Rio de Janeiro, wo ich mit René Deltgen und Pierre Brice 1964 «Die goldene Göttin vom Rio Beni» drehte, fiel mir Juanita auf, eine braune Tänzerin, die den Bossa Nova wie eine Teufelin tanzte. Im Kölner Theater am Dom sollte ich «Alfie» spielen, einen britischen Vorstadt-Casanova, der gleich sieben Love-Storys bewältigen mußte. Baxi roch auch diesen Braten sofort: «Es geht dir doch nur um die eine Frage. Mit welcher fängst du nach der Vorstellung am Montag was an, und mit welcher hörst du am Sonntag auf?» Ich tat so, als sei ich empört: «Eine solche Schuftigkeit traust du mir zu? Dann spiel *du* doch alle diese sieben Weiber für mich, und zwar zu Hause!» Baxi zögerte keinen Moment: «Damit du's weißt, das mach ich.» So kam es zu den sieben Verwandlungen der Chariklia Baxevanos. Obwohl wir jetzt wieder ein Herz und eine Seele waren, wurde ich zu einer Art Hilfsgriechen, zum adoptierten Mitglied des Baxevanos-Clans, dessen weicher Kern aus ihrer Mutter und ihrer Tochter bestand. Die kleine Desirée mochte mich und fragte pausenlos: «Warum heiraten wir den Harald eigentlich nicht?» Ich hätte dem Kind antworten müssen: Einen Mann wie mich heiratet man gleich oder gar nicht. Wenn ich zu denken beginne, ist der Weg ins Standesamt vermint. Immerhin: Wir verlobten uns, und ich habe sie sehr geliebt. Manchmal zu sehr, ich ließ mich von ihrer Eifersucht anstecken: Sie ging zum Friseur, ich rief nach einer Viertelstunde dort an und fragte: «Wann kommste denn?» Trennungen gaben mir einerseits die Freiheit, die ich brauchte, andererseits hielt ich sie nicht aus. In München drehte ich ein Fernsehspiel und bekam eine Zeitung in die Hände. In der Klatschspalte las

Mit Chariklia Baxevanos, 1963

ich, daß Baxi, die in Berlin mit Harry Meyen Theater spielte, auch privat immer öfter mit ihrem Partner gesehen werde. In meinem Kopf ratterte es los: So ist das also, ich sitze brav in München und werde von einem meiner besten Freunde gehörnt. Sofort flog ich nach Berlin, die Vorstellung der beiden hatte gerade begonnen. Ich stampfte tobend auf die Bühne, riß Baxi die Perücke vom Kopf und beschimpfte sie wüst: «Du trittst nicht auf mit Harry. Nicht heute, nie mehr.» Ihn wollte ich verprügeln, aber er hatte sich in der Garderobe eingeschlossen. Also trat ich die Scheinwerfer seines edlen Jaguars ein. Das war damals meine Art, ihm in aller Freundschaft durch die defekte Glühbirne zu sagen: «Mit mir nicht, mein Junge.» Harry tat das einzig Richtige: Er ließ mich von zwei netten Polizisten abführen. Werner Müller vom Rias-Tanzorchester, der Pate meines Sängerlebens, löste mich bei der Polizeiwache aus.

*

Zu unseren filmreifen Eifersuchtsduellen traten Baxi und ich an den verschiedensten Orten an. In einem Wiener Hotel mochte Baxi um keinen Preis die Tür öffnen. Ich schlug sie ein und mußte eine neue bezahlen. Sie klingelte ihrerseits stundenlang in München an der Tür einer Wohnung, in der sie mich liebend vermutete. Ich hielt den Terror nicht mehr aus, meine Tagesabschnittspartnerin öffnete. Baxi stürmte herein und sagte nur zwei drohende Sätze: «Du kommst mit. Sie bleiben hier.» Diese südländische Furie hat mich gelehrt, daß Liebe eben eine furiose Angelegenheit sein kann. Doch ich verdanke ihr nicht nur zerschlagenes Geschirr aus unserem schönen Küchenschrank, sondern auch eine meiner frühen Fernsehrollen. In dem Fernsehspiel «Ich liebe dich» (ausgerechnet!) sollte sie die weibliche Hauptrolle spielen. Mit Dietmar Schönherr. Doch sie dachte nicht daran und sprach mit dem Produzenten: «Meinen Liebhaber kann doch auch Harald Juhnke probieren, wir sind ein eingespieltes Paar.» – «Das ist stadtbekannt», sagte der Produzent und gab mir die Rolle.

*

Nach neun Jahren wahrhaft wilder Ehe aber waren wir am Ende unserer Kräfte: auf der privaten und auf der öffentlichen Bühne. Unsere Glaubwürdigkeit war dahin. Wenn Baxi mir auf der Bühne einen Kuß gab, spürte das Publikum, daß sie mich am liebsten geohrfeigt hätte. Übrigens: Geheiratet haben wir dann doch. Im Fernsehspiel «Hochzeit auf griechisch» gaben wir uns im Standesamt Berlin-Schmargendorf das Jawort: «Bis daß der Film euch scheidet.»

Romy und Harry

Anläßlich der Eröffnung des Europa-Centers nahe der Gedächtniskirche 1965 lud ein Herr Blatzheim fast die gesamte Berliner Prominenz an die geschmückte Bar ein. Die Prominenz kam gern. Denn Herr Blatzheim war der Stiefvater Romy Schneiders, des schönsten deutschen Kinogesichts. Ich ging mit Harry Meyen hin, der sich die von mir eingetretenen Frontlichter seines Jaguars längst hatte reparieren lassen und inzwischen Berlins Boulevardkönig war. Magda Schneider hatte ganz offensichtlich etwas mit Harry vor. Denn sie plazierte ihn direkt neben ihrer Tochter Romy. Mir entging nicht, daß sich die beiden anfangs wenig zu sagen hatten. Doch als Harry einen zerfledderten Leserbrief aus der Tasche zog, in dem er sie zehn Jahre zuvor gegen eine fiese Zeitungskritik verteidigt hatte, leuchteten ihre Augen. «Der Junge mit den goldenen Händen» (Friedrich Luft) hatte mal wieder

209

Perlenglück. Die sprunghafte Romy war fasziniert von seinem Intellekt und seiner Bildung. Seit dem Berliner Abend «gingen sie zusammen». Auch durch die Spalten der deutschen und französischen Klatschpresse.

*

Doch nachdem sie vors Standesamt getreten waren, begann kein leichter Honeymoon für Harry. Nun nämlich mußte er Romys verflossenen Verlobten Alain Delon ersetzen: den «eiskalten Engel». «Harry, du verhebst dich, das stemmst du nicht», warnte ich ihn. Doch wenn einer seiner Frau so verfallen ist wie Harry seiner Romy, hat die Vernunft schlechte Karten. Zumal Harry sich durch die Heirat auch künstlerisch manches versprach. Er glaubte, er sei selbst ein Weltstar, nur weil er mit einem Weltstar verheiratet war. Doch in Frankreich, wo die beiden vorwiegend lebten, nannte man den intellektuellen Harry nur «Die Brille» und verspottete ihn als Romys «Begleiter». Den Spott hatte er nicht verdient, aber er entsprach zunehmend der Wirklichkeit: Harry wurde zu einer Art Hausmann für Romy und deren Sohn David – unerträglich für einen so schwärmerischen Theaternarren wie ihn. Wo immer Premieren seiner Inszenierungen anstanden, reiste er mit dem Tonband an, um jedes Lächeln und jedes Hüsteln des Publikums aufzunehmen. Dabei sah und hörte der Perfektionist die kleinste Erfolgsgefahr. Für das sich anbahnende Verhältnis zwischen seiner Romy und Daniel Biasini jedoch war er wie taub und blind. Tief verletzt gestand er mir: «Ich begreife das nicht. Der war doch unser Sekretär. Der holte uns Champagner aus dem Keller.»

Baxi und ich! Waren wir noch ein Paar? Ich wußte es selbst nicht mehr genau. Wir spielten jetzt wieder an verschiedenen Orten Theater. Die Proben für den «Liliom», eine meiner Traumrollen, die mir Hans Albers vorgeturnt hatte, standen an. Die Karussellbesitzerin in «Liliom» sollte Inge Wolffberg spielen. Nun aber trat sie noch im Stück «Gastspiele» auf, in dem mein alter Glücksbringer Victor de Kowa einen Ladykiller hinstolperte, der rund um den Erdball Kinder zeugte. Unter Victors Partnerinnen bewegte sich eine wunderschöne Frau mit langem schwarzem Haar. Ich saß, um Inge Wolffberg noch vor den «Liliom»-Proben kennenzulernen, im Publikum, zündete ein Streichholz an und sah im Programmheft nach: Susanne Hsiao! Susanne Hsiao? In der Pause hörte ich mich an der Getränkebar um: «Wer ist die schöne Schwatte?» Ein Kollege half mir kurz und bündig aus: «Mutter Deutsche, Vater Chinese, akademischer Ku'damm-Gastronom: Dr. phil.» Nach der Vorstellung federte ich in die Garderobe. Ich hielt mit mancher «Gastspiel»erin einen kleinen Plausch, damit es nicht auffiel, daß ich nur wegen Susanne aufgekreuzt war. «Kommen Sie auch noch in die Kneipe mit?» fragte ich sie. «Ja, legen Sie Wert darauf?» Ich lachte sie an: «Sehr großen Wert.»

*

Per Boten ließ ich einen Strauß roter Rosen für Frau Hsiao ins Theater bringen. Vor den «Gastspielen» am nächsten Abend schien es mir angemessen, meiner neuen Flamme etwas durch die Blume mitzuteilen. Natürlich rief das sofort Neider(innen) auf den Plan. Edith Schollwer, die Anstandsdame des Ensembles, sprach mich im doppelten Sinne des Wortes ungeschminkt an: «Halt dich von dem Kind fern,

Harald, die ist viel zu schade für dich. Susannchen liebt übrigens einen Industriellen in Hamburg: gutaussehend und reich. Da bist du endlich ohne Chance!» Dann werde ich den reichen Knacker eben mit meinem unendlichen Charme ausheben müssen, dachte ich mir, und mit meiner Hartnäckigkeit. Stur holte ich Susanne vier Wochen lang von ihrem Theater ab. Doch danach ging sie mit Victor de Kowa auf «Gastspiele»-Tournee. Ausgerechnet vor meiner «Liliom»-Premiere. Ich litt wie ein Hund.

*

Mein Gezirpse mit Susanne hatte sich natürlich auch bis zu Baxi herumgesprochen, ich gab mir auch keine Mühe, es zu verbergen. Baxi rief mich an und hielt «meine Liebe» für einen vorübergehenden Flirt: «Ich werde dem Chineserl die Augen über dich öffnen, das wird nichts mit euch beiden.» Von wegen! Ich machte Susanne einen Heiratsantrag: «Möchtest du die Frau von so einem Rumschläger, Rumtreiber, Rumtrinker werden?» – «Im Prinzip schon, aber wenn du dich ein bißchen ändern würdest, wäre ich dir nicht böse.» – «Okay, ich werde mir Mühe geben. Aber Theater spiele ich ab sofort für uns beide.» Ich weiß, das hört sich nach der Gosche eines Machos an. Aber die Feministinnen müssen nicht aufheulen. Ich konnte so nur reden, weil ich wußte, daß Susanne längst nicht so ein Theatertier war wie ich. Sie war neben Wolfgang Gruner bei den «Stachelschweinen» aufgetreten und hatte in «Dschingis Khan» eine kleinere Rolle gespielt.

*

Am Gründonnerstag, dem 8. April 1971, heirateten wir um 12.30 Uhr. Pikanterweise im selben Standesamt, in dem ich Baxi «schauspielernd» die Treue geschworen hatte.

Zweite Hochzeit, 1971

213

Susanne war sechsundzwanzig, ich einundvierzig. Meine «Griechin» konnte es nicht fassen. Wir spielten inzwischen wieder Theater, Feydeaus «Das System des Monsieur Ribadier», und Baxi sah besser aus denn je. Aufgebrezelt balzte sie auf der Bühne nach allen Regeln der Kunst mit mir. Doch ich hatte mich entschieden. Für Susanne und meinen «Liliom». Im Hamburger Thalia Theater hatte ich den Schaukelburschen 1968 zum ersten Male gespielt, im Deutschen Theater München spielte ich ihn 1971 erneut. Damit war ich in die Garde der Max Pallenberg, Josef Meinrad und Hans Albers aufgerückt – sie alle liebten diesen Kerl. Die Presse lobte mich: Drastisch, ungehemmt, sentimental sei ich, ein James Dean vom Rummelplatz. Benjamin Henrichs, einer der anspruchsvollsten deutschen Theaterkritiker, attestierte mir «aufrichtige, unkomplizierte Herzlichkeit und Momente von schöner und naiver Traurigkeit».

Das Kompliment

«Die ewige Lust des Komödianten,
das Schwere leicht zu sagen ...»
Aus einem Nachruf zum Tode
Helmut Käutners 1980

Seit 1968 wußte ich, daß Helmut Käutner damit liebäugelte, es mit «diesem Juhnke» einmal zu versuchen. Nach dem Roman von Guy de Maupassant drehte er in diesem Jahr des revolutionären «Pariser Mai» fürs Deutsche Fernsehen «Bel ami» – und sah unter anderen auch mich für die Titelrolle des charmanten französischen Journalisten vor, der durch allerlei Täuschungsmanöver und die Gunst zahlreicher Liebhaberinnen eine fabelhafte Karriere macht. Doch dann spielte, bald dreißig Jahre nach Willi Forst, mein Kol-

Helmut Käutner, 1968

lege Helmut Griem den «Bel ami» im doppelten Sinne des Wortes so blendend, daß ich über die entgangene Chance keine Träne vergoß. Irgendwann, hoffte ich, wird der umworbene Regisseur, der die Filme «Des Teufels General» mit Curd Jürgens (1954), «Der Hauptmann von Köpenick» mit Heinz Rühmann (1956) und «Das Glas Wasser» mit Gustaf Gründgens (1960) vorzeigen konnte, schon nicht an dir vorbeikommen. Fünf Jahre nach «Bel ami» war es 1973 soweit: Helmut Käutner lud mich ein, an der Freien Volksbühne in Pavel Kohouts Stück «August, August, August» förmlich in die Manege zu treten. Denn ich spielte einen August, der nur deshalb Zirkusdirektor werden möchte, weil er dann die Lipizzaner-Dressur dirigieren darf. Auf dem Weg bis in den Frack des Direktors muß der liebenswerte August allerdings drei Bedingungen erfüllen. Die erste ist die einfachste: Als man eine Visitenkarte von ihm verlangt, zeigt er im Kalender auf den Monat August.

*

Die Zirkusparabel Pavel Kohouts, die keineswegs so harmlos und lustig endet, wie sie zu beginnen scheint, wurde für uns alle zu einem so großen Erfolg, daß Helmut Käutner mich 1974 gleich wieder mit den Proben zu einem schwierigen Stück beschäftigte: Jean-Claude Grumbergs «Dreyfus», das Hans Schweikart mit Romuald Pekny bereits an den Münchner Kammerspielen inszeniert hatte. Nun hatten *wir* damit im Januar 1975 an der Freien Volksbühne Premiere. Den Stoff zu Grumbergs «Nachspiel» lieferte die berüchtigte französische Dreyfus-Affäre aus dem Jahre 1894, die den Dichter Émile Zola zu seinem berühmten offenen Brief «J'accuse» («Ich klage an») veranlaßt hatte, weil der jüdische Artilleriehauptmann Alfred Dreyfus aufgrund gefälschter Anschuldigungen zur «lebenslangen» Deportation auf die «Teufelsinsel» verurteilt worden war. In Helmut Käutners Inszenierung des Grumberg-Stückes stellten litauisch-jüdische Laienschauspieler die Dreyfus-Affäre im Jahre 1930 nach. Ich spielte den jüdischen Friseur Arnold und war dabei fast ausnahmslos von jüdischen Kollegen umgeben, selbst die Kulissenschieber waren Juden. Keiner von ihnen hat mir einen Vorwurf daraus gemacht, daß ich als kleiner Pimpf das Horst-Wessel-Lied gesungen hatte und der ihnen verhaßten Fahne hinterhergelaufen war. Ich war wie selten glücklich, als mir Helmut Käutner bei einer Probe das Kompliment machte: «Ihr jiddelt alle ganz gut, aber am besten jiddeln tut der Juhnke.» Die ewige Lust des Komödianten, das Schwere leicht zu sagen. Vielleicht war Helmut Käutner, der sein Haus in Berlin bald verkaufte und nach langer Krankheit in der Toskana starb, von allen meinen Regisseuren der meinem Wesen am meisten verwandte.

Der Anruf

Mit Gene Stones und Ray Cooneys Theaterburleske «Bleib doch zum Frühstück» ging ich 1974 auf Deutschlandtournee. Mit Gaby Gasser, die schon damals eine treue Kollegin in allen Lebenslagen war. In Stuttgart wurde ich eines Mittags ans Telefon gerufen. «Hallo, Harald, kennst du mich noch? Hier ist Hannelore. Ich besuche heute abend deine Vorstellung.» – «Hannelore?» – «Ja, Hannelore Bunk. B-u-n-k, Bunk.» Ich glaubte, nicht richtig zu hören... Hannelore, meine erste Kinderliebe aus den Ferien bei den Großeltern in Frankfurt an der Oder, war nach mehr als dreißig Jahren am Apparat. Eigentlich war mir danach zumute, erst einmal aufzulegen, mich irgendwo hinzusetzen und nachzudenken, ewig nachzudenken. Aber ich sagte, als sei gar nichts passiert: «Mensch, Hanne, prima, det is ja 'n Ding. Dann komm doch nach der Vorstellung an den Theaterausgang.» Sie versprach es. Nach der Vorstellung wartete ich. Aber sie kam nicht. Erst spätabends rief sie mich mit belegter Stimme im Hotel an: «Harald, du hast sicher lange gewartet. Es tut mir leid. Aber ich habe dich auf der Bühne gesehen. So schlank und elegant. Weißt du, ich habe vier Kinder und sehe heute ein bißchen anders aus als damals. Du verstehst?!» Ich verstand nicht und lag noch lange wach.

«Preußenkorso»

Ein einziger Schauspieler – kann man ihn als eine ganze Familie auftreten lassen? Alec Guinness hatte eine solche Verwandlungsorgie in «Adel verpflichtet» mit Bravour durchgestanden. «Mit Hilfe unserer Zauberer, der Maskenbildner, schaffst du das auch, Harald», meinten aufmunternd gleich drei ZDF-Regisseure. So war ich ab 1974 in dem von meinem alten Liebling Erik Ode, von Hans Dieter Schwarze und Claus Peter Witt gedrehten Dreiteiler «Preußenkorso Nr. 17» jeweils abendfüllend als eine kleine Sippe zu sehen: in einem ZDF-Film über die wechselvollen Geschicke der Familie Sawatzki am Kreuzberger «Preußenkorso» – welche 1880 begannen und 1913 endeten. Meinem Personalausweis nach war ich Mitte Vierzig – nun im Fernsehen binnen dreimal anderthalb Stunden zwanzig, vierzig, fünfzig und schließlich siebzig. An der Seite meiner Partnerin Marie Versini gab es Szenen, in denen es mir vorkam, als spräche ich zu mir selbst: in mit den Handlungsjahren immer wieder gänzlich neuer Gestalt.

Diese Leistung jedoch war ein Zuckerschlecken verglichen mit jener, die ich wenig später privat zu erbringen hatte. Als chancenloser Freund besuchte ich Harry Meyen mehrmals in Hamburg. Als ich ihn 1975 dort erstmals traf, war er bereits in einem erbärmlichen Zustand. Zwar war er von Romy Schneider noch nicht geschieden, aber die beiden verband nur noch Papier. «Ich habe drei Frauen geheiratet», sagte er mir matt, «eine wirbelige Französin, eine distanzierte Engländerin, eine kuschelige Wienerin.» Er war allen dreien nicht gewachsen, versuchte das jedoch zu überspielen, indem er demonstrativ zum Telefon griff und atemlos mit Romy «sprach». Doch es war ein nicht enden wollendes Gespenstertelefonat, bei dem ich aus der Ferne das nervtötende Freizeichen hörte. Als er auflegte, weinte er. Seine Tragik bestand darin, daß er nicht mit und nicht ohne Romy leben konnte. Seine peinigenden Kopfschmerzen bekämpfte er seit vielen Jahren mit Tabletten, die ihn süchtig machten. Die Vorhänge in seiner eleganten Harvestehuder Wohnung zog er nur noch selten auf. Hilflos versuchte ich ihn aufzuheitern: «Harry, guck doch mal, die schöne Außenalster, laß uns spazierengehen.» Aber der einst stolze Mann, der zum «Herrn Schneider» geworden war und den bösen Spitznamen «Romy-Martin» trug, hatte nicht einmal dazu mehr Kraft. Als «Halbjude» hatte er die Nazizeit überlebt und zum Dank bürgerlich den Namen seines Stiefvaters angenommen. Nun traf es ihn, daß Romy von ihm nur noch als von «Herrn Haubenstock» sprach. Auch die anderthalb Millionen, die sie ihm nach der Scheidung für seine «Manager»-Dienste zugunsten ihrer Karriere überließ, empfand er nur noch als Gnadenbrot. Drei Wochen nach meinem letzten Besuch hat Harry Meyen sich im April 1979 im

Romy Schneider und Harry Meyen, 1967

Lichtschacht seines feudalen Hauses an der Alster erhängt. Am Begräbnis konnte ich nicht teilnehmen. Romy hatte niemanden informiert. Sie erwies ihm allein die letzte Ehre.

*

Magda Schneider, Romys Mutter, sprach mich nach Harrys Tod an: «Hat Ihnen denn meine Tochter nicht gefallen? Sie wären mir als Schwiegersohn lieber gewesen.» Ich lachte nur und wehrte ab: «Um Gottes willen, die arme Romy! Sie ist verrückt, ich bin verrückt. Es wäre zu einer ähnlichen Katastrophe gekommen.»

Mutters Tod

1978 starb meine Mutter an Krebs. Sie hat meine große Fernsehzeit nicht mehr erlebt. Was wäre sie spruchstolz gewesen, wenn sie zum Gemüsehändler gegangen und ihres Sohnes wegen zugeschnattert worden wäre. Ich bin ihr ewig dankbar, dieser meinen unter den mutigen «Trümmerfrauen». Nicht nur wegen ihres sahnigen Frühstückskakaos, sondern weil auch sie an mich glaubte, obwohl sie mich nur selten im Theater besuchte. Bei ihrer Beerdigung wäre ich beinahe als Penner erschienen. Ich mußte an diesem Tag für die dreizehnteilige ZDF-Verfilmung des Romans «Ein Mann will nach oben» von Hans Fallada den Stadtstreicher Franz Wagenseil spielen. Mein Regisseur Herbert Ballmann lieh mir seinen dunklen Mantel. Mit ihm und dem schäbigen Anzug darunter stand ich an Mutters Grab.

«Musik ist Trumpf» hieß der Straßenfeger, den ich am 31. März 1979 von Peter Frankenfeld übernahm. Nach Peters Tod wurde es nicht vielen Unterhaltungskapitänen zugetraut, den Samstagabenddampfer des ZDF wieder zu steuern: dieses «große Fernseh-Wunschkonzert», diesen «bunten Strauß von Melodien». Die Frankenfeld-Nachfolge war ein Risikounternehmen. Denn die Samstagabendshow galt als Hochamt der öffentlich-rechtlichen TV-Unterhaltung; halb Deutschland versammelte sich zu dieser Zeit, als die Privatsender noch nicht mitpokerten, aufgeweckt vor dem Fernsehgerät. ZDF-Unterhaltungschef Peter Gerlach setzte auf mich. Sobald das bekannt wurde, trommelte die bunte Presse: Steht der Juhnke wie eine Eins auf der Showtreppe, oder kippt er herunter? Günther Pfitzmann, der mit mir einen Sketch zweier liebestoller Männer auf einer Parkbank spielen sollte, hielt dagegen: «Der Harald wird seelenruhig in der Garderobe sitzen und vor Beginn der Sendung eine Stunde lang seinen Sinatra genießen. Dann geht er raus und bildet sich ein, er sei Sinatra. Was Besseres kann uns allen doch gar nicht passieren.» Tatsächlich war ich lange so gelassen, daß ich noch am Abend vor dem Salut mit den Kollegen aus der «Maske» nicht nur einen hob. Doch Minuten vor meinem Auftritt, als es endlich um die Wurst ging, wurde sogar Peter Gerlach nervös, rannte mit schweißnasser Stirn durch die Kulissen und biß wie Richard Nixon in den einen oder anderen Teppich.

*

Mit Susannes Talisman um den Hals, einem vierblättrigen Kleeblatt aus Bergkristall an einem silbernen Kettchen, schwang ich mich zur Eröffnungsmusik des Orchesters auf die Bühne des noch jungfräulichen Berliner ICC, das seiner futuristischen Architektur wegen umgehend «Raumschiff Enterprise» getauft worden war. Der Volksmund paßte – zu meinem Raketenstart als Entertainer. Doch von meinem Bammel vor dem Start spürte in der riesigen Halle kein Mensch etwas. Denn ich fühlte mich wirklich wie der Astronaut Sinatra. Die Ballettmädchen nahmen mich in ihre spärlich bekleidete Mitte, und ich stellte meine Assistentin und Sketchpartnerin Barbara Schöne vor – eine nicht nur ihrem Namen nach Schöne mit hochgestecktem blondem Haar, die mich sowohl im geschlitzten Kleid als auch im Rüschenkostüm bei Laune hielt.

*

«Meine Damen und Herren! Sie alle wissen, daß in dieser Sendung einmal ein Meister vor Ihnen stand. Ich bin nur ein Lehrling, der heute sein Gesellenstück abliefern soll.» Mit diesen koketten Worten verabschiedete ich Peter Frankenfeld, meinen Vorgänger mit der meist karierten Jacke. Inklusive des Berliner Polizeipräsidenten begrüßte ich eine ganze Latte anwesender Ehrengäste. Zwei Stunden lang mixte ich dann meinen Unterhaltungscocktail: Peter Kraus rockte und rollte «See You Later, Alligator». Katja Epstein flehte: «Lieber Leierkastenmann, fang noch mal von vorne an.» Peter Alexander besang die «kleine Kneipe in unserer Straße». Mireille Mathieu erteilte mir humorvoll hölzernen Französischunterricht. Dieses Staraufgebot war schon die halbe Miete. Die andere Hälfte entrichtete ich mit meinen möglichst witzigen Conférencen. Aber es wurde nicht nur gesungen, gesketcht und geblödelt. Ich weiß, daß ein bunter Abend dafür ein heikles Forum ist (und bleibt!): Doch zum Finale konnte ich der Ärztin Mildred Scheel, der Gattin des damaligen Bundespräsidenten, eskortiert von zwei Polizisten einen Geldkoffer mit 122 476 Mark für ihre «Deutsche Krebshilfe» überreichen.

*

Noch als die Kameras schon abgeschaltet waren, klatschte und trampelte mich das Saalpublikum immer wieder auf die Bühne. Mir ging diese Begeisterung so nahe, daß ich ungewohnt wehleidig wurde: «Solange ihr mich sehen wollt, liebe Leute, werde ich für euch zur Stelle sein. Euer Harald wird euch nicht, ach so, nur selten enttäuschen.» Ich winkte noch einmal zu Susanne hinüber, die ich während der Sendung schon begrüßt hatte – zu Joe Dassins «Oh, Champs-Élysées». «Bei diesem Lied habe ich meine Frau richtig kennengelernt», teilte ich dem ergriffenen Publikum mit. Susanne empfand das als peinlich, nicht nur, weil ihr sofort eine Kamera ins Gesicht fuhr, sondern wohl auch, weil meine Bemerkung frei erfunden war. Umarmen konnte ich sie erst bei der anschließenden Siegesfeier: «Mulle, meine Mulle, denk dir, ich hab's geschafft!» Meinen alten Vater sah ich auf der Feier leider nicht. Er hatte während der Sendung eine Zeitlang in der ersten Reihe gesessen, die Aufregung um seinen Sohn jedoch nicht ausgehalten – und sich, ohne daß ich es bemerkte, in die nächstbeste Kneipe verdrückt.

*

Am 1. April, dem Tag nach der «Musik ist Trumpf»-Übertragung aus dem Internationalen Congress Centrum, war ich gemeinsam mit dem deutschen Hollywood-Star Hardy Krüger zu einer gigantischen Party eingeladen: zur offiziellen Eröffnungsfeier des ICC. Die Festrede hielt Ephraim Kishon, und zwar datumsgerecht: Kishon witzelte, er habe gehört, die Messenbude habe eine satte Milliarde verschlungen. Doch er dürfe sich diesbezüglich nicht den Mund ver-

«Musik ist Trumpf»

225

brennen. Denn die Veranstalter hätten ihn hinter seinem Rednerpult auf einer Falltür postiert, die ihn augenblicklich in der Tiefgarage verschwinden lasse, sobald er die Wahrheit ausplaudere. Hardy und ich genossen den blendend formulierten Schwachsinn eine Weile. Dann schoben wir uns durch das mit Luftballons geschmückte Labyrinth und verdrückten uns in eine ruhige Nische. Hardy sah mich lange an, zwinkerte mir zu und knuffte mich in den Arm, wie er es meistens tut, wenn er die guten alten Zeiten beschwört: «Weißt du noch, Harry, wie das bei unserem letzten Doppel vor acht Jahren abging? Als ‹The One That Got Away› im ZDF gesendet wurde?» – «Na logo, dieser Kriegsfilm, in dem du den deutschen Piloten gespielt hast, der aus einem englischen Gefangenenlager ausbüxt. ‹Einer kam durch› nannte sich die Chose auf deutsch, und ich weiß sogar noch, wie der Pilot hieß: Hans von Kerra.» – «Das weißt du eben nicht mehr, Harry, denn der Junge hieß Franz von Werra. Aber ‹Einer kam durch› ist bingo.» – «Ja, und ich war an dem Tag mit einem Theaterstück von Georges Feydeau auf Tournee, mit so 'ner Seitensprungkomödie: ‹Das System des Monsieur Ribadier›. Pikant, nich, denn ich kam gerade mit Susanne vom Standesamt. Man kann sich ja heute gar nicht mehr vorstellen, was für einen Erfolg dieser Feydeau mit seinen Vaudeville-Klamotten beim Publikum hatte.» – «Schon möglich, Harry, aber ich will auf was ganz anderes hinaus: Weil die ZDF-Nasen ‹The One That Got Away› über zwanzig Jahre nach der englischen Premiere endlich in ihr verdammtes Programm nahmen, haben wir meinen ‹von Werra› und deinen ‹Ribadier› gefeiert und zweieinhalb Nächte lang durchgesoffen. Und heute mümmeln wir die Ehrenfuzzis auf einer ICC-Gala. Das darf doch nicht unsere Zukunft sein, Alter.»

*

Unsere Seniorennische füllte sich langsam mit anderen Gästen. Bald vertraten sich dort wohl einige hundert die Füße. Hardy schien das Stimmengewirr, das sich da näherte, nicht geheuer zu sein: «Du, Harry, nun wird es brenzlig für mich. Wenn die Leute mich erkennen, haben wir hier keine ausgeschlafene Minute mehr. Komm, Brüderchen, laß uns 'ne Mücke machen.» Dafür war es jedoch zu spät. Wie Flamingos wateten die Damen und Herren mit ihren obligatorischen Sektkelchen winkend auf uns zu. Wir standen plötzlich im Wald – aus bedrohlich erhobenen Händen: «Mensch, Harry, nun haben wir uns eine schöne Suppe eingebrockt», erschrak mein berühmter Freund. Das hatten wir in der Tat. Die für ihn überraschende Pointe: Nicht er, ich mußte sie auslöffeln. Während man den blonden, bärtigen Zauserich an meiner Seite wie den Pförtner ignorierte, wurde ich von den Sektmenschen beinahe erdrückt: «Lieber Herr Juhnke», eiferte sich einer, während er mir seinen Pikkolo im Gewusel über den neuen Anzug kippte, «schreiben Sie mir etwas in meinen Messeprospekt.» – «Und mir was Nettes auf das Foto meiner Tochter.» – «Hier, bitte, mein Führerschein. Hinten links wäre für Sie noch Platz.» – «Haben Sie einen guten Aprilscherz auf Lager?»

*

Ich kenne Künstler, die hätten sich auf den Schlips getreten gefühlt, wenn sie bei diesem Prominentenpoker so hoffnungslos «ausgeblufft» worden wären. Doch der lockere und angenehm uneitle Schau- und Pokerspieler Hardy Krüger, der das Wort Starallüren wahrscheinlich im Duden aufstöbern müßte, gab sich amüsiert geschlagen. Dennoch zerbrach er sich den Kopf, wieso er trotz seines Hollywood-Einsatzes nur ein «Pärchen» in den Händen hielt. Nur zwei Fans nämlich sprachen ihn an. Dabei war die Lösung kinderleicht. Denn Hardy saß, als ich mein «Musik ist Trumpf»-As präsentierte, dummerweise gar nicht mit am Spieltisch, sondern, unterwegs nach Berlin, noch im Flugzeug und verschlief mein bestes Blatt. So konnte er nicht ahnen, daß ich ein komplettes «Full House» im Ärmel versteckte: eine sensationelle Einschaltquote von neunundfünfzig Prozent. Das waren dreißig Millionen Zuschauer, mehr als Peter Frankenfeld jemals verbucht hatte. Und dreißig Millionen, das wird man «Full House» nennen dürfen. Gegen diese meine «Straßenfeger»-Lizenz war momentan kein Kraut gewachsen, und so kam selbst Hardys Hollywood-Glanz nicht gegen sie an. Für einen Morgen war ich so der Herr mit Zylinder und Hardy der mit der Pudelmütze.

*

«Musik ist Trumpf» – war die Show also auch mein persönlicher Trumpf? Der Abend war mein größter Publikumserfolg aller Zeiten, und er war meine größte künstlerische Niederlage! Denn die Deutschen sperrten mich in den hübschen Knast des «Entertainers» ein und trauten mir den anspruchsvollen Schauspieler, nach dessen Anerkennung ich mich sehnte, jetzt erst recht nur noch zögernd zu.

Streik!
und
Überstunden

«Musik ist Trumpf» schmiß ich drei Jahre lang: nie. Meine Ausfälle leistete ich mir vor kleinerem Publikum. Zum Beispiel im Münchner Hotel Bayerischer Hof, in dessen Theatersaal ein Boulevardstück mit meinen Kollegen Peer Schmidt und Grit Boettcher aufgeführt werden sollte, meiner Partnerin aus dem «Verrückten (Fernseh-)Paar». Ich war pünktlich anwesend: an der gutsortierten Bar des Hotels. Als die Zuschauer an mir vorbei in den Theatersaal marschierten, hielt ich sie auf: «Sie brauchen da gar nicht erst reinzugehen, ich spiele heute nicht. Setzen Sie sich zu mir an den Tresen, ich erzähle Ihnen, was in diesem langweiligen Stück passiert.» Gerhard Metzner, Theaterchef des Hotels, drohte mir eine Konventionalstrafe an und verfluchte mich: «Eigentlich müßte ich dich erschießen.» Meinem allein gelassenen Partner Peer Schmidt war es schließlich vorbehalten, auf die Hotelbühne zu stolpern und dem werten Publikum einen Bären aufzubinden: «Herrn Juhnke plagen schwere Kreislaufstörungen, er ist recht unpäßlich.» Es rumorte im Karton, ein Zuschauer rief: «Das ist ja merkwürdig, der sitzt da hinten kreuzfidel und schluckt.» Ich lud eine ganze Traube von Neugierigen zur Champagnertraube ein. Dutzende prosteten mir schließlich zu. Nun mußte es mir nur noch gelingen, die Leute so zu benebeln, daß sie ihr Geld für die geplatzte Gala nicht zurückverlangten. Als Peer Schmidt mir über die Köpfe meiner trinkenden Gäste hinweg verzweifelte Zeichen machte, rief ich: «Grit und du, ihr könnt den Mist sowieso nicht ohne mich verzapfen. Kommt her, hier an der Bar ist es viel witziger.» Die feinen Herrschaften um mich herum johlten. Ich hatte sie mit meiner One-Man-Show bald so in Stimmung gebracht, daß sich nur die Humorlosen unter ihnen die teuren Eintrittskarten ausbezahlen ließen. Die meisten Besucher waren durch meinen Arbeitsstreik auf ihre Kosten gekommen. Anderen Zuschauern machte ich durch freiwillige Überstunden eine ähnliche Freude. Als ich meinen Freund Paul Hubschmid 1983 im Kölner Theater am Dom besuchte und während seiner Vorstellung in der Garderobe auf ihn wartete, wurde mir die Zeit zu lang: Ich weiß nicht mehr, wie – aber irgendwann stand ich neben Paul auf der Bühne. Er improvisierte geistesgegenwärtig einen gemeinsamen Sketch. Das Publikum kreischte vor Vergnügen.

Roberto Blanco

Da es einer meiner Berufe ist, mein Publikum zum Lachen zu bringen, drängt sich die Frage auf: Was amüsiert eigentlich den Entertainer? In einem eleganten Hotel lief mir Roberto Blanco über den Weg. Mit gespieltem Entsetzen blieb ich stehen und rief durch die Halle: «Roberto, seit wann dürfen Farbige wie du in so einem feinen Stall wohnen?» Die Mienen der Angestellten an der Rezeption erstarrten. Ein Skandal lag in der Luft. Doch Roberto warf sich vor mir auf den Boden, zeigte mir seine weißen Zähne, breitete die Arme aus, verneigte sich immer wieder vor mir und «entschuldigte» sich lauthals mit den Worten: «Nur eine Nacht, Massa, ich versprechen, nur eine Nacht.» – In einem österreichischen Fernsehstudio saß ich vor dem Schminkspiegel und wurde für einen Live-Auftritt zurechtgemacht. Die hübsche Maskenbildnerin fragte mich schließlich: «Wollen wir auch noch a bisserl pudern, Herr Juhnke?» Ich erwiderte: «Sehr gerne! Aber muß es wirklich hier sein, vor all den Leuten?» – In einem Restaurant, wo ich alleine aß, kam ein Herr an meinen Tisch, bat mich um ein Autogramm und stellte mir dann die Frage: «Herr Juhnke, waren Sie schon einmal in Japan?» Ich sagte: «Nein.» – «Dann müßten Sie eigentlich meinen Bruder kennen, denn der war auch noch nicht da.» – Neben der tröstenden Wahrheit «Wer früher stirbt, ist länger tot» ist «der Japaner» seither mein ungekrönter Lieblingswitz, aber auch diesen «politischen» finde ich nicht übel: Helmut Kohl, der wie ich kaum Englisch spricht, kommt auf dem Heimweg von der Arbeit an einer Pommesbude vorbei. Heißhungrig nagelt sich sein Blick an einem Hähnchen fest. Der Pommesverkäufer, der dieses wohl bemerkt, erkundigt sich artig: «Chicken?» – «Nein», sagt der Kanzler, «ich esse es gleich hier.»

Schräge Band

Auf meinen Sängergalas in Kurhäusern, Stadthallen und Hotelsalons trete ich seit 1980 mit einer fünfköpfigen Band auf. Meine Premiere mit diesen herrlich schrägen Jungs fand in der ehrwürdigen Hamburger Musikhalle statt. Bei den Sketchen war damals Grit Boettcher meine Partnerin, das Lied «Die Kunst, ein Mensch zu sein» sang ich solo. Meine Musiker und ich gestatten uns auch auf der Bühne einen frotzelnd ironischen Ton. Immer, wenn ich den weißhaarigen Bayern Pip Seeborg vorstelle, weiß er, was kommt: «Meine Damen und Herren, am Schlagzeug Pip Seeborg. Er ist mein Bandleader und der Unbegabteste in seiner Combo. Komisch, der Schlechteste spielt den Chef.» Pip hat mir den Spaß auf seine Kosten noch an keinem Abend übelgenommen. Als wolle er sogar sein Einverständnis zum Ausdruck bringen, rasselt er auf seinem Schlagzeug einen Tusch zusammen. Ins Gelächter des Publikums hinein mache ich die anderen Lausejungs bekannt: «Am Saxophon und an der Posaune: Günter Buchenau. An der Baßgitarre: Roland Geissler. Am Keyboard: Peter Willert. Und da wir ein multikultureller Verein sind, dürfen auch der polnische Staatsbürger Dave Tchorz am Piano und der Italiener Roberto Pecunia an der Trompete und am Flügelhorn mitspielen.» In diesem Moment knötert auf Verabredung der Baßgitarrist dazwi-

«Schräge Band»

schen. Ich drehe mich verärgert zu ihm um: «Was murrt er denn, der Roland?» «Die Gitarre» greift ruhegebietend kurz in die Saiten: «Du hast mich falsch eingetütet, Harald. Ich komme nämlich auch von weit her.» – «Richtig, aus Österreich», murmele ich. «Falsch, aus Wien», knurrt er zurück. Dann legen wir los, bis meine Fünf ihre ersten Fehler machen. Ich stoppe die absichtsvoll verheerenden Akkorde und bitte das Publikum um Vergebung: «Meine Damen und Herren, die Musiker haben wieder so viel gesoffen, daß ich sie vorhin in der Garderobe gar nicht mehr erkannt habe.» Dabei ist Pip Seeborg seit Jahrzehnten korkentrocken. Aber wer sich meine Gemeinheit auf der Zunge zergehen läßt, der wird merken, daß sie eine ganz auf meine Kosten ist. Schließlich singe ich den «Mackie Messer» aus Bert Brechts «Dreigroschenoper». Spätestens eine Zeile in diesem Chanson zeigt meinem gescholtenen Pip, daß er in bester Gesellschaft ist: «Und der Haifisch, der hat Zähne, und die trägt er im Gesicht». Ja, wo denn sonst, Herr Brecht? frage ich ins Publikum.

Streit bei «Blacky»

Ich saß noch neben dem Maskenbildner, als ich André Heller über den Garderobenlautsprecher loswienern hörte. Heller und ich waren beide als Gäste in Blacky Fuchsbergers Talkshow «Heut' abend» geladen, er hatte seinen Auftritt zuerst. Ich hielt Heller für einen phantasievollen Künstler, aber auch für einen Traumtänzer, der zuviel politisierte. Daß er Franz Josef Strauß, dem ich politisch keineswegs nahestand, in einer Sendung Alfred Bioleks als «menschgewordene Sonnenfinsternis» bezeichnet hatte, fand ich geschmacklos. Dieser Fauxpas des smarten Wieners schwirrte mir nun in der Garderobe plötzlich wieder durch den Kopf. Abrupt verließ ich die «Maske» und stürmte ins Studio – weit vor meiner Auftrittszeit. Irgendeine Sicherung war durchgebrannt: «Moment, Herr Heller, ich hätte da was zu sagen. Sie haben kein Recht, sich in die deutsche Politik einzumischen. Ich komme auch nicht nach Wien und sage, Ihr Kanzler Kreisky sei ein Finsterling. So können Sie in einer deutschen Sendung nicht über einen deutschen Politiker reden. Diese Verteufelung lasse ich nicht zu.»

*

In seinem schneeweißen Gewand saß Heller wie ein Buddha da und konterte kühl: «Politik hört nicht an europäischen Grenzen auf, auch Meinungsfreiheit nicht. Vielleicht wollen Sie mir noch etwas verbieten?» Er war ein feinsinniger Provokateur, ich in diesem Augenblick nur einer mit Schaum vor dem Mund. Sogar die Schweißperlen Fuchsbergers waren mir schnuppe. Blacky wußte sich schließlich nur noch zu helfen, indem er die heillose Szenerie durch Caranzini, den Nebelwerfer aus Hellers Flic-Flac-Show, ein wenig undurchsichtig machte. Ohne meinen Auftritt abzuwarten, verließ ich das Studio. Heller rief mir noch hinterher: «Gott schütze Sie.» Ich maulte zurück: «Mir ist der Hintern von Strauß lieber als Ihr Gesicht.»

*

Mein erster Gedanke, als ich aus dem Studio war: Kühl dein heißes Herz ab. Ich rief eine mir in München bekannte Studentin an. Sie tröstete mich, indem sie mir eine Bouillon kochte. Noch während ich meine Suppe auslöffelte, klingelte es an der Tür. Blacky Fuchsberger und seine Frau Gundel hatten mich in meinem «Versteck» aufgespürt und wollten sehen, ob ich mich wieder beruhigt hatte. Erst meinte er: «Toll, daß endlich mal was los war», dann aber warf er mir vor, wie sehr ich ihm geschadet hätte. Meine Laune näherte sich dem Nullpunkt, als er auch noch mein Privatleben aufs Korn nahm: «Wir wollten dir immer schon mal sagen, die Gundel und ich, deine Susanne hast du eigentlich nicht verdient.» Meine Nerven lagen blank. «Sonst noch Wünsche, Blacky? Soll ich deinetwegen Ludwig dem Zweiten nachfolgen und in den Starnberger See gehen?» Fuchsberger nahm mich beim Wort, rief erschrocken die Polizei an und meldete meinen bevorstehenden Selbstmord.

Später

Mit André Heller vertrug ich mich bald wieder. Ich erklärte ihm die Gründe für meinen Amoklauf: Nicht seine Meinungsfreiheit habe ich ihm bestreiten wollen. Mir sei es nur gegen den Strich gegangen, daß er seine Prominenz politisch eingesetzt habe. Franz Josef Strauß, die «Sonnenfinsternis», lud mich zum Essen ein und stieß mit mir an: «Einer wie Sie, Herr Juhnke, kann ja gar kein normaler Mensch sein. Sonst wären Sie nicht, der Sie sind. Wissen S', Herr Juhnke, Genie und Wahnsinn liegen dicht beieinander. Sie müssen sich für nichts entschuldigen, nur durchhalten müssen S'. Bitt schön, sagen S' aber nicht, ich hätte Ihnen die Direktion des ‹Resi› angeboten. Das Residenztheater steht nämlich nicht in meiner Macht. Und jetzt trink ma a ordentliche Flasche Wein. Auch ein paar Schnäpse dazu?» – «Wie Sie meinen, Herr Ministerpräsident.»

*

Als mich Fuchsbergers Redaktion wenig später erneut in die Talkshow «Heut' abend» einladen wollte, soll Blacky wütend gesagt haben: «Nur über meine Leiche!» Zwei Jahre danach hatte er es sich offenbar anders überlegt. Seine Leute wollten mich wieder für die Sendung haben. Ich antwortete mit einer Frage: «Wieso, ist Fuchsberger tot?»

Vaters Tod

Mein Vater war mein bester Freund, vielleicht sogar mein einziger. 1982 starb er an einer verschleppten Mittelohrentzündung. In keinem meiner sieben Leben habe ich so bitterlich geweint wie in dieser Stunde. Jeden zweiten Sonntag hat er mich noch als Dreiundachtzigjähriger besucht. Ohne ihn wäre ich nie geworden, was ich heute bin. Seine Mitgift war: Ermutigung. Wenn es seiner dreiköpfigen Familie nicht gutging, und ihr ging es öfter nicht gut, hat er das heiter zu nehmen versucht. Als ich als kleiner Junge auf dem Rummelplatz an der Schießbude drei Zwölfer traf und ein halbes Pfund Butter gewann, strahlte er: «Du wirst dich auch durchs Leben ‹schießen›, Harriken!» Als ich kurz vor dem «richtigen» Abitur von der Schule ging, dämpfte er Mutters Erregung: «Laß den Jungen, der wird schon wissen, was er macht.» Vater war zeitlebens stolz auf mich und sagte es auch jedem: «Ich habe früher meinen Geselligkeitsklub ‹Vineta› vor fünfhundert Leuten in Schwung gebracht, mein Harald bringt gleich ein paar Millionen in Stimmung.» Seitdem ich «Musik ist Trumpf» präsentierte, hatte er in seiner Stammkneipe «Kacheleck» im Wedding ein Bier und ein Schnäpschen frei. Jeden Pfennig, den der bescheidene Alte von seiner kleinen Rente erübrigen konnte, legte er für mich auf die hohe Kante. Mit über hunderttausend angesparten Mark hinterließ er mir seinen ganzen Reichtum.

237

Auf dem Berliner Friedhof an der Wollankstraße ist mein Vater neben meiner Mutter und meinem jung verstorbenen Schulfreund Kalle Friemel begraben. Wenn ich Berlin von Hamburg aus anfliege, liegt das Grab meiner Eltern genau in der Einflugschneise. Ich kann es beinahe sehen und grüße meinen Polizeibeamten und meine Bäckerin noch heute bei jedem Landeanflug.

Nach der Party

Im zweiten Sommer nach Vaters Tod drehte ich 1984 fürs Kino «Sigi, der Straßenfeger» und kehrte auch privat vor einem neuen Haus: Susanne und ich bezogen mit unserem inzwischen dreizehnjährigen Söhnchen Oliver die Villa in der Grunewalder Lassenstraße. Zum «Warming up», wie das schickimickimäßig heißt, luden wir Freunde und liebe Bekannte, illustre und schräge Naturen ein. Ich hätte auch meinen alten Knastbruder Atze gerne unter den Gästen gesehen, doch er war nicht aufzutreiben; jedenfalls in Freiheit nicht. Zu meiner großen Freude kam dafür Bubi Scholz, dessen lustigste Zierde in seiner Sportlerkarriere für mich immer diese war: In seinem ersten Kampf als Berufsboxer hatte er seinen Gegner 1948 so verdroschen, daß der verbeulte Mann seine Hochzeit verschieben mußte. Bubi kam mit seiner Frau. Die beiden stritten gewöhnlich so viel, daß Susanne schon das Schlimmste befürchtete. Doch unsere Party verlief friedlich. Nur eine Woche später, am 22. Juli 1984, aber erschoß Bubi Scholz seine Frau Helga mit einem Kleinkalibergewehr durch die geschlossene Tür seines Badezimmers. Ich wurde von der Mordkommission an den Tatort gerufen. Viele «Freunde» des einst gefeierten Helden zogen sich von ihm zurück. Obwohl er seine schreckliche Tat «im Affekt»: unter starker Tablettenwirkung und Alkoholeinfluß, beging. Einer wie ich hatte und habe also keinen moralischen Grund, mit dem Finger auf Bubi Scholz zu zeigen.

Der blaue Brief

Der Dichter George Orwell hatte 1948 für «1984» einen Überwachungsstaat prophezeit. Ich erlebte seine Miniaturausgabe beim Fernsehen. Weil ich mal wieder blau gewesen war, schickte man mir am 25. Oktober einen «blauen Brief» ins Haus. Per Eilpost und Einschreibestempel: «Ihre Unberechenbarkeit hat dazu geführt, daß das ZDF sich gezwungen sieht, Sie in der Programmplanung nicht mehr berücksichtigen zu können.» Mein whiskyseliger Ausstieg aus den Dreharbeiten zu Carl Sternheims «Die Hose» brockte mir den Rausschmiß ein. Selbst der mir bis dahin gewogene Intendant Dieter Stolte, der mich mit seinem Credo «Ein Schauspieler muß Ecken und Kanten haben» immer geschützt hatte, wollte mir genau diese Ecken und Kanten nun abrunden. Mit ein bißchen mehr Hellsichtigkeit hätte ich das Fiasko ahnen können. Denn ich hatte schon bei den Proben zu «Musik ist Trumpf» regelmäßig die kränkende Erfahrung gemacht, daß die ZDF-Aufpasser meinen Kühlschrank ausräumten, sogar an meiner Kaffeetasse rochen und selbst den Bühnenarbeitern in meiner Nähe Alkoholverbot erteilten.

*

Unter den zahlreichen ZDF-Anwälten, die für meine Ausquartierung plädierten, befand sich sozusagen «in der ersten Reihe» der Gesundheitsmoderator Hans Mohl, der durch mich die Glaubwürdigkeit seiner ZDF-Suchtwoche gefährdet sah: «Wir können nicht einerseits versuchen, die Menschen von der Flasche wegzubringen, und andererseits zulassen, daß immer wieder Herr Juhnke bei uns auftritt.» Der sonst so freundliche Hans Rosenthal, in dessen «Dalli Dalli» ich einen Auftritt hatte platzen lassen, sprach sich nun ebenfalls für Härte aus: «Fernsehlieblinge wie Harald Juhnke haben eine Vorbildfunktion. Wenn er sich aber nicht beherrschen kann, ist er leider fehl am Platze.» Damit spielte «Hänschen» auf Wolfgang Menges Talkshow «Leute» an, in der ich mit glasigen Augen und gerötetem Gesicht vor dem Publikum im Berliner Café Kranzler herumgelallt und nach jedem dritten «Hick» Applaus verlangt hatte. Ich will diesen peinlichen Abend keineswegs beschönigen. Doch Menges Redakteure hätten mich vor ihm bewahren müssen. Nun kein Wort mehr dazu, mein Rausschmiß ist Schnee von gestern. Kein Wort? Noch eines: Wenn die Amerikaner ihre trinkenden Stars bei jedem Absturz aus der «Programmplanung» schmissen, dann würde kein einziger Amerikaner den Namen Dean Martin kennen.

«Willkommen im Club»

Nach Weihnachten 1985 stand auch der Entertainer Juhnke wieder auf der Fernsehtreppe: im ARD-Abendfüller «Willkommen im Club», den der skeptische NDR allerdings vorsorglich aufgezeichnet hatte. Bei diesem Glamour-Glitzer-Comeback wurde ich pfiffigerweise als «Phönix aus der Flasche» angekündigt. Ich machte mir den Witz zu eigen und ritt das verfluchte Thema Alkohol als «running gag» durch die erste Sendung des «Clubs». Als Wencke Myhrre eine

«Willkommen im Club»

Betrunkene spielte, tat ich empört: «Doch nicht in meiner Sendung!» Sie: «Wo denn sonst?» Auch Ephraim Kishon gab mir die Ehre. Ich mußte ihn leider gut behandeln, obwohl der clevere Geizhals im Hotel zuvor auf meine Kosten stundenlang nach Israel telefoniert hatte: «Schnell beste Ehefrau aller Zeiten anrufen.» Vor dem Publikum fragte ich ihn, ob auch er etwas trinken wolle. «Nein danke, lieber Herr Juhnke, ich habe andere Werbemethoden.»

*

Das Erste Deutsche Fernsehen hatte nicht nur die Zuschauer, sondern sehr speziell auch mich «willkommen im Club» geheißen. Willkommensgrüße dieser Art erlebte ich sonst nur noch beim ORF in Wien, dessen TV-Bosse mir aus meinen Eskapaden schon deshalb nie einen Strick drehten, weil dieser Strick im Lande Helmut Qualtingers, Paul Hörbigers, Oskar Werners und all der anderen harten Schlucker ein Witz gewesen wäre. Um dem «Ersten» das in mich gesetzte Vertrauen zurückzuzahlen, sang, spielte und tanzte ich wie in jungen Jahren. Und war doch unversehens älter geworden: Die Ballettmädchen baten mich um Autogramme. Für ihre Mütter.

*

Nach der Sendung ein Tusch! – von dem ich nicht einmal zu träumen gewagt hätte. Ein Herr, der wie «Gott in Frankreich» lebte, ließ über seinen Himmelsboten, seinen Agenten also, ausrichten, er sei geneigt, in meinem «Club» einmal ein Chanson zu singen. Zu diesem von mir ersehnten «Einmal» kam es zwar leider nie. Allein die Absicht schlürfte ich wie Sahne. Denn der geneigte Herr hieß: Ives Montand. Er lebte in Paris, wo ich ein Jahr zuvor, gemeinsam mit Paul Kuhn, meinem anderen Gott Sinatra nach des-

sen Konzert im «Olympia» meine Aufwartung machen
wollte. Doch obwohl wir angemeldet waren, ließen uns
seine Roadies nicht in seine Garderobe. Als wir wieder auf
der Straße standen, hörten wir ihn drinnen rufen: «Damn!
Where are the fucking Germans?»

Seitensprünge

Seitensprünge reizten mich in allen meinen sieben Leben.
Das wird auch noch in meinem achten so sein. Die drei ku-
riosesten führten mich an Orte, an denen die Leute dreimal
hinguckten, bevor sie glaubten, daß ich es wirklich war. So
saß ich 1969 zum ersten und letzten Male in einem Regie-
stuhl. Schauplatz: die Münchner «Kleine Freiheit». Kein
Mensch hatte mich zu diesem Abenteuer gezwungen, ich
stürzte mich in fataler Selbstüberschätzung ganz aus eigenem Antrieb hinein. Das Boulevardstück von Claude Magnier hieß «Ein klarer Fall». Das Unklarste daran waren
meine Regieanweisungen. Ich zwang «meine Schauspieler»
Hertha Martin und Helmut Oeser, sich so zu gebärden, als
seien sie mir aus der Rippe geschnitten: so zu sprechen, so zu
gucken, so zu gehen und so zu lachen wie ich. An manchen
Tagen waren unsere Proben eine Farce, an anderen eine Tragödie. «Du mußt in dieser Szene schneller reden, Helmut»,
wies der Regisseur Juhnke den Schauspieler Oeser an. Der
wehrte sich erst zaghaft gegen die Zumutungen seines
«Chefs»: «Ich kann nicht schneller, ich bin doch nicht du.»
– «Doch, Helmut, du mußt heute ‹ich› sein. Die Szene wird
besser, wenn du sie rasanter heruntergeigst. Das ist doch ‹ein
ganz klarer Fall›.» – «So ein Quatsch!» lehnte sich Oeser
nun auf. Helmut hatte recht mit seiner Rebellion. Denn er
war ein beleibterer Kollege, der mit dem leicht Behäbigen

genau den richtigen Ton traf. Doch ich ließ mich nicht beirren, und so standen bei der Premiere drei Juhnkes auf der Bühne: ich selber und meine beiden Kopien. Das Stück wurde zu einem solchen Flop, daß ein Münchner Lokalrezensent anderntags schrieb, man müsse die «Kleine Freiheit» auf der Stelle in die «Kleinste Freiheit» umbenennen.

*

Eine große Freiheit erlaubte ich mir, als ich einige Jahre nach diesem künstlerischen Seitensprung auch politisch fremdging. Bei einem Spaziergang durch Kreuzberg, von dem mich trotz meines unermüdlichen Gewinkes kein Taxi erlöste, kaufte ich mir am nächstbesten Kiosk eine Zeitung. Warum komme ich in der Gazette denn nicht vor? dachte ich nach einigem enttäuschten Blättern. Da sprang mir eine Karikatur ins Auge, auf der ich neben dem amerikanischen Schauspieler-Präsidenten Ronald Reagan zu sehen war und den Lesern per Sprechblase mitteilte: «Die Show mache ich mit links, die Politik mit rechts.» Bei allem, was rechts ist, das war mir nun doch zu kraß. Als müsse ich mich von meiner Comicfigur innerlich befreien, steuerte ich ein besetztes Haus an: eine dieser buntbemalten Anarchoresidenzen. Da es keine Klingel gab, schlug ich bis zur Schmerzgrenze mit den Fingerknöcheln gegen die morsche Tür und rief: «Hallo, jemand da? Hier ist Harald Juhnke. Ich muß mal mit euch reden!» Nach einer Pause: Gelächter. Nach einer weiteren: «Mach dich vom Acker, Alter.» Doch dann riß einer der Revoluzzer die Bretterpforte auf: «Also, aussehen tust du wie der Juhnke. Nur, Gesichtskontrolle reicht bei uns nicht. Kannste *beweisen*, daß deine Visage echt ist? Ick meene, mit Personalausweis und so?» Indem er seinen kritischen Blick immer wieder zwischen meinem Gesicht und meinem Paßfoto hin- und herschweifen ließ, überprüfte

mich der Hausherr. «Und wie is et mit 'nem Gastge-
schenk?» fragte er mich schließlich: «So'n kleenen Flachmann wirste doch sicher im Ärmel haben.» – «Nee, har ick
leider nich.» – «‹Leider› is jut, dann komm ma rin.» Auf
einer Apfelsinenkiste sitzend und von Matratzen umlagert
verbrachte ich eine gemütliche Stunde in dem so ganz anderen Haus. Nur bei zwei Hartgesottenen kam keine Stimmung auf: «Du machst mit deinem Schrott den dicken Reibach. Wat stellste eijentlich mit die janze Kohle an?» Am
nächsten Tag wurde das Haus von zwei neuen Transparen-
ten geschmückt. Sie bewiesen, daß die Anarchos in der
Nacht heftig um mich gestritten hatten: «Juhnke for presi-
dent» stand auf dem einen. Auf dem anderen: «Moneten
aller Länder – wir steinigen euch!»

*

«Meine verehrten jungen Damen und Herren! Sie sehen,
ich stehe vor lauter Lampenfieber schon mit roten Ohren
hinter dem Katheder. Darum möchte ich Sie bitten, meinen
hellen Anzug mit dieser Farbe zunächst zu verschonen und
die mitgebrachten Tomaten erst nach mir zu werfen, wenn
ich sie auch am Ende meiner Eintagesprofessur verdient haben sollte.» So intonierte ich 1979 eine Rede in der Münchner Universität. Die Studenten und Studentinnen der Thea-
terwissenschaft hatten mich eingeladen, im Startjahr meiner
Fernsehshow «Musik ist Trumpf» über «Entertainment»
zu sprechen – und dabei vor allem die «deutsche Frage» zu
behandeln, ob die leichte Kost des «Entertainers» ihm den
Appetit auf schwerere nicht verderben müsse. Der Hörsaal
war brechend voll, das Klima gereizt. Doch ich gewann die
angriffslustigen Gesichter in den Bänken binnen zehn Minuten nicht nur mit meinem Tomatenständchen für mich.
Ich hellte die skeptischen Mienen auch mit der unprofesso-

245

ralen Bemerkung auf, es sei keine Schändung abendlän-
dischen Kulturgutes, im deutschen Fernsehen den Ober-
kellner in einer Show und im fliegenden Wechsel dazu
anspruchsvolle Theaterrollen zu spielen. «Der berühmte
Schauspieler Werner Krauss hat sich in den zwanziger Jahren an einem Abend ohne Gewissensbisse in ‹Charleys
Tante› über die Bühne gewitzelt, um schon am nächsten als
Schillers ‹Wallenstein› ein klassisch ernster Charakter zu
sein. Gibt es in diesem Hörsaal irgend jemanden, der diese
Seitensprünge für ein Sakrileg hält?» Keine Hand rührte
sich. «Meine Damen und Herren, Sie erfreuen mein Schau-
spielerherz. Also nehmen Sie Ihre faulen Eier bitte wieder
mit nach Hause – und servieren Sie die Stinkbomben jenen
Zeitgenossen zum Frühstück, die damit Probleme haben.»

*

Eine Studentin hatte mir bei meinem weisen Schlußwort
besonders heftig applaudiert. Als ich nach dem Verlassen des
Hörsaals auf der Leopoldstraße trumphierend der Sieges-
säule entgegenschlenderte, folgte sie mir: erst in einigem
Abstand, dann hörbar näher kommend. Ich dachte mir, eine
so hübsche Beschattung kann nicht von schlechten Eltern
sein, und drehte mich um: «Sie junges Glück, was laufen Sie
eigentlich so kompliziert hinter mir her? Arm in Arm mit
dem Entertainer ist es erheblich unterhaltsamer.» München
leuchtete plötzlich. Auf die Abende, welche «die Schöne
und das Biest» seit diesem Rendezvous miteinander verbrachten, haben aber andere Prinzessinnen nicht ernsthaft
eifersüchtig sein müssen: meine Ehefrau Susanne nicht und
das Kino-«Schätzchen» Uschi Glas nicht, mit dem ich in
dieser Zeit im Theaterstück «Spiel mit dem Feuer» zu sehen war – auf Schritt und Tritt von der bunten Presse begleitet. Doch die uns nachgesagte «Affäre» lief in Wahrheit

246

wie der Refrain eines Liedes ab: «Tausendmal berührt. Tausendmal is nix passiert.» Dabei war ich damals erst fünfzig, also so jugendlich, daß es mir noch nicht so erging wie dem österreichischen Schauspieler Richard Romanowsky. Dem wurde sein Alter mit einem Schlage klar, als er einer jungen Dame zuzwinkerte und sie ihn teilnahmsvoll fragte, ob ihm etwas ins Auge geflogen sei.

Sieben Streiche

MEIN KÜNSTLERISCHES Reifezeugnis habe ich mir nicht allein mit dem «Hauptmann von Köpenick» erworben. Mein «Wilhelm Voigt» im Maxim Gorki Theater war für die Feinschmecker in der Kritikerküche nur das Häubchen auf der Sahne. Schon in den Seniorenjahren zuvor waren mir sechs ähnlich «reife» Streiche gelungen, mit denen ich mein «Fips mit der Angel»-Image endgültig abbürsten konnte, das mir wie ein altes Kaugummi anzukleben schien. Daß ich in dieser Zeit, nämlich 1990, auch als «Der Geizige» von Molière auf der Berliner Renaissance-Bühne stand, erwähne ich unter meinen «reifen» Streichen erst gar nicht. Denn dann käme garantiert ein Schwergebildeter angelaufen und würde sagen: «Aber, mein lieber Herr Juhnke, ‹Der Geizige›, das ist doch nur ein ganz leichter Molière.»

1

Nachdem ich John Osbornes «Entertainer» unter der Regie von Gerhard Klingenberg 1987 bereits auf der Bühne ausprobiert hatte, studierten wir den abgehalfterten Conférencier 1989 auch fürs Fernsehen ein. Ein Tischleindeckdich war die Rolle für mich nicht. Schließlich hatte ich «Entertainer»-Vorbildern wie Sir Laurence Olivier (im Theater) und «Sir» Jack Lemmon (im Film) gerecht zu werden. An

«Der Entertainer»

diesen Gewichten kann sich jeder Schauspieler verheben. Außerdem hatte ich mit dem armen Schwein «Archie Rice» einen Kerl zu verkörpern, der ich selber im wirklichen Leben einerseits bin und andererseits überhaupt nicht bin. Archie also ist ein Entertainer. Der bin ich manchmal auch. Archie ist ein Vater, der seine Familie zur Verzweiflung bringt. Das Talent sagt man auch mir manchmal nach. Während jedoch der bankrotte Archie notorisch seine Steuern hinterzieht, liefere ich sie dem Finanzamt pünktlich ab. Und ein bürgerlich angepaßter Hasenfuß wie er ist eine Rebellennatur wie ich nie gewesen. John Osborne will, daß Archie Rice anfangs wie «tot hinter den Augen» ist und nur langsam zu seinen Gefühlen findet. Genauso habe ich den mir ebenso nahen wie fremden «Entertainer» erfolgreich gespielt.

*

Nach einer Vorstellung des Theater-«Entertainers» hechtete einer dieser Hollywood-Talentscouts in meine Garderobe und wollte mir die Übersiedlung nach Amerika schmackhaft machen. Auch komisch, dachte ich, wenn so ein junger Spund dich an der Schwelle zum Rentenalter als Talent entdeckt. Doch er ließ nicht locker und zupfte dabei einladend an seinem Halskettchen mit dem Paramount-Emblem: Ich sei nicht nur eine umwerfend komische Type, davon habe er sich nun einen denkwürdigen Abend lang selbst überzeugt; man munkle sich zu, ich sei auch ein «marvelous lover», Lolitanisches inklusive. Hoppla, wenn ich ihn richtig verstanden hatte, traf der Götterbote damit ins Schwarze. Schließlich hatte ich in meinem Leben, privatissime und professionale, schon damals so viele Liebhaber absolviert, daß ich mir durchaus zugetraut hätte, auch in Hollywood einige Pantscherl draufzusatteln. Doch da in Amerika jeder Tankstellenwart so blendend aussieht wie Paul Newman, wäre es im Gedränge um den Part vermutlich ungemütlich zugegangen: wie in der Einkaufsschlange vor dem Bäckerladen nach der Währungsreform. Die Bescherung? Brotlose Kunst. Hätten die Paramount-Bosse und ihre Regisseure mich allen Ernstes den Beweis vorturnen lassen, daß in mir mehr steckte als «Pepe, der Paukerschreck» – bei dem bestenfalls die mittlere Reife lacht? Selbst wenn ich english speaking so fit gewesen wäre wie die Goldrandausgabe der Britischen Enzyklopädie? Zur Musik eines ernüchternden Beatles-Liedes kam mir die angebotene Reise irgendwie wie ein Abstecher mit garantierter Rückflugkarte vor, und so buchte ich sie – schon am nächsten Morgen unter der Rubrik «Let it be, Harold» ab.

*

Meine Kollegen-Freunde Horst «Hotte» Buchholz und Hardy Krüger wissen vermutlich genau, warum. Trotz ihrer amerikanischen Achtungserfolge in den sechziger Jahren. Hotte hat unter der Regie von John Sturges im Western «Die glorreichen Sieben» immerhin neben Yul Brunner und Steve McQueen im Sattel gesessen. Und Hardy brachte einen Regisseur wie Robert Aldrich dazu, ihm im Thriller «Der Flug des Phönix» an der Seite von James Stewart und Peter Finch eine Chance zu geben. Die hat er wie andere Rollenangebote glänzend genutzt, und sein «Phönix», eine spannende Notlandeoperation in der Wüste, wird noch heute im deutschen Fernsehen gezeigt. Aber sowohl für Hardy als auch Hotte blieb der amerikanische Traum eine Episode. Sie konnten sich nicht wirklich etablieren. Sie blieben Fremde im Filmparadies. Sie waren wie Gäste auf einer rauschenden Party, die gar nicht erst richtig ihre Mäntel ablegten. Einen Globetrotter wie Hardy Krüger hat das nicht groß gekümmert. Er besuchte ganz einfach die nächste Fete und warf sich in neue Abenteuer. Doch ein Stubenhocker wie ich? Was wäre aus Harry Juhnke aus dem Wedding geworden, wenn er in den Beverly Hills zum Frühstücksei die «Los Angeles Times» aufgeschlagen, sich darin die Fotos angeguckt – und im Briefkasten anstatt der erhofften Drehbücher mal wieder nur den Gesundheitsprospekt der Rettungsschwimmer von Malibu gefunden hätte? Kann sich das irgend jemand vorstellen, der mich auch nur aus der Glotze kennt? Nein, würden Tante Dora und Onkel Alois in der Regensburger Couchgarnitur sagen: Das wollen wir uns *nicht* vorstellen. Ich komme mir bei dem Gedanken daran ja selber wie eine Karikatur vor. Nicht wie ein lustiges, wie ein traurig karikiertes Männchen. Dem der strenge Kellner im Ami-Restaurant auch noch die geliebte Zigarre aus den Fingern klamüsert. Jesses, ich wäre erstickt. Nicht am verbotenen Qualm, an der verordneten Trübsal.

*

Mein Kollege Curd Jürgens, der auch ein Stubenhocker war, wenn auch einer in der sprichwörtlich goldenen Badewanne, hat im glitzernden Hollywood keine Trübsal geblasen. Der «normannische Kleiderschrank» aus München konnte sich nämlich seiner enormen Kragenweite sicher sein: Die ins Klischee verknallten Amis ließen den blauäugig gebieterischen und mustergültig blonden Curd Jürgens als Germanen-Mannsbild über die Leinwand flimmern; und neben Danny Kaye paradierte er 1958 in «Jakobowski und der Oberst» nach einer Franz-Werfel-Komödie. Über Curds Karriere sollte ich also tunlichst nicht meckern. Denn was berichtet mir mein vergilbtes Filmlexikon, und zwar ohne Schonung? Daß ich im selben Jahr auch im Kino zu sehen war: in «Bühne frei für Marika». Also Bühne frei für das

Geständnis: Mit der Kragenweite der Eiche Jürgens hätte ich in Hollywood nicht einmal nach einem Fitneßtraining in den Schwarzenegger-Studios konkurrieren können. Jedenfalls «hemdenmäßig» nicht – wie Jack Lemmon in seinem «Apartment» wohl gefistelt hätte, wenn *ich* dort an seiner Stelle mit Shirley MacLaine aufgekreuzt wäre. Hemdenmäßig claro nicht, künstlerisch allerdings, nur eben in anderen Rollen. Womit ich schon wieder bei Jack Lemmon und damit bei Walter Matthau bin.

*

Diese beiden Komiker wären in Hollywood meine Schuhgröße gewesen, kinomäßig. Ohne vor Größenwahn aufrecht im Bett zu sitzen, träume ich davon, daß ich mich neben dem Hundegesicht des einen und der Knautschvisage des anderen keineswegs blamiert hätte – mit Billy Wilder am Regiepult. Hellwach, ist es nämlich höchste Zeit, einmal diese Wahrheit auszuplaudern: Jack und Walter sind fabelhafte Komödianten. Aber fabelhafte Komödianten geizen auch bei uns nicht mit Witz – nehmen wir den leider verstorbenen Helmut Fischer, den bezaubernd trotteligen «Monaco Franze». Nur sind die beiden Amis berühmter als unsere Originale. Viel berühmter, doch darum nicht automatisch besser. Ihre umwerfende Blödelei hat nur ein Künstlerleben lang von der sagenhaften amerikanischen Filmindustrie profitiert, die es in unserer Kinodiaspora nicht gibt. Für ihren herrlichen Honig standen passende Honigtöpfe bereit und schwerreiche Imker, die sie weltweit verkauften. Hätten sich Jack Lemmon und Walter Matthau in Deutschland von Film zu Film geschlichen, sie wären trotz ihres imponierenden Könnens niemals Jack Lemmon und Walter Matthau geworden. Das gleiche gilt für das harte Fach: Kennt irgendwer den Berliner Schauspieler

Hans Peter Hallwachs? Ja, hier! ruft ein begeisterter Zuschauer, der sich regelmäßig in unsere Freitagabendkrimis zappt. Hans Peter Hallwachs hieße in Hollywood vielleicht Robert De Niro und Robert De Niro in Berlin vielleicht Hans Peter Hallwachs. Dann träte er in einer Nebenrolle bei Oberinspektor Derrick auf.

2

In Ralf Huettners Fernsehfilm «Der Papagei» war ich Ende 1992 als der marktschreierische Straßenverkäufer Did Strikker unterwegs, der sich von einem käuflichen Kumpel, den mein junger Kollege Dominic Raacke überzeugend zynisch hinlegte, als Redenschwinger für eine Neonazipartei anheuern läßt. In diesem Film besticht eine Szene, in welcher der Sponsor der neuen Braunen, der segelohrige Fleischfabrikant Fuchsmühl, dem Parteiknecht Dominic Raacke mit seinen Metzgerspranken die Nase plattdrückt. Diese Szene, mit Ludwig Haas als nonchalantem Kotzbrocken Fuchsmühl, läßt binnen Sekunden so viel bedrohliche Gewalt aufblitzen, daß sie es verdient, mit einer anderen verglichen zu werden: mit jener aus Roman Polanskis «Chinatown», in der Jack Nicholson der Riechkolben mit einem Messer aufgeschlitzt wird. Man sieht, ich schlage mich für den deutschen Film und habe kein schlechtes Gewissen dabei. «Der Papagei» bescherte mir nicht nur fabelhaft bedrucktes Papier: «Harald Juhnke brilliert in einer zügig inszenierten Farce.» Meine Papageienparodie war offenbar auch für die Zuschauer glaubwürdig, bis zum Fürchten glaubwürdig. Denn Passanten, die sich in einem beschaulichen deutschen Städtchen an unseren Drehort verirrten, fragten mich erstaunt: «Was soll der Quatsch, Herr Juhnke? Warum nen-

«Der Papagei»

nen Sie sich plötzlich ‹Stricker›?» Und dann, ich dachte, ich
höre nicht recht: «Sagen Sie mal, wie wird man Mitglied in
Ihrem Kameradenhaufen? Hätten Sie wohl ein Aufnahme-
formular in der Aktentasche?»

3

Nach den amerikanischen Verlockungen in meiner Theater-
garderobe gingen fünf Jahre ins Land, bis sich entpuppte,
daß es auch bei uns Regisseure gibt, die mich nicht ins komische Souterrain einsperren. Der Münchner Helmut Dietl
ist einer von ihnen – aus der komödiantischen bel étage.
Dieser Lustmolch im meist weißen Edelzwirn hat mich den
gewünschten Beweis erbringen lassen: In seiner Kinosatire
«Schtonk!», jener höheren Posse über die sensationell ge-
fälschten Hitler-Tagebücher des «Stern», mischte ich mich
1992 als Ressortleiter Kummer in die gierige Fahndung
nach der braunen Soße ein. Für die Zuschauer war ich somit
Chef des Reporterspürhundes Hermann Willié, den Götz
George bravourös durchhielt. Ein freundlicher Seitenhieb:
Götz spielte, in Minuten gerechnet, zwar eine größere Rolle
als ich, aber in der Redaktionshierarchie war er zu meiner
großen Freude nun mal mein Untergebener.

*

1993 wurde «Schtonk!» für den Oscar nominiert. Ich werde
die nervöse Nacht nicht vergessen, in der Helmut Dietl und
Götz George in Hollywood der Preisverleihung entgegen-
fieberten und ich als ständiger Korrespondent in Berlin die
Stallwache hielt. Gegen vier Uhr morgens klingelte mein
Apparat, und Dietl übermittelte mir von der Aufregung erschöpft die Nachricht, daß nicht sein Film, sondern ein fran-

Szene aus «Schtonk!» mit Götz George

zösischer mit Cathérine Deneuve die Palme für die beste nichtenglische Produktion eingeheimst habe. Er heißt «Indochine» und erzählt von einer Romanze im Krieg. So war ich mit Hollywood doch noch direkt verbunden – wenn auch nur am Telefon. Dennoch hat mir «Kummer» keinen Kummer gemacht. Man heftete mir in Berlin für die Rolle im Billigpelz meiner journalistischen Leib-und-Magen-«Feinde» den ehrenwerten Ernst-Lubitsch-Preis ans Revers.

4

In Reinhard Münsters Kinoturbulenze «Alles auf Anfang» lümmelte ich mich 1993 als playboyhafter Filmproduzent «Georg Kuballa» durch eine Screwball Comedy – die keineswegs nur schnellen Witz versprüht, sondern auch von karrierekalten Damen bevölkert ist, die ein ganzes Feuerwerk an Hinterlist abbrennen. Während aber «Schtonk!» ein Prestigehit *und* Kassenknüller war, raschelten bei «Alles auf Anfang» nur vereinzelte Kinogänger mit ihren Popcorntüten. Diese entschiedene Absage an den Massengeschmack hätte die Feuilletonisten eigentlich zu Begeisterungsstürmen hinreißen müssen. Doch die verdienten Ovationen blieben aus. Ich zähle «Georg Kuballa» trotzdem zu meinen stärksten Charakterrollen. Zumal ich mit der faszinierenden Christiane Hörbiger, die noch «als Vogelscheuche» majestätisch schön wirken würde, mit Katharina Thalbach und Udo Samel exzellente Partner(innen) an meiner Seite hatte.

Salut für Samel

Udo Samel ist das beste mir persönlich bekannte Beispiel dafür, wie man den Seiltanz zwischen Ernst und Unterhaltung mit der größten Eleganz und ohne die kleinste Unsicherheit absolviert. Dieses Männlein mit Kugelkopf sieht privat so aus, daß man es sich problemlos als Schalterbeamten bei einer Postfiliale vorstellen könnte: «Die neuesten Sondermarken bitte, Herr Samel.» – «Ja, da hätte ich einiges für Sie.» Doch welche Bravourstücke hat dieser unscheinbare Bursche um die Fünfundvierzig bereits als Schauspieler abgeliefert! Als einer der Stars der Berliner Schaubühne (1978 bis 1992) hat er den Richter in Jean Genets «Die Neger» und den revolutionären Studenten Trofimow in Anton Tschechows «Kirschgarten» hingezaubert. Zur Zufriedenheit immerhin von Peter Stein, dem intellektuellen Zampano der deutschen Theaterregie. Einem größeren Publikum, und zwar dem tiefer empfindenden, wurde Udo Samel 1986 durchs Fernsehen bekannt: mit seiner hochsensiblen Darstellung des Komponisten Franz Schubert – in Fritz Lehners ZDF-Dreiteiler «Mit meinen heißen Tränen». Obwohl er also meist nur vom Feinsten bot, kostete es ihn ein Achselzucken, sich zur Abwechslung auch einmal als TV-Kommissar auszuprobieren. Im Humphrey-Bogart-Trench und Smarties lutschend, spielte er den wortkargen Polizisten in «Ein Fall für zwei» so konzentriert, daß er die Zuschauer mit jedem seiner sparsamen Blicke ahnen ließ: Er weiß mehr, als er sagt. Dieses mein Freitagabenderlebnis vor dem Bildschirm teilten auch die Kritiker: Udo Samel habe das «Niveau der sympathischen Krimiserie schlagartig angehoben» und «einen Kriminalkommissar hingelegt, der im deutschen Fernsehen Seltenheitswert hat». Denn wie der souveräne Ernst Schröder (Rückblende

Seite 157) ist der nicht minder souveräne Udo Samel ein «Grenzgänger» (Samel über Samel) und pfeift auf die Eifersüchteleien zwischen Ernst und Unterhaltung; und er kann es sich leisten, darauf zu pfeifen, weil er so gut ist. Von einem wie Udo Samel könnten die sauertöpfischen Verfechter des Grabens zwischen E und U lernen, was zu sagen auch mir selbst am Herzen liegt: daß nämlich der Tanz eines Schauspielers auf verschiedenen Hochzeiten nicht etwa der Nachweis seiner künstlerischen Beliebigkeit, seiner Prostitution, sondern der Beweis seines großen Repertoires ist. Drei Ausrufezeichen!!! Zu Udo Samels grenzüberschreitendem Repertoire gehört die kleine Sensation, daß er 1996 am Deutschen Nationaltheater in Weimar erst eine Oper inszenierte: Alban Bergs «Wozzeck» nach Georg Büchner. Um nur Monate später im Kino als Luigi Mackeroni aufzukreuzen: erneut als Bulle, nur diesmal als schwuler, in der unterirdischen Horrorburleske «Das Kondom des Grauens». Darin sieht er sich plötzlich furchteinflößenden Monsterpräservativen gegenüber, die vor ihm aus städtischen Gullys torkeln. Auch das nette Monster Juhnke ist schon vor ihm aus dem Boden gewachsen. Vor nicht langer Zeit nämlich fuhren wir zufällig auf dem Ku'damm nebeneinanderher. Ich wie immer im Taxi, Udo in seinem klapprigen «Straßenkreuzer». Wir kurbelten die Scheiben herunter, hielten dadurch ein bißchen den Berliner Verkehr auf und gaben uns von Auto zu Auto wortlos die Hand. Das war mehr Umarmung, als sie auf fixen Partys in tausend Küssen liegt.

In Peter Turrinis «Alpenglühen» tastete ich mich am Schloßpark-Theater in Berlin 1993 als «Blinder» über die Bühne – und kauerte in der ersten Szene splitternackt vor dem erstaunten Publikum. Also, wer ist Peter Turrini, und warum darf die künstlerische Begegnung mit ihm in der Galerie meiner «Sieben Streiche» nicht fehlen? Der österreichische Dramatiker schlug sich als Hotelmanager in Italien und als Holzfäller durchs Leben, bevor er zu schreiben begann. Was heißt zu schreiben? Zu randalieren! Mit seiner Schreibmaschine alles zu zerhacken, was manchen seiner Zeitgenossen heilig ist. In Peter Turrinis Stück «Tod und Teufel» beispielsweise, das Peter Palitzsch 1990 am Wiener Burgtheater aufführte, macht sich ein katholischer Pfarrer auf die Suche nach der Sünde. Dabei gerät er in die zwielichtige Gesellschaft eines Zuhälters, einer Ladendiebin, eines rechtsradikalen Stürmers, eines Waffenhändlers und, das auch noch, drogensüchtiger Kinder, mit denen der Priester Kokain schnupft. Diese «Gotteslästerung» mußte nicht jedem gefallen, und sie gefiel auch nicht jedem. Andächtige Schauspieler des Burgtheaters verweigerten ihre Mitwirkung in dem provozierenden Stück schon nach dem Lesen des Textbuches; ich respektiere ihre Haltung. Als es dann doch zur Premiere kam, hätten konservative Wiener am liebsten mit ihren Sachertorten geschmissen und empfahlen wutentbrannt, den Burgtheater-Direktor Claus Peymann und seinen «Lümmel» Peter Turrini in Polizeigewahrsam zu nehmen; das respektiere ich entschieden nicht. Denn für mich gehört die Kunst, auch die umstrittene, nicht in den Knast, sondern auf die Bühne. Ich, der manchmal betrunkene Bürgerschreck Juhnke, hatte also gegen das Stelldichein mit dem häufig nüchternen Bürgerschreck Turrini nicht die Bohne einzuwenden. Von meiner neuen Lust auf schwierige Rollen wie getrieben, empfand ich es sogar als Chance, mit einem Dramatiker seines Schlages in Kontakt zu kommen. Als mich nun der Regisseur Alfred Kirchner, ein Lieblingsschüler Claus Peymanns, einlud, am Berliner Schloßpark-Theater den siebzigjährigen «Blinden» in Peter Turrinis «Alpenglühen» zu spielen, feilschte ich nicht lange. Nur zwei Jahre zuvor nämlich hatte ich einen «Fehler» begangen, den ich mir nur ungern verzeihe. Mir war das Angebot ins Haus geflattert, einen anderen grantigen Alten auf die Bretter zu stellen: den Mozart-Freund-Feind Salieri in Peter Shaffers Stück «Amadeus». Genau, den Salieri in jenem «Amadeus», mit dessen wunderbarer Verfilmung der tschechische Regiekünstler Miloš Forman in Hollywood acht Oscars abräumte. Doch ich Tropf zog dem verlockenden Stück den alles verbockenden Whisky vor.

*

Turrinis Schauerstück heißt «Alpenglühen», weil es von einem Blinden erzählt, der seit Jahrzehnten allein in einer Tiroler Almhütte haust und sich in der Einsiedelei nach einem letzten Alpenglühen sehnt, vor allem nach einem letzten erotischen. Im Dämmerlicht der Bühne stieg ich langsam in meinen Anzug, setzte mir eine dunkle Brille auf – und wurde zum Blinden! Sein – nein, von nun an: mein Brot verdiente ich mir als Vogelstimmenimitator für den Fremdenverkehr. Zu meinem sonstigen Zeitvertreib war ich ein moderner, allerdings unheiliger Franziskus, der klassische Dramen in Blindenschrift verschlang. Nur eine Frau fehlte mir zu meinem kargen Glück. So schrieb ich an den Blindenverein unten im Tal, er möge mir ein Weib auf die Höhe schicken, ein möglichst nicht dummes und belesenes. Mit der angeblichen Sekretärin und angeblichen Shakespeare-Schauspiele-

«Alpenglühen», mit Hannelore Hoger

rin Jasmine schien prompt ein Engel in meine Klause zu schweben, der zu meinem großen Vergnügen auch noch in den Stöckelschuhen der prächtigen Hannelore Hoger landete. Doch unser himmlisches Märchen verwandelte sich schnell in einen Höllentrip: Das Engelchen entpuppte sich als eine besonders verkommene Nutte, der geile Alte als impotentes Großmaul, das zum Alpenglühen selbst unter Aufbietung all seiner Manneskraft nicht mehr in der Lage war. Sein Augenlicht hatte er auch nicht, wie er vorgab, nach einem Atombombenexperiment verloren, dem verkappten Nazi war es bei einem von ihm selber angezettelten Sprengstoffattentat abhanden gekommen. Das Opfer geht als Täter von der Bühne.

*

Turrini läßt seine «Schauspielerin» Jasmine in einer ihrer Szenen sagen: An ihrem großen Abend saßen Leute «im Zuschauerraum, die mich stets belächelt hatten, und warteten auf meine Niederlage». Diesen Satz mußte ich während der Proben zum «Alpenglühen» aus der Gosche der wunderbar zickigen Hannelore Hoger wohl an die hundertmal über mich ergehen lassen. Ich hörte die Glocken läuten und machte mir keine Illusionen: Auch an meinem «großen Abend» würden Leute im Zuschauerraum sitzen, die *mich* belächelten. Die in mir ungerührt den Fidibus nebst «Drei Damen vom Grill» sahen, als der ich in neunundfünfzig butterweichen Folgen noch bis 1992 durchs TV-Programm turnte. Die mir den Blinden einfach nicht gönnten. Die meine Niederlage also geradezu erhofften. Doch diese Schickeria hat sich gründlich geirrt. Selbst Zeitungen, die sich, wie ich finde, zu Unrecht, an Alfred Kirchners «papierener Inszenierung» rieben, stießen am nächsten Tag ins Horn: «Aber für Harald Juhnke wurde das Stück zum

Triumph.» Und am Abend zuvor? Auf der Premierenfeier machte mir Peter Turrini das schönste Kompliment: «Sie waren der Lustigste unter den Traurigen. Sie haben nicht nur mein Stück gespielt, sondern auch die Gefühle, die zwischen seinen Zeilen stehen.»

Peter, «der Schreckliche»

Mit sportlichem Ehrgeiz hatte ich einem Reporter der frechen Berliner «tageszeitung» auf der Premierenfeier in den Notizblock diktiert: «Turrinis ‹Blinder›, das war für mich zwar noch nicht ganz die Wimbledon-Schale, aber er war das angestrebte Halbfinale auf meiner lebenslangen Grand-Slam-Tour ins Charakterfach.» Für das Schloßpark-Theater hingegen läutete «Alpenglühen» ein von keinem Künstler angestrebtes Finale ein. Denn noch im Premierenjahr 1993 fielen die Staatlichen Schauspielbühnen Berlins dem Streichkonzert des christdemokratischen Kultursenators Peter Radunski zum Opfer: das Schillertheater, ihr großes Haus, ebenso wie die Steglitzer Schloßpark-Bühne, ihr kleines. Der Taschenrechner der Politiker machte damit nicht nur dem größten deutschen Sprechtheater den Garaus. Mit der Schließung des Schloßpark-Hauses verabschiedeten sich die schwarzen Rotstifte auch von einem alten Berliner Juwel: Als Intendant der Staatlichen Schauspielbühnen hatte Boleslaw Barlog dieses Juwel seit 1951 mehr als zwanzig Jahre lang geschliffen. O. E. Hasse war im Schloßpark über dreihundertmal in Carl Zuckmayers «Des Teufels General» zu sehen gewesen. Samuel Becketts «Warten auf Godot» erlebte hier 1953 die deutsche Erstaufführung. Die ergrauten Theaterbesucher erinnern sich schließlich sicher daran, daß Boleslaw Barlog selber hier 1963 Edward Franklin

Albees legendäres Stück «Wer hat Angst vor Virginia Woolf?» inszenierte – mit dem sensationellen Erich Schellow in der männlichen Hauptrolle. Doch diese große Tradition war für die Politiker irgendwann kalter Kaffee, dessen Geruch nicht mehr genügend Touristen in die Kulturhauptstadt zog. So blieben zum Kummer des Senats nicht nur die Theatersessel, sondern auch die Hotelbetten leer. Um beide wieder zu bevölkern, wurden nach der Verriegelung der Schloßpark-Bühne unter anderem der tschechische Stückeschreiber Pavel Kohout und der Schauspieler-Intendant Heribert Sasse zu vorübergehenden Testamentsvollstreckern bestellt – um mit zündenden Ideen für neuen Schwung zu sorgen. Als geschäftsführender Gesellschafter der verwaisten Bühne firmierte nun ein Autohändler.

*

Der Groll über den Theaterkahlschlag des Kultursenators Peter Radunski scheint indes nicht zu verrauchen. Er nimmt vielmehr sehr persönliche Formen an. So hat der 1999 aus seinem Job scheidende Wiener Burgtheater-Direktor Claus Peymann im Februar 1997 in einem «Spiegel»-Gespräch in die Tasten gegriffen: «Ach was, im Vergleich zu Deutschland ist Wien heute geradezu paradiesisch. Was die Theater und was die Kultur angeht, herrschen in Deutschland Zustände, für die Agonie noch ein viel zu positiver Ausdruck ist. Nehmen Sie nur Berlin, wo aus zwei blühenden Hälften eine öde Wüste entstanden ist. Als ich nach dem Mauerfall nach Berlin gehen sollte – es ging um das Berliner Ensemble –, waren dort alle total begeistert. Ich hab noch Peter Zadek im Ohr: Für den waren die goldenen zwanziger Jahre am Tag nach dem Mauerfall zurückgekehrt. Ich bin froh, daß ich damals nicht gegangen bin. Sehen Sie sich doch Berlin heute an: grauenhaft. Dieser sogenannte Kultursenator Radunski hat nicht nur äußerlich gewisse Ähnlichkeit mit dem Zigeunerbaron aus der gleichnamigen Operette von Johann Strauß. Aber ich kenn ihn gar nicht. Ich habe ihn nur ein paarmal beobachtet in Berliner Szenelokalen und hab mich halb totgelacht. Der sitzt dort und trinkt Rotwein, und die Leute sitzen um ihn rum wie die höfischen Parasiten auf dem ungarischen Dorf.» Bei aller Hochachtung vor dem Theaterfreund Claus Peymann – dieser Philippika gegen Peter Radunski möchte ich wenigstens einige Zähne ziehen. Den Dentisten spiele ich dabei als ein Künstler, der angesichts der Berliner Theaterbohrungen mit vielen seiner Kollegen öffentlich «Aua» geschrien hat: auf Solidaritätsfeten, bei denen wir kostenlos gesungen, rezitiert und gesteppt haben. Nur, Peter Radunski war von seinen «Sparschweinen» gedrängt worden, auch das unrentable Maxim Gorki Theater mit einem Kuckuck zu versiegeln. Er hat sich dem Geschubse verweigert. Weil unser «Hauptmann von Köpenick» so erfolgreich war. Daß ihr «Maxim» also noch nicht schläft, verdanken die Berliner Katharina Thalbachs Schauspieltruppe. Damit in Bescheidenheit auch mir – und dem gescholtenen Senator Radunski.

6

Zur Rolle des «Trinkers» in Tom Toelles gleichnamigem Fernsehereignis gelangte ich 1995 auf ganz andere Weise als 1992 zu der des «Papageis». Dafür hat der Regisseur Ralf Huettner bei mir eine große Tüte Schrippen gut. Beim «Trinker» nämlich war ich der Motor, beim «Papagei» zuerst die Bremse. Ich glaube sogar, daß ich Ralf Huettner bei unserer ersten Begegnung recht unfein behandelt habe. Ich kannte ihn persönlich nicht noch wußte ich, welche Filme er bisher zu bieten hatte. Als er mich in einem Münchner Hotel mit seinem «Papageien»-Drehbuch unterm Arm etwas verlegen ansprach, stand so ein Mann in einem armen Mäntelchen vor mir. Ich entschuldigte mich mit dem üblichen Terminstreß: «Seien Sie mir nicht böse, vielleicht schicken Sie Ihr Ding da einfach mal an meinen Manager, Herr Büttner.» – «Huettner, mit ue, Herr Juhnke, Huettner.» Doch nichts mit der Post an den Manager; am nächsten Tag stand der Mann mit dem armen Mäntelchen erneut in der Lobby, und am übernächsten ebenso. Mehr um ihn halbwegs freundlich loszuwerden, schlug ich ihm einen kleinen Spaziergang an die Hotelbar vor. Das Mäntelchen willigte nur zögernd ein, denn es mußte befürchten, daß ich mich dort erst recht wie ein Fisch im Wasser tummeln und ihm möglicherweise endgültig davonschwimmen würde. Drum nahm es mich an der Bar sogleich an den Angelhaken – und legte mir seinen «Papagei» neben mein Whiskyglas. Mit jedem Schlückchen genehmigte ich mir ein Seitchen, wieder ein Schlückchen und wieder ein Seitchen – bis ich schließlich betrunken war: vom vorzüglich schmeckenden Drehbuch! Mein Zustand erinnerte mich an ein Graffito, das ich mal an einer Häuserwand entdeckt hatte:

Auch Tinte macht manchmal blau!

Herrn Huettners Freude über meine «Trunkenheit» ließ sich nach einer guten Stunde vorwiegend seinem Gesicht anmerken. Denn er wiederum war vom Whisky so blau, daß er die zu seiner Begeisterung passenden Worte nur noch nuscheln konnte: «Sie maschen misch ja gannnz glücklisch, Hrrrr Schunke.» Spätestens da wußte ich, daß der Regisseur kein Alkoholiker war. Alkoholiker nuscheln nämlich auch im Vollrausch nicht. Sie reden vielleicht wirres Zeug. Aber ihre Sätze kommen kerzengerade daher. Jedes Wort steht wie eine Eins. Und noch etwas anderes wurde mir klar: Ich hätte mich durch meine anfängliche Ignoranz Ralf Huettner gegenüber beinahe um eine exzellente Rolle und damit um einen meiner «Sieben Streiche» gebracht.

*

Zur Rolle des «Trinkers» nach einem Roman von Hans Fallada kam ich dagegen nicht wie die Jungfrau zum Kind. Die «Geburt» des bewegenden Fernsehfilms von Tom Toelle war vielmehr das glückliche Ende einer komplizierten Schwangerschaft, bei der ich die Hebamme war. Kein Produzent hatte mir das Projekt nahegelegt, kein Regisseur mich mit einem Drehbuch gelockt. *Ich* wollte den «Trinker» auf dem Bildschirm sehen, ich lange ganz allein. «Na klar», höre ich nun den einen oder die andere sagen: «Wer sonst?» Nichts, gar nichts ist klar! Zugegeben, ich habe mir vordergründig für Falladas armen Säufer die Hacken abgelaufen. Aber im Hinterstübchen machte ich mich für Fallada überhaupt und irgendwie alle seine Romane auf die Socken. Meine Neugier auf den Schriftsteller war nämlich schon in den siebziger Jahren geweckt worden. Eine Bekannte meiner Familie schleppte mir damals dessen Bücher ins Haus und meinte kurz und bündig: «Das ist *dein* Autor, und du bist *sein* Schauspieler. Jedenfalls wärst du es gewesen, wenn euch der liebe Gott in die gleiche Zeit gepustet hätte.» So was vergißt man auch nicht, wenn der Besuch gegangen ist. Also machte ich mich mit Rudolf Ditzen vertraut, der sich Hans Fallada nannte: mit dem einzelgängerischen Kind, das nach einem brutalen «Straftauchen» während eines Schulausflugs in Holland an Typhus erkrankte. Mit dem Teenager, der seinen besten Freund bei einem geplanten «Doppelselbstmord» tödlich verletzte, dabei selber nur knapp überlebte und erstmals in eine Nervenheilanstalt eingewiesen wurde. Mit dem depressiven Morphinisten, zu dessen «Stammkneipe» die Entziehungskliniken wurden. Mit dem im doppelten Wortsinn armen Schlucker, der im Dienst eines Grafen Geld unterschlug und dafür zweieinhalb Jahre ins Gefängnis wanderte: «Wer einmal aus dem Blechnapf frißt». Schließlich mit dem in seinen Briefen liebevollen Ehemann, der seine erste Frau Anna – das «Lämmchen» seiner Romane – bei einem Streit mit der Pistole bedrohte, des Mordversuchs bezichtigt wurde und erneut in der Psychiatrie verschwand. Dort übrigens begann der offiziell «unerwünschte Autor» 1944 heimlich an seinem Selbstbild «Der Trinker» zu schreiben. Zwei Jahre später war er wieder da, diesmal sogar in Ehren. Die Russen ernannten den politisch westenweißen Hans Fallada zum Bürgermeister der kleinen Gemeinde Feldberg. Doch das schwierige Amt verschliß ihn, er griff abermals zu harten Drogen und starb 1947 in einem Ostberliner Nothospital.

*

Meine Bekannte hatten den Nagel auf den Kopf getroffen. Ich mußte nur in den Rasierspiegel blinzeln, um diesen streunenden Kater zu verstehen. Diesen Kater mit seinen sieben Leben – wie ich, der immer wieder stürzte und immer wieder aufstand. Nicht so sehr aber, weil auch ich schon mit Blaulicht in die Notaufnahme gefahren worden bin, verstand ich Hans Fallada; und nicht nur darum, weil auch ich als junger Wilder schon «einmal aus dem Blechnapf fraß». Denn Gefängnis und Kliniken – diese Stationen sind nur ein äußerlicher gemeinsamer Nenner. Nein, ich glaubte, vor allem sein Innenleben zu begreifen: den verzweifelten Alkoholic und den glücklichen Workaholic, der ohne seine besessene Arbeit an Seele und Körper wohl noch kränker gewesen wäre – wie ich. Dessen vielleicht nicht einziger, aber gesundmachendster Lebensmut aus seiner Kunst kam – wie bei mir. Als ich mich mit dieser Kunst dann irgendwann in meinem Zimmer einschloß, mit ihr und meinem Montecristo-Qualm, purzelten mir Figuren in die Lesebrille, zu denen mir das Sprichwort einfällt: Wie der Herr, so's G'scherr. Denn die Menschen in Hans Falladas Romanen sehen ihrem Autor verdächtig ähnlich und ahmen manchmal sogar sein Schicksal nach. Sie sind einfache Leute, die das Leben arg gebeutelt hat. Ungeschminkte Charaktere, die in keinen Katalog passen, schon gar nicht in einen glänzenden. Schlichte Existenzen, die meist schuldlos scheitern. Ratlose Außenseiter eben wie die Arbeitslosen in «Kleiner Mann, was nun?». Deren Schwächen ihr schreibender Beobachter jedoch nicht tadelt und deren Hoffnungen er mit großer Zuneigung teilt – und die auch ich am liebsten auf die Bühne, ins Kino oder Fernsehen bringe. Also wünschte ich mir, als Schauspieler eines Tages so etwas wie ein Komplize des Schriftstellers zu sein. Vielleicht ist es in Vergessenheit geraten – aber als dieser Komplize war ich, lange vor dem «Trinker», schon 1978, im Todesjahr meiner Mutter, zum ersten Male zu sehen: In der Fallada-Verfilmung «Ein Mann will nach oben» spielte ich den verschlagenen Fuhrunternehmer Wagenseil. Die Hauptrolle in diesem ZDF-Mehrteiler hatte der Produzent und Regisseur Herbert Ballmann zwar noch mit Mathieu Carrière besetzt. Doch auch der dubiose Wagenseil hatte weit mehr als nur «Die Pferde sind angespannt» zu sagen; er war keine kleine ernste, sondern eine große ernste Nebenrolle. So daß ich keineswegs erröten muß, wenn ich mit kindlichem Stolz behaupte: Mit Hans Falladas «Ein Mann will nach oben» ging ich durch meine früheste Feuertaufe auf dem langen Marsch in die erste Liga der Schauspielerei. Durch ein Feuer, an dem ich mich wärmte. Denn schon damals staunten einige Leute: «Guck mal an, unser Juhnke!»

*

Als ich eine kleine Ewigkeit nach dieser ersten Berührung mit Fallada auch für die Verfilmung von dessen «Trinker» zu hausieren begann, war ich restlos überzeugt: Dafür mußt du nicht groß Klinken putzen. Drei Anrufe, und die Sache ist geschaukelt. Wenn du mit der Idee zum «Trinker» auf der Matte stehst, gerade du, dann hauen sie dich vor Begeisterung in Bronze. Selten hatte ich mich so getäuscht. Ich putzte Klinken wie ein Schauspieleleve am Max-Reinhardt-Seminar – ohne Fortüne. Aus den drei wurden dreißig Anrufe, und bei jedem blätterte die Bronze etwas mehr von mir ab. Mein alter Fallada-Regisseur Herbert Ballmann sprach durchaus freundlich in die Muschel: «Weißt du, Harald, ein Trinker im Fernsehen, okay. Nur, den von Fallada? Das hätten wir früher vielleicht riskieren können. Aber heutzutage? Ich befürchte, der Dichter hat seine große Zeit hinter sich. Den nimmt uns kein Mensch mehr ab. Laß also die Finger davon.» Andere Kollegen rieben mir, ebenso ehrlich um mich besorgt, das Beispiel des verstorbenen Regisseurs Alfred Vohrer unter die Nase. Für seine Karl-May- und Edgar-Wallace-Streifen sei Vohrer genau der Richtige gewesen; und auch seine Verfilmung von Simmels «Und Jimmy ging zum Regenbogen» habe das Publikum interessiert. Simmel, unterbrach ich, na bitte! – «Langsam, Herr Juhnke, denn als sich Vohrer 1975 an Falladas Roman ‹Jeder stirbt für sich allein› herantraute, wurde ein ziemlich trauriger Film daraus. Trotz so attraktiver Schauspieler wie Carl Raddatz und Hildegard Knef in den Hauptrollen.» – «Was haben denn Carl und Hilde mit dem ‹Trinker› zu tun? Die haben ein Ehepaar unter dem Naziregime gespielt, das Postkarten gegen den Krieg verschickt.» – «Richtig, Herr Juhnke, und müssen dafür mit dem Leben bezahlen.» – «Und das meinen Sie sicher mit: trauriger Film?» – «Na ja, ich habe mich vielleicht ein wenig vornehm ausgedrückt. Ich meine damit natürlich, daß das Melodram ein Flop war. Auch für Ihren Carl und Ihre Hilde. Genau einen solchen Flop möchte ich Ihnen ersparen. Guten Abend, Herr Juhnke, und grüßen Sie Ihre Gemahlin.» Gemahlin! Ich fiel in meine Sitzkissen zurück und war baff. Keinen Buchstaben hatte der vornehme Zyniker am Telefon an den Gedanken verschwendet, daß der Flop nicht etwa auf das Konto des Fallada-Romans, sondern auf das Alfred Vohrers gegangen sein könnte; daß der Winnetou-Regisseur ihm nicht gewachsen war. Nie, schwor ich mir, würde ich mich noch einmal so abkanzeln lassen – und befand mich schon wieder im Irrtum. Denn wann immer ich mir für Falladas «Trinker» den Mund fusselig redete, kam ich mir so vor, als riefe ich aus einem fahrenden D-Zug.

*

In dieser unerhörten Stimmung besuchte mich der Produzent Dr. Harald Müller, um mir die eine oder andere Filmrolle vorzuschlagen. Dr. Müller zog seinen Wunschzettel aus der Aktenmappe. Ich sagte: «Laß dat Zettelchen mal ruhig in deine Täsch.» – «Nanu, seit wann sprichst du Kölsch, Harald?» – «Seitdem ich davon überzeugt bin, daß du für uns beide zum WDR fährst.» – «Aber Köln liegt momentan gar nicht auf meiner Reiseroute.» – «Jut, dann liegt Köln eben jetzt auf deiner Route. Denn paß ma uff: Bevor du mir lang und breit dein Wunschpapier vorliest und mir dieses oder jenes anbietest, tu mir den Gefallen und setz den WDR-Brüdern Hans Falladas ‹Trinker› in den Pelz. Sag denen, der olle

Juhnke will den spielen.» Sendepause. Ich verdrückte mich auf einen noch stilleren Ort. Als ich sichtlich zugeknöpft zurückkam, saß Dr. Müller konzentriert da: Nachdenklich langsam rührte er mit seinem Strohhalm im Orangensaft und spähte dabei zur Zimmerdecke, als könne er in den Rauhfasernoppen die zündende Antwort finden. Da schwebte sie herab: «Aber Harald, das machen die doch nie. Ich muß dir nicht sagen, wie sehr ich Hans Fallada als Leser schätze. Nur, die werden mir glatt sagen, der passe nicht mehr in die moderne TV-Landschaft.» – «In die TV-Landschaft? Die Platte kenn ich. Die is schon so verkratzt, daß ich Aspirin gegegen die Kopfschmerzen brauche, wenn ich sie höre. Also bitte, hock dich in den nächsten Flieger und pack in Köln deine ganzen Überredungskünste aus.» Deutlich sah ich dem verehrten Produzenten an, daß sich seine Skepsis nicht verzog. Drum ging ich ihm beim Abschied mit einem nochmaligen «Bitte!» auf die Nerven.

*

In den Tagen danach spielten sie mit mir – die Nerven. Doch dann klingelte das Telefon: «Mensch, Harald, stell dir vor, die Herrschaften vom WDR haben ‹Ja› gesagt. Die geben uns tatsächlich grünes Licht. Nur wollen die einen wirklich erstklassigen Regisseur für die Chose.» – Kaum hatte Dr. Müller «Tom» gesagt, war ich schon bei «Toelle». Wie aus einem Schnabel war uns beiden klar: Tom Toelle, der hochgelobte Regisseur der Familientragödie «Via Mala», mit Mario Adorf als Haustyrannen und der Musik von Enno Morricone, würde auch der sensibelste Direktor für unseren «Trinker» sein. «Nur noch ein Wermutströpfchen», seufzte Harald Müller: «Du mußt mit eiserner Disziplin dafür sorgen, daß Tom mir nicht die Haare vom Kopf frißt. Denn er ist nicht nur der Liebling, er ist manchmal auch der Schrecken

274

von uns Produzenten. In puncto Termine! Damit wir uns also ganz richtig verstehen: Wir haben für den ‹Trinker› zweieinhalb Millionen im Portemonnaie, zweieinhalb Millionen für exakt dreißig Drehtage. Keine Minute und keine müde Mark mehr. Es kann nicht schaden, wenn auch du Toelle immer wieder daran erinnerst.» Ich versprach, was ich versprechen konnte – und unterschrieb beglückt den Vertrag.

*

«Sie werden es nicht glauben», erzählte ich meinem damaligen Basler Therapeuten, «ich spiele Falladas ‹Trinker›» – und grinste dabei übers ganze Gesicht. Ich kann mich nicht entsinnen, daß mir mein Grinsen irgendwann einmal schneller verging: «Sie haben recht, Herr Juhnke, das glaube ich wirklich nicht. Sind Sie denn von allen guten Geistern verlassen? Herrgott, ahnen Sie nicht, daß das reinstes Gift für Sie wäre? Das ist ungefähr so, als würde ein brennendes Streichholz durch den trockenen Wald spazieren. Haben Sie etwa schon unterschrieben?» – «Im Handumdrehen, ich habe mir sogar beide Beine ausgerissen für den Vertrag.» – «So, und das sagen Sie mir auch noch mit geschwellter Brust? Wenn ich Ihnen einen dringenden ärztlichen Rat geben darf: Kündigen Sie den fahrlässigen Filmleuten Ihren Vertrag. Sie können weder Meister Falladas ‹Trinker› noch sonst einen Trinker spielen.» Schon kleinlauter gab ich zu verstehen: «So wie in einem Krimi kein echtes Blut fließt, werde ich doch auch keinen echten Wodka trinken. Die setzen mir Sprudelwasser vor, den lieben langen Tag Aqua minerale mit 'nem falschen Etikett.» – «Das ist ja genau unser Problem, Herr Juhnke. Auch Mineralwasser ist Flüssigkeit. Wenn ich mir nun vorstelle, daß Sie jede Szene vielleicht zwanzigmal drehen müssen, dann nehmen Sie die Flüssigkeit in solchen Mengen zu sich, daß Sie

275

irgendwann, Pardon, nach Vernünftigem dürstet.» Wie ein begossener Pudel schlich ich zu Harald Müller: «Du weißt, ich hatte mich so drauf gefreut. Aber et jeht nich. Et jeht beim besten Willen nich.» – «Was geht nicht?» – «‹Der Trinker› jeht nich. Ich kann den ‹Trinker› nich spielen. Mein Therapeut meint, der tät mir nich jut.» Nun starrte Harald Müller nicht an die Zimmerdecke, sondern auf den Teppichboden – und vergrub sein Gesicht in den Händen: «Sag mal, träume ich, oder spinne ich? *Du* hast mich doch auf das hohe Roß gesetzt, *du* hast mich für dich losreiten lassen. Und nun sattelst du einfach wieder ab! Willst du mich in den Wahnsinn treiben? Was soll denn jetzt passieren?» Es passierte etwas, worüber man keine Witze macht: Mein Basler Therapeut verstarb! Und mit ihm sank sein sicher gut gemeinter Rat ins Grab. Harald Müller atmete erleichtert auf: «Mein Gott, ich habe Glück gehabt.» Das rutschte ihm vielleicht ein bißchen pietätlos heraus, doch er lag damit absolut richtig. Denn wäre mein Therapeut am Leben geblieben, hätte ich mich seinem Tadel wohl gebeugt, den Kopf eingezogen und den Film geschmissen. Ja, sogar diesen Film – in den ich soviel Herzblut investiert hatte. Doch mein Rückzieher, hätte er mir wirklich genützt? Mit meiner Antwort auf diese mir selbst gestellte Frage klettere ich gewissermaßen auf den Gipfel der Paradoxie: Also, mein Basler Therapeut wußte sehr viel über meine Krankheit, kannte meine Sucht damals besser als jeder andere. Aber er wußte sehr wenig über mich! Genau so möchte ich es sagen, genau so nämlich ist es wahr. Kompliment, er war ein guter Therapeut. Doch er ahnte nicht, daß es einen noch besseren gab als ihn: meine *Sucht* zu spielen. Und mein zeitweilig bester Therapeut gegen das Trinken war «Der Trinker».

*

Nicht nur wenn ein Film «Der Trinker» heißt, nennt der Regisseur die erste Kamerafahrt bei den Dreharbeiten die «Schnapsklappe». Dem zähen Gerücht, das kuriose Wort sei eigens für die etwa achtzig Filme erfunden worden, bei denen ich für Kino oder Fernsehen antrat, muß ich also entschieden widersprechen. «Schnapsklappe!» bellten die Aufnahmeleiter schon über die Drehorte, als ich noch an einer ganze anderen Flasche nuckelte – die meine Mama mir zwischen die Beißerchen schob. Als nun die Schnapsklappe zum «Trinker» fiel, verfilmte Tom Toelle nicht etwa Seite um Seite den Roman Hans Falladas, sondern eine in die deutsche Gegenwart verlegte Version des alten Buches. Diese Version hatte sich der Schriftsteller und überzeugte Ossi Ulrich Plenzdorf («Die neuen Leiden des jungen W.») einfallen lassen. In seinem Drehbuch hieß der «Trinker», hieß ich Erwin Sommer. Der «sozialistische» Getreidehändler führte jahrelang so etwas wie ein krisensicheres Kontörchen in einem Nest der DDR. Nach deren Untergang ruiniert eine Wessi-Futterkette sein kleines Geschäft. Da auch seine Ehe nicht mehr so ist, daß er das große Hühnerjucken fühlte, greift der lange «trockene» Erwin Sommer wieder zur Flasche.

*

Als ländliche Kulisse für den «Trinker» hatte sich Tom Toelle Wustrau ausgeguckt, eine Dreizehnhundert-Seelen-Gemeinde nahe Ostberlin. Der Dokumentarfilmer Michael Strauven hat unser Team dort besucht, mir während der Dreharbeiten über die Schulter geschaut und seine Eindrücke in einem kleinen, informativen Fernsehbericht festgehalten: «Wie Harald Juhnke den ‹Trinker› spielt». Der Bericht zeigt das verfallene Wustrau als einen verlorenen Ort, der auf die Segnungen der deutschen Wende noch war-

277

tet. Einstweilen bezahlen die Menschen nicht nur in unserem Film, sondern auch in ihrer Wirklichkeit mit entgangener Arbeit dafür. In der Mühle des alten Müllers etwa konnten wir nur drehen, weil er der neuen Konkurrenz nicht mehr gewachsen war und seine Mühle schließen mußte. Der Bericht zeigt aber auch, welche Attraktion das plötzliche Gerassel unseres Filmteams für das schläfrige Örtchen war. Ein Wustrauer Ehepaar stellte uns seine Wohnung zur Verfügung und zog derweil in ein früheres SED-Erholungsheim. Mit dem hübschen Honorar aus der Produktionskasse hat es sich dort «einen Fetten gemacht». Die Frau: «Das war wie ein kleiner Lottogewinn.» Selbst ich habe aus dem Bericht etwas Neues erfahren: Unser Filmarchitekt stellte nämlich für achtzehntausend Mark ein Toilettenhäuschen in die Wustrauer Wüste, in dem ich mich später mit dem «Hotelier» einer verkommenen Absteige zu prügeln hatte. Nach der Rangelei wurde das Häuschen wieder abgerissen. Der Filmarchitekt erklärte den Aufwand vor der Kamera respektvoll so: Keinem Menschen, egal, wer er ist, sei es zuzumuten, sich auf dem Boden einer benutzten Latrine zu wälzen. Nicht einmal einem so erfahrenen Wüstling wie mir. Nur in einem Punkt mußte Michael Strauven passen, und er gestand es auch: «Wie der Schauspieler Harald Juhnke in die Figur Erwin Sommer wächst, ist nicht abzubilden.» Für diese kleine Kapitulation bin ich ihm dankbar. Denn auf diese Weise hat er mir die Bilder dazu überlassen. Sie räumen mit einem verbreiteten Vorurteil auf und sind für Laien der Schauspielerei sicher eine Überraschung.

*

Die meisten Zuschauer nämlich haben vor ihren Fernsehapparaten vermutlich die «Westentaschentheorie» vertreten, sich bequem zurückgelehnt und gedacht: Diesen Erwin

278

Sommer, diesen Trinker, imitiert unser Harald aus dem Stand. Den Burschen mußte er sich nicht lange angucken. Zweimal im Drehbuch geblättert, und er hatte den armen Hund drauf. Er mußte ja nichts weiter als sich selber und das eigene Schicksal spielen. Auch einem Straßenfixer nähme man den Fernseh-Junkie schließlich ohne Proben ab. Nichts daran ist wahr, und wer es für wahr halten sollte, versteht von der Schauspielerei ungefähr soviel wie ich vom Handwerk eines Elektrikers. Der mir so nahe Schluckspecht Erwin Sommer nämlich war in Wirklichkeit erst einmal eine fremde Figur für mich. Nicht nur, weil er ganz anders lebt als ich, an ganz anderem Ärger ergraut als ich, aus ganz anderen Motiven trinkt als ich. Selbst wenn er mein Abziehbild gewesen wäre, sich also aus den gleichen Verbitterungen heraus betäubte wie ich, hätte ich mich dem Saufkumpan Erwin Sommer wie einer fremden Figur genähert. Hätte ich mich ihm sogar so nähern *müssen*. Nicht anders als einem Polizeibeamten, von dem ich selber ja nun gar nichts an mir habe. Wenn ich mir ein Ruhekissen zugelegt und eingebildet hätte, ich müsse nur mich «herunterspielen», wäre ich gescheitert. Ich hätte es mir zu leicht gemacht und die Schwierigkeiten der Rolle mit Routine zugedeckt. Darum konnte mir Erwin Sommers glaubwürdige Darstellung nur gelingen, indem ich mir seine Fremdheit künstlich befahl und erst nach und nach in seine Person hineinwuchs. Ein bißchen nach der Devise des großen Regisseurs und Schauspielers Fritz Kortner: «Kinder, schlüpft anfangs müde in eure Rollen. Nur dann zeigt ihr dem Publikum, was ihr da seelisch entwickelt.» Natürlich, ich lebe nicht auf dem Mond und weiß, daß für viele Zuschauer der Reiz des Films in der süffisanten Ankündigung lag: Der Trinker der Nation spielt einen Trinker. Doch die Voyeure unter meinen Fans, die sich schon die Hände rieben und vielleicht hofften, nun torkelt der Juhnke mit uns in seine gutsortierte Kellerbar, fielen sozusagen ernüchtert vom Hocker. Zwar kann gerade ich nicht verbergen, daß ich eine phänomenale Mitgift zur Rolle des Erwin Sommer beigesteuert habe. Aber jede meiner kantigen Bewegungen, jeder meiner heiseren Sätze, jeder heimliche Schluck aus der Pulle demaskierte nicht mich, sondern ihn; nicht den Trinker, sondern den «Trinker». Ihn jedoch hinzukriegen war kein Zuckerschlecken, es war harte Arbeit. Nicht nur für mich, für das gesamte Team: Einen Monat lang Vierzehnstundentage, während deren es kein Privatleben gab. Drehs in der Dunkelheit, bei denen ich zu meiner «Mittagsstulle» oft erst um ein Uhr nachts kam. Und von wegen, der Juhnke stemmt den «Trinker» mit links: Der ob seiner Genauigkeit zugleich bewunderte und gefürchtete Regisseur Tom Toelle gab sich manchmal erst nach Stunden zufrieden – nach Stunden für zehn Sekunden fertigen Films. Auf dieser Galeere war es hilfreich, einige der besten ostdeutschen Partner neben sich am Ruder zu haben. Vor allem Jutta Wachowiak als Erwin Sommers leidgeprüfte Frau – die in einem alten Defa-Film schon einmal die Ehefrau eines Alkoholikers gespielt hatte: die Ehefrau des Dichters Hans Fallada.

*

Das Publikum des «Trinkers» sieht Erwin Sommer bereits nach wenigen Minuten in der Psychiatrie seines ostdeutschen Heimatortes. Noch nicht als deren Patient, sondern als deren Lieferant. Bis zum Kollaps der roten Planwirtschaft, und auch noch ein Weilchen danach, hatte er die Klinikküche jahrein, jahraus mit Kartoffeln und Bohnen versorgt. Nun baut sich der «Genosse» Klinikdirektor vor ihm auf und deutet mit jedem Mundzucken an, daß er den alten Zeiten ebenso geschmiert gedient hat, wie er sich jetzt in den neuen arrangiert. Der Opportunismus des Gottes in Weiß kommt dem armen Teufel im blauen Kittel teuer zu stehen: «Mir ist bekannt, mit welchem Heldenmut Sie Ihren Betrieb über die letzten vierzig Jahre getragen haben», sagt ihm der Chefarzt, den der bullige Dietrich Körner zwischen heuchlerischer Besorgnis und mitleidslosem Zynismus vor die Kamera stellt. Aber in Zukunft sei seine Klapse gezwungen, bei der um zwanzig Prozent preiswerteren Futterkette Liebl aus dem Westen einzukaufen. Nach dieser Lektion in puncto Marktwirtschaft setzt sich Erwin Sommer zu Hause an den gedeckten Tisch und fragt wie selbstverständlich in die Stille: «Ist eine Flasche Wein im Haus? Zu Lamm gehört Wein!» Damit beweist er Geschmack. Doch was an anderen Tafeln für eine gewisse Stimmung sorgt, löst im Haus des Trinkers Panik aus. Seine Frau Magda und das vietnamesische Hausmädchen sind wie vom Donner gerührt. In ihren Gesichtern spiegelt sich augenblicklich das Entsetzen, das sie aus früheren Tagen bereits kennen und binnen Stunden wieder auf sie zukommen wird. «Ich habe jeden verstanden, der getrunken hat in der Zeit, die wir hinter uns haben», versucht Magda ihren Mann zu beschwichtigen. Aber jetzt, wo alles golden glänzen könnte... Doch ihre Alarmglocke läutet zu spät. Erwin Sommer entkorkt seine Flasche Wein, und das Verhängnis macht sich auf den Weg. Auf ihm begegnet der streunende Trinker der wohl um vierzig Jahre jüngeren Serviererin Eleonor* in einer alten Bahnhofskneipe. In ironischer Anspielung auf seinen ruinierten Ge-

---

* Die Kellnerin wurde von Deborah Kaufmann gespielt. Ich fand das Girlie nett, sie fand mich Oldie nett – auch in den Drehpausen. Doch die Stoppuhr des Produzenten Harald Müller im Nacken, verbot uns der strenge Regisseur Tom Toelle bereits den mickrigsten Flirt: «No drugs, no sex, lieber Harald!» Auch unsere platonische Partnerschaft aber hat sich für die begabte Deborah Kaufmann gelohnt. Peter Zadek engagierte sie nach dem «Trinker» ans Theater.

treidehandel kichert er dem Mädchen zu: «Wir beide sind im Korngeschäft» und packt seine Französischbrocken aus. Er nennt die hübsche Kellnerin «Ma reine d'alcool», meine Königin des Alkohols, und macht ihr Avancen, die sie erst nicht versteht: «Voulez-vous coucher avec moi?» Wollen Sie mit mir schlafen? Als er sich bei ihr befriedigt hat, wenn auch nur mit ein paar Schnäpsen, sagt er: «Jetzt geht dein Sklave» und will ihr großspurig mit einigen Scheinen imponieren. Doch sie lehnt gelangweilt ab: «Steck dir dein Geld unter die Vorhaut und geh zu deiner Magda.» Er geht zu seiner Magda und stellt sich ihr wie einer Fremden vor: «Erwin Sommer. Ein Kandidat des Nichts.» Seine Frau kauert wie ein Häuflein Elend auf der Treppe. Er verhöhnt sie: «Warum weint sie denn, die Magda? Weil der böse Erwin wieder etwas getrunken hat?» Noch während ihre Tränen fließen, weicht sein harter Spott plötzlich weicher Nachdenklichkeit, mit der er seine verbarrikadierten Gefühle beschreibt. Doch er redet gar nicht zu ihr. Mit seinem Monolog, den er in der dritten Person spricht, liefert er so etwas wie die Visitenkarte des Alkoholikers ab. Die Visitenkarte vieler Alkoholiker:

> Jetzt geht er seinen eigenen Weg,
> und prompt fällt er.
> Er fällt ganz tief,
> bis er ganz unten ist.
> Aber auch ganz unten
> läßt sich's leben.
> Auch ganz unten
> fühlt man
> Schmerz und Freude,
> Lust und Leid.
> Genau wie oben.

«Der Trinker», mit Deborah Kaufmann

Du glaubst gar nicht,
wie schön es ist,
sich fallen zu lassen.
Ins Nichts.
Immer tiefer ins Nichts.

Obwohl der «Trinker» für mich eine Filmfigur nach einem
Drehbuch war, das sich vom Drehbuch meines Lebens vor
allem darin unterscheidet, daß Erwin Sommer bei seiner
Talfahrt niemanden hat, der ihn liebt (kein Publikum, das
ihn zurückholt), kenne ich seine Visitenkarte aus dem Eff-
eff: seine Träume vom Paradies des Rausches, seine Illusionen vom Glück, das er «ganz unten» anzutreffen meint und
zu dem niemand als er selber Zutritt hat. Ich aber habe diesen Zutritt und spreche aus eigener Erfahrung (und ihrer
Hölle), wenn ich sage, daß seine Visitenkarte eine Fälschung
ist. Das weiß nicht nur die jammernde Frau des «Trinkers»,
das ahnt er wie hinter einem verschmutzten Fenster selbst.
Warum sonst würde er von sich wie von einem Doppelgänger sprechen? So, als stünde er wie ein Beobachter neben
sich, als sei sein wahres Gesicht gar nicht gemeint. Sein
nüchternes ist ja auch nicht gemeint. Nur, welches seiner
Gesichter ist das wahre? Sogar Zuschauer, die noch nie
ein Glas angerührt haben, durchschauen die Fälschung seiner Visitenkarte schon in der nächsten Szene. Da nämlich
sitzt der «Trinker» allein und matt auf seinem Bett und
schluchzt selber so hilflos vor sich hin wie ein Kind. Derselbe Kerl, der das seelische Kellerloch des Säufers eben
noch so beneidenswert interessant zu machen versuchte, so
beängstigend interessant. Oder ist er gar nicht derselbe?
Und warum flennt der schizophrene Mann? Weil sein ma-
kabrer Trinkerstolz an der Einsamkeit in seinem Zimmer
binnen einer Sekunde zerbrochen ist. Weil der Lack von sei-

ner besinnungslosen «Lobrede auf den Sturz in die Tiefe» abgeblättert ist wie schon tausendmal verbrauchter Putz. Weil er mit seinem betrunkenen Singsang vom «schönen Nichts» in eine häßliche Lüge geflohen ist, in die immer wieder gleiche häßliche Lüge. Nicht, daß es dieses «schöne Nichts», in dem der Trinker neben seinem Schmerz und seinem Leid auch «Freude und Lust» empfände, nicht gäbe. O ja, es gibt diese exklusive Leichtigkeit des Rausches – bis kurz vor der Schwere des Deliriums. Doch da er sie mit seiner Selbstzerstörung bezahlt, bleibt sie eine häßliche Lüge. Aus ungezählten Zusammenbrüchen aber weiß der Trinker, daß sie eine Falle ist, der er nicht entkommen kann. Genau das ist seine Tragik. Mit dieser tragischen Lüge jedoch kann er nicht leben. Also gibt er sein kaltes Gefängnis als sein behagliches Wohnzimmer aus. Also schminkt er seine Not in eine Tugend um. Also täuscht er sich mit Monologen, die noch seinem Elend die Würde sichern. Denn ginge ihm diese eingebildete Würde verloren, könnte er sich gleich mit den letzten Bierdosen und dem letzten Fusel unter die Bahnhofsparkbank legen – oder den Strick nehmen.

*

«Der Trinker», den ich fortan in Gänsefüßchen durch die Zeilen stolpern lasse, weil er nun wieder zuerst Erwin Sommer heißt, greift nicht zum Strick. «Der Trinker» greift zum nächsten Selbstbetrug. Beinahe zornig verspricht er sich und seiner Magda: «Verbuchen wir es unter letzter Rückfall!» Wie oft hat sie das schon gehört, wie oft war es ein Märchen mit erst bangem und dann bitterem Ende. Hätte ein anderer Schauspieler als ich den «Trinker» in die Schuhe gestellt und ich als sein Zuschauer vor dem Fernseher gesessen – mir wäre der Selbstbetrug bekannt vorgekommen, und ich hätte keinen Pfifferling auf das zornige

Versprechen gegeben. Kein Mensch nämlich kuriert seine Krankheit durch energische Vorsätze. Kein gebrochenes Bein und kein gebrochenes Herz wird davon gesund – und auch die verdammte Trunksucht nicht! Mit seinem lauten Zorn will Erwin Sommer nur die leisen Zweifel seiner Magda übertönen; ihre Zweifel und die eigenen! Doch je zorniger er sein Versprechen hinausschreit, desto sicherer kündigt sich damit sein erneuter Absturz an. Erwin Sommer könnte nur helfen, wenn seine Elendswürde so restlos kollabierte und sein Trinkerstolz so ohne Schmuck dastünde, daß er sich in das Wartezimmer eines Arztes begeben müßte. Nicht eines Arztes, der sich zum Komplizen seiner falschen Würde machte und sie notdürftig reparierte. Eines Arztes, vor dem er ohne Kleider stünde: nackt – und den Jammergestalten unter der berüchtigten Bahnhofsparkbank zum Verwechseln ähnlich. Doch diesen einzigen möglichen Rettungsring verschmäht sein Indianerstolz. Also kommt es, wie es kommen muß: «Der Trinker» geht seinen «eigenen Weg» und beginnt seine Odyssee in sein «Nichts».

*

Die Odyssee wird zu einer Reise auf wackligen Füßen, bei welcher der zum Bettler gewordene Kaufmann wie die meisten Alkoholiker den Prinzen spielt. Obwohl er nach seinem geschäftlichen Ruin eigentlich mit jedem Pfennig rechnen müßte, schlägt er seiner Frau Magda angeberisch vor: «Wir müssen uns unbedingt einen Weinkeller zulegen.» In ihren Ohren muß das so klingen, als bestelle sich ihr Erwin den Sarg. Bei der Kellnerin Eleonor in der alten Bahnhofskneipe schwadroniert der ausgepowerte Mann von seinem Reichtum und schmiedet wirre Fluchtpläne, die ihn in ein möglichst fernes Liebesnest mit dem jungen Mädchen führen sollen. Ich habe den Drehbuchautor Ulrich Plenzdorf nie gefragt, ob bei dieser Szene des Films mein wirkliches Leben Pate stand. Aber ich könnte es mir vorstellen. Mein verrückter Honeymoon mit einer Achtzehnjährigen hat schließlich in jeder schrillen Zeitung gestanden. Ich denke übrigens nicht daran, das Mädchen nachträglich zu verraten und meine flüchtige Liaison mit ihr der Moral von Leuten zu opfern, die dasselbe heimlich tun und auf mich Ertappten empört mit Fingern zeigen. Und die vor allem nichts von mir verstehen. Denn dieser süße Wahnsinn gehört gewissermaßen zum letzten Aufgebot beim Absturz mit der Flasche. Er läßt die Hölle vorübergehend wie den Himmel aussehen. Er ist einer der letzten schönen Umwege auf dem gespenstischen Trott ins «Nichts». Darum sind die Szenen zwischen dem «Trinker» und der Kellnerin keineswegs nur «Kino». Sie sind verfilmte Wahrheiten, wie ich sie selber intim kenne. Auch die mitleiderregenden Eigenschaften, die der «Trinker» im Film von sich preisgibt, stammen aus der Wirklichkeit: Wie er genüßlich die Augen schließt, wenn er seine Flasche fast in einem Zug leert, als ließe dabei ein Schmerz nach: er läßt ja auch nach. Wie er sich wie ein ungezogener Junge gebärdet, wenn er den Schnaps im Einkaufswagen an der Ladenkasse verschämt unter Papierrollen verstaut. Wie er die eben ergatterte Pulle zu Hause im Wasserkasten der Klospülung versteckt: was für ein «zu Hause»! Wie er gemein zu den Menschen ist, die ihm nahestehen, besonders zu seiner Frau; dafür kleinlaut und beinahe devot gegenüber Fremden. Vor allem aber, wie übertrieben druckreif er betrunken spricht: «Ich sah dich im Geschäft, wie du über der Bilanz saßest», sagt er zu seiner Magda. Nicht «gesessen hast», sondern geschwollen «saßest». Weil der Alkoholiker sich am wenigsten durch verunglückte Sätze zu erkennen geben möchte. Weil er gestochen redend dazu neigt, seine nicht ganz so gestochenen Spuren zu verwischen. Weil er gelernt hat, sich anzustrengen, seine gelähmte Zunge möglichst vornehm zu tarnen. Durch Genuschel verrät sich nur der Gelegenheitstrinker. Der Alkoholiker hingegen traute sich noch im Rausch aufs Rednerpodest. Vermutlich gäbe er dort irritierenden Quatsch von sich. Aber der Quatsch käme auf Punkt und Komma präzise aus seinem Mund. Zu diesem verblüffenden «Kunststück» befähigt ihn eine große innere Kälte. Der Partytrinker wärmt sich am Alkohol. Der Süchtige friert vor dem Glas – irgendwann. Die makellos kalte Rede ist seine Erkennungsmelodie.

*

Für den Laien spät, sehr spät, meist zu spät kann der Trinker auch mit dem Mund nicht mehr täuschen. Dann erklärt sogar seine gerade Zunge ihren Bankrott und wird schwer wie Blei. Dann stößt der Trinker in ein Reich vor, in dem er die Menschen nur noch als Schatten wahrnimmt und die leisesten Töne als schrille Dissonanzen. Sie fahren ihm ins Mark wie die schmerzhaft quietschende Kreide an einer Schiefertafel, so daß er sich die Ohren zuhalten möchte. In dieses Reich ist Erwin Sommer unterwegs, und er wird die Tür hinter sich schließen und die Schlüssel wegwerfen. Aus dem Bett der schließlich willigen Kellnerin ist er nach einem ungelenken Geschmuse abrupt und hölzern durchs Fenster entflohen – in eine schäbige Pension, deren widerwärtigem Wirt (Christian Grashof) er eine geschönte Lebensgeschichte auftischt. Der Wirt durchschaut ihn und nimmt den wehrlosen Vagabunden aus wie eine Poularde. Erwin Sommers Prinzenrolle ist endgültig ausgespielt. Nun sehen die Zuschauer nur noch den Bettler, der um zwei Flaschen Whisky zum Frühstück, um zwei zur Mittagszeit und am liebsten wiederum zwei zum Abendbrot buhlt. Doch er ißt nicht wirklich, er trinkt nur. Mit tiefen Rändern unter den Augen kauert er mit abwehrend verschränkten Armen in einer Ecke der tapetenlosen Bude oder stolpert über die leeren, über immer mehr leere Flaschen. Als er dem Wirt den Wucherpreis dafür nicht bezahlen kann, drängt das Scheusal ihm eine «Schreckschußwumme» auf und animiert ihn, die letzten Ersparnisse von der Bank abzuheben und ins eigene Haus «einzubrechen», wo er das Silberbesteck «stiehlt». Seiner aufgeschreckten Frau, die plötzlich Licht macht, tritt er mit heiserer Aggressivität entgegen: «Weißt du, was ich machen werde, wenn ich das nächste Mal besoffen bin. Ich komme mitten in der Nacht …» Jeder denkt, jetzt sagt er: … und vergewaltige dich, meine teure Magda. Doch er droht: «… und murkse dich ab.» Dabei gibt er einen Schuß mit der «Schreckschußwumme» ab, die sich später jedoch als geladene Pistole entpuppt. Wie einst im Hause des «Trinkers» Hans Fallada. Seiner Frau ein Leid antun, das aber hat der verwahrloste Kaufmann nicht wirklich gewollt. Nur noch mit einem Unterhemd unter der Jacke gesteht er dem Staatsanwalt bei der Vernehmung «seine Liebe» zu seiner Magda und verflucht den «Teufel Alkohol». Auf dem Trott in die Psychiatrie, wie weiland ebenso Hans Fallada, begegnet er im Polizeipräsidium noch einmal seinem Peiniger, dem verkommenen Wirt, der ihm die Nasenspitze abbeißt. Nun auch in seinem Gesicht weithin sichtbar gezeichnet, wird der Getreidehändler in dieselbe Klapse gebracht, von deren Küche er mit seinen Kartoffeln und Bohnen so lange gelebt hat. Dort begrüßt ihn sein alter Kunde, der wendige Klinikchef, der ihm in gewisser Weise nahm, wovon er lebte: «Na, mein lieber Herr Sommer, es hat einen kleinen Umweg gegeben, und nun sind Sie doch bei uns gelandet.» Mit einer Clownsmaske auf der entstellten Nase wirkt der «Trinker» nun wie eine Witzfigur, wie eine traurige Witzfigur.

*

Besuch von seiner Frau bekommt der schüchterne Patient erst nach langer Zeit – nachdem er den Hof des Krankenhauses schon oft gefegt und ebensooft im Tagtraum geglaubt hat, eine der an ihm vorbeieilenden jungen Schwestern sei die Kellnerin aus der alten Bahnhofskneipe. Als seine Magda sich dann endlich blicken läßt, will er erst weglaufen vor dem, was er sich wünscht. Bei einem Spaziergang entschuldigt er seine Eile mit einer «Probe»: in der Schauspielertruppe des Irrenhauses sei er für die Rolle des «Glöckners von Notre-Dame» vorgesehen. So wie der Klinikchef es ihm bei der Einweisung in seine Zelle versprochen hatte: «Wir sind eine fröhliche Klapse.» Freundlich eröffnet ihm seine Frau, jetzt werde alles gut, mit dem Geld und mit dem Leben. Denn sie sei mit dem sympathischen Herrn Liebl aus dem Westen inzwischen nicht nur geschäftlich, sondern auch privat ein Paar. Mit dem sympathischen Konkurrenten Liebl, der Erwin Sommer in den Ruin getrieben hat. Als er ihr zum Abschied dieses neue Glück zu gönnen scheint, ist das die allerletzte Maskerade des «Trinkers». Vor dem Giftschrank im Ärztezimmer sieht er noch einmal die Fata Morgana der verführerischen Kellnerin aus der alten Bahnhofskneipe. Dann «entkorkt» er eine Flasche mit Sechsundneunzigprozentigem und schafft es gerade noch bis auf den Stationsflur. Vom «goldenen Schuß» des reinen Alkohols tödlich getroffen, wirft sein verbrannter Körper die Beine in die Luft. Auf dem Boden liegend, gießt er sich den Rest aus der Flasche über sein Gesicht. Das letzte Bild des Films zeigt dieses Gesicht wie nach einer Wohltat beinahe zufrieden. «Du bist so gut drauf, so richtig gut drauf», hatte ihm seine Frau beim Spaziergang nur wenige Augenblicke zuvor erleichtert gesagt. «Wo drauf?» hatte er zurückgefragt. «Na, auf'm Leben!»

*

Auch ich habe mir «meinen» Film zu Hause angesehen. Kaum war die Musik von Jürgen Knieper verklungen, die das Selbstmordfinale melancholisch begleitet, läutete das Telefon. Nicht nur einmal, wohl zehnmal an diesem Abend. Am Apparat waren Leute, die mich seit vielen Jahren persönlich kannten. Einige sagten, sie hätten geweint, und einer schämte sich seiner Kullertränen sogar während unseres Gespräches nicht. In diesen kurzen, schönen Momenten hatte ich, was ich sonst im Leben vermisse: Freunde, private Freunde. Denn die Anrufer litten während der neunzig TV-Minuten offensichtlich nicht nur mit einer Zelluloidfigur, nicht nur mit Erwin Sommer. Sie litten mit mir. Dabei hatte sie nicht beruhigt, daß der «Trinker» Erwin Sommer aus anderen Gründen abstürzt als der Trinker Harald Juhnke. Für die besorgten Freunde war ich mit Erwin Sommer zu einer Person geworden. Sie sahen hinter seiner Krankheit meine Krankheit und hinter seinem furchtbaren Ende wohl auch *mein* mögliches Schicksal.

*

Als Mensch berührte mich die Telefonseelsorge. Als Schauspieler schmeichelte sie mir. Denn in der Angst um mich steckte ja auch ein Kompliment: das Kompliment für den Künstler, daß er seine Sache gut gemacht, seine Rolle glaubwürdig verkörpert hatte. So bis zur Verwechslung glaubwürdig, daß für die Anrufer *ich* der «Irre» mit der Nasenmaske, *ich* der «Glöckner von Notre-Dame» war. Nur, was war der Preis für mein sehenswertes «Trinker»-Spiel – während der dreißig Drehtage, aus denen zum Kummer des nervös auf sein Portemonnaie achtenden Produzenten doch dreiunddreißig wurden? Der Preis war, daß ich nach den verführerischen Trockenübungen am Drehort zu Hause wieder zur «richtigen» Flasche griff. Ich spreche nicht vom berühmten Schluck, den man sich nach getaner Arbeit hinter die Binde gießt. Ich spreche von einem unrasierten alten Mann im Bademantel, der Whisky wie Wasser trank. Für den Fall, daß irgendein hirnverbrannter Alki das für eine Heldengeschichte halten sollte: Als mich mein Sohn Oliver am Boden fand, nicht nur seelisch am Boden, sondern auf dem Boden unseres Wohnzimmers, war ich nicht mehr ansprechbar, sondern hatte mich beinahe um den Verstand getrunken. In diesem «Nichts» ähnelte ich Erwin Sommer wirklich. Seine schäbige Pension, das war nun mein Haus im Grunewald; trotz des chinesischen Baldachins über dem Eßtisch, den ich nicht mehr sah, und trotz des Vogelgezwitschers im Garten, das ich nicht mehr hörte. Meinen Zusammenbruch anders als so häßlich zu schildern wäre eine fatale Beschönigung. Denn der Luxustrinker unterscheidet sich vom Bahnhofspenner allenfalls durch die äußere Fassade; im Kellerloch seiner Seele ist er während seiner Zechtour ein genauso armes Schwein wie er. Auch auf der Intensivstation reserviert man ihm keine erste Klasse. In der Intensivstation meines Hospitals, das der Notarztwagen im förmlich letzten Moment erreichte, lag ich nach dem Krankenbericht bereits im Koma und war sogar «eine Minute tot» – ein Kandidat für den Flur, wo sie mit Laken über den Gesichtern liegen. Einer meiner Ärzte sagte mir später: «Fünf Prozent medizinische Kunst und fünfundneunzig Prozent himmlisches Glück haben Sie ins Leben zurückgeholt.»

*

Kluge Therapeuten der Sucht haben über die verschiedenen Krankenbilder des Alkoholikers dicke Bücher geschrieben. Seitdem weiß, Gott bewahre!, jedes Kind, daß es mehrere markante «Typen» des Trinkers gibt. Wenn ich meine Tänze um die Flasche schildere, dann verraten sie nichts, aber auch gar nichts über den Täglichtrinker – der ohne den Strom, der aus der Steckdose der Prozente kommt, nicht leben kann, kaum einen Tag; der also bereits mit dem Zahnputzglas den ersten Schluck in sich hineinkippt; der aber ein gewisses giftiges Quantum nicht überschreitet; der seine Lebensrunden an der Grenze ständiger Benebelung dreht (aber eben selten jenseits dieser Grenze) und der sich nach dem halbwach bewältigten Arbeitsstreß auf der Bettkante erschöpft seinen Schlaftrunk reinzieht. Einer dieser Täglich-trinker war beispielsweise Richard Burton. Vor seinem Zirrhosetod hat er geflunkert, seine Leber müsse getrennt von ihm bestattet werden – ihrer gigantischen «Leistungen» halber in allen Ehren. Ich war dieser Täglichtrinker vielleicht als junger Kerl. Allerdings war ich damals nur ein kleines Licht, denn ich saß nicht etwa schon beim Frühstücksbrötchen, sondern erst an fidelen Abenden vor der Flasche. Das war die Fünfziger-Jahre-Zeit, als ich in der Ku'damm-Bar «Diener» zur handverlesenen Stammrunde des auch in dieser Hinsicht erstaunlichen O. E. Hasse gehörte, der keinen seiner Vasallen vom Barhocker desertieren ließ, bevor er nicht «zehn Klare!» nachgewiesen hatte. Um meine Leber zu schonen, habe ich irgendwann auf Quartalssäufer «umgeschult». Mit dem Erfolg, daß mir meine Leber noch heute als gesund attestiert wird. Anders als der Täglichtrinker ist der Quartalssäufer monatelang trocken – so trocken wie ein Abstinenzler. Dann aber säuft er in einer grauen Nacht soviel wie sein Täglichbruder in einer Woche. Dabei schadet er nicht seiner Leber, sondern seiner

«Birne». Einer meiner Therapeuten vertrat einmal die Theorie, in diese gefährliche Kurve sei ich nach dem frühen Tod meines ersten Kindes geraten. Seitdem würde ich mit jedem Absturz den Verlustschmerz unbewußt betäuben.

*

Bei allem Respekt vor dieser Psycho-alko-lyse: Ich glaube nicht an diese Traumadeutung. Dem Tod Barbaras wird damit nach über vierzig Jahren ein bißchen viel aufgebürdet. Mir können viel kleinere Stachel weh tun. Verletzlich, wie ich nun mal bin, kann mich schon eine falsche Bemerkung ärgern und, wenn ich Pech habe, aus der Bahn werfen. Oder eine fehlende Bemerkung! Etwa die Enttäuschung darüber, daß meine geliebte Frau dazu neigt, mit Lob selbst dann zu knausern, wenn ich es mir nach einem gelungenen Auftritt verdient habe. Es kann nämlich ganz schön an die Nieren gehen, im Theater oder Fernsehen den rauschenden Beifall des Publikums entgegenzunehmen und eine Stunde später mit der Freude darüber allein zu sein: «Ute hat angerufen, sie ginge mit uns ganz gerne mal wieder zum Italiener», ist dann manchmal Susannes einzige Resonanz.

> «Krankheit kommt von Kränken»
> hat eine Psychologie-Professorin
> im Fernsehen gesagt.

Dabei bin ich wirklich kein Mensch, der in Komplimenten gerne badet. Bei zu langem Schulterklopfen verkrampfe ich mich sogar meist und fühle mich innerlich wie auf Stelzen. Mir würde schon eine Umarmung reichen, die sich mit vier Buchstaben begnügt: «Toll!» Nur, selbst in solchen Gefühlskrisen weiß der Quartalssäufer nicht immer *genau*, warum er wieder trinkt, welches Ventil er mit der Flasche

294

öffnet. Er weiß es irgendwie, in unscharfen, durcheinander-
geratenen, schließlich verwüsteten und ihn verwüstenden
Bildern.

*

Warum ich mich nach den «Trinker»-Dreharbeiten im
Sommer 1995 aber wieder über die Hausbar hermachte, das
sehe ich wie unter einem Vergrößerungsglas. Vielleicht erinnere ich die Hintergründe dafür deshalb so klar, weil ich
damals im Rausch anders als sonst nichts verdrängen mußte:
keine Verzweiflung, keinen Schmerz, nicht einmal eine
kleine Kränkung. Im Sommer 1995 prostete ich mir zu, weil
ich glücklich war. Weil ich die «Trinker»-Rolle an dreiunddreißig harten Tagen und Nächten vorbildlich diszipliniert
geschultert hatte. Weil ich es geschafft hatte, dabei auf keine
Mine zu treten. Schon die abendliche Taxigondelei über den
Ku'damm, vom Maxim Gorki Theater zurück in die Lassenstraße, kann für mich eine Fahrt durch ein Minenfeld
sein – mit all den links und rechts, dort oben und da unten
verführerisch ins Fenster zuckenden Barreklamen. Lasse ich
den Taxifahrer anhalten, oder bitte ich ihn, aufs Gaspedal zu
drücken? Was für ein Minenfeld war damit verglichen der
«Trinker»-Drehort, an dem ich mich den verlockenden Fla-
schenattrappen rund um die Uhr ausgeliefert sah und mir
zuweilen vorkam wie ein Verdurstender in der Wüste, dem
man das erlösende Wasserglas zeigt, immer wieder zeigt und
immer wieder wegnimmt. Jeder Tiger, der dreiunddreißig
Tage lang gehorsam durch einen brennenden Reifen
springt, bekommt zur Belohnung ein Stück saftiges Fleisch.
Nun war ich der gehorsame Tiger gewesen – und sollte trotz
meiner tadellosen Sprünge durch den brennenden Reifen
leer ausgehen, nicht einmal nach einer Wurstpelle schnappen dürfen? Diese Trübsal müßte doch sogar ein Puritaner

nachempfinden können, der sich wenigstens an einem Feiertag ein Glas Sekt gönnt. Für mich war die gelungene Beendigung der Dreharbeiten ein Festtag. So war mir nicht nach Tomatensaft zumute. Oder will mir jemand erzählen, daß die gepfefferte rote Frucht besser *schmeckt* als Champagner? Natürlich schmeckt Champagner besser, hat Jack London unwidersprochen mitgeteilt, der Autor des Klassikers «König Alkohol»*. Und wenn er zu den beneidenswerten Leuten gehörte, die beim Schlürfen der edlen Traube nicht die Kontrolle verlieren und bei härterem Sprit nicht vor die Hunde gingen, dann würden im Hause Jack London alle Tage die Tassen gehoben, dann herrschten dort immer Feiertage. Nicht nur gesellige, sondern bei gewissen Naturen auch Feiertage der Kreativität. Wie etwa bei Hans Fallada, der in seiner sich versteckend kleinen Handschrift gestanden hat: «Ich kann nur leben, wenn ich schreiben kann; und ich kann nur schreiben, wenn ich trinke.» Doch die Kontrolle dabei verlieren, das ist das alarmierende Stichwort. Auch mein *Freund* nämlich ist der «König Alkohol», wie für jeden, der einfach gerne mal am Gläschen nippt. Mein *Feind* ist die Schraube, die sich dann dreht, die zerstörerische Wirkung. Also muß ich mir die Rendezvous mit ihm verbieten. Aber wer kann schon lebenslang leichten Herzens auf

* Das Buch «König Alkohol» des Kaliforniers Jack London ist 1913 erschienen. Sein deutscher Kollege Ernst Herhaus hat in den siebziger Jahren den dreibändigen Alkoholikerbericht «Kapitulation: Aufgang einer Krankheit» veröffentlicht. Sein zweiter Band heißt «Der zerbrochene Schlaf»; ich weiß, wovon er dabei redet. Und andere Künstler? Von Tennessee Williams («Endstation Sehnsucht») weiß man, daß er täglich zwei Flaschen Whisky trank. Er gehörte damit keiner Minderheit an. So ist 1995 «Alkohol und Autor» erschienen – ein Buch über trinkende Schriftsteller, in dem sich Edgar Allan Poe, Scott Fitzgerald, Ernest Hemingway, John Steinbeck, Georges Simenon, William Faulkner, Eugene O'Neill durch die dreihundert Seiten schlucken. Verfasser des Buches ist der US-Psychiater Donald W. Goodwin. Sein Kapitel über Faulkner hat die bezeichnende Überschrift «Lieber Kummer als gar nichts».

einen Freund verzichten? Genau diese emotionale Schwierigkeit macht den Entzug für einen Alkoholiker zu einer Qual. Genau diese Schwierigkeit führt zu den millionenfachen Rückfällen. Denn der Entzug, das ist der Befehl: Du muß verachten lernen, was dir schmeckt. Man male sich einmal aus, dieser Befehl würde einem den Sex verbieten, weil er die Wirbelsäule verbiegt und einen irgendwann zum Krüppel macht. Dann wäre die Befehlsverweigerung vermutlich auch ein immer wieder heimlich praktiziertes Delikt. Ich will mit diesem neckischen Vergleich den Horror des Alkoholikers nicht verniedlichen, und daß ich das nicht will, weiß inzwischen wohl jeder Leser. Ich will nur um Verständnis dafür bitten, wie schwer es manchmal ist, dem ja immer wieder süß beginnenden Horror zu entfliehen. Natürlich nicht um *falsches* Verständnis, das nur den nächsten Exzeß ermutigt. Um ein Verständnis, das mir endlich aus der Falle hilft. Denn ich bin keiner der trinkenden Künstler, denen im Rausch kreative Flügel wachsen. Mich macht er flügellahm und, unschöner ausgedrückt: kaputt. Vor dieser Gewißheit habe ich im Sommer 1995 wieder einmal die Augen zugedrückt. Ich hatte mich einen Monat lang bis zur Erschöpfung verausgabt und meine ganze Energie am Drehort zurückgelassen. Nun wollte ich mein Glücksgefühl über die anfangs von manchem bezweifelte Leistung genießen. Dabei traf mein großes Glück auf eine ebenso große Leere. Diese dunkle Verbindung aber ist für jeden Süchtigen: ein kleiner Tod.

Ersatzdroge

Mein Basler Therapeut hatte mich vor der Rolle des «Trinkers» gewarnt. Er sollte also recht behalten. Von den mich aus jedem Winkel angrinsenden Flaschenteufeln umgeben, bin ich durch den «Trinker», wie er mir prophezeit hatte, tatsächlich wieder zum Trinker geworden. Vielleicht hat mir mein verstorbener Therapeut aus seinem Schweizer Grab damit zu verstehen geben wollen: Sehen Sie, mein lieber Freund, dieses Fiasko haben Sie nun davon, daß Sie meine Warnungen in den Wind geschlagen haben. Indem ich nun darauf antworte, lege ich ihm meine arme Seele auf die Couch. Hätte die Alternative gelautet: Juhnke spielt den «Trinker» nicht und bewahrt sich durch den Verzicht vor dem Absturz. Oder: Juhnke spielt den «Trinker», aber das rächt sich in einer schrecklichen Nacht... Er hätte sich ohne zu zögern für die zweite Alternative entschieden und wäre begeistert zu seinem sechsten Streich angetreten. Denn der Alkohol ist nur seine Ersatzdroge. Seine eigentliche Droge ist die Kunst. Er ist ein Junkie der Schauspielerei.

7

Strahlende Helden aber liegen mir nicht. Trotz meiner besessenen Spielsucht. Ick bin ja selber keener! Mir liegen arme Hunde und schräge Vögel, deren dicker Kummer und deren dünner Witz dem Publikum etwas von der Menschenseele zeigen. Der «Hauptmann von Köpenick» ist beides: ein armer Hund *und* ein schräger Vogel. Seine verrückte Geschichte ist so unglaublich, daß ich immer noch Leute treffe, die sie für einen pfiffige Erfindung des Dichters Carl Zuckmayer halten. Doch der zeitlebens herumgestoßene Schustergeselle Wilhelm Voigt, der als falscher preußischer Hauptmann die zackig Mächtigen zur Weißglut und die Piefkes auf der Straße zum schallenden Lachen brachte, wurde nicht in einer Schreibstube, sondern 1849 in Tilsit bei Königsberg geboren. Der Kerl aus Fleisch und Blut war

Vater von vier in Böhmen lebenden Kindern. Als er am 16. Oktober 1906 zu seinem sensationellen Coup ausholte, dem Marsch aufs Köpenicker Rathaus, wohnte er verwitwet in einem düsteren Hinterhof der Langen Straße in Ostberlin. Es gibt sogar Fotografien von ihm. Ich habe sie in einem schmucken Buch wiederentdeckt, das sich seinen tragisch-komischen Lebensabenteuern wohl zum ersten Male ausführlich an die Fersen heftet.* Auf diesen Fotografien posiert der Hungerleider Wilhelm Voigt als Herr der gehobenen Stände, der wie kaum ein anderer die Botschaft Gottfried Kellers beherzigt hat: «Kleider machen Leute». Wo er seine Uniform berappte, ist verbürgt: in einem Trödelladen in Potsdams Mittelstraße 1, der einem Bertold Remlinger gehörte. Es darf als sicher gelten, daß auch sein Frack aus einem Leihhaus stammte.

*

Vor seiner «Köpenickiade» hatte der siebenundfünfzigjährige Schustergeselle bereits sage und schreibe neunundzwanzig Jahre hinter schwedischen Gardinen auf dem Buk-kel, davon allein fünfzehn Jahre (!) wegen eines Postdiebstahls von lumpigen dreihundert Reichsmark. Nie hatte er sich dabei aus Habgier, immer nur aus schierer Not «bereichert». Nach einem halben Leben aus dem Zuchthaus entlassen, war er endlich ein «freier Bürger» – höhnisch gesprochen, denn er besaß weder eine Aufenthaltsgenehmigung noch eine Arbeitserlaubnis, ja, nicht einmal einen Reisepaß, mit dem er sein dürftiges Glück an einem anderen Ort hätte finden können. Und wenn er sich mit dem Hut in den Händen auf den Amtsstuben Seiner Majestät «jehor-

---

* Winfried Löschburg, «Ohne Glanz und Gloria: Die Geschichte des Hauptmanns von Köpenick», Morgenbuch Verlag, Berlin 1996 (6. Aufl.).

Wilhelm Voigt in Uniform, 1908   Fotografie, wie sie von Voigt als Post-
karte mit Autogramm verkauft wurde

samst» um die verdammten Papiere bemühte, bellten die Sesselfurzer sein Vorstrafenregister herunter und verwehrten dem Kratzfuß die Bitte. Der Schriftsteller Heinrich Mann hat diesen deutschen Obrigkeitskäfig, in dem selbst der mickrigste Beamtenspießer den vermeintlich noch mickrigeren Habenichts lauthals schikanieren konnte, in seinem Roman «Der Untertan» parodiert. Der Regisseur Wolfgang Staudte hat ihn haarsträubend-herrlich verfilmt.* Wer Heinrich Manns Roman gelesen und Wolfgang Staudtes Film gesehen hat, der fühlt in den Fingerspitzen, in welcher ehrverlogenen Gesellschaft sich der «ehrlose» Knacki Wilhelm Voigt ein halbwegs warmes Plätzchen suchte. In welcher ehrverlogenen und großspurigen – in der ein entlassener Zuchthäusler, und sei er ein noch so anständiger Kerl, das wohl kleinste Spürchen zog. Wilhelm Voigts tägliches Brot war der Anschauungsunterricht, daß der Mensch anno dazumal beim Uniformrock anfing. Und er konnte sich schlecht damit trösten, daß die Kriecher, die in den polierten Röcken steckten, meist unfreiwillig komische Schießbudenfiguren waren – wie sie auf den respektlosen Zeichnungen des großen Berliner Karikaturisten George Grosz zu sehen sind. Denn diese Schießbudenfiguren entschieden so gar nicht komisch darüber, ob er und seinesgleichen die Miete bezahlen konnten oder etwas zu knabbern hatten. Aber wie sollte er wohnen und knabbern, ohne Arbeit zu haben? Ohne ein Mensch, einfach ein Mensch sein zu dürfen! Den Traum, den der echte Wilhelm Voigt davon geträumt hat, kennen wir nicht. Dafür kennen wir

* Wolfgang Staudte verfilmte Heinrich Manns 1916 erschienenen Roman 1951 in der DDR. Auch ich habe einmal unter Staudte gespielt: ein Nebenröllchen im Film «Der letzte Zeuge» (1960), der im Licht eines Kriminalfalles unser damaliges Strafrecht kritisiert. Meine berühmten Partner waren: Martin Held, Hanns Lothar, Ellen Schwiers. Warum ich das in einer Fußnote erwähne? Weil ich eine Fußnote war.

Carl Zuckmayers «Märchen» über seinen Traum – und dessen nicht nur für mich, sondern auch für das Publikum regelmäßig ergreifendsten Stellen. Ich könnte sie selbst dann silbengenau zitieren, wenn man mich weckte – um vier Uhr nachts. Voigt auf der Polizeiwache: «Nee, nee, det is nu 'n Karussell, det is nu 'ne Kaffeemihle. Wenn ick nich jemeldet bin, krieg ick keene Arbeet, und wenn ick keene Arbeet habe, da darf ick mir nich melden ... Ick reg mir jarnich uff, ick will nur 'n Papier haben. 'n Papier, det is doch mehr wert als de janze menschliche Konstitution, det brauch ick doch neetijer als det tägliche Brot! ... Nee, nee, ick reg mir jarnich uff, aber 't muß ja nun 'n Platz geben, wo der Mensch hingehört! Wenn ick keene Meldung kriege und nich hier bleiben darf, denn will 'ck wenigstens 'n Paß haben, det ick raus kann! Ick kann ja nu mit de Füße nich in de Luft baumeln, det kann ja nur 'n Erhenkter!» Voigt zu seinem Schwager Hoprecht, der ihn gefragt hat: «Haste denn keine innere Stimme, Willem? Wo sitzt denn bei dir det Pflichtgefühl?!»: «Vorhin – aufn Friedhof – wie de Brockn aufn Sarch runterjekullert sind – da hab ick's jehört – da war se janz laut, war se ... De innere Stimme. Da hatse jesprochen, du, und da is alles totenstill jeworden in de Welt, und da hab ick's vernommen: Mensch, hatse jesagt – einmal kneift jeder 'n Arsch zu, du auch, hatse jesagt. Und denn, denn stehste vor Gott dem Vater, stehste, der allens jeweckt hat, vor dem stehste denn, und der fragt dir ins Je- sichte: Willem Voigt, wat haste jemacht mit dein Leben? Und da muß ick sagen – Fußmatte, muß ick sagen. Die hab ick jeflochten im Jefängnis, und denn sind se alle druff rum- jetrampelt, muß ick sagen. Und zum Schluß haste jeröchelt und jewürcht, um det bißchen Luft, und denn war's aus. Det sagste vor Gott, Mensch. Aber der sagt zu dir: Jeh wech! sagt er! Ausweisung! sagt er! Dafür hab ick dir det

302

Leben nich jeschenkt, sagt er! Det biste mir schuldig! Wo is et? Wat haste mit jemacht?! Und denn – und denn is et wieder nischt mit de Aufenthaltserlaubnis.» Hoprecht: «Willem – du pochst an de Weltordnung … Det änderste nich, Willem! Det änderste doch nich!»

*

Auch das ist für mich eine Fotografie Wilhelm Voigts – eine besonders gelungene aus Zuckmayers Prosa. Und Wilhelm pochte an der Weltordnung. Nicht indem er zum Revolutionär wurde und sich der Sozialdemokratie anschloß; auf Politik nämlich gab er nicht viel. Er pochte an der Weltordnung, indem er zum Hochstapler wurde! Zu keinem Hochstapler, der mal kurz schick angab und, wie heutzutage immer wieder gern gesehen, mit einem geliehenen Porsche für ein Wochenende der Insel Sylt imponiert. Zu einem Hochstapler aus Verzweiflung, der sich mit seinem Bravourstück das nackte Leben retten wollte. In dem erwähnten Schmöker über die «Geschichte des Hauptmanns von Köpenick» steht, daß diese Hochstapelei von der auf Schein versessenen wilhelminischen Gesellschaft geradezu produziert wurde. Auch Thomas Manns «Felix Krull» spielt nicht zufällig in dieser Zeit: Das Bürschchen Felix ist der Sproß eines bankrotten Sektfabrikanten, läßt sich aber schon im Kinderwagen als Kaiser verehren. Man könnte also beinahe sagen, die Hochstapelei sei damals so etwas wie ein Volkssport gewesen (wie heute der Versicherungsbetrug); allerdings ein meist aus der Armut und Schande geborener Volkssport. Die Namen dieser «Schuster», die es sich förmlich nicht leisten konnten, bei ihrem Leisten zu bleiben, gehen vermutlich in die Zehntausende. Sie sind vergessen. Der Name des Schusters Voigt ist uns erfreulicherweise überliefert und strahlt sogar in der Literatur, weil unser Willem in diesem Volkssport wohl der genialste war: sozusagen der Deutsche Meister.

∗

Als der Schwindler Voigt sich in seinem Hinterhof nahe Unter den Linden in die mit Bedacht ergaunerte Uniform gezwängt hatte – fuhr er wohin? Nach Wedding, in meinen Heimatbezirk. Vor der Militärschwimmanstalt schnauzte er fünf Pickelhauben an, sie möchten ihm «jefälligst folgen». «Kleider machen Leute» – die Rechnung ging auf wie von Hand genäht. Denn dieselben Regimenttrottel, die den Tagelöhner Voigt in den Hintern getreten hätten, standen vor dem «Hauptmann» Voigt auf der Stelle «höllisch stramm» – ebenso wie eine sechsköpfige Wache, die er unterwegs aufgabelte und seinem Kommando unterstellte. Mit dem Zug ging es nach Köpenick, die Pickelhauben in der dritten, er selber standesgemäß in der zweiten Klasse. Auf dem Bahnhof angekommen, folgten ihm seine Jungs weiterhin wie die Lemminge – nicht in den gähnenden Abgrund, sondern schnurstracks aufs Rathaus. Dort verhaftete Voigt den Bürgermeister Dr. Georg Langerhans, der sich «mit Vollbart, Zwicker und hohem Stehkragen hinter seinem wuchtigen Schreibtisch» zaghaft protestierend abführen ließ. Dann erleichterte Wilhelm die Ratskasse. Nur in einer Hinsicht hatte er sich im Köpenicker Rathaus in der Tür geirrt: Den gewünschten Paß, den verfluchten Paß fand er dort leider nicht.

∗

Trotz dieses Wermutstropfens hatte Wilhelm Voigt die kaiserliche Bürokratie mit ihren eigenen Waffen geschlagen und Preußens Glanz und Gloria unsterblich blamiert. Das Gelächter darüber war noch in Sankt Petersburg und London zu hören. Ein Schustergeselle hatte die deutsche Sprache um ein geflügeltes Wort bereichert: die «Köpenikkiade». Zu dieser Köpenickiade war bereits einen Tag nach der sagenhaften Posse in der demokratisch-mutigen «Berliner Volkszeitung» zu lesen: «Das gestrige Intermezzo lehrt klipp und klar: Umkleide dich in Preußen-Deutschland mit einer Uniform, und du bist allmächtig. Die Uniform ist der Talisman, dem nichts widersteht. Ein Militärkommando, das dir auf der Landstraße begegnet, steht dir zur Verfügung. Das Rathaus einer Stadt kannst du besetzen, wie eine eroberte Festung. Verhaften kannst du lassen, wen du willst. Geld kannst du rauben, so viel da ist. Unbehelligt kannst du von dannen ziehen ... Einbrechen wie ein gewöhnlicher Geldschrankknacker? Wie veraltet! Aber die überragende Macht ... des Militarismus verwerten, das ist klug! Das ist fein! Das ist modern! In der Tat: Der Held von Köpenick, er hat den Zeitgeist richtig erfaßt ... Der Mann ist ein Realpolitiker allerersten Ranges ... er steht mit seinem Scharfblick fast in genialer Größe da. Uniform und Kadavergehorsam – sie öffnen die festesten Geldschränke ... geräuschloser als das überwundene Sauerstoffgebläse.» Vier Tage nach diesem beherzten Kommentar, am 21. Oktober 1906, gab sich die liberale «Berliner Volkszeitung» sogar schadenfroh und lobte Wilhelm Voigts «Köpenickiade» zum «größten Heiterkeitserfolg» aus, «den seit Jahrzehnten ein Deutscher in seinem Vaterlande errungen hat». Doch dann ließen die Kaisertreuen ihre Schreiberlinge von der Kette:

Extra-Blatt.
Berliner Lokal-Anzeiger.

Berlin, Freitag, 26. Oktober, vormittags.

Der Köpenicker Kassenräuber ergriffen.

Den verwegenen Gauner, der in der Verkleidung eines Hauptmanns des Ersten Garde-Regiments z. F. Bürgermeister und Rendanten von Köpenick festnehmen ließ und dann mit dem Inhalt der städtischen Kasse verschwand, hat sein Schicksal ereilt. Den Bemühungen der Kriminalpolizei ist es gelungen, ihn festzunehmen. Die Berliner Kriminalkommissare Wehn und Nasse sowie zwei hier zum Studium weilende Kommissare aus Magdeburg und Hannover verfolgten die Spur des Zuchthäuslers Wilhelm Vogt aus der Kopfstraße 27 in Rixdorf. Als sie in dem erwähnten Hause eintrafen, um den Vogt zu verhaften, fanden sie den Gesuchten nicht vor; dieser war kurz vorher ausgegangen. Eine Stunde später ermittelte man, daß er sich in der Langestraße zu Berlin aufhalte. Die Kommissare begaben sich eiligst dahin und nahmen die Verhaftung vor. Die Berliner Kriminalpolizei hat Beweise dafür in Händen, daß der verhaftete Vogt mit dem Gesuchten Köpenicker Kassenräuber identisch ist.

Alle Extra-Ausgaben des „Berliner Lokal-Anzeigers" werden nach wie vor in beliebiger Anzahl gratis in unseren sämtlichen Expeditionen an jedermann ausgegeben.

Extrablatt vom 26. Oktober 1906

148

«Hauptmann» Werner Krauss, 1931

Werner Krauss bei einer Feier anläßlich der fünfundzwanzigsten Aufführung des Stückes; rechts das Ehepaar Zuckmayer

Als Carl Zuckmayer das Husarenstück Wilhelm Voigts in ein Theaterstück verwandelte (auf Anregung des schnoddrigen Fritz Kortner), kannte er von dessen wahrer Geschichte nicht viel mehr als die Polizeiakten und solche vergilbten Zeitungsseiten – und natürlich die Legende, die von diesem modernsten «Räuberhauptmann» im Volk lebendig war und bei Karnevalsumzügen Jahr um Jahr als wilde Pappfigur herumgeführt wurde. Zum Schrecken der Kinder und zur Gaudi der Jecken. Unter dem damals berühmten Regisseur Heinz Hilpert hatte Zuckmayers «Köpenick» im Deutschen Theater in Berlin am 5. März 1931 Premiere. Die übrigens um ein Haar, nein, um ein Glas «ertrunken» wäre. Denn der Riese, der den «Hauptmann» auf die Bühne stellen sollte, war ein früher Juhnke: Der große Charakterdarsteller Werner Krauss versackte vor der Generalprobe beim Rotspon im Köpenicker Ratskeller und war nach wohl zehn halben Flaschen so betrunken, daß er bewußtlos in den Armen eines alten Kellners lag. Die Anekdote, die auch aus dem Leben des «Hauptmanns» Harald Juhnke stammen könnte, hat nicht nur Carl Zuckmayer später genüßlich ausgeplaudert. Zuerst schien sie die befürchteten Folgen zu haben: Auf der Generalprobe konnte Krauss kaum stehen und nur noch stammeln. Bei der grandiosen Premiere aber war er wieder fit: So vollkommen der begnadete Alte, daß Carl Zuckmayer den Krausschen Hauptmann als das «größte Glück» empfand, «seitdem ich Stücke schreibe».

*

Der falsche Hauptmann Wilhelm Voigt, der gegenüber seinem Darsteller Werner Krauss plötzlich der echte war, hat die Theaterpremiere nicht mehr besuchen können. Er war 1906 für seine Köpenickiade überraschend milde zu vier weiteren Jahren Bau verurteilt worden. Danach hing er seine kriminelle Karriere endgültig an den Nagel, ging mit seiner Legende auf Welttournee und wurde sogar in New York stürmisch gefeiert. In Luxemburg setzte er sich endlich zur Ruhe, am Hammonium, mit Auto und eigenem Haus. Nach einem harten, dann fidelen Leben, in dem er auch einer der gewitztesten Pioniere der Selbstvermarktung war. Mit dreiundsiebzig Jahren gab er 1922 seinen Löffel ab.

*

Mir war nur einmal das Glück beschieden, den fröhlich bechernden «Hauptmann» Werner Krauss leibhaftig zu sehen. Das muß ungefähr 1958 gewesen sein. Ich hatte dem Berliner Publikum selber eines meiner frühen anspruchsvolleren Pfötchen gegeben, in Oscar Wildes «Bunbury» – und ließ mir danach zur Belohnung zwei Tage Wien um die Nase wehen. Man sollte nicht überhören, daß ich eben «ungefähr 1958» sagte. Denn es ist durchaus möglich, daß ich meinen Abstecher nach Wien nur geträumt habe. Ich weiß es ums Verrecken nicht mehr genau. Jedenfalls entdeckte ich im Schaukasten des Wiener Burgtheaters die Annonce, Werner Krauss spiele in Schillers «Don Carlos» Spaniens alten König Philipp II. Meine Eintrittskarte war ein Muß! Der angehimmelte Herr auf der Bühne zählte fünfundsiebzig, ich anhimmelndes Würstchen im Parkett knapp dreißig Lenze. Vielleicht weil mir der Wiener Abend nur im Traum erschienen ist, vielleicht weil meine Audienz zu Füßen des «Königs» meine ganze Konzentration auffraß, habe ich von Schillers Stück und Werner Krauss in der Rolle des Philipp nicht viel mitgekriegt. Denn vor mir lief während der Vorstellung ein ganz anderes Stück ab: das seines künstlerischen Lebens. Dieses glänzende Stück zeigte mir ein Naturtalent, das seine Karriere ohne eine Minute Schauspielunterricht startete. Es zeigte mir einen Stummfilmstar, der 1919 als wahnsinniger Dämon im «Kabinett des Dr. Caligari» zu einem der größten deutschen Leinwandereignisse aller Zeiten beitrug. Es zeigte mir den wohl begabtesten Schüler des Theaterpapstes Max Reinhardt, der ihn in unzähligen klassischen Rollen zum Diamanten schliff – bis er 1932 als Goethes Faust neben dem Mephisto Gustaf Gründgens zu bestaunen war. Mit dieser kleinen Litanei greife ich aus seiner langen Perlenkette aber nur wenige funkelnde Steinchen heraus. Selbst die tonangebenden Kritiker der Weimarer Republik, die sich über andere große Schauspieler gerne zerstritten, stellten Werner Krauss wie aus einem Munde Prädikatsexamen aus. So urteilte der gefürchtete Alfred Kerr über seinen intriganten Egoisten Jago, den er an der Seite von Heinrich George 1932 in Shakespeares «Othello» spielte: «Der Jago wird bei Krauss zu einem ... tänzerischen Schandmaul. Ein ... frohsinniger Verbrecherling – aus Lust an der Sache ... Wie aber Krauss ... Charakterverse zu Arien macht: das ist allerersten Ranges.» Allererste Sahne, würde man heute lockerer sagen. Diese Sahne lieferte Krauss in den strengen Augen des Kritikers Herbert von Ihering 1932 auch als Geheimrat Clausen in Gerhart Hauptmanns Familiendrama «Vor Sonnenuntergang» ab: «Keine Bewunderung ist stark genug für Werner Krauss ... Er ist meisterhaft im höchsten Sinne des Handwerks und der Kunst ... Meisterhaft, wie er einmalig und doch endgültig spielt ... Diese Rolle steht über allem, was je die größten Schauspieler in unserer Zeit gespielt haben. Eine historische Leistung.»

*

Solche Hymnen, träumte ich im Wiener Burgtheater oder in meinem Berliner Bett, wirst du dir eines Tages auch erspielen. Ich, Harry Juhnke, den 1958 so gut wie noch kein Schwein kannte und kein Aas auf der Straße ansprach. Der Traum ging in Erfüllung, ein bißchen wenigstens, aber er hat auch achtunddreißig Jahre lang in der Pfanne geschmort. Man muß sich das einmal auf der Zunge zergehen lassen: achtunddreißig Jahre, das sind aufgerundet 13 870 Tage und Nächte. Als Entschuldigung vor mir selber führe ich an, daß ich in diesen 332 880 Stunden noch ein paar andere Leben als das eines großen Schauspielers auf die Beine gestellt habe: • das eines kleinen Schauspielers nämlich • das eines schwierigen Ehemannes und Familienvaters • das eines Chansonniers und deutschen Sinatra • das einer Synchronstimme, die Marlon Brando nicht nur im Thriller «Die Faust im Nacken» imitierte • das eines erfolgreichen Entertainers, der in seiner Show «Musik ist Trumpf» dreißig Millionen und in seiner Gala «Willkommen im Club» elf Millionen Zuschauer amüsierte • das eines Rabauken, der sich mit der Polizei prügelte, und eines Charmeurs, der nach jeder Schürze linste • das eines ohrfeigenden Serienblödlers (mit dem Kollegen Arent in «Harald & Eddi» und mit Grit Boettcher in «Ein verrücktes Paar») • das eines Trinkers und Lieblings der Nation • das eines Hauptdarstellers in bescheuerten und weniger bescheuerten Filmen, vor dessen Eskapaden die Produzenten und Regisseure zitterten • das eines Unglücksraben, den man so häufig in die Hospitäler tatütatate, daß man die einschlägigen Notaufnahmen nach ihm benennen könnte • das eines Verlierers, den die Fernsehbosse trotz seiner Einschaltquotenhits wütend vor die Tür setzten, und der doch immer wieder als gefeierter Sieger in seine TV-Arena zurücksteppte • das eines Schlagzeilengaranten und gerupften Teddybärs der bunten Blätter • schließlich das einer Skandalnudel, die es mitten in Berlin zum einzigen deutschen «Hollywood-Star» brachte, obwohl ich so selten in Hollywood drehte, wie Karl May das wilde Kurdistan durchritt: nämlich nie!

*

Mein Gott, wenn mein Taschenrechner mich nicht täuscht, sind das sogar mehr als sieben Leben, bin ich mehr als nur ein gewöhnlicher Kater. Und dann? Nach 19 972 800 Minuten Wartezeit? Wurden meine närrischen Katereien mir auch noch verziehen – und meine Leben in der «Frankfurter Allgemeinen Zeitung» 1996 mit der seit 1958 ersehnten Hymne gekrönt: für meinen «Hauptmann von Köpenick». Zu einer Theaterrolle also, bei der ich fünfundsechzig Jahre nach der Premiere meinem Idol Werner Krauss nacheiferte. Nicht jeder kann wissen, warum ich den Titel des Ständchens in der «FAZ» dabei als eine besondere Ehre empfand: «Als wär's ein Stück von ihm». Dieser Titel ist nichts weniger als eine Anspielung auf die Autobiographie des «Hauptmann»-Autors Carl Zuckmayer: «Als wär's ein Stück von mir».

Kunst und Moral

I

Kurz nachdem ich Werner Krauss am Wiener Burgtheater oder im Traum gesehen hatte, erfuhr ich, daß er «nur» ein Held auf der Bühne gewesen ist. Im Stück seines Lebens, wenigstens in einem, war er es wohl nicht. In diesem Stück seines Lebens nämlich hat er seine hohe Kunst einer niedrigen Moral geopfert. Das habe ich, leider, nicht geträumt. So pflanzte er sich gleich 1933 einen Naziwimpel auf die Kühlerhaube seines Autos und fuhr damit am Berliner Staatstheater vor. So gab er sich 1940 für den von Goebbels aus-

312

geteufelten Propagandafilm «Jud Süß» und 1943 für eine antisemitische Braunfärberei des Shakespeareschen «Shylock» her. Natürlich, das hätte ich auch schon früher wissen können. Doch ich habe es wohl verdrängt und mir mein Idol nach dem Palmström-Motto zurechtgebogen: «weil nicht sein kann, was nicht sein darf». Hat Werner Krauss mit diesen Ergebenheitsadressen den antiautoritären «Hauptmann von Köpenick» nachträglich entzaubert und unglaubwürdig gemacht – seinen «Hauptmann», der vor den vergleichsweise harmlosen Symbolen des Kaiserreiches nicht die Knie und den Buckel beugte? Ist diese unangenehme Frage überhaupt erlaubt – aus der bequemen Sicht eines Menschen wie mir, dem politische Mutproben im Leben erspart geblieben sind? Ich weiß es nicht! Vielleicht hat Werner Krauss wie ich nur spielen wollen: spielen, spielen um jeden (?) Preis – und sind ihm in seiner ästhetischen Lust die moralischen Grenzen verschwommen. Wie auch immer, ich muß damit fertig werden, daß ich einen Künstler sehr bewundert habe und nach wie vor bewundere, auf den im «Dritten Reich» ein Schatten fiel.

Kunst und Moral
II

Carl Zuckmayer, nach dessen wahrem Märchen Werner Krauss den «Köpenick» im Berlin der frühen dreißiger Jahre genau hundertmal spielte, ging nicht in die braune Falle. Die Nazipresse hatte über seinen Knastbruder Wilhelm Voigt, der als verkleideter «Hauptmann» den Staat lächerlich machte, nach der Premiere gewütet, der «sogenannte Dichter» werde bald selbst die Pritsche eines deutschen Zuchthauses kennenlernen. Zuckmayer ist dieser gefährlichen Drohung durch einen sensationellen Trick entkommen: Einen Tag nach dem Einmarsch der Hakenkreuzler in Wien 1938 setzte er sich auf gepackten Koffern in einen Zug nach Italien. Mit anderen Fahrgästen wurde er an der Grenze aus dem Abteil geholt. Als die Kontrolle an ihm war, schlug er vor den Deutschen den Mantel zurück. Sie starrten auf sein Eisernes Kreuz I. Klasse, das sich der gewiefte «Zuck» vorsorglich auf sein Hemd geheftet hatte. Die Nazis nahmen Haltung an, salutierten vor dem «Verbrecher» und ließen ihn ausreisen. Der Autor des «Köpenick» hatte seine persönliche Köpenickiade aufgeführt.

Die Serviette

Der Intendant des Maxim Gorki Theaters kam in seinem Büro im Sommer 1995 sofort nach dem «Guten Morgen, Herr Juhnke» zur Sache: «‹Der Hauptmann von Köpenick›, der hat doch seit Werner Krauss in Berlin eine prächtige Tradition, der ist doch *die* Berliner Posse. Wollen Sie ihn nicht endlich mal spielen, hier bei uns im ‹Maxim›?» – «Wo hängt denn bei Ihnen die Uniform?» – «Die Uni... was?» – «Die Uniform! Wenn Sie die Klamotte nämlich im Schrank haben, könnte ich gleich mit den Proben beginnen.» So zwischen Tür und Angel, in knapp zehn Minuten, waren Bernd Wilms und ich uns einig. «Und Ihre Gage, Herr Juhnke?» Der Intendant biß sich nervös in die Fingerkuppe. «Ich meine, Sie gelten nicht gerade als der billigste Kandidat, und wir sind ein armes Theater.» – «Da lassen Se sich bei meinem ‹Hauptmann› ma keine grauen Haare wachsen, Herr Wilms. Rücken Se einfach raus, wat Se rausrücken können.» Denn mit oder ohne viel Zaster: In den Stiefeln des legendären «Köpenickers» Werner Krauss, in denen später auch die «Hauptmänner» Heinz Rühmann und Rudolf Platte ihr Publikum begeisterten, wollte ich schon seit langem über die Bühne marschieren. Seit langem, das hieß: seit mich der große österreichische Schauspieler Oskar Werner zu dieser für jeden Schauspieler ehrenvollen Altersrolle ermutigt hatte; wenige Jahre vor seinem viel zu frühen Tod 1984. Wir saßen im Wiener Café Central und befanden uns in einem Ausnahmezustand: Wir waren nämlich beide nüchtern. Oskar Werner sprach, worüber er mit seiner unnachahmlichen Stimme immer sprach: die Schauspielerei: «Ich kann den ‹Hauptmann› leider nicht riskieren, schon wegen seines Berliner Dialektes nicht. Aber du kannst es, Harald. Du mußt ihn eines glücklichen Tages bringen. Versprich es mir!» Er rief den Kellner: «Passen S' auf! Meinen Freund hier, den kennen S' aus dem Fernsehen. Der schreibt nun einen Schwur nieder – auf diese Serviette. Sein S' so gnädig und bezeugen S' bitt schön, mein Herr. Sie sind mein Notar.» Dem wie meist gebieterisch klingenden Ton Oskar Werners konnte sich niemand entziehen: der Kellner nicht, ich nicht und wohl auch er selber nicht. «Wissen S'», sagte der Kellner später zu mir: «I hob den Herrn Burgschauspieler heuer erstmalig wienerisch reden hörn. Ist er krank oder moag er mi?» Stunden nach unserem fröhlichen Notariat hatten wir dann doch gebechert und waren beide so jenseits des Praters, daß sich der «Herr Burgschauspieler» vermutlich schon am nächsten Morgen nicht mehr an die Serviette erinnert hat. Aber ich habe mich an sie erinnert – jahrelang. Denn zu einer Zeit, als ich in den Notizblöcken gewisser deutscher Kritiker noch unter U wie Ulknudel geführt wurde, verlieh mir Werner seinen ganz speziellen «Oskar» und traute mir beim «Kleinen Braunen» im Café Central das E wie Ernst des «Hauptmanns» zu. Oskar Werner? Der «Hamlet» der Wiener Burg! Der weltberühmte, bücherverbrennende Feuerwehrmann aus dem Film «Fahrenheit 451» des Meisterregisseurs François Truffaut! Der Schiffsarzt aus Stanley Kramers «Narrenschiff»! Das sensible Genie, das Hans Moser ein «Wunderkind» nannte! Der streitsüchtige und klassisch gebildete Egozentriker, der, leider anders als ich, in seinem künstlerischen Urteil so unbestechlich war, daß er dreihundert Filmrollen ablehnte! Trotz astronomischer Gagen. Mit seiner wohl berühmtesten Absage stieß er sogar Hollywood vor den Kopf, wo er einen «guten und klugen Nazi» spielen sollte: «Wenn jemand gut ist und ein Nazi, dann ist er nicht intelligent. Wenn jemand intelligent ist und ein Nazi, dann ist er nicht gut. Und wenn jemand gut und intelligent ist, dann ist er kein Nazi.» Mit dem Kapitel «Werner Krauss und die Nazis» hatte er ungeachtet dieser politischen Kompromißlosigkeit keine künstlerischen Probleme. Noch in den fünfziger Jahren, nach dem vorübergehenden Auftrittsverbot für Werner Krauss, hat er mit ihm Theater gespielt. Für mich aber war etwas anderes lehrreich: Der junge Oskar Werner hatte den alten Werner Krauss als «Hauptmann von Köpenick» gesehen – und zwar unter der Regie von Boleslaw Barlog am Berliner Schillertheater 1954, wo Krauss, nun dreiundzwanzig Jahre älter, den Schuster Wilhelm Voigt ein zweites Mal durchexerzierte. Seine Eindrücke davon schilderte mir Oskar Werner, als sei der Abend eine Auszeichnung nicht nur für den Star auf der Bühne, sondern ebenso für die Zuschauer gewesen – also auch für den Zuschauer Oskar Werner. Eine seiner Bemerkungen ist mir besonders im Gedächtnis geblieben: «Dieser Schustergeselle ist ja eine charakterliche Unmöglichkeit. Er ist ein bescheidener Hochstapler. Er ist ein uneitler Angeber, der nichts von sich hermacht. So unmöglich würde ich ihn, so unmöglich solltest du ihn spielen.»

Kopf und Herz

Als es nach der «Oskar»-Verleihung in Wien über zehn Jahre später in Berlin soweit war, sich der rote Vorhang hob und ich mich dem Publikum als «Hauptmann» zeigte – da beschlich mich der komische Verdacht, drei Zuschauer sähen mir durch die Dachluke des Theaters zu. Für eine Sekunde versündigte ich mich an der Regieanweisung und guckte prüfend nach oben. Mein Verdacht bestätigte sich: Mit unbeweglichen Mienen saßen nicht nur Werner Krauss, sondern auch die «Hauptmänner» Rudolf Platte und Heinz Rühmann außer Diensten in ihren Himmelslogen und erwarteten mit Spannung meine weltliche Parade. Kein Wunder! Heinz Rühmann hatte den *gewitzten Schuster* 1956 im Kino und 1962 erstmals auf der Bühne gespielt; im Film unter der Regie von Helmut Käutner, im Theater in einer Inszenierung des jungen Tausendsassas August Everding. Noch mit neunzig Jahren hat Rühmann den ergreifendsten Monolog seines «Willem», den ich auch zuweilen im Schlaf spreche (Rückblende Seite 302), in einer Fernsehsendung zu seinen Ehren vorgetragen; kurz vor seinem Tod mit leicht zitternder Stimme; unter den Zuschauern im Saal hörte man förmlich die berühmte Stecknadel fallen. Der Engel Rudolf Platte hatte den *betrübten Schuster* unter der Regie von Rainer Wolffhardt 1960 über den Bildschirm mehr schlurfen als marschieren lassen; und man sagt, wie ich finde, zu Recht, daß Rudolf Plattes «Willem» unter den bewegenden Rollen seines Lebens die bewegendste gewesen sei. Mir schauten also zwei sehr verschiedene «Hauptmänner» von Wolke sieben aus über die Schulter: Beim kleinen Heinz Rühmann war der Schuster nicht nur, aber auch ein pfiffiger Clown, dem der Schalk im Nacken saß. So als sei er ein bißchen sein «Bruchpilot Quax», stiefelte Rühmann ihn manchmal beinahe wie in einer Komödie herunter. Beim hageren Rudolf Platte hingegen zeigte sich der Schuster «erschütternd hilflos», als geschundene Kreatur wie in einer Tragödie. Denn Rudolf Plattes Zuneigung für die kleinen Leute war zeitlebens auch eine ganz private, und selbst wenn ihm das Drehbuch eine komische Rolle verpaßte, erahnte das Publikum hinter seinem Lachen sein wohl trauriges Naturell. Diese beiden wunderbaren Originale konnte natürlich niemand kopieren; geschweige denn hochtrabend an die Wand zu spielen versuchen. Aber ich konnte den Hauptmann *anders* spielen, sagen wir mal so: mit noch mehr gemischten Gefühlen als Sankt Rudolf und Sankt Heinz. Vielleicht, überlegte ich mir, wäre das der Königsweg: Du spielst ihn anfangs mit Rudolf Plattes schwerem Herzen und gegen Ende hin mit Heinz Rühmanns witzigem Kopf. Also, wenn er auf den Ämtern abgekanzelt wird, zeigst du seine Verliererseele. Wenn er das Amt in Köpenick selber abkanzelt, zeigst du seine Siegerseele. Denn du willst schließlich eine Verwandlung sichtbar machen. Der schwierige «Rest» heißt sowieso: Juhnke. Etwa so sagte ich es während einer Autofahrt vor den ersten Proben auch meiner Regisseurin Katharina Thalbach, der mit dem Stück ein «um Gottes willen, lieber Harald, nicht bedrückender *Schwank*» vorschwebte: «Kathi, wie soll einer nicht bedrückt und zu einem Schwank aufgelegt sein, der bald dreißig Jahre finsteres Loch in den Knochen hat, wenn er auf die Bühne kommt?! Nee, das Testament des ‹alten Fritz›, ein Schauspieler solle die meisten seiner Auftritte *müde* beginnen, dieses Testament muß ich bei meinem gedemütigten Sträfling ‹Willem› ganz besonders beherzigen.» Meine Chefin war mit der Rollenkritik ihres Sklaven bereits an der nächsten Ampel einverstanden. Ob es nach der Premiere auch Werner Krauss, Heinz Rühmann und Rudolf Platte waren? Merk-

würdig, die drei «Hauptmänner» hielten in ihren Himmelslogen einen vierten Stuhl neben sich frei. Keinen Barhocker,
wie ihn Werner Krauss vielleicht für sich und mich gewünscht hat, sondern einen Stuhl mit einem Kissen aus
blauem Samt. Das habe ich bei meinem Augenaufschlag
durch die Dachluke des «Maxim» genau gesehen. Nach
dem stürmischen Beifall des Publikums und mancher Kritiker zu urteilen, habe ich mir den Samtstuhl verdient. Ich
freue mich auf den wolkigen Hochsitz. So lange wird es
nicht mehr dauern.

Künstlerpech

Mein siebter Streich ist die Schleife auf dem kleinen Paket
meiner Streiche. Denn mit meinem siebten Streich schlüpfte
ich passenderweise in die wechselnden Kostüme eines Strol-
ches, der selber einen Streich ausheckte: einen der kurioses-
ten aller deutschen Zeiten! Das ist die eine Seite der Medaille meines «Köpenick». Die ebenso schöne andere Seite
ist – und ich wiederhole mich in diesem Punkt gern –, daß ich
als preußischer «Hauptmann» mit sechsundsechzig an meinen ersten Tatort zurückgekehrt bin: in das zum Maxim
Gorki Theater umgetaufte einstige Haus der Kultur der Sowjetunion, in dem ich 1948 mit gerade mal neunzehn als junger russischer Offizier zum ersten Male auf einer Bühne
stand; noch vor der Geburt der Bundesrepublik. Nach bald
fünf Jahrzehnten konnte ich mich so zum Anfassen «live»
wieder meinem Publikum im Berliner Osten zeigen; ohne
die vorübergehend gefährliche Mithilfe einer Westantenne.
Ich weiß, die deutsche Mauer hat schlimmere Trennungen
auf dem Gewissen als die zwischen mir und meinem Publikum. Darum nenne ich sie einfach: mein Künstlerpech.

Der «Hauptmann von Köpenick»:
Heinz Rühmann (1956) und Rudolf Platte (1960)

Harald Juhnke als « Hauptmann » im Maxim Gorki Theater

Unter dem Regiment des ostdeutschen Regisseurs Frank Beyer habe ich den «Hauptmann von Köpenick» im Frühjahr 1997 auch als Film gedreht. Am «dritten» Weihnachtstag 1997 wurde er im Ersten Programm vor großem Publikum ausgestrahlt, nachdem ihn am 31. August schon die wenigen Glücklichen mit dem «Schlüssel», die eine Million Abonnenten des Senders «Premiere», sehen konnten. Für Tennisfreunde unter meinen Lesern: Mit meinem Service als Theater- *und* Fernseh-«Hauptmann» habe ich den kleinen Grand Slam Heinz Rühmanns wiederholt, dem der Schuster Voigt auch zweimal gelang: nur zuerst im Film und danach im Theater. Aber es ist ja auch egal, ob einer zuerst in Wimbledon und dann bei den French Open im Finale steht. Noch am Drehort (als wir uns ein sogenanntes Muster ansahen), spürte ich bereits nach dem ersten Satz, den ersten dreißig Minuten des Films, daß ich mit meinem «Hauptmann» auch vor der Kamera in Hochform war. Wie mein Theater-«Köpenick» wurde auch mein Fernseh-«Köpenick» mit einer mehr als nur freundlichen Presse belohnt. Aus Gründen sportlicher Fairneß möchte ich erwähnen, daß ich meinen Erfolg nicht zuletzt einem hervorragenden Team verdanke. Denn sowohl im Doppel als auch im Mixed standen mir beim «Hauptmann»-Dreh meine beiden Lieblinge aus der deutschen Schauspielerfamilie als Partner zur Seite: meine «Tochter» Katharina Thalbach und mein «Sohn» Udo Samel. Als mein Trainer betreute mich mit Frank Beyer ein Regisseur, der zum Besten gehört, was die untergegangene DDR an den Strand gespült hat. So gehen berühmte Defa-Kinofilme zur deutschen Vergangenheit auf sein künstlerisches Konto. Zur braunen Vergangenheit drehte er die Filme «Nackt unter Wölfen»

(1962) und «Jakob der Lügner» (1975) nach dem Getto-
roman von Jurek Becker, in denen *der* DDR-Star Erwin
Geschonneck* und der heutige Hollywood-Aspirant Armin
Mueller-Stahl Hauptrollen spielen. Zur roten Vergangen-
heit drehte er den fünfundzwanzig Jahre lang verbotenen
Film «Spur der Steine» mit Manfred Krug – 1966 noch
ohne Glatze. Schließlich kommandierte er 1988 die ost-
west-deutsche Kriminalkomödie «Der Bruch», in der Götz
George und Otto Sander im zerbombten Berlin des ersten
Nachkriegsjahres den Tresor der alten Reichsbahn knacken.
Aber der Regisseur Frank Beyer, drei Jahre jünger als ich, ist
nicht nur ein sensibler Künstler. Er ist auch ein harter
Hund, ein Nick Bolletieri unter den Schauspielertrainern.
Das bekam ich bei den Dreharbeiten zum «Hauptmann»
nicht nur einmal zu spüren. Er kam morgens oft grußlos ans
Set, verließ es abends ohne Lob und ließ mich stundenlag
auf den nächsten Auftritt warten. Ergebnis: Wenn Frank
Beyer mir sagte: «Herr Juhnke, Sie drehen jetzt die nächsten Stunden durch» – dann drehte ich wirklich durch,
wenn auch manchmal anders, als er es gemeint hatte. Mein
versteckter Hader mit dem Regisseur war einem Journalisten aufgefallen, der meine (Durch-)Dreharbeiten an ein,
zwei Tagen beobachtete. Ich fragte ihn: «Ja, woher wissen
Sie denn, daß ich wütend war? Ich habe mir doch gar nichts
anmerken lassen! Sind Sie ein Hellseher?» Da überraschte
mich der Journalist mit der Antwort: «Im Gesicht haben
Sie sich nichts anmerken lassen. Das stimmt. Sie sind eben
auch in dieser Hinsicht ein guter Schauspieler. Aber Ihre

---

* Erwin Geschonneck war der «Hans Albers des Ostens». Ein Kommunist,
der sich nie vor den Karren spannen ließ und mit einem schweren Leben dafür
bezahlte. Für seine Rolle in «Jakob der Lügner» wurde er für den Oscar nominiert. Zuletzt sah ich ihn 1996 an seinem neunzigsten Geburtstag – beim
Signieren seiner Memoiren in den TV-Nachrichten.

Füße haben, glaube ich, Ihren Unmut verraten.» – «Meine Füße?» – «Ja, Ihre Füße, Herr Juhnke. Denn immer, wenn Herr Beyer Ihnen irgendwie unangenehm kam, turnten Ihre Zehenspitzen in Ihren Schuhen nervös auf und ab.» Hatte ich richtig gehört? Ich fühlte mich auf freundlichste Weise enttarnt, und es ging mir wie einem Menschen, der durch irgendeinen Geruch nach vielen Jahren plötzlich an Szenen aus seiner Kindheit erinnert wird. Denn mit nervös auf- und abturnenden Zehenspitzen stand ich schon vor meinem Vater, wenn ich mich, selten, ungerecht von ihm behandelt fühlte, oder vor meinem Lehrer, wenn er mich mit seinem Stöckchen in der Hand an die große Tafel zitierte. Ich war sicher, ein so aufmerksamer Beobachter, der mir auf die Finger guckt, indem er auf meine Füße schaut, schreibe für ein Weltblatt. Nein, er schreibt für eine kleine Zeitung im deutschen Süden.

Inserat

Mit einer Bitte schnüre ich das Paket meiner Streiche nun zu. Mit einer Bitte an eine findige Leserin oder gerne auch an einen findigen Leser: Am 11. Juni 1926 trat der gespielte Hauptmann von Köpenick zum ersten Male in deutschen Kinos auf: als Held eines Stummfilms! Der vergessene Siegfried Dessauer führte Regie, der vergessene Hermann Picha zuckte als trauriger Schuster über die Leinwand. Wer hat Lust, danach zu fahnden, ob die zappelnde Rarität noch erhalten ist? Ich brächte sie Werner Krauss, Heinz Rühmann und Rudolf Platte demnächst gern in die Himmelsloge mit.

Mit Pokalen gibt man nicht an. Doch man wird sie zufrieden erwähnen dürfen. Ich zünde mir also ein Zigärrchen an, federe umwölkt durch mein Haus, bremse im Wohnzimmer vor den Bücherregalen und inspiziere meine kleine Sammlung: den «Goldenen Vorhang», der dort seit 1978, und die «Goldene Kamera», die dort seit 1980 noch unter der Staubschicht glänzt; die «Goldene Europa», die sich erst zehn Jahre später hinzugesellte, und den «Deutschen Filmpreis» aus dem Jahr 1991; den «Bambi» (1992) und den «Ernst-Lubitsch-Preis» (1993); schließlich den «Telestar», den mir die ARD und das ZDF 1996 für gleich mehrere meiner sieben Leben verlieh. Ich kenne Kollegen, die bewahren solche Pokale demonstrativ bescheiden auf der Toilette auf – um dann auffällig unbescheiden täglich stundenlang dort zu verbringen. So weit gehe ich ausdrücklich nicht. Aber ich kann auch nicht sagen, daß ich meine Bambis und ihre goldigen Konsorten jeden Samstagnachmittag putzte und polierte – so wie einer meiner rührigen Grunewalder Nachbarn sein Mercedes-Cabrio. Wenn ich mich zu Hause manchmal an den Eßtisch unter dem chinesischen Baldachin setze und vaterseelenallein in meinen schönsten Erinnerungen bade, dann putze und poliere ich einen ganz anderen Schatz: mein Tafelsilber. Es wurde mir bereits anläßlich des allerersten meiner sieben Streiche vermacht, als ich John Osbornes «Entertainer» spielte. Sein Besitz aber macht mich noch stolzer als alle Pokale auf dem Bücherregal. Mein Tafelsilber nämlich sind Stimmen: die Stimmen mehr als nur geschätzter Künstlerkollegen.

Will Quadflieg:

Es ist schon einige Zeit her, lieber Harald, als wir uns in einer stürmisch-unruhigen Nacht in meiner Garderobe in der Münchner «Komödie» im «Bayrischen Hof» kennenlernten. Du warst tief in ein Gespräch mit meiner Frau versunken, der Du Deinen Kummer und Ärger über die Welt anvertrautest. Wir nahmen Dich dann mit nach Murnau, wo wir mit unseren Hunden ein großes Haus gemietet hatten. Du warst sprühender Laune und trugst uns fließende Reden und Conférencen in vielen Sprachen vor, die Du keineswegs alle beherrschtest, deren Grundduktus Dir aber völlig geläufig war – vor allem Dein Russisch war hinreißend und überwältigte uns. Es wurde eine unvergeßliche, feuchtfröhliche Nacht. Nachdem wir extrem spät ins Bett gefunden hatten, wurden wir frühmorgens durch Autohupen geweckt – und beobachteten, wie Du Dich aus unserem Gästezimmer abseiltest und durch den strömenden Regen über die Wiesen zu einem Taxi ranntest, das Dich zurück nach München entführte. Jahre später trafen wir uns in Hamburg in den «Vier Jahreszeiten» wieder, und Du eröffnetest mir, daß Du nun unbedingt wieder Theater spielen möchtest. Ich riet Dir, als erstes den «Entertainer» von Osborne zu spielen, der dann am Berliner Renaissance-Theater mit größtem Erfolg über die Bühne ging. Man erzählte mir, daß Du auf einer Tournee-Reise den Fahrer des Wagens gefragt hast: «Wo sind wir denn hier? In E.? Gefällt mir nicht, fahren Sie durch.» Um diese kurze und schnelle Reaktionsfähigkeit habe ich Dich immer beneidet, weil ich in ähnlicher Situation nie den Mut dazu gefunden habe. Nun bist Du also ein hervorragender Schauspieler und glänzender Conférencier – eine in Deutschland in dieser Qualität einmalige Kombination. Welch ein Vergnügen war es, mit Dir im Fernsehen die beiden alten Komödianten beim Abschmin-

ken nach einem Sketch Helmut Qualtingers zu spielen.
Herrlich! Obwohl wir uns leider nur selten sehen, sind wir
gute Freunde geworden.

Christiane Hörbiger:
Harald Juhnke ist für mich die explosive Mischung aus einem swingenden Vagabunden und einem Gentleman. Seinem Publikum gibt er sich ganz, mit Leib und Seele, mit
Herz und Hirn. Der Bogen seiner Vorbilder reicht von
Frank Sinatra bis Sir Laurence Olivier. Harald Juhnke ist
ein Aristokrat unserer Zunft. Und er ist ein Kavalier.

Ernst Schröder:
Er ist als Schauspieler ein Glücksfall an Musikalität. Noch
seine kritischen oder aggressiven Rollen tarnen sich gerne
als musikalische Unterhaltung. Am deutlichsten wurde das
bei seinem «Entertainer» in John Osbornes Stück: Juhnke
besang die dunklen Nachtseiten seines Berufes – scho-
nungsloser als alle seine Vorgänger. Chapeau!

Bernhard Minetti:
Harald Juhnke ist für mich ein großartiger Kollege. Leider
haben wir bisher noch nicht miteinander gespielt, aber was
nicht ist, kann ja noch werden. Er besitzt alle Voraussetzun-
gen zum großen Darsteller; er verfügt über den in unserem
Beruf so wichtigen Urtrieb, der ihn in die Lage versetzt,
Charaktere auf der Bühne mit Blut und Hirn auszufüllen,
ihnen Leben einzuhauchen, und er vermag auch den gefähr-
deten Menschen glaubhaft darzustellen – nicht zuletzt aus
eigener schmerzlicher Erfahrung. Er ist mit Selbstverständlichkeit ins klassische Fach hineingewachsen, in ursprüngli-
cher und natürlicher Art, wobei er auf der anderen Seite mit

seinem wunderbaren verführerischen Unterhaltungstalent, abseits oberflächlicher Leichtigkeit, ein wirklich echter Komödiant geblieben ist, von großem Wert für das Theater. Das unterscheidet ihn von vielen Kollegen, deren neidisches Geschwätz über ihn mich nicht interessiert. Wenn er lacht, lacht er, wenn er weint, weint er – und die Leute gehen mit. Er ist zu loben und zu lieben. Er ist ein Künstler und ein Mensch, als solchen sehe ich ihn. Wenn andere das nicht so sehen, tun sie mir leid, sie verstehen ihn nicht. Er hat es nicht nötig, Sensationslüsternheit zu stillen. Er soll spielen – das allein zählt. Und er soll mich wieder zum Geburtstag besuchen.

Hardy Krüger:
Das Leben dieses Harald Juhnke gibt dem Dichter recht: Je älter er wurde, desto besser ist er geworden. Jetzt sagt er, daß er Shakespeare spielen muß, will, möchte. Recht hat er. Ich bin begierig auf den Abend. Werde zwischen allen Leuten unten sitzen. Ihm eine Karte in die Garderobe schicken. Hals- und Beinbruch, alter Junge!

Herr Thoma

Wer weiß, vermutlich gibt es «neidische Kollegen», die für dieses Tafelsilber Geld bezahlen würden. Auch ich habe es nicht geschenkt bekommen, ich habe es mit meiner Arbeit bezahlt. Wenn aber selbst die Ohrwürmer aus dem Munde gönnender Kollegen mich manchmal nicht vor Depressionen schützen; wenn selbst diese mir schmeichelnde E-Musik verstorbener Schauspielerlegenden wie Ernst Schröder und gottlob noch lebender wie Bernhard Minetti mich manchmal nicht davor bewahren, zu stolpern und in mein graues Loch zu fallen, dann suche ich Trost bei Herrn Thoma! Ich weiß zwar nicht mehr, welcher Herr Thoma es war: der Skispringer, der bayrische Dichter oder der RTL-Boß. Aber einer dieser unterhaltsamen Herren hat über das verwirrende Dreieck zwischen dem Künstler, seinen Kritikern und seinem Publikum einmal verkündet: «Der Köder muß nicht dem Fischer, sondern dem Fisch schmecken.» Ich bin in der glücklichen Lage, sagen zu können, daß meinen Publikumsfischen meine Köder seit nun fünfzig Jahren ganz gut schmecken: die «mageren» U-förmigen ebenso wie die «fetten» E-förmigen. Und wenn, was nur selten vorgekommen ist, mal ein ungenießbarer Käfer an meinem Angelhaken zappelte und meine Fischlein nicht so recht danach schnappen mochten, erinnerte ich mich des Rats meines geliebten Großvaters, des Bäckermeisters aus Frankfurt an der Oder: «Sei nicht traurig, Bub. Wenn du Ärger hast, spül ihn runter.»

« Haltet die Presse ! »

Zilles Milieu

AUF DER REISE von Amerika nach Deutschland verwandelt sich alles und jedes in kleine Münze: vom Dollar bis zur Prominenz. Mir reicht, in beider Hinsicht, die kleinere Silbermünze Deutschland und der Groschen Berlin. Ich bin mit Zilles Milieu, wenn auch schon lange nicht mehr mit dessen Hinterhof, quasimodo so verwachsen, daß ich mich daran freuen kann wie Bolle. Ich mag die schnoddrigen Berliner, die dir nichts so schnell übelnehmen und auch sonst meist die Kirche im Dorf lassen. Mich stört sogar der ohrenbetäubende Lärm am Potsdamer Platz nicht, den uns die Beerdigung der DDR und die Architekten des 21. Jahrhunderts beschert haben. Zu einer Stadt, die sich zur Metropole mausert, gehört nun mal Metrogepolter. Ich kriege das staubige Gedonner der Bagger und Kräne ohnehin nur mit, wenn ich mich zum Maxim Gorki Theater am Festungsgraben im Osten fahren lasse. Ist das der Zynismus eines Verwöhnten, der inzwischen im Grünen lebt? Der Potsdamer Platz und seine Zumutungen für seine Bewohner sind ja nur das lauteste Symbol für die alten und neuen Depressionen der Menschen in der Stadt. Es sind die Autofahrten zum Maxim Gorki Theater, die mir Zeit verschaffen, darüber nachzudenken. Wieso gerade jetzt, so kurz vor der Verkleidung zum «Hauptmann von Köpenick»? Muß der Darsteller auf dem Rücksitz nicht ins Textbuch linsen?

Nicht eine Sekunde. Zwar ist mein Gedächtnis sonst wie ein Sieb, durch das der Alltagskram kieselt. Aber der liebe Gott hat mich seit meiner Schulzeit mit der Begabung gesegnet, ein einmal gelerntes Stück auch noch nach Monaten ohne den geringsten Patzer parat zu haben. Beim «Hauptmann» ließ mich mein fotografisches Auge sogar nicht im Stich, nachdem ich 1996 auf einer Intensivstation zwischenzeitlich dem Tode nahe war. Irgendwann sollte ich mich mit dem ersten Kirchgang meines Erwachsenenlebens einmal dafür bei meinem Heiland bedanken. So kommt mir auf der Fahrt zum Theater durchaus schon der Gedanke: Im roten Wedding flügge geworden, war dir der gepflegte Berliner keineswegs an der Wiege gesungen. Nun spielst du den armen Wilhelm Voigt gleich auch vor Besuchern, die dich an die eigene Kleine-Leute-Herkunft erinnern. Die da mit Kind und Kegel in zwei Zimmern wohnen müssen, wo du nur noch vorbeirauschst. Das sind die Leute, die nicht in Zilles Milieu, sondern in Zilles Milljöh zu Hause sind. Und die sich die Eintrittskarte für deine Vorstellung womöglich von der Butterstulle absparen müssen. Ich betrachte mich in den Gesichtern mancher Zuschauer wie in einem Spiegel – und sehe einen Kerl auf zwei ungleichen Beinen: Mit dem einen schlurfe ich immer noch durch den Wedding, mit dem anderen stolziere ich durch den Grunewald. Mag sein, daß dieser lebenslange Zweiweltenspagat erklärt, warum ich mich künstlerisch so intensiv nach gebrochenen Figuren dränge.

Rotlicht

Der «Hauptmann» marschiert kraft seiner geborgten Autorität ins Köpenicker Rathaus, entwendet viertausend Barmark aus der Amtskasse, läßt zwei Millionen an Wertpapieren achtlos liegen, stellt sich der Polizei, wird in Handschellen vorgeführt – und nimmt den Beifall der vierhundert Zuschauer im plüschigen Maxim Gorki Theater entgegen. Dann entledigt sich Wilhelm Voigt nach dem letzten Vorhang seines Kostüms, wird abgeschminkt und fährt als Harald Juhnke zurück in den Grunewald: Dort vertauscht er die eben noch getragene Uniform mit seinem Bademantel. Bis zum nächsten Überfall in Köpenick schleicht er sich oft herrlich unrasiert durch sein Haus und lauscht dem Vogelgezwitscher im Garten. Aber seinen Platz an der Sonne verfinstern auch gelegentlich Schattengestalten. Sie zwitschern nicht so anmutig wie die Blaumeisen, sie hacken auf ihn ein wie Krähen. Ja, meine Damen und Herren, Sie lesen richtig: Ich nehme die journalistischen Dunkelmänner (und -frauen) ins Visier meiner Taschenlampe, die bei mir ohne Einladung und auch ohne triftigen Grund Sturm läuten. Nicht mit *der* Presse also fechte ich mein Sträußchen aus, auf ihre Kanalarbeiter richte ich meine Funzel. Harry Juhnke weiß da sehr sensibel zu unterscheiden. Er trennt ja auch bei *seiner* Arbeit dummes Zeug von gelungener Kunst. Die Neigung mancher meiner Kollegen, sich über *die* Presse zu beklagen, wenn sie einmal verrissen wurden oder dort sonst in ungünstigem Licht erscheinen, halte ich nicht nur für selbstgerecht, sondern auch für ein Gefecht gegen Windmühlen. Denn wogegen sie tränenselig oder wutentbrannt wettern, das existiert so pauschal und handlich gar nicht. Ich kenne fabelhafte Journalisten bei fabelhaften Zeitungen, die noch fair bleiben, wenn sie unangenehm kritisch über mich und meinesgleichen urteilen. Na und, vielleicht haben wir es verdient. Lieber eine kluge Polemik als ein dummes Lob. Und ich kenne Söldner mit Notizblock und Kugelschreiber, die sich an Menschen vergreifen. Die gegen ein paar schnelle Silberlinge sogar die eigene Mutter verraten und verkaufen würden. Die ihre Schreibmaschine mit einem Schreibmaschinengewehr verwechseln. Wer sind diese Leute von der Balkenfront? Einem Vertrauten, der nicht zu Übertreibungen neigt, hat einer dieser Balkenesen neulich die harten Gesetze seines Jobs erklärt: Über die Verbrechen des belgischen Kinderschänders Marc Dutroux möge er im stillen Kämmerlein entsetzt sein und sich privat die Haare zerraufen. Aber wenn er in die Redaktion gehe und die scheußlichen Nachrichten aus dem Fernschreiber tickerten, dürfe er sich von seinen privaten Gefühlen nicht beirren lassen. Ganz im Gegenteil: Das «kranke Monster» und dessen Taten seien ein «willkommener Knaller», der ihm eine «geile Schlagzeile» und das Schulterklopfen seines Vorgesetzten einbringe. Bei Erdbeben, Flugzeugabstürzen und Attentaten drehe sich sein buntes Karussell nicht viel anders. Ja, selbst Hungersnöte könnten den fieberhaft gesuchten «Appetizer» liefern. Sein Blatt brauche eben täglich «Kracher», die sich am Kiosk verkaufen ließen; und gruselige Elendsstorys verkauften sich bekanntlich wie «frische Brötchen». Darüber freue er sich natürlich. «Freue ich mich», hat er gesagt – und sprach von Appetizern und frischen Brötchen in einem Atemzuge mit den Hungersnöten. Mein Vertrauter kommentierte ihn entwaffnend: Das Makabre sei, der Mann habe sogar recht. Ihm persönlich sei kein Vorwurf zu machen. Er sei nur die Schachfigur in einem System, in dem gewisse Blätter nicht anders als das neue Persil angepriesen werden – angepriesen werden *müßten* im Dschungel der lauernden Konkurrenz. Nicht erst seit dieser Unterhaltung, auch schon vor ihr bin ich aus eigener Erfahrung mit der Presse, aus guter ebenso wie schlechter, skeptisch gewesen, wenn jemand mir seinen Ausweis präsentierte und «Journalist» oder «Journalistin» darin stand. Ich konnte es einfach nicht ändern, ich sah dann sofort das

Türschild «Masseur» oder «Masseuse» vor mir. Das Türschild kann eine recht ehrenwerte und eine recht zwielichtige Berufsausübung verheißen: eine, die deinen Muskeln guttut, und eine, die sie erschlaffen läßt. Du weißt nie, ob du auf dem Streckbett eines seriösen Orthopäden oder dem Lotterbett des Rotlichtbezirks landest. Den Luxus dieser gerechten Differenzierung leiste ich mir nicht nur für die schreibende Zunft, sondern auch für die Massagepraxis des Fernsehens. Als ein in beiden Mediensalons häufig durchgekneteter Patient.

Die Ohrfeige

Wer kein «Monster» ist, muß zwei andere Kreaturen auf die Waage bringen, um die ungebetene Aufmerksamkeit der Sensationsjournale oder der surrenden Kameras hinter dem Gebüsch zu erregen. Er muß nur prominent genug sein, und ihm muß es dreckig genug gehen. In den ersten Januartagen des Jahres 1996 ging es mir dreckig. Als ich im Morgengrauen um sechs von einer Zechtour in die Lassenstraße zurückwankte, war ich zwar kein Flugzeugabsturz, sah aber ungefähr wie einer aus. Auf diese Weise gingen alle «journalistischen» Wünsche der Dame in Erfüllung, die mit ihrer Kamera offenbar eine frostige Nacht lang auf mich gewartet hatte. Nicht etwa vor dem Eingang meines Hauses, wohlgemerkt hinter ihm im Vorgarten. Ihre Kamera unablässig in Augenhöhe, stellte sich die Dame als Mitarbeiterin des RTL-«Explosiv»-Teams vor und erkundigte sich mit fadenscheiniger Anteilnahme: «Was ist los mit Ihnen, Herr Juhnke?» – «Sehen Sie das nicht? Knipsen Sie Ihr Rotlicht aus. Dann will ich die Sache hier übersehen.» – «Welche Sache?» – «Ihren Hausfriedensbruch, meine Schöne!» – Da trat die Dame, nennen wir sie ruhig weiterhin so, einen Schritt zurück und «schoß» mich erst recht genüßlich «ab», wie das in der Trophäensprache ihrer Kreise wohl heißt. Ich setzte mich zur Wehr: «Explosiv», konterte ich, «von ‹Explosiv› kommen Sie? Passen Sie mal auf, wie explosiv ein Betrunkener sein kann, der so nicht gefilmt werden will.» Ich fiel mehr gegen ihre Kamera, als daß ich sie ihr über die Schulter stieß. Dabei fuhr meine Hand aus der Manteltasche und verrutschte zu einer Art Ohrfeige. Nach meinem Hausschlüssel mußte ich danach nicht wie Melchior nach der Krippe suchen. Denn nun begünstigte mich die Dreistigkeit, daß mein Garten an jenem 6. Januar illuminiert war. Nicht mit Dreikönigslaternen. Mit Fernsehlampen, wie sie um des hellen Bildes willen nötig sind – bei finsteren Aktionen.

Böser Bube

Die Heiligen Drei Könige waren mir gründlich verdorben, und die Dame hatte ihren heiligen «Skandal». Nun wäre an diesem Feiertag ja eine journalistische Kultur denkbar gewesen, in der man meine Erregung diskret behandelt hätte. Zumal sie nur die unbeholfene Quittung für eine alles andere als unbeholfene, sondern kalkulierte Provokation war. Dann wäre ich bereit gewesen, die Messer nicht länger zu wetzen, und hätte versöhnlich geknurrt: Beim Stern der Weisen – die Dame und ich, wir hatten wohl beide unrecht. Doch was sehe ich in der nächsten «Explosiv»-Sendung? Die Verfilmung des «Skandals», die einseitige Verfilmung: meine Hand auf der Wange der Dame. Da die Lady aber nicht gleichzeitig hatte lachen und weinen können, konnte sie die Szene auch nicht selber festgehalten haben. Also mußten noch andere «Mitarbeiter» nächtens auf der Pirsch nach mir gewesen sein. Womöglich hatten sie insgeheim darauf gelauert, es werde justament zu jenem Ausrutscher kommen, über den sich die «Explosiv»-Moderatorin («Mein Name ist Barbara Eligmann») dann mit blondem Entsetzen verbreitete. Sie rang vor ihrem Publikum nach vielen Worten, nur nach keiner Silbe, die Ursache und Wirkung des «Skandals» ins Lot gebracht hätte. Ausgerechnet diese eisige Moderatorin, deren Sendung nicht gerade dafür gerühmt wird, daß sie die Intimsphäre schützt, schwang sich zur Anwältin des privaten Respekts auf. Sie verschwieg die Hälfte der Wahrheit dabei so überzeugend cool, daß ich anderntags in manchen Gazetten der böse Bube war. Ich saß in meinem Fernsehsessel und dachte: Wie in aller Welt müßte sich Otto Normalverbraucher an meiner Stelle fühlen, wenn man ihn derart «explosiv» an die Litfaßsäule knallte? Otto N. und Erika Musterfrau, denen anders als mir nach solchen Verletzungen keine Lautsprecher zur Verfügung stehen, mit denen sie die Affäre zurechtrücken können? Die kein mißtrauischer Journalist um die Auskunft bittet: Geben Sie die Kabalen doch einmal aus Ihrer Sicht wieder! Oder denen niemand den Rücken stärkt, wie mir Dagobert Lindlau den Rücken stärkte. Der bekannte Fernsehreporter und, ich kann's nicht ändern, Autor eines Buches über die Mafia, schrieb mir einen Brief. Die «Hör zu» veröffentlichte diese freundliche Post an mich doppelten «Prügelknaben der Nation».

Goldene Kamera

Als ich Monate später, mit der ebenfalls dekorierten Moderatorin, zu der vom Fernsehen übertragenen Verleihung der Goldenen Kamera ins Schauspielhaus am Gendarmenmarkt eingeladen wurde, kramte ich den Brief erneut aus der Schublade und zögerte: Durfte ich die erfreuliche Ehrung überhaupt akzeptieren? Denn die Moderatorin hatte nicht nur meine Backpfeife beim Dreikönigstreffen im Garten, sondern auch Dagobert Lindlaus Brief postwendend als «widerlich» abgekanzelt. Ich hätte mit meiner Absage ein Zeichen setzen können. Vielleicht war ich zu feige. Vielleicht reizte es mich aber auch, einem alten, großen «Griechen», einer jungen, großen Amerikanerin und einem nicht minder gutsortierten französischen Weinbauern zu begegnen: Anthony Quinn («Alexis Sorbas»), Jodie Foster («Das Wunderkind Tate») und Gérard Depardieu («Danton») nämlich wurden an diesem Abend ebenfalls mit der Goldenen Kamera ausgezeichnet – gemeinsam mit dem wunderbaren Ulrich Tukur (ehedem «Hamlet») und eben Barbara Eligmann (permanent «Explosiv»). So geriet ich während der Zeremonie immerhin in den Genuß einer einmaligen Kuriosität: Anthony Quinn und die Moderatorin mit ähnlich funkelnden Oscarlis auf dem Schoß. Den Brief Dagobert Lindlaus in der Rocktasche wie einst Brutus den Dolch im Gewande, kam mir die Paarung so vor, als habe die Jury der Goldenen Kehle eine Schlagermieze aufs selbe Siegertreppchen wie Placido Domingo hüpfen lassen.

Der freundliche Brief

Lieber Herr Juhnke, wie kennen uns nicht. Trotzdem meine allerbesten Wünsche. Hoffentlich stehen Sie es durch. Wie schwer das ist, kann ich mir gut vorstellen. Sollten Sie es einmal nicht schaffen, bleibt Ihnen neben vielem anderen sicher eine gute Tat angerechnet: die längst fällige Ohrfeige.

Es gibt Indiskretins, mit denen man viel anders nicht kommunizieren kann. Nein, ich bin kein Weiberfeind, und gegen RTL habe ich auch nichts. Wohl aber gegen eine Journaille, die vom Elend lebt.

Unter-Haltung

Ein Kalenderspruch des klugen Arthur Schopenhauer geht mir nicht mehr aus dem Kopf: Die Zeitung ist der Sekundenanzeiger der Weltgeschichte. Würde der giftige Weisheitszahn aus Danzig heute vor einem Kiosk stehen, hätte er sein gelungenes Bild wahrscheinlich ergänzt und gelästert: Je billiger eine Zeitung ist, desto unermüdlicher stellt sie ihre Uhr auf private Geschichten und Geschichtchen ein. Mit meiner Abneigung gegen diesen Klatsch breche ich nicht nur für mich selbst eine Lanze, sondern für manche, deren Vergehen es ist, ihren Beruf vor einer Kamera auszuüben. Als Deppen kommen wir nämlich nur davon, wenn uns der Uhrzeiger günstig ist. Zu schlimmeren Zeiten werden wir ans Kreuz genagelt. Mir sind schlimmere Zeiten seit dreißig Jahren immer wieder passiert; und wenn ich die Kreuzigungen auf den Balken der Boulevardpresse lückenlos herbeten sollte, müßte meine Autobiographie mit einem Registerband erscheinen. Allein die ersten beiden Quartale des Jahres 1996 füllten ein stattliches Supplement. Natürlich, ich lebe nicht auf dem Mond, das ist überall in der Medienwelt so. Darum stimmt auch meine Behauptung nicht ganz, auf der Reise von Amerika nach Deutschland verwandle sich alles und jedes in Zwergenmaß. Denn der Klatsch tritt auch bei uns als ein die Privatsphäre durchstiefelnder Riese auf. «Die barfüßige Gräfin» Ava Gardner, die zweite Ehefrau Frank Sinatras, hat sich über dieses gläserne Leben einmal beklagt: «Selbst an den belanglosesten Dingen, die wir machten, weidete sich der stets präsente Schwarm von Reportern und Fotografen wie die Bienen an einem Honigtopf. Es ist so leicht dahingesagt, daß dies eben der Preis ist, den wir für unseren Ruhm bezahlen, aber es ist schon eine verdammt große Zumutung, wenn man sich damit abfinden muß, daß man nicht einmal mehr ins Badezimmer gehen kann, ohne es tags darauf in den Schlagzeilen zu lesen.» Ehemann Frankie Boy äußerte sich weniger vornehm. Sinatra erwehrte sich einer lästigen Journalistin im amerikanischen Fernsehen einmal mit den goldenen Worten: «Mein Büro hat recherchieren lassen. Sie waren schon als Kind so häßlich, daß Ihre Mutter Ihnen einen Knochen um den Hals binden mußte, damit wenigstens die Hunde mit Ihnen spielten.»

*

Nichts gegen Unterhaltung. Damit verdiene ich selber mein Geld. So sollen getrost auch die bunten Blätter reich damit werden. Aber steckt in dem Wort nicht auch – Haltung? Ich war im Frühjahr 1996 in der Sensationspresse auf Fotos zu sehen («Das Drama: Die Augen auf halbmast»), die jeder andere, wäre er auf ihnen abgelichtet, zerrissen hätte. Ich fand mich auf den Titelseiten mit Interviews wie diesen wieder: «Wo ist Ihre Frau Susanne?» – «In Paris. Ja, sie liebt mich nicht. Sie ist nicht zu meiner ‹Köpenick›-Premiere gekommen, aber zur ‹Goldenen Kamera›. Ihr war es wichtiger, was für eine Klamotte sie trägt, als daß ich ausgezeichnet wurde. Sie wollte sich in meinem Ruhm sonnen. Ich weiß nicht, ob sie in Paris einen Lover hat. Das ist mir auch egal. Ich könnte tausend Frauen haben.» – «Sie wollten Ihre Frau doch besuchen?» – «Nee, jetzt nicht mehr. Ach, die

Kleene [Christiane, achtzehn], die hat mich geliebt. Ich hätte es wie der Konstantin Wecker machen sollen. 'ne Junge suchen und heiraten. Der ist jetzt glücklich.»

Schiefes Mitleid

Das sind nur vergleichsweise zarte Blättchen aus einer verwelkten Blütenlese. Und wie steht es um ihre Wahrheitsfrische? Nenne ich einen geschätzten Kollegen «glücklich», den das Kokain in den Knast zu bringen drohte? Mir ist nicht mehr in Erinnerung, ob bei diesem «Interview» ein Tonband lief, ein von mir zugelassenes oder ein verstecktes unter dem Kostüm. Also weiß ich auch nicht, ob ich meine Frau tatsächlich so vorgeführt habe. Denn ich war nicht nüchtern. Vielleicht hat die Journalistin, mit der ich bei früheren Gesprächen wie ein Herz und eine Seele war, genau darauf spekuliert. Sie wußte, was immer ich zu dem gedruckten «Interview» anschließend sage, das Kind war in den Brunnen gefallen, und ich würde kein Jota dementieren können. Haltung nach unserer Unterhaltung wäre gewesen, die beschwipsten Schnoddrigkeiten eines angeblich gehörnten Ehemannes nicht eins zu eins zu nehmen – und sich nicht in meine Partnerschaft zu mischen: indem man sich mit mitleidig schiefem Kopf besorgt um sie gibt und hinter der Profimiene nur einen Keil in sie zu treiben versucht. Mit dem Schlagzeilenhämmerchen, das bei mir zu Hause begreiflicherweise anders einschlägt als bei den Millionen unbeteiligter Leser. Aber meine Schnoddrigkeiten wurden eins zu eins genommen, und ich Esel bin daran keineswegs schuldlos. Denn wie es bei der seriösen Presse guter Brauch ist, hätte ich auch bei der bunten darauf beharren sollen, das trübe «Interview» bei klarem Verstand noch einmal zu lesen. Ich hätte die Veröffentlichung meines Stammtischpalavers niemals genehmigt. Erst durch meinen entschiedenen Bleistiftstrich aber wäre es wahr geworden!

Haltet den Dieb!

Nach einer meiner schwersten Lebenskrisen lag ich im März 1996 in einem Berliner Hospital. In diesen Wochen wurde ich im Dämmerschlaf darüber aufgeklärt, daß die Berufskleidung besonders eifriger Spione der bunten Presse gelegentlich der Arztkittel und die Schwesterntracht sind. Nur hat das blendend weißgekleidete Personal dann das Stethoskop mit einem kleinen Spickzettel oder Laptop und die Spritze mit einem noch kleineren Fotoapparat vertauscht. Oder wie sonst konnte damals in einem deutschen Massenblatt zu lesen sein, ich sei auf der Intensivstation des Martin-Luther-Krankenhauses wie ein Wahnsinniger mit beiden Händen und Füßen an mein Bett «gefesselt»? Mein Leibarzt, Dr. Djawad Moschiry, ist jedenfalls nicht dafür bekannt, daß er sein Honorar durch Indiskretionen aufbessert. Ich rede also nicht davon, daß diese Randalierer-Story so nicht den Realitäten entsprach und aufgebauscht war. Ich rede davon, daß sie «gestohlen» wurde – aus einem Krankenzimmer. Seitdem mache ich mir zuweilen Gedanken darüber, wer der Dieb an meinem Bett gewesen sein könnte. Irgendwo liest er das hier jetzt. Vielleicht hält er sich sogar in meiner Nähe auf, und ich begegne ihm zweimal die Woche. Dann sollte die Spürnase wissen, daß auch ich Detektive anheuern könnte: Columbos im Knittermantel, die so was gerne herausfänden. Mein väterlicher Freund Hans Albers, du seliger Draufgänger und Trunkenbold, erinnerst du dich noch, was du dem Schnösel Harry Juhnke alles beigebogen hast: für die Kunst und fürs Leben? Genieße deinen Promi-Himmel, hoch über der Hölle, in der die Paparazzi schmoren werden. Denn einen so verwegenen Harlekin wie dich hätten sie nicht alle vierzehn Tage, sondern täglich in ihre Schaufenster gestellt. Hättest du dich dann mit Meister Brecht darüber hinweggetröstet, der deinen «Liliom» über den grünen Klee gelobt hat? Diese grandiose Karussellfigur, die etwa genausoviel auf dem Kerbholz hatte wie du selber im richtigen Leben? Alter Kumpel, wohl kaum. Die Feuilletonisten, sicher, sie würden vor deinem «Liliom» auch heute ihre Hüte ziehen. Doch deren bunte Kollegen feierten ihn allenfalls unter Vermischtes ab. Im Kino wäre das: der Rasiersitz. Ich kann ein Lied davon singen, lieber Hans, mir ist es mit meinem «Hauptmann» in den bunten Blättern nicht anders ergangen. Nein, sie reißen sich am liebsten um uns, wenn wir stolpern. Dann müssen wir uns nicht mit dem Rasiersitz begnügen, dann reservieren sie uns ihre Loge. Und einer wie du? Dir hätte es wenig genützt, wenn du nach ein paar Stolperrunden zuviel durch dein St. Pauli wieder ganz der alte: wieder prächtig beieinander und über dem Berg gewesen wärest.

Nicht schießen!

Ich nämlich war im August 1996 nach ein paar Stolperrunden zuviel längst wieder über dem Berg. Ich hatte ungezählte Male pünktlich Theater gespielt: an über zwanzig Tagen eine anstrengende Bädertournee absolviert, von Sylt bis Rottach-Egern, mit einem abendlich zweistündigen Chansonprogramm, und dabei einem Filmteam von «Spiegel TV» Rede und Antwort gestanden. In einem Artikel über «Kranke Stars – die Angst vor der Versicherung» hat das eine deutsche Sonntagszeitung aber nicht daran gehindert, ein sechs Monate altes Foto von mir aus dem Archiv zu kramen und es wie ein Ganovenbild zu präsentieren. Was heißt Ganove? Mit wildem Haar und wirrem Gesicht gucke ich auf dem Foto wie ein «Irrer» aus der Wäsche – wie Jack Nicholson «auf alt» im Film «Einer flog über das Kuckucksnest». Ich meine das ausnahmsweise gar nicht so lustig, wie es klingt. Mir ist auch nicht nach Lachen, wenn ich mir die Zeitungsseite jetzt noch einmal vorknöpfe und dort Will Quadflieg abgebildet sehe. Nicht als König Lear, sondern mit Sechstagebart in einer Kissenburg, vermutlich ebenfalls im Hospital. Da hatte Will Quadflieg es sich mit seinen gerade mal einundachtzig Jährchen doch allen Ernstes erlaubt zu erkranken. Was für eine Sensation! Erst auf den zweiten Blick erfährt der interessierte Leser, daß es «die Niere» ist. Auf den ersten Blick wird er mit der Tatütata-Schlagzeile «Alkohol, Psychomacke, Herzprobleme» um Achtung gebeten – gleich neben Quadfliegs Foto. Als rase ein Blaulicht durch die Zeitung. Man wird sich fragen dürfen, wer hier die Psychomacke hat: die «kranken Stars» oder die kerngesunden Redakteure? «Nicht auf Invaliden schießen!» lautet seit 1914 eine Bitte des Roten Kreuzes. Mein Großvater, der Bäckermeister, hat sie mir früh vererbt. Natürlich, der Vergleich hinkt wie alle ein bißchen: Doch wenn ich die «zivilen» Schützenfeste auf Kosten seines manchmal invaliden Enkels Revue passieren lasse, *ohrfeigt mich* der Eindruck, daß unsere Presseartillerie die barmherzige Devise in den Wind geschlagen hat.

Schmutzige Wäsche

Meine Frau Susanne wolle sich in meinem Ruhm sonnen – soll ich einer Interviewerin also in ihren Notizblock diktiert haben. Ich behaupte nicht nur, ich kann förmlich beweisen, daß das hanebüchener Unsinn ist. Denn gerade Susanne könnte, wenn sie nur wollte, ihr Rad in der Klatschpresse pausenlos schlagen. Sie müßte dazu nicht einmal mit dem Finger schnippen. Wir alle kennen das unappetitliche Spielchen ja zur Genüge: Die Partner berühmter Leute waschen vor neugierigem Publikum schmutzige Wäsche, gegen durchaus appetitliche Dukaten. Meine Frau war für solche «Enthüllungen» nie zu haben. Sie hat aus dem bunten Ruhm ihres Mannes zu keiner Zeit Kapital geschlagen. Sie hat die Einladungen der Klatschpresse, zu meinem Nach- und ihrem Vorteil auszupacken, im Gegenteil regelmäßig abgelehnt. Wie eine tibetanische Gebetsmühle: Nein danke, wir brauchen nichts! Als hätte sie es mit Schnürsenkelvertretern oder passender: mit Messerschleifern an der Haustür zu tun. Dabei sind ihr erkleckliche Sümmchen geboten worden: Wie ist Ihr Harald privat, Frau Juhnke? Wie schaffen Sie es, mit ihm zu leben, Frau Juhnke? Nur einige Hinweise, wir werden uns nicht lumpen lassen. Hier, bitte, ist das Honorarangebot, Frau Juhnke. Aber dafür erwarten wir natürlich etwas. Also, wenn Sie so freundlich wären und nicht nur Süßholz raspeln, Sie entschuldigen die saloppe Wortwahl. Wir denken, daß Sie uns gegen unser gutes Geld schon den einen oder anderen Einblick gewähren sollten. Frau Juhnke, sagen wir mal so: Sie müßten doch eigentlich hin und wieder unglücklich sein – an der Seite Ihres geschätzten Mannes. Und wenn Sie wider Erwarten glücklich sind, dann muß das für unsere Leser schon überzeugend klingen. Denn wir kämen mit Ihnen selbstverständlich ganz groß raus. Auf Seite eins, wo sonst, das wäre «Ehren»sache. Apropos raus: Wir haben Stylisten für Ihr Outfit, Visagisten für Ihr Make-up und zwei unserer heißesten Fotografen dabei. Unsere halbe Mannschaft wartet vor Ihrem Gartentor schußbereit im Wagen. Also, wie wär's? Wünschen Sie Cash, Scheck oder Überweisung? – So ungefähr funktioniert das. Susanne ist in all den Jahren von der Klatschpresse mit einem solchen Sterntalersegen angelockt worden, daß sie sich, und mir, in ihrer Lieblingsstadt Paris davon eine luxuriöse Zweitwohnung hätte zulegen können. Doch sie hat nicht einmal mit der Wimper gezuckt. Vor eine Kamera ist sie aus freien Stücken meines Wissens nur einmal gegangen: für einen zweistündigen Fernsehfilm zu meinem fünfundsechzigsten Geburtstag. Michael Strauven, der Autor und Regisseur, konnte nicht mit Scheinen winken, er brachte Vertrauenswürdigkeit mit. Aber selbst dieser sympathische Filmemacher hatte monatelang seine leise Mühe, sie zu den zwei Sendeminuten zu überreden. Zum Minnesänger fehlt mir der Tenor, ich sage es auf meine Weise: Nicht nur für ihre Fairneß, aber auch dafür liebe ich meine Frau. Nein, wenn es zwischen Susanne und mir etwas auszufechten gäbe, dann wäre es nicht der Presserauch. Es wären: meine Zigarren! Susanne mag es nämlich nicht so gerne, wenn ich zu Hause die Bude verqualme. Drum muß ich die Montecristo sommers im Garten spazierenführen und mich winters mit ihr in meinem Zimmer verbarrikadieren. Es gibt schlimmere Ehekriege. Dennoch wünsche ich mir zum Erscheinen meines Buches das Lutschbonbon: Freies Paffen für den freien Bürger – in den freien Zimmern seines freien Hauses.

Los Angeles
1997

«Ich bin Gott»

In einem Alptraum stelle ich mir vor, der Teufel klopfte an meine Tür. Er trüge einen riesigen Sack auf der buckligen Schulter und entledigte sich der schweren Last auf dem großen Tisch unter dem Baldachin meines Wohnzimmers. Die Kalender der vergangenen Jahrzehnte purzelten heraus. So, würde der Teufel mich nun befeuern: Reiße aus diesen Kalendern unter deinen zahlreichen unrühmlichen Tagen einen einzigen heraus, den du am liebsten ungeschehen machen möchtest. Ich risse ohne zu zögern den 2. Februar 1997 vom Blatt. Den 2. Februar 1997 in Los Angeles, wo ich nach einer wahrhaft teuflischen Flasche Whisky auf dem Hotelzimmer an der Bar einen schwarzen Wachmann beleidigt, eine amerikanische Touristin belästigt und meinem Sohn Oliver in der Aufregung eine geklebt habe. Keine Leserin und kein Leser soll glauben, daß es mir leichtfiele oder sogar Spaß machte, diese für mich ungünstigen Wahrheiten hier festzuhalten und sie damit einer langlebigen Flaschenpost zu übergeben. Aber ich veröffentliche meine Memoiren nicht, um mir möglichst kleidsam eine blütenweiße Weste zuzulegen. Das habe ich bisher nicht getan, und das werde ich auch jetzt nicht tun, wenn ich den amerikanischen Nachmittag aus meiner Sicht schildere.

*

Nach dem Start des Flugzeugs in Frankfurt wirbelte mir die Vorgeschichte meiner Reise nach Amerika noch einmal durch den Kopf: Der Programmdirektor des Fernsehsenders «Premiere» hatte sich bei einem Besuch in meinem Grunewalder Haus ursprünglich von meinem alten Herzenswunsch anstecken lassen. Ich wollte Frank Sinatra zum ersten und letzten Male begegnen, um dem Helden meiner sieben Leben einfach nur «Hallo» zu sagen oder bei sehr viel Glück sogar ein Lied mit ihm zu singen. Für die deutschen Fernsehzuschauer, vor allem aber für meine noch nicht geborenen Enkelkinder sollte das ungleiche Gipfeltreffen in einem Kurzfilm verewigt werden. Doch der Programmdirektor und ich erwachten bald aus unseren Träumen. Als nämlich auch die deutschen Zeitungen berichteten, Sinatra sei «sterbenskrank», mußten wir meinen Amerikatrip auf kleinerer Flamme kochen. Das Drehbuch hieß nun «Juhnke in Las Vegas».

*

Ich wähnte mich auf einem Freundschaftskarussell. Denn ein Hamburger Freund des «Premiere»-Chefs sollte in dessen Auftrag für die Produktion verantwortlich sein. Einem Kölner Freund des Produzenten wiederum wurde in dessen Auftrag die Regie übertragen. Mit diesem Regisseur, einer rheinischen Frohnatur, und meinem Sohn Oliver, der als frischgebackener Produktionsassistent zum Team gehörte, saß ich am 2. Februar in der Frankfurter Maschine. Ihr Ziel, Los Angeles, flogen wir nur als einen Zwischenstopp an. Nach einer Übernachtung im luxuriösen Hotel «Mondrian», das Oliver eigens für meine nach einem elfstündigen Flug müden Knochen in einem Städteführer der Zeitschrift «Max» aufgestöbert hatte, sollte ich schon einen Tag später ausgeruht in Las Vegas einschweben. Dort würde ich das bereits wartende deutsch-amerikanische Filmteam und einen Fotografen der Zeitung «Bild am Sonntag» treffen. Auf dieser nicht ungefährlichen Reisebegleitung hatte, weil er sich von ihr eine später «gute deutsche Presse» versprach, der Programmdirektor bestanden. Gegen die ausdrückliche Skepsis des Regisseurs. Auch Freunde sind nicht immer einer Meinung.

*

Um 13 Uhr amerikanischer Zeit landeten mein Sohn, der Regisseur und ich in Los Angeles. Auf der Autofahrt über den Sunset Boulevard zum Hotel Mondrian in Hollywood ließ es sich nicht vermeiden, daß der Chauffeur das Anwesen Frank Sinatras in Bel Air passierte. Ich kannte die Adresse gar nicht genau. Aber irgendwo da oben in den Hügeln mußte es liegen. Meine Stimmung spielte verrückt: Nie war ich meinem großen Bruder so auf Tuchfühlung nahe. Nie war er so himmelweit von mir entfernt. Mit jedem Meter, den der Taxifahrer zwischen mich und meine Illusionen legte, wurde mir endgültig klar: Du wirst Frank nicht begegnen. Das Blümchen, an das du dich geklammert hast, fliegt dir aus der Hand. Das war bekanntlich schon lange vorher so sicher wie das Amen in der Kirche. Doch mir erging es wie dem jugendlichen Schwerenöter, der sich unter das Fenster seiner Angebeteten stellt, obwohl er weiß, daß sie gar nicht zu Hause ist. Oder wie einem Teenie, der am Hausboot der Kelly Family vorbeigondelt und nicht einmal aussteigen darf. «Der Star als Groupie». Wenn es einen Film über mich zu drehen gegeben hätte, dann hätte es einer unter diesem Titel sein müssen: über ein inneres deutsches Künstlerschicksal auf dem an Schicksalen reichen Boulevard der Dämmerung. Nicht als Entschuldigung, aber als Erklärung für die baldigen Geschehnisse im Hotel biete ich an: Dem Groupie im Großväteralter entglitten die Kontrollen eines erwachsenen Menschen. Trotzig verwandelte ich mich in das Kind zurück, das Max Reinhardt uns Schauspielern in den Tornister schnürte.

*

Niemand in meiner Nähe bemerkt, daß es ein renitentes Kind sein wird, für dessen Randale nur noch der zündende Funke fehlt. Im Hotel Mondrian angekommen, beziehe ich die Suite 804 und treffe in der Lobby mit dem Kameramann zusammen. Nach einer kurzen Fachsimpelei ziehe ich mich wieder auf mein Zimmer zurück. Die Zeitumstellung macht mir zu schaffen, ich möchte mich vor dem Abendessen noch einmal aufs Ohr legen. Doch einschlafen kann ich nicht. Also setze ich mich an den Schreibtisch und schlage das Drehbuch auf. Mit diesem Drehbuch hatten es der Produzent und Regisseur gewiß gut gemeint, aber ich fühle mich bei der Lektüre plötzlich auf den Arm genommen. Der Stein kommt ins Rollen, ich schreie durchs Zimmer: «Det darf doch nich wahr sein. Det bin doch nich ich!» Von Seite zu Seite und Szene zu Szene stellt es sich nun als mein unverzeihlicher Fehler heraus, daß ich das Skript «fünf Minuten vor zwölf» erstmals gründlich inspiziere – und mich dazu nicht schon vor sechs Wochen bequemte, als der Produzent es mir nach Berlin geschickt hatte. Ich spreche mit mir selbst: «Diese Dummheit, Harald, ist ein Versäumnis, für das du niemanden verantwortlich machen kannst, das du ganz allein auszubaden hast.» Warum jedoch hatte ich das Drehbuch in Berlin ganz gegen meine Gewohnheit nur flüchtig gelesen? Wohl weil ich unbeirrbar von der Aussicht geblendet wurde, die Amerikareise würde mir meinen Frankie-Boy trotz allem «schon irgendwie» servieren. Dafür war ich zu allen Kompromissen bereit. Nun raufe ich mir im Hotel die Haare.

*

Aus dem Drehbuch «Juhnke in Las Vegas» ist bisher öffentlich nie zitiert worden. Nach diesem Drehbuch sollte ich sechs Tage in der superlativen Spielermetropole verbringen, «in der es Hotels mit 93 Aufzügen und über 5000 Betten gibt», und aus dem provinziellen Staunen gar nicht mehr herauskommen. Nicht etwa als ein deutscher Star oder nach meinen persönlichen Vorlieben, sondern wie ein dummer August und nach einem strengen, jede spontane Regung regulierenden Protokoll. Schon bei der Ankunft auf dem Airport schreibt mir das Skript vor: «Seine Augen leuchten.»

Schließlich wartet eine «große schwarze Stretchlimousine mit abgedunkelten Scheiben etc.» auf den kleinen Moritz aus Berlin. Im Hotel «sehen wir Juhnke, wie er genüßlich im Schaumbad liegend per Telefon Roomservice bestellt: ein Luxusbrunch zum ‹rekreieren›, natürlich mit Toast und Scrambled Eggs, die in Vegas einfach ein Muß sind.» – «Im Kostümfotoshop läßt er sich als Cowboy oder Rancher ablichten und macht anschließend einen Ausflug per Pferd in die Prärie hinaus.» – In einer der glitzernden Spielerhöllen («Je mehr Alkohol die Spieler konsumieren, um so besser für das Casino») soll ich «Casinoluft schnuppern» und mache mich streng nach Klischee an einem «einarmigen Banditen» zu schaffen: «Seine Krawatte hängt aus der Hosentasche, Hemd ist etwas aufgeknöpft und Zigarre glimmt im übervollen Aschenbecher … HJ stellt fest, daß er kein Geld mehr hat und macht es wie jeder, der in Las Vegas sein ganzes Geld verspielt hat und trotzdem nicht aufhören kann: er geht ins nächstgelegene Pfandhaus und versetzt seine Uhr, seinen Ehering.» – Vor der Little White Chapel, der Kleinen Weißen Kapelle, «in der unter anderem Joan Collins ihr Jawort gab, lümmelt sich Juhnke ein bißchen herum und spricht diverse vorbeigehende Ladys an, ob sie ihn heiraten möchten. Natürlich ist die Antwort immer negativ.» (Woher weiß dies das Drehbuch?) – Nach dem Las-Vegas-Pflichtprogramm, einer begeisternden Spätvorstellung bei den legendären Tigerbändigern Siegfried & Roy im Theatre Mirage, soll ich die beiden «Superstars» in ihrem Jungle Palace am nächsten Tag sogar privat besuchen – «und darf auch einen Tiger streicheln». Nichts also sollte fehlen bei meinem «Spaziergang durch Las Vegas» zu Lande und zu Luft: vom «Einkaufsbummel durch die Souvenirparadiese», einem Flug über den Grand Canyon («HJ hat Glück, der Hubschrauber ist frei») bis zum Dinner in einem Restaurant, «wo nur die ‹oberen Zehntausend› zu speisen pflegen». Und so, als wäre ich nicht mit einer deutschen Filmproduktion, sondern für ein deutsches Touristikbüro unterwegs, hieß es in meinem Skript: «HJ könnte dem Zuschauer selbst Informationen und Impressionen über Las Vegas und seine Geschichte vermitteln. (Ein Faktensheet wird ihm zur Verfügung gestellt).»

*

Nach Sonnenuntergang bei einem «atemberaubenden Blick» auf das Lichtermeer von Las Vegas endlich «die Krönung» meines Besuches in Amerika. Eine Reklametafel mit der Ankündigung «Harald Juhnke in Concert» leuchtet vor einer «verrauchten Jazzkneipe» auf, in der «ein Mini-Club-Konzert» die Leute unterhält: «HJ erscheint zur Begeisterung sämtlicher deutscher Zuschauer auf der Bühne. Gejohle und Geklatsche. HJ ergreift das Mikrophon und singt lässig zwei bis drei Songs. Gegen Ende des letzten Songs erscheint Überraschungsgast Frank Sinatra (ein Double) auf der Bühne. Man sieht HJs Begeisterung. Die beiden singen den Song zusammen und liegen sich in den Armen.» Nach der Sensation im «Mini-Club» treffe ich meinen «neuen Bekannten» vor der «gigantomanischen» Fassade des Hotels New York New York erneut, wo dieser, dreimal darf man raten, sein altes Lied «New York, New York» zu intonieren beginnt: «HJ stimmt mit ein. Arm in Arm und im Manhattan-Skyline-Takt schunkeln die beiden am späten Abend den Boulevard hinab.» Laut Drehbuch vor mir auf dem Tisch: «Zur allgemeinen Belustigung.»

*

Ich schütte in mich hinein, was die Zimmerbar auf 804 hergibt. Dann fahre ich hinunter in die Lobby, bestelle mir an der Hotelbar einen Wodka und rufe über das Haustelefon

meinen Regisseur an: «Sie müssen bitte sofort herunter-
kommen, ich habe Ihnen etwas Wichtiges mitzuteilen.» Um
Viertel vor sechs am Abend sitzt er auf dem Hocker neben
mir. Ich bin gereizt und poltere los: «Das Drehbuch ist unter meiner Würde, ich werde an dieser Dokumentation, die
mich zum Affen macht, nicht teilnehmen. Die morgige
Weiterreise nach Las Vegas – ohne mich.» Der Regisseur ist
verständlicherweise entsetzt. Ich wäre es an seiner Stelle
auch gewesen. Nur, wenn er in diesem kritischen Moment
psychologisches Geschick gezeigt und mir etwa gesagt
hätte: «Okay, Herr Juhnke, das fällt Ihnen allerdings ein
bißchen spät ein. Geschenkt. Wir sollten darüber zu reden
versuchen, was Ihnen nicht paßt, was wir ändern sollten und
wie wir die Produktion retten können» – dann wäre vielleicht manches anders gekommen. Aber das sagt und tut der
junge Regisseur nicht. Er bittet die Kellnerin, mir keinen
Alkohol mehr auszuschenken. Ich fühle mich provoziert
und provoziere zurück, indem ich meinen Wodka in einen
Aschenbecher schütte und demonstrativ daraus trinke. Mit
meinen Drehbuchsorgen allein gelassen, gerate ich in Panik
und wittere nur noch «Feinde» in meiner Nähe. Meine
Ausfälle richten sich nun auch gegen Leute, die an meinem
Jammer völlig schuldlos sind: meinen Sohn, eine amerikanische Touristin – und gegen den schwarzen Hotelwachmann
Bob Ferrell.

*

Bob Ferrell nämlich kommt nach einer Beschwerde der
Amerikanerin und ihres Mannes zu mir an die Bar. Ich bin
ein zahlender Hotelgast, der schwarze Sicherheitschef ist
bestimmt, aber höflich und begleitet mich in meine Suite im
achten Stock. Immer noch in betrunkener Rage, wehre ich
mich dagegen – mit Worten: Im Lift spucke ich so etwas wie

«black man» an ihm vorbei in den Teppichboden. Dafür gibt es außer mir nur einen Zeugen: eben Bob Ferrell. Im Zimmer bleibt er bei mir, bis ich mich schlafen gelegt habe. Alarmiert durch die Hotelleitung, klopfen wenig später amerikanische Polizisten an meiner Tür. Mein Glück im Unglück ist, daß ich ihr Klopfen nicht höre. Denn wenn ich geöffnet hätte, wären die Polizisten nach kalifornischem Recht gezwungen gewesen, mich vorübergehend festzunehmen und mindestens in eine Ausnüchterungszelle zu stekken. Der Regisseur rechnet es sich nachher als Verdienst an, die Beamten um ein leises Klopfen gebeten zu haben, so daß ich es nicht einmal hätte hören können, wenn ich bei Sinnen und nicht im Rauschschlaf gewesen wäre. Ich habe keinen Grund, dem Regisseur in *diesem* Punkt nicht zu glauben.

*

Kein Mensch ahnt, wie ich es schaffe, in der Nacht sowohl mein Zimmer als auch das Hotel zu verlassen. Mein Sohn und der Regisseur fahnden sogar auf der Damentoilette nach mir. Ihre Nervosität wird vom Personal an der Rezeption gedämpft: Um diese Zeit werde in ganz Los Angeles kein Alkohol mehr ausgeschenkt. Ach, wenn die Herrschaften wüßten, was ein Alki alles weiß, wenn er auf dem Trip ist. Spätnachts schleppe ich mich ins Hotel zurück: Sinatras Chanson «L. A. Is My Lady» dusselig-ironisch auf den Lippen. Ich bin so zugeschüttet, daß ich das «Mondrian» nur noch auf den Taxifahrer gestützt betreten kann. Oliver und der Regisseur bringen mich in meine Suite. Immer wieder rufe ich dort: «Ich bin Gott, ich bin Gott!» Nur ein anderer Trinker oder ein suchterfahrener Arzt hätte diesen explosiven Wahnsinn annähernd richtig entziffern können: als einen Größenwahn, der nur die rauschhafte Kehrseite einer Erniedrigung war. Mit meinem Größenwahn bewältige ich das Gefühl, in jenem Drehbuch «Juhnke in Las Vegas» zum Däumling degradiert worden zu sein. Doch niemandem in meinem Zimmer dämmern diese beiden Seiten der Medaille auch nur. Niemand kommt dafür nahe genug an mich heran. Niemandem ist daraus ein Vorwurf zu machen. Ich bin von glücklichen «Analphabeten» umgeben, die in meiner Krankheit wie in einem zugeschlagenen Buch lesen. Schließlich bestimmt Bob Ferrell einen Sicherheitskollegen dazu, die Nacht über an meinem Bett zu wachen. Es wird eine graue Nacht mit fiebrigen Träumen.

*

Noch vor dem Frühstück im fernen Deutschland findet der Produzent des Drehbuchs «Juhnke in Las Vegas» auf seinem Anrufbeantworter eine nächtliche Nachricht seines Regisseurs aus Los Angeles vor. Der Produzent bittet den Regisseur bei einem sofortigen Rückruf, mich aus «versicherungsdokumentarischen» Gründen in meinem desolaten Zustand zu filmen. Der Regisseur filmt mich Häuflein Elend – im Hotelzimmer sitzend. In Deutschland setzt sich derweil der Produzent ins nächste Flugzeug und trifft noch am Abend desselben Montags in Los Angeles ein. In meiner Suite stellt er mir die professionelle Frage: «Herr Juhnke, können Sie in Las Vegas drehen?» Von meinem Sohn erfahre ich später, was ich geantwortet habe: «Nein, wir können nicht drehen. Denn Sinatras Tochter Nancy ist bei der Scientology-Kirche. Damit will ich nichts zu tun haben.» Diesen offenkundigen Unsinn aus meinem Munde im Ohr, sagt der Produzent die Dreharbeiten auf der Stelle offiziell ab und teilt seine Entscheidung per Fax dem «Premiere»-Programmdirektor in Hamburg mit. Am Mittwochmorgen fliegt der Produzent nach Deutschland zurück. Obwohl das über mich angefertigte Privatvideo meine

«Arbeitsunfähigkeit» bereits dokumentiert, hinterläßt der Produzent seinem Regisseur den Auftrag, auch ein «akkurates Wortprotokoll» über meine Aggressivitäten an der Hotelbar aufzusetzen – und diese Anklage gegen seinen Vater von meinem Sohn unterschreiben zu lassen.

*

Bei der Niederschrift dieses «Protokolls» streifte der Regisseur seine rheinische Frohnatur, für die ich ihn anfangs gemocht hatte, ganz und gar ab. Obwohl ich nach den ungeschriebenen Regeln unseres Gewerbes als Schauspieler auch sein Schutzbefohlener (!) war, bespritzte er meine zugegeben nicht weiße Weste ohne Not mit einer braunen Tinte – und ließ mich in puncto meines Streites mit dem schwarzen Wachmann Bob Ferrell wie einen «Rassisten» und «alten Nazi» aussehen. Meinem Sohn wurde gesagt, das «Protokoll», welches er jetzt unterschreibe, gerate ausnahmslos in die Hände der Filmversicherer: «Mit diesen Leuten ist nicht zu spaßen. Wenn wir denen die Arbeitsunfähigkeit Ihres Vaters nicht glaubwürdig schildern können, werden ihn die abgesagten Dreharbeiten möglicherweise teuer zu stehen kommen.» Um mir wenigstens das zu ersparen und im Vertrauen auf die zugesagte Diskretion («zum Wohle Ihres Vaters nur für die Filmversicherung») machte der aufgeregte Oliver seine Kringel unters «Protokoll». In seiner Unerfahrenheit konnte er dabei nicht ahnen, daß man keiner Filmversicherung der Welt die Arbeitsunfähigkeit eines Künstlers mit dessen angeblichen oder tatsächlichen «Nazisprüchen» nachweist. Der einzige Nachweis, der dort interessiert, ist: ein Krankheitsattest; und dieses hatte ein amerikanischer Arzt nach meiner gründlichen Untersuchung im Hotel längst ausgestellt.

*

Die Diskretion war ihr Papier nicht wert: Auf damals dunklen Wegen und schwarzen Kanälen gelangte das «Versicherungsprotokoll» des Regisseurs auf den Redaktionstisch eines auflagenstarken bunten Blattes in Deutschland. Inzwischen sind die dunklen Wege so aufgehellt, daß selbst die an ihnen Beteiligten meiner Darstellung nicht widersprechen: Im Beisein des Produzenten, wenn auch ohne dessen Zustimmung, händigte der «Premiere»-Programmdirektor das «Protokoll» einem leitenden Redakteur der «Bild am Sonntag» aus. Nicht in einem U-Bahn-Schacht, wie es sich für den finsteren Deal gehört hätte, sondern im Büro des Redakteurs. Sogar mir kritisch gesonnene Leute nannten und nennen das glatten Verrat. Mein Judas war bedrückenderweise der eigene Fernsehpatron.

*

Als das Gewitter über mich hereinbrach, war ich einigermaßen genesen zu einem anderen Filmprojekt weitergeflogen: zur Seifenoper «Klinik unter Palmen» in die Dominikanische Republik. Dort knallten mir die Schlagzeilen der «Bild am Sonntag» vom 9. Februar 1997 aus den Faxgeräten wie Boxerhiebe ins Gesicht: «Juhnke. Jetzt reicht's! Nazi-Sprüche in Amerika: ‹Du dreckiger Nigger, bei Hitler wäre so etwas vergast worden.›» Das diskriminierende Foto zu diesem diskriminierenden Text fehlte vermutlich darum, weil der vom Produzenten mit auf die Reise genommene Fotograf der «Bild am Sonntag» bei meinem Absturz schon in Las Vegas saß und um einen Tag «zu spät» in L. A. eintraf. Im blinden Vertrauen auf die Seriosität des Regisseurs mit seinem «Protokoll» schlugen nach der «Bild am Sonntag» auch andere bunte Blätter mit ihren Balken auf mich ein – tagelang. Habe ich es nötig, die mehr als beschämenden Schlagzeilen noch einmal ins Kioskfenster zu stellen? Nein, ich habe es nicht nötig, weil ich nicht so gesprochen habe. Um sie englisch zu sagen, hätte ich im Wörterbuch nachschlagen müssen; auch deutsch hat mich niemand so hetzen gehört. Aber ich wurde vor einem Millionenpublikum beschuldigt, so gesprochen zu haben. Also gehört der Tiefpunkt zu meinem Leben – und in dieses Buch. Obwohl selbst Bob Ferrell, der schwarze Wachmann, die bodenlosen Vorwürfe in zwei in Deutschland ausgestrahlten Fernsehinterviews ebenfalls vor einem Millionenpublikum ausdrücklich nicht bestätigte (Ferrell: «Mr. Juhnke beschimpfte mich als ‹schwarzer Mann›»), wurde meine angebliche «Hitlerei» in der deutschen Medienarena am nächsten Tag wieder ungerührt als Tatsache serviert. So als habe sich mein schwarzes «Opfer», der einzige Kronzeuge, mit keinem Wort zu meiner Beleidigung geäußert. Über den heimlichen Rassismus, der sich in dieser Ignoranz zu erkennen gab, hat sich bequemerweise niemand Gedanken gemacht.

*

Zu den wenigen Zwischenrufern gehörten der jüdische Filmproduzent Atze Brauner und der Regierende Bürgermeister von Berlin. Eberhard Diepgen gab mir den moralischen Kredit, den ich mir in meiner Not gewünscht hatte: den moralischen Kredit auf mein bisheriges Leben. Andere Politiker und Fernsehbosse jedoch traten vor die Kameras und dachten laut darüber nach, mich nach meiner Rückkehr aus der Dominikanischen Republik mit einem «Berufsverbot» zu bestrafen. Das taten sie und die RTL-Moderatorin Birgit Schrowange zu einem Zeitpunkt, als der Angeklagte sich noch gar nicht hatte verteidigen können. Diese Vorverurteilung, unter ihr hatte ich am meisten zu leiden, wäre nicht einmal vor dem «Dorfrichter Adam» ein zulässiges Verfahren gewesen. Auch hat sich keiner meiner Richter gefragt: Wie ist das nur möglich? Wie ist es nur möglich, daß sich ein «verkappter Nazi» erst mit beinahe siebzig ertappen läßt und outet? Zumal ein sogenannter Prominenter, der sich pausenlos öffentlich äußert – und das manches Mal so «angeheitert», daß ihm seine versteckte Gesinnung doch schon früher einmal hätte herausrutschen müssen. Nun hatte ich mich mit dem schwarzen Hotelwächter angelegt. Aber nicht, weil er ein Schwarzer war, sondern so wie mit einigen Hotelgästen in meiner unruhigen Nähe. Ich hätte mich in der geschilderten Situation auch mit einem weißen, gelben, roten Wachmann angelegt. Keiner wußte das besser als mein Regisseur. Denn zumindest an der Hotelbar war er dabei. Doch auf meiner Beleidigung eines weißen Wachmanns hätte er kein «rassistisches» Süppchen kochen können. Ja, ich habe in Los Angeles etwas verbrochen. Aber ich verdiente es nicht, dafür in meiner Abwesenheit wie eine Art Schwerverbrecher an den Pranger gestellt zu werden. Der amerikanische Schriftsteller Tom Wolfe erzählt in seinem Roman «Fegefeuer der Eitelkeiten» von einem Kerl, der einen «Fehler» macht. Dieser Fehler wird übertrieben hart geahndet. Am Schluß siegt zu seinem Schaden das falsche Gerücht. Dieser Kerl war ich in der Realität.

*

Hätte ich in der Dominikanischen Republik bei dem Trommelfeuer aus der deutschen Heimat nicht Klaus-Jürgen Wussow, den berühmten «Professor Brinkmann» aus der «Schwarzwaldklinik» (mit dem ich sonst gar nicht so gut kann), und andere Kollegen aus dem «Klinik unter Palmen»-Team aufrichtig und aufrichtend an meiner Seite gehabt (und auch Oliver, meinen Sohn), ich wäre in der Karibik wohl beerdigt worden. Erst unter den Schlagzeilen. Dann unter Palmen. Nach der vielleicht schlimmsten Woche meiner sieben Leben.

*

Der Programmdirektor des Senders «Premiere» hat mich in Berlin besucht und sich entschuldigt. Mein Zorn auf ihn ist seither verraucht.

Im Bordell

Die bunten Blätter machen ihren Lesern gerne Appetit auf ihre prominenten Opfer. Darf ich meinen Lesern zur Abwechslung einmal Appetit auf einen bunten «Henker» machen? Als ich nach meinem amerikanischen Abenteuer wieder in Deutschland war, rief mich aus einer der bunten Redaktionen ein sogenanntes U-Boot an. Ein U-Boot ist ein Redakteur, der zuweilen große Probleme mit der Berichterstattung und den Sensationsfeuern seiner Zeitung hat, ihr aber nicht so einfach Servus sagen kann, weil er schließlich von irgend etwas leben muß. Mein U-Boot ankert seit Jahren in der Redaktion eines bunten Chefs, der sich über meinen angeblichen «Rassismus» ebenfalls laut empört hatte – und dem ich einige der für mich niederschmetterndsten Schlagzeilen verdankte. Das U-Boot fragte mich: «Sind Sie daran interessiert zu erfahren, was mein Chef exakt in der Nacht vor jenem Morgen getrieben hat, an dem er vor uns Redakteuren moralisch den Stab über Sie brach und an den gehässigen Schlagzeilen bastelte?» Ich war interessiert. «Er amüsierte sich im Bordell und hat sich dort so brutal aufgeführt, daß die Herren des Etablissements selbst ihn, den Stammgast, um ein Haar vor die Tür gesetzt hätten. Er war nämlich so betrunken, daß er sich auf gleich zwei der von ihm bezahlten Huren übergeben hat.» Nach einer «Anstandssekunde» forschte ich nach: «Woher wissen Sie das alles so genau? Waren Sie etwa dabei?» – «Nein, ich war natürlich nicht dabei. Ich weiß das deshalb so genau, weil mein Chef am Morgen danach in der Redaktion damit geprahlt hat: in einer kleinen Männerrunde, und da war ich dabei.» – «Geprahlt, sagen Sie?» – «Ja, mit dem üblichen Kasinowitz. Der Rest ist einfach nicht zitierbar.» – «Und dann, wie ging es weiter?» – «Dann sagte er: ‹So, an die Arbeit, Jungs. Nun wollen wir unserem ungezogenen Harald mal kräftig die Ohren langziehen. Kollegen, das gibt einen Riesenknaller. Wenn wir Glück haben, zünden wir den die ganze Woche hindurch.›» Es kostete mich nach dem Anruf nur ein Fingerschnippen, die Puffgeschichte «hart» zu machen, wie die Journalisten sagen: also ganz nebenbei in Erfahrung zu bringen, wo und wann genau sie übers Séparée gegangen ist und ob sie stimmt. Sie stimmt! Da habe ich mich gefragt: Wie schafft so einer das? Wie lebt der sternhagelvolle Freier mit seiner doppelten Moral? Dieser Herr der Zeitung, der jahrein, jahraus auf mich mit Fingern zeigen ließ, wenn ich mal wieder getrunken hatte – ohne mich dabei in einem Nachtclub so erbrecherisch zu gebärden wie er selbst. Wenn ich mich nur einmal auch nur annähernd so aufgeführt hätte wie er – mir wäre die «volle» erste Seite seines Blattes sicher gewesen. Großer schwarzer Balken: Jetzt reicht's. Juhnke betrunken im Puff. Kleiner roter Balken: «Gewalt gegen Liebesdamen. Er prahlt auch noch damit. Lesen Sie das ganze Drama auf Seite 2 bis 10.» Doch bei den Heiligen eines gewissen Niveaus: Ich denke nicht daran, mit den gleichen Waffen zu kämpfen wie der Herr der Zeitung. Mit den gleichen Waffen kämpfte ich, wenn ich nun seinen Namen nennen würde. Wie hätten wir's denn gern? Fettdruck mit Foto?

Selbst dann hätte ich in diesem Indianerkrieg auf Dauer doch gar keine Chance. Denn der bunte Herr und seinesgleichen leben weiterhin im Schutz der Anonymität. Mich und meinesgleichen werden sie schon beim kleinsten Fettnäpfchen weiterhin unsere Prominenz auslöffeln lassen. So tickt nun mal das Spiel. Mir genügt es, zu wissen, daß der bunte Herr weiß, daß *ich* weiß – und meine Rauchwolken zu lesen versteht. Also, «Chef»: Wenn Sie mit einem Ihrer fünf Finger auf mich zeigen, dann zeigen vier andere auf Sie zurück.

Schmerzensgeld

Hereinspaziert! Das waren noch Zeiten, als ein lange verstorbener Hamburger Journalist, der «Wandsbecker Bote» Matthias Claudius, den Finger hob und die Pastorendevise ausgab: «Sag nicht alles, was du weißt, aber wisse immer, was du sagst.» Ich fand sie auf einem Kalenderblatt in der Ecke für antiquierte Lebensweisheiten. Wenn diese schonende Devise nämlich heute noch gültig wäre, könnte die halbe deutsche Presse ihren Laden dichtmachen. Meine österreichischen Freunde verzeihen mir sicherlich meine Wahrheitsliebe: Sie säßen in ihren Kaffeehäusern dann beinahe ganz ohne Zeitung da. Seien wir jedoch gerecht, die meisten *Feuilletons* fielen dem Kahlschlag zwischen Hamburg und Wien natürlich nicht zum Opfer. Denn obwohl ich mich in diesen Memoiren gerne an ihnen gerieben habe, sind die Herren und Herrinnen des Feuilletons, verglichen mit den Paparazzi der bunten Blätter, meist dann noch höflich und galant, wenn sie Watschen austeilen. Der schmerzliche Unterschied ist: Wenn ich Pech habe, verreißen die einen *kleingedruckt* meine Kunst. Die anderen schleichen um mein Haus und verreißen *großgedruckt* mein Leben. So daß ich diesen Zeitungslümmeln mit dem Titel eines alten Programms der Münchner Lach- und Schießgesellschaft manchmal am liebsten entgegenrufen möchte: «Haltet doch endlich die Presse!» Oder bellt weiter! Denn es hat schon Zeiten gegeben, in denen ich, nachdem mein Anwalt sich meiner Presseprügel angenommen hatte, gar nicht mal schlecht vom «Schmerzensgeld» lebte.

Ich, Münchhausen

In diesem Moment höre ich einen gewissen Zeitungslümmel mit Empörung in der Stimme sagen: «Das ist ja nicht zu fassen. Das ist einfach nicht zu fassen, was der Alte uns Jungs da alles reinwürgt. Okay, wir haben ihn nicht ständig in Watte gepackt, wir mögen auch Dreck am Stecken haben. Aber wer im Glashaus sitzt, sollte doch verdammt noch mal nicht ...» Is ja schon gut! Da ich gerade bei der Wahrheitsliebe war, muß die Katze aus dem Sack – restlos, bis auf den Schwanz. An dem zappelt ein listiges Schleifchen, auf welchem nicht nur die halbe, sondern die ganze Wahrheit steht: Ja, ich bin an der für mich gelegentlich verheerenden Berichterstattung in der Balkenpresse nicht immer ganz unschuldig gewesen. Ich habe ihr den einen oder anderen kleineren Balken nämlich selber angeschleppt – mit dem sie zum Dank auf mich einprügelte. Ich habe mit den bunten Blättern mehr oder weniger tricky «kooperiert». Natürlich nicht mit der kompletten bunten Korona, aber mit ein paar ausgewählten Spezis in ihrem Verein – die mir so eifrig zu Diensten waren wie einst Sancho Pansa seinem Herrn Don Quichotte. Ich habe an meinem zerrissenen Hemd also mitgestrickt. Denn ich war seit meiner Lehrzeit bei Hans Albers der heiklen Meinung, daß eine schlechte Nachricht über mich immer noch besser sei als gar keine Nachricht über mich. Und ich wußte: Ich bin für die Bunten die ihnen liebste Kuh auf dem Eis. Lasse dich nicht nur melken. Melke selbst! Also pendelte sich zwischen mir und der Sensationspresse auf hübsch perfide Weise ein jahrelanges Täuschungsmanöver auf Gegenseitigkeit ein. Dabei wurde ein «Türke» nach dem anderen gebaut – und das funktionierte so: Wenn ich mal wieder etwas ausgefressen hatte und in ein Skandälchen gestolpert war, riefen mich meine bunten Sancho Pansas an. Ich gab ihnen von meinen kleinen Schweinereien immer nur die zu, über die sie ohnehin im «Bild»e waren. Diese sogenannte Salamitaktik hatte ich mir bei unseren Politikern abgeschnitten. In windstillen Zeiten, in denen ich artig war und es auch beim bösesten Willen nichts Skandalöses über mich zu berichten gab, drehte ich selber ein bißchen am Rad und machte Wind. Don Quichotte Juhnke griff zum Hörer, ließ sich mit seinen bunten Sancho Pansas verbinden und tischte ihnen ein Märchen auf. Nichts Großartiges, bei dem sie mir hätten auf die Schliche kommen können, sondern irgendein Schnippchen, das dann prompt am nächsten Tag in der Zeitung stand. Da ich wußte, daß «meine» Journalisten in ihren Artikeln mitunter logen, bis sich die Balken bogen, log auch ich, bis sich die Balken bogen. Ich schwöre Stein und Bein, der Baron von Münchhausen hätte an meinen Telefonauskünften seine helle Freude gehabt. Selbst meine Spezis beglückte ja mein Seemannsgarn. So wurde mir aus einem der bunten Blätter einmal gesteckt, daß der Chefredakteur seine morgendliche Balkenkonferenz eine Zeitlang mit der Frage einläutete: «War Harald schon am Rohr, oder können wir bei unserer Schlagzeile über den ersten schwulen Berner Sennenhund bleiben?»

Frisiersalon Juhnke

Mal konnte ich diese gezinkten Spielchen gewinnen, mal habe ich sie leider verloren. Zu meinen Gewinnspielen zähle ich diesen angenehmen Zug: Während andere sogenannte Prominente sich in der Nacht vor der bunten Enthüllung ihrer «Fehltritte» schweißgebadet im Bett wälzen, rauchte ich seelenruhig mein Zigärrchen und schlief dann bei normalem Pulsschlag ein. Denn meine Gewährsleute waren journalistisch so frei, am Abend zuvor meine Nummer zu wählen. Beflissen um mich und sich selber besorgt, lasen sie mir den bevorstehenden Artikel Wort um Wort vor oder ließen ihn sogar über mein Faxgerät hüpfen – damit ich auch das kleinste krumme Härchen darin fand und es ganz nach meinem Geschmack frisieren konnte. Doch eines Tages setzte man meinen nun glatzköpfigen Spezis einen neuen Chef vor die Nase – und ich mußte meinen Frisiersalon schließen. Fütterte ich sie nun mit Delikatessen, verschlangen sie zwar auch diese immer noch bis auf den letzten Krümel. Aber wenn ich am nächsten Morgen ihre Klatschspalten durchkämmte, machte ich plötzlich die wenig delikate Erfahrung, daß sie mir nach der Fütterung kräftig in die Hand gebissen hatten. Meine Zigarre blieb kalt, mein Pulsschlag stieg an, meine Bettwäsche mußte häufiger gewechselt werden.

Röntgenbilder

Als ich meinen Intrigenskat mit der Klatschpresse schließlich haushoch verlor, fuhr mir zwischen meinen nassen Kissen endlich in den Schädel, was mir schon lange schwante: Du hast seit Jahren auf die falsche Karte gesetzt. Du und die bunten Blätter, ihr werdet immer wie Hund und Katze sein.

Nur du bist dabei leider immer die Katze, und sie sind leider immer der Hund. Der lauernde Wauwau wird dir in den Nacken springen, sobald er wieder einen Knochen braucht – da kannst du ihn umschnurren und um Milde miauen, soviel und so laut du willst. Im knisternden Pressewald geht es nämlich nicht so kuschelig zu wie weiland bei den Bremer Stadtmusikanten. Also können du und die bunten Blätter auf Dauer kein echtes Bündnis sein.

*

Seitdem diese lehrreiche Fabel zu meinem Erfahrungstornister gehört, gehe ich sogar mit einem Presse-Spot(t) auf Liedertournee und spiele in meinen Conférencen zwischen den Chansons auf meine alten Spezis und ihre Klatschartikel an: «Manches stimmte. Manches stimmte nicht. Manches war noch viel schlimmer.» Bei dieser Pointe lacht mein Publikum. Auch ich bin alles in allem ganz zufrieden mit ihr. Denn mit dieser Pointe entwaffnet die Katze den Hund. Er hat eben doch nicht alles zwischen die Zähne gekriegt, wonach er geschnappt hat. Die Paparazzi haben mein Intimleben fotografiert. Aber bei aller Durchleuchtungswut: wirkliche Röntgenbilder sind ihnen nicht gelungen. Ich bin nicht der Schneider von Ulm, dem die Sensationssucht sogar die Seele klaute.

«Fleurop»

Als ich am 18. August 1997 zwischen Wachen und Träumen wieder einmal allein zu Hause war, bekam ich einen Blumenstrauß «geschenkt». Im Ostberliner Maxim Gorki Theater hatte ich die letzte Sommervorstellung des «Hauptmann von Köpenick» durchgestanden. Offenbar mit Bravour.

Denn mein Publikum verabschiedete mich mit der bewegendsten Geste in die Bühnenferien, die sich ein Künstler nur wünschen kann: Es erhob sich von seinen Plätzen! Das war am Abend des 17. August, einem Sonntag. Aber dann, gleich nach dem letzten Vorhang? Gleich in der ersten Nacht der Ferien von meinem wirklichen Leben? Verwandelte sich der Himmel in die Hölle, schlich sich die verdammte Angst vor der Leere nach dem Rausch in meine müden Knochen und stürzte ich binnen weniger Stunden von hoch oben nach tief unten. Nämlich: daß ich nach dem Verlöschen des Theaterlichts zum tausendstenmal die kranke Dummheit beging, mich zu betrinken – vor Glück über die Liebe des Publikums zu trinken und vor Unglück darüber, daß mit dem Theaterlicht auch irgendwie mein Lebenslicht «erlosch» (aber wer wird diesen Wahnsinn verstehen außer Mister Keith Richards?); daß ich nur noch vor mich hin glimmend um drei Uhr nachts an die Bar des Berliner Hotels Palace in der Budapester Straße stolperte und mit dem Gesicht in einen Glastisch fiel; daß der Taxifahrer, der mich nach Hause brachte, die «gute Nachricht» von meinem zerschnittenen und blutenden Gesicht für genau dreihundert Mark Entlohnung an zwei Berliner Boulevardblätter verkaufte; daß die Schlagzeile über mein erbärmliches Aussehen für die Elendsjäger dieser Zeitungen aber nur die halbe Miete war – ohne das möglichst bunte Bild dazu; daß darum am Montag, dem 18. August, mittags ein «Bote» von der Firma «Fleurop» mit einem riesigen Blumenstrauß vor meiner Haustür stand und freundlich rief, er habe dem «Hauptmann von Köpenick» ein Präsent abzugeben; daß, als ich dem «Boten» im Anzug und Unterhemd öffnete, dieser die Blumen zu Boden warf und hinter ihnen ein Fotoapparat zum Vorschein kam; daß ich das in meinem Whiskynebel alles nicht schnell genug begriff, sondern wie angewurzelt stehenblieb, während die klickende Fotomaschine mir immer wieder ins Gesicht «schoß», immer wieder in mein verwundetes Gesicht; daß der Schütze auf seiner anschließenden Flucht die Blumen zertrat und mit seinen geknipsten Trophäen in die Redaktionen eilte; daß ich am Dienstag, dem 19. August, in meiner Verwahrlosung, für die ich mich schämte, millionenfach auf den Titelseiten der bunten Zeitungen ausgestellt war, wie an einem Pranger; daß daraufhin noch am selben Tag mehrere Kamerateams des privaten Fernsehens mein Haus belagerten, rund um die Uhr; daß ich ihr Sturmgeläute in meinem Käfig irgendwann nicht mehr aushielt, auf die Straße lief und wie ein gehetztes Freiwild um mich schlug; daß ein sogenanntes Sonntagsblatt später das «Beweisfoto» dazu präsentierte und mit Fingern auf mich zeigen ließ, jedoch mit keiner Silbe erwähnte, wodurch meine verzweifelte Wut geweckt worden war; daß es in der Nacht von Dienstag auf Mittwoch um 23.30 Uhr nicht enden wollend abermals an meiner Tür klingelte und ich im Bademantel öffnete, weil ich in meiner Panik wohl dachte, vielleicht hat danach alles ein Ende; daß ich mich dann aber mehreren Bildbeschaffern der SAT.1-Sendung «blitz» gegenübersah, die an mir vorbei in meine Wohnung eindrangen, eine Stunde blieben und ihre Kameras pausenlos wie Pistolen auf mich richteten; daß man mich in meinem erbärmlichen Zustand zu einem «Interview» nötigte, in dem ich schließlich wehrlos sagte, was die «Interviewer» hören wollten; daß mich einer der Kameramänner «bat», doch mal kurz über den Boden zu kriechen; daß ich den Namen dieses «blitz»-Reporters inzwischen kenne; daß SAT.1 am Mittwoch, dem 20. August, während des ganzen Sendetages triumphierend den «Werbespot» verbreitete, um 18 Uhr erwarte den Zuschauer ein sensationelles Gespräch mit Harald Juhnke im Programm; daß sich, durch diese «heiße» Ankündigung aufgeschreckt, auch ein Sensationskommando von RTL in meine Intimsphäre Einlaß verschaffte, denn «Exclusiv – Das Star-Magazin» konnte meinen Skalp unmöglich der «blitz»-Konkurrenz überlassen, sondern benötigte das Fell des Bären eben: exklusiv; daß ich vor den RTL-Kameras mit der Flasche in der Hand das gleiche unzurechnungsfähige Gestammel von mir gab (mich liebe kein Mensch, meine Frau sei eiskalt, ich wolle sterben) wie in der schrecklichen Nacht zuvor im «Blitz»lichtgewitter der SAT.1-Fotografen; daß meine besorgte Frau in Wahrheit sofort von Paris nach Berlin zurückgereist, aber weder den lauernden Paparazzi auf der Straße noch ihrem gereizten Mann zuzumuten war und sich darum in der nahen Wohnung einer gemeinsamen Freundin aufhielt; daß mein Anwalt auf Betreiben meines Managers und Susannes eine richterliche Verfügung gegen die Ausstrahlung meines erschlichenen Gestammels in SAT.1 erwirkte; daß die Verantwortlichen des privaten Senders dieser rechtzeitig übermittelte Richterspruch jedoch in gar keiner Weise bremste; daß ich folglich am 20. August in «blitz» (SAT.1) um 18 Uhr und in «Exclusiv» (RTL) um 18.30 Uhr quotenbringend wie ein Penner vorgeführt wurde – in meinem eigenen Hause gefangen und vor einem Millionenpublikum; daß ich selber zu diesem Millionenpublikum gehörte und so meiner öffentlichen Erniedrigung zusehen mußte; daß SAT.1 den Zynismus aufbrachte, diese Erniedrigung als ein «großes Interview» zu feiern; daß ich nach dieser schäbigen Feier endgültig die letzten Reste der mir verbliebenen Mitte verlor und am 22. August ins Martin-Luther-Krankenhaus gefahren wurde; daß ich auf der Intensivstation in ein künstliches Koma versetzt wurde und erst elf Tage später aus dem Heilschlaf erwachte; daß während dieser zwölf Tage und Nächte Wächter vor meinem

Krankenzimmer ausharrten, weil es gute, nein, schlechte Gründe für die ärztliche Befürchtung gab, selbst hier könne mir ein Bote von der Firma «Fleurop» einen Besuch abstatten – das alles hat sich nicht in einem schlechten Film, sondern wirklich zugetragen.

Lady Diana

Als ich aus dem künstlichen Koma erwachte und nach schwieriger Rekonvaleszenz vorübergehend wieder ansprechbar war, verschlugen mir noch im Hospital eine bedrückende und eine schockierende Nachricht die Sprache. Die bedrückende Nachricht (be)traf mich direkt: Einige Wochen vor meinem selbstverschuldeten Sturz in den Glastisch des Hotels Palace hatte ich mit der Hamburger Filmproduktion Akzente ein vielversprechendes Fernsehprojekt verabredet, zu dem bereits die dritte Fassung eines mir auf den Leib geschneiderten Drehbuches vorlag. Nach diesem Drehbuch sollte ich in einer entstaubten Neuverfilmung des legendären «Blauen Engel» (in dem Marlene Dietrich neben Emil Jannings 1930 berühmt geworden war) einen modernen «Professor Unrat» spielen. Auf diese Rolle hatte ich mich so gefreut, daß sie nach dem Erwachen zu den ersten Gedanken gehörte, aus denen ich neue Kraft bezog. Doch dann erfuhr ich von meinem Manager, mein Engagement sei inzwischen brieflich gekündigt worden. Das war ein schwerer Schlag für mich, ein Federstrich durch einen meiner liebsten künstlerischen Träume. In meiner ersten Erregung darüber neigte ich dazu, die abtrünnigen Produzenten zu verfluchen. Denn den Zeitpunkt meines Rausschmisses empfand ich nicht als sehr nobel. Hatten die Filmfinanziers sowenig Fingerspitzengefühl, daß sie mir ihre Kündigung

noch während meines «intensiven» Hospitalaufenthalts zu-
schicken mußten? Doch die Kündigung selber verstand ich,
auch wenn mich mein Verständnis hart ankam: Die kleine
Produktionsgesellschaft war mit meiner Besetzung ein Ri-
siko eingegangen. Ihren Kredit auf meine Zuverlässigkeit
hatte ich im Hotel Palace verspielt, für den noch nicht ver-
spielten sorgten die bunten Blätter und privaten Fernseh-
magazine durch die geschilderte Berichterstattung. Ich mache den Produzenten also keinen Vorwurf. Anscheinend
brauche ich solche Kinnhaken sogar, damit ich zur Besin-
nung komme und am ganze Leibe spüre, was ich mir mit
der Trinkerei kaputtmache. Doch diese Besinnungskur wird
kein weiches Brot sein. Man kann schließlich auch einem
Asthmakranken nicht befehlen, er solle endlich mit seiner
verdammten Husterei aufhören.

*

Das schockierende Ereignis, daß mich indirekt (be)traf,
hatte ich regelrecht verschlafen. Denn vom Tod der Lady
Diana am 31. August 1997 in Paris hörte ich erst viel später,
lange nachdem ich aus dem künstlichen Koma ins Leben zu-
rückgekrochen war. Auch wenn ich damit nicht in den populären Gefühlsrausch einstimme, unter dessen Aufrichtigkeit
sich auch peinlicher Kitsch mischte: Schockiert hat mich
der Tod der Prinzessin von Wales nicht. Dann müßte ich angesichts der Fernsehbilder über sinnlose Tode in der Welt
jeden Tag schockiert sein. Ich war einfach nur ungläubig benommen. Schockiert haben mich vielmehr die Umstände,
die zum tragischen Autounfall der Prinzessin und ihrer Begleiter führten. Nicht ganz vergleichbar gefährlichen, aber
doch ähnlich ungebetenen Umständen nämlich war ich
selbst soeben nicht zum ersten Male entkommen, auch
wenn man mich noch nicht auf Motorrädern jagte. In eini-

gen Zeitungen las ich, eine gewisse Presse habe die junge Frau «zu Tode gehetzt». Inwischen wissen wir: Das war zu starker Tobak. Nicht übertrieben, sondern die blanke Wahrheit ist, daß sie ohne die nächtliche Verfolgung durch motorisierte Paparazzi vermutlich noch am Leben wäre. Folglich haben sich diese Leute und ihre Auftraggeber in den Chefsesseln der Sensationspresse zumindest moralisch schuldig gemacht. Wer hätte denn «Schuld», wenn ich vor einem aufdringlichen Fotografenpulk davonliefe und mit dem Kopf auf einen Stein aufschlüge? Hieße es dann achselzuckend, ich sei eben ein alter Trottel gewesen? In anderen Zeitungen las ich, die Prinzessin habe sich vor den Paparazzi nicht genügend versteckt, sondern sich dann und wann recht gerne in deren Blitzlichtgewitter begeben. Diese hanebüchene Verwechslung von Ursache und Wirkung bei der Bewertung ihres Todes kommt mir so vor, als gäbe man einem Menschen, der seine Wohnung nicht wie ein Gefängnis panzert, die fahrlässige Mitschuld daran, daß bei ihm eingebrochen und noch das Privateste gestohlen wurde. Schließlich führt dieser Tadel in einen Teufelskreis. Denn mit diesem Tadel, sich nicht unsichtbar gemacht zu haben, wurde dieselbe Eigenschaft, die man an der «Königin der Herzen» bewunderte und lobte, ihr nun nachträglich vorgeworfen: nämlich eine moderne, lebensfrohe Person gewesen zu sein, die sich nicht hinter den Mauern eines spinnwebenverhangenen Palastes einsperren lassen wollte. Am bodenlosesten fand ich den selbstgerechten Versuch mancher Zeitungsherren, die «Schuld» ihrer Paparazzi auf ihre lesende Kundschaft abzuwälzen: Nicht sie, die für die indiskreten Fotos bezahlen und an ihrer Zurschaustellung verdienen, die Leser seien es, die nach immer raffinierteren Teleobjektiven gierten, mit deren Sesam-öffne-dich-Weitblick sie sozusagen in die Betten der Prominenz steigen können. Diese

Pontius-Pilatus-Hygiene («Wir waschen unsere Hände in Unschuld») nenne ich einen dürftigen Lendenschurz. Denn wer hat die fatalen Bedürfnisse des Publikums denn geweckt, und wer schürt sie immer wieder neu, wenn nicht die Sensationspresse?! Wer hat denn den ersten Stein durch unsereins Fenster geworfen – um besser sehen zu können?!

«Beschaffungskriminalität»

Ich jedenfalls war am 13. Januar 1997 auf dem Hamburger Flughafen (!) das Opfer eines Erlebnisses, an dem das Publikum sich keinesfalls befriedigte, sondern gegen dessen Zumutungen es lautstark protestierte. Einer der Zeugen aus dem angeblich unersättlichen Publikum hat dem Pressesprecher der Flughafenverwaltung mit ausdrücklicher Billigung der anderen «Zuschauer» einen empörten Brief geschrieben. Eine schriftliche Auskunft hat er dazu nie erhalten. Die telefonische lautete: «Wir sind für Ihre Beschwerde die falsche Adresse. Sie müßten sich schon an die Lufthansa wenden.» Der genaue Wortlaut der Beschwerde war folgender: «Während des oben genannten Lufthansa-Fluges habe ich Herrn Harald Juhnke von Hamburg nach Berlin begleitet. Er befand sich in einem Zustand, in dem er einer gewissen Presse aus dem Weg gehen wollte und nicht fotografiert werden mochte. Mit Hilfe des stellvertretenden Direktors des Hamburger Hotels Atlantic wurde Herr Juhnke unbelästigt zum Airport gefahren und passierte dort auch die Sperren unbehelligt. Schon in einem Transporter auf dem Rollfeld sitzend, stürmte (dies ist das einzig zulässige Wort) jedoch plötzlich eine fünfköpfige Gruppe von Paparazzi den Omnibus und fotografierte Herrn Juhnke unablässig. Die Trophäe des Überfalls wurde abends in diversen TV-Sendungen präsentiert. Ich und andere Fluggäste, die diese verletzende Vorgehensweise bezeugen können, erlauben uns, sie Beschaffungskriminalität zu nennen, und zwar Bild-Beschaffungskriminalität. Jene Augenzeugen würden gerne wissen, auf welchen Wegen mehrere mit Kameras sichtlich ‹bewaffnete› Leute, die für den Flug nach Berlin nicht gebucht waren, anzunehmenderweise ohne Reiseticket die Sperren des Flughafens überwinden und bis in den Omnibus auf dem Rollfeld vordringen konnten. Bis zu einer glaubwürdig anderslautenden Auskunft nehmen wir zu*un*gunsten der Flughafenverwaltung an, daß dies nur mit Duldung eines oder mehrerer Angehöriger des Bodenpersonals geschehen konnte. Überdies wären wir für die Auskunft dankbar, warum das Personal der letzten Abfertigungssperre, das sich in unmittelbarer Nähe des Omnibusses befand, keinerlei Anstalten traf, den etwa fünf Minuten dauernden ‹Presseauftritt› wenigstens aus Sicherheitsgründen zu beenden. Wenn man schon die vermutlich gut bezahlte Impertinenz seelenruhig hinnahm.»

Paparazzi

Als ich, aus dem Martin-Luther-Krankenhaus in Berlin, wo ich körperlich wieder gehen, und der Psychiatrischen Universitätsklinik in Basel, wo ich seelisch wieder laufen lernte, nach Monaten entlassen, wieder zu Hause bin, hole ich die Lektüre der inzwischen alten Zeitungsberichte über den verschlafenen Tod der Prinzessin nach. Ich lese, daß dieselbe junge Frau, die sich wegen ihrer diversen Männergeschichten nach ihrer Scheidung von Prinz Charles von einem besonders aggressiven britischen Blatt zu Lebzeiten als «Luxushure» verunglimpft sah – im Tode zur «Heiligen» aufgedonnert wurde. Obwohl mein Ruhm nur eine schwache Glühbirne ist, verglichen mit den Kronleuchtern über dem Haupt der toten Prinzessin, bin ich irgendwie erleichtert und sage mir: Da nirgends so schönfärberische Reden gehalten werden wie an einem Grab, wird es in meinen Nachrufen vermutlich tönen: «Harald war ein tadelloser Mensch und unser zuverlässigster Künstler. Ein Geschenk für sein dankbar wartendes Publikum, das er niemals sitzenließ, und eine Zierde seiner Familie, der er niemals Kummer bereitete. Nie ging er fremd. Nie hat er gelogen. Nie trank er einen Tropfen. Nie war er in Skandale verstrickt. Er war ein leuchtendes Vorbild für die deutsche Jugend.»

*

Nun möchte ich vor meinem alten Fernsehapparat in puncto Heuchelei die Nagelprobe machen. Dazu besorge ich mir ein Tütchen mit Salzstangen und einige TV-Kassetten. Auf ihnen ist zu hören und zu sehen, *wie* die Prominentenjäger von «blitz» (SAT.1) und «Exclusiv» (RTL), die mich nach meinem Sturz in den Glastisch in meiner Berliner Wohnung «abgeschossen» hatten, nur wenige Tage später über die in den Tod geraste Diana berichtet haben – und *wie* über die Motorrad-Paparazzi, die hinter dem Unglücksauto in Paris auf ihre Gaspedale traten. Die Moderatorinnen der beiden Sensationsmagazine, sonst aalglatte Amazonen, vergossen Krokodilstränen über das schreckliche Ende Dianas und ihrer Begleiter – und sie ließen keine Minute verstreichen, ohne die Fotowut der Pariser Paparazzi zu beklagen. Es fehlte nicht viel, und den Damen wäre die Wimperntusche über die Backen spaziert. Ich halte das Video an und spule es noch einmal zurück. Ich habe mich nicht geirrt: Die Moderatorinnen, deren Fotoreporter mich mit ähnlich rücksichtslosen Methoden ins Visier genommen

374

hatten, warfen sich empört darüber in die Blusen, daß für diese Methoden in Paris ein so hoher Preis bezahlt worden war. Sie saßen dabei nur nicht im Yamaha-Sattel. Sonst müßte ich sie ja glatt Motorradorinnen nennen!

*

Bis zum Tod der Prinzessin von Wales kannte ich die Bedeutung des Schimpfwortes Paparazzi offen gestanden gar nicht. Ich hielt Paparazzi für Papas, die auf Razzia sind, auf feuchtfröhlichen Vatertagen zum Beispiel. Ich wette, dem Mann und der Frau auf der Straße ist das ganz ähnlich gegangen wie mir. Nun aber wissen wir alle bestens Bescheid. Denn welche Zeitung wir auch aufschlugen und in welche Fernsehsendung wir uns auch immer hineinzappten, plötzlich war von den bösen Paparazzi jeden Tag die Rede. Als Erfinder des Schimpfwortes gilt der große Zauberer Federico Fellini. Er hat den Paparazzo, dessen Fotomaschine im Schlafzimmer eines berühmten Menschen wie der Blitz einschlagen kann, 1960 sozusagen patentieren lassen: mit seinem Kinofilm «Das süße Leben», in dem der Klatschreporter Marcello sein Wesen treibt, das bei der Prominenz arg sauer aufstößt. Der erste *wirkliche* Paparazzo war der erfolg- und bargeldlose Entenfotograf Tazio Secchiaroli. Dem inzwischen dreiundsiebzigjährigen Italiener gelang auf seiner knipsenden Pirsch vor Jahrzehnten das Positiv seines Lebens: ein Nacktfoto des schwedischen Busenwunders Anita Ekberg in Rom. Der Mann hatte eine Marktlücke entdeckt. Knips – und sie war geschlossen. Da dieser Urpaparazzo zahlreiche Nachahmer gefunden hat, kann er es sich als Verdienst anrechnen, daß in den bunten Blättern Titelbilder meist Tittenbilder sind.

*

Seit Fellini (angewidert auf der Leinwand) und Secchiaroli (begeistert auf der Straße) aber ist der Paparazzo so etwas wie eine geschützte Handwerksbezeichnung. Als ein Paparazzo darf nämlich anständigerweise nur beschimpft werden, wer seine intimen Fotos von den Nackten und Reichen, Berühmten und Kaputten (am besten natürlich von den nackten Reichen, die berühmt und kaputt sind) erst einmal auf eigene Faust schießt. Ein Paparazzo ist dieser milden Definition nach ein ehemaliger Entenfotograf, der das Motorrad, mit dem er Prinzessinnen hinterherknattert, und den Hubschrauber, mit dem er den Swimmingpool eines möglichst unbekleideten Filmstars im Tiefflug ausspioniert, auf eigene Rechnung ordert. Um sich dann eine Silbermine (sprich: Zeitung oder Fernsehanstalt) zu suchen, die ihm die Schürfkosten ersetzt und sein entwendetes Silber in Dollars ummünzt, sprich: die teuren Negative als billige Positive verbreitet, sprich: die Scheiße druckt oder sendet. Scheiße? Hören wir dazu die Berufsauffassung des Paparazzo Pascal Rostain:

> Man nennt uns Schmeißfliegen.
> Aber die Scheiße,
> auf der wir landen,
> ist Kaviar fürs Volk.

Komisch, ich bin diesen freiberuflichen Fotografen, deren Büro das Gebüsch ist, nur selten begegnet. In den Hecken vor meinem Haus und meinen Hotels verschanzten sich meist festangestellte Schützen. Sie pflegen ihre Kameras und Mikrophone aus ihren Zeitungsredaktionen und Fernsehsendern in die Tarnung zu schleppen – und werden per Dauerauftrag auch dann noch entlohnt, wenn ich und meinesgleichen ihnen durch die Lappen gehen. Diese im Auftrag ihrer bunten Magazinchefs durch fremde Gärten stiefelnden Gesellen werden aber gewöhnlich nicht Paparazzi geschimpft. Sie sind im Besitz eines gültigen Presseausweises und nennen sich Redakteure und Fotoreporter. Mir will diese noble Unterscheidung nicht in den Kopf. Denn mir ist es Jacke wie Hose, ob ein «freier» oder «fester» Lohnknipser meine Privatsphäre verletzt. Eine kalkulierte Verletzung meiner Würde aber ist gewesen, was die Sensationsköche von «blitz» und «Exclusiv» am 20. August 1997 in meiner Wohnung anrichteten und dann als Kaviar dem Volk vorsetzten. Aus diesem Grunde plädiere ich entschieden dafür, auch diese sogenannten Foto-«Redakteure» für alle Zukunft als Paparazzi beschimpfen zu dürfen. Denn sie haben sich die Beschimpfung redlich verdient. An der Rezeption eine Hotels war ich einmal Zeuge eines Gespräches zwischen zweien dieser Leute. Der eine trug schwer an Kameras, der andere schulterte Ton und Licht. Für mich interessierten sie sich zuerst nicht groß, denn mir ging es an diesem Tag prächtig. Dem Gespräch war abzulauschen, daß der mit den Kameras den «Abschuß» eines anderen Promis im Hotel an einem Hinterausgang verpennt hatte. Atemlos sagte er zu seinem Mikrophon-Kollegen: «Ich bin ein Versager.» Ich wollte diese erstaunliche Selbsterkenntnis gerade mit dem Zwischenruf präzisieren: «Geben Sie doch nicht so an!» Da hielt mir der Kameralero seinen Reisepaß unter die Nase, blätterte eine der freien Seiten auf und bat mich um eine Widmung. Ich fand einen liebgewonnenen Vierzeiler des Humoristen Eugen Roth ganz passend. Der Paparazzo freute sich über die Maulschelle auch noch:

Ein Mensch erblickt das Licht der Welt.
Doch oft hat sich herausgestellt,
nach manchem trüb verbrachtem Jahr,
daß dies der einz'ge Lichtblick war.

Der Fahrer der Limousine, mit der die Prinzessin Diana tödlich verunglückt ist, war betrunken. Seine Promille gehen nicht auf das Konto der Paparazzi. Mit dieser schwarzen Ironie muß vielmehr einer wie ich fertig werden – auch wenn er selber seit Jahrzehnten kein Auto mehr steuert.

Berlin – Basel

«In der Krankheit ist der Mensch
seinen Gefühlen nahe.»
Edgar Allan Poe

VIP
« very irre person »

IN DER INTENSIVSTATION des Martin-Luther-Krankenhauses «wohnte» ich, wenige Straßen von meinem Grunewalder Haus entfernt, im Spätsommer 1997 genau fünfundfünfzig Tage lang. In einer winzigen Glaskabine, deren «Fenster zum Hof» ständig abgedunkelt waren. Wer dabei an Hitchcock denkt, liegt gar nicht so falsch. Denn die Fenster blieben auch darum abgedunkelt, damit kein Teleobjektiv den kranken VIP, die «very irre person», abschießen konnte. Die wenigen Lichtblicke waren also nicht die Sonnenstrahlen, sondern die täglichen Besuche meiner Frau Susanne. Sie kam schon während der zwei Wochen, in denen ich im künstlichen Koma schlief, aus dem ich als dünnes, wackeliges Männchen erwachte. Nun brachte mir Susanne Selbstgemachtes: Chili con carne und meine geliebten Lachsschnitten, mit, so daß ich langsam, sehr langsam wieder zu körperlichen Kräften fand. Wie ein Hamster am Rad muß ich vor ihr und manchmal auch meinen Söhnen in meiner Glaskabine auf und ab gegangen sein. Nach einer Lungenentzündung, mit geschwollenen Füßen – und vorüber-

gehend auch mit dem Verstand eines Hamsters: Ich sponn,
ich werde (den bald zwanzig Jahre toten) Peter Frankenfeld
treffen; man solle mir meine schönste Krawatte bringen,
denn Frank Sinatra wünsche mich auf dem Bahnhof zu sehen; jetzt müsse ich mich wirklich beeilen, ich könne Claus
Peymann nicht mit den Proben zu «Richard III.» warten lassen; und immer wieder, immer wieder bat ich die Ärzte, mir
eine Fahrkarte nach Berlin zu besorgen, wo ich mich befand,
doch wohl nur mit meinem schwachen Körper. Dieser aber
fühlte sich in seinem Zwinger so eingeschlossen, daß meine
Phantasie ausbüxte und auf Reisen ging. Denn in den ersten
Wochen nach dem «Heilschlaf» durfte ich nicht einmal auf
dem Stationsflur spazierengehen. Auf der Hut vor Presse-
«Personal» im Ärztekittel, bewachten mich der ebenso ver-
schwiegene wie durchtrainierte Herr Wagner und andere
Bodyguards im Schichtdienst Tag und Nacht vor meiner
Krankenzimmertür. Zur einen Seite meines Hamsterkäfigs
die gegen die Sonne verklebten Fenster, zur anderen die vor
indiskreten Besuchern verschlossene Tür. Aber auch dis-
krete Besucher sahen mich anfangs nicht. Die meisten Bekannten, die mich besuchen wollten, bat mein Manager Peter Wolf, nicht zu kommen. Selbst er, einer der härtesten
Burschen, die ich kenne, wollte ihnen meinen Anblick ersparen.

Der Teddy

Sogar jedoch auf diesem Friedhof der Lebenden zuckte, hat
man mir später erzählt, der Entertainer auf: nicht im Smoking, sondern im Trainingsanzug. Wenn ich den Bodyguards auf dem Flur doch einmal entwischen konnte, stöhn-
ten die anderen «Intensiven» an ihren Beatmungsgeräten

unter meinen Mätzchen vor ihren Betten und rannten die
Schwestern vor mir davon – mit ihren hübschen Popos, auf
die es meine schlimmen Hände abgesehen hatten. Aber ich
unterhielt nicht nur, ich wurde auch unterhalten. So machte
mich in einem meiner wenigen lichten Momente die Nachricht beinahe wieder gesund, mein Manager habe eine lauernde Berliner Zeitung genarrt. Auf deren Frage, ob das
Vernehmen stimme, ich sei «geistig verwirrt», antwortete
Peter Wolf: «Was reden Sie da für einen Quatsch. Ich habe
gestern mit Harald Juhnke Schach gespielt, und er hat nach
sieben Zügen gewonnen.» So ungefähr druckten die «Pro-
fis» in ihrer nächsten Ausgabe diesen Witz. Dabei spielt der
«Mann ohne Eigenschaften» gar kein Schach. Und wenn er
es gekonnt hätte? Dann hätte ich mich den Figuren damals
vermutlich so genähert wie meinem kleinen weißen Teddy,
den Susanne mir ins Hospital brachte: Ich hielt den Teddy
für mein Handy, drückte auf seine schwarzen Knopfaugen
und rief die Polizei an: «Hierr Juhnkoff, grosse Kinstler,
bitte holen ab.» Für die wenigen Vertrauten, die nach Wochen erstmals zu mir vorgelassen wurden, gab es in meiner
Glaskabine also viel zu lachen und nach dem Abschied auf
der Straße genausoviel zu heulen.

« Schachmatt »

Während die ahnungslose Zeitung dem hübschen Märchen
auf den Leim ging, ich spiele Schach wie Kasparow, sprachen meine Berliner Ärzte erschrocken von «Korsakow»
und befürchteten mein endgültiges Matt. Mit den Ärzten
erschrak meine Familie. Denn das nach einem russischen
Psychiater benannte «Korsakow-Syndrom» ist die Diagnose einer verheerenden Hirnschädigung. Kein rätselhaft

genetischer, sondern eine Art selbstverschuldeter Alzheimer. Die Quittung für eine vergiftende Lebensführung bis zum Delirium tremens. Der Totenschein für einen denkenden Kopf. Für meinen Kopf konnten die Internisten des Martin-Luther-Krankenhauses nach ihrer vorsichtigen Diagnose nichts mehr tun. Mit ihrer Hilfe hatte mein Körper wieder das Gehen gelernt. Nun benötigte ich die Kunst eines Neurologen, die es meinem Gehirn, und eines Psychiaters, die es meiner Seele wieder beibrachte. Dafür war die Berliner Intensivstation der falsche Platz. Selbst mein Leibarzt Dr. Moschiry sagte meiner Frau: «Bei uns ist Ihr Mann nach seiner körperlichen Genesung wie ein Patient mit einem gebrochenen Arm, der auf einer Hals-Nasen-Ohren-Station liegt.» Ein Neurologe der Ostberliner Charité untersuchte mich und riet meiner Frau, mich ins «Beste vom Besten» zu bringen: in die Psychiatrische Universitätsklinik nach Basel. Als ich am 15. Oktober zum Abschied noch einmal durch die Zimmer der anderen Patienten turnte, die sieben Wochen lang meine Ersatzfamilie gewesen waren, kam mir auf einem Flur des Krankenhauses auch die Patientin Hildegard Knef entgegen. Filmreif umarmten wir uns – zwei in dieser Kulisse und in diesem Moment abgetakelte Stars. Für *das* Foto dieser Szene hätten die Bildbeschaffer der bunten Blätter, die vor dem «Martin Luther» seit Tagen auf ihren Shot warteten, vermutlich manches gegeben. Doch es kam zu einem ganz anderen Film: Nachdem Dieter Hildebrandt in einer Zeitung über die Notiz gestolpert war, ich sei wieder «fit wie ein Turnschuh», zitierte er den Kokolores in seiner Fernsehsendung «Scheibenwischer» und zog einen alten, vergammelten Turnschuh hinter seinem Rücken hervor. Sein Publikum lachte. Ich habe die Parodie damals natürlich nicht sehen können. Sie wäre meine ehrlichste Reisebegleitung nach Basel gewesen.

Nach Basel flog der Privatpatient – in einer Privatmaschine. Aber nicht, weil er Geld zum Fenster hinausschmeißen wollte, vielmehr um der Pressemeute zu entkommen. Um mir die Paparazzi in vergleichbar erbärmlichen Situationen vom Halse zu schaffen, hatte meine Familie schon manche geheime Kommandosache mit mir veranstaltet. Das Kommandounternehmen Berlin–Basel war das geheimste. So geheim, daß ich mindestens von einem bunten Blatt weiß, das seine Fotografen in ein, hoffentlich teures, Hotel nach Wien hetzte, damit sie dort die einschlägigen Kliniken abklapperten. Während sie schon zu klappern begannen, verließ ich das Martin-Luther-Krankenhaus durch einen Hinterausgang und wurde in Begleitung meiner Frau, meines Bodyguards Herrn Wagner und eines Assistenzarztes zum Flughafen Tempelhof gefahren: in einem unauffälligen Auto und auf Schleichwegen, die kein «normaler» Passagier benutzt. Dort stieg ich nicht auf dem überschaubaren Rollfeld, sondern bereits im Hangar in mein Flugzeug ein. In Basel landete die Maschine anderthalb Stunden später auf einer so entfernten «Außenposition», daß sie nicht einmal das perfekteste Teleobjektiv erreichen konnte. Eine Limousine mit «Rollfeldgenehmigung» holte mich und meine Begleitung direkt an der Gangway ab. Die letzte Fahrt dieses Krimis brachte mich in die Basler Universitätspsychiatrie.

Der Schock

Als was für ein Mensch kam ich dort an? Vieles, was ich in diesem schwierigen Kapitel schildere, habe ich zuerst nicht bewußt oder nur in abwesender Trance erlebt. Doch hat

man es mir erzählt, so genau erzählt, daß sich meine lücken-
haften Erinnerungen nach und nach zu meinem «wahren
Bild» zusammenfügten. Zu diesem wahren Bild gehört auch
eine Szene während des Fluges: Zehntausend Meter über
der Erde bat ich eine Stewardeß, sie möge bitte dafür sorgen,
daß nun endlich «auch die Passagiere auf den Tragflächen
einsteigen». In diesem schockierenden Augenblick hätte
selbst meine hoffende Susanne keinen roten Heller mehr
auf meine Rückkehr ins Leben gesetzt.

Prinz Claus

Ich kannte die Psychiatrische Universitätsklinik, die von den
Baslern nur PUK genannt wird, von einem freiwilligen Auf-
enthalt im Jahre 1984. Das war nach der Absetzung meiner
Show «Musik ist Trumpf» und meinem Rausschmiß beim
ZDF. In einem gestreiften Schlafanzug, der damals noch offiziellen Anstaltskleidung, sah ich mir mit anderen Patienten
im Fernsehraum eine Aufzeichnung meines Unterhaltungs-
abends «Wie wär's heute mit Revue?» an. Die vorwiegend
jungen Drogensüchtigen wollten es nicht glauben, daß der
glitzernde «Smoking» vor ihnen auf dem Bildschirm, der
das Lied «Ich wünsch euch eine gute Nacht» sang, der
durch Valium ruhiggestellte Alki war, der nun neben ihnen
in der «Geschlossenen» saß: «Wieso bist du im Fernsehen
und gleichzeitig hier?» fragten sie mich müde. Als ich mich
eine Davidoff rauchen sah, fand ich das unpassend in dieser
Runde von Leuten, die noch nach ausgedrückten Kippen
griffen, und bat um eine Zigarette. Eine gespenstische Atmosphäre. Ich stand auf, lief vor meinem Fernsehbild davon
und kämpfte mit den Tränen. Auf einem Spaziergang begegnete mir eines Morgens ein anderer berühmter Patient.

Im Morgenmantel gab mir der an schweren Depressionen leidende Prinz Claus der Niederlande seine weiche Hand. «Guten Tag, wir sind beide Gefangene», sagte er und lud mich zum Kaffee ein. Wegen der Koffein-«Droge» mußten wir uns jede Tasse neu genehmigen lassen. In Badeschuhen saßen wir uns eine Weile gegenüber und bedachten das sogenannte Leben. Der gebildete Prinz, der bekanntermaßen am starren Alltag zu Hofe erstickt und krank geworden war, zitierte den französischen Dichter Stendhal, ungefähr so: «Ich weigere mich, zwischen der Langeweile und einem Mörder zu unterscheiden. Denn beide trachten mir nach dem Leben.» Dann sah er mit seinem maskenhaften Gesicht unbeweglich zum Fenster hinaus. Ich versuchte ihn aufzuheitern, indem ich ihm einige Stegreifszenen aus Shakespeares Königsdrama «Heinrich IV.» vorspielte. Sein steinernes Gesicht enthärtete sich plötzlich. Er lachte – und machte mir das ernste Angebot, den Rest meiner Tage als Privat-Entertainer am Königshof in Den Haag zu verbringen. Gerührt verabschiedete ich mich von Prinz Claus – zur Visite in meinem Krankenzimmer. Der mich behandelnde Chefarzt hieß Professor Kielholz. Gerne entsprach ich seiner Bitte, ihm nach meinem Tode mein verrücktes Gehirn zu überlassen. Doch diesem Geschenk kam der liebe Gott zuvor. Denn er hat nicht den Patienten, er hat den Arzt zu sich geholt: jenen «Basler Therapeuten» (Rückblende Seite 275), der mich davor gewarnt hatte, die Rolle des Erwin Sommer im «Trinker» zu spielen.

Herr Hartmann

Unter dem Namen Erwin Sommer war der Trinker Harald Juhnke nur im Film in der Klapse gelandet. Unter dem Namen «Herr Hartmann» wies man mich nun wirklich in sie ein. Das Pseudonym war als mein Personenschutz gegen Leute wie jene gedacht, die in Wien und andernorts nach meinem verkäuflichen Elend suchten. Mit zurückgewonnenem Sinn für schwarzen Humor möchte ich das Pseudonym heute gerne als geschickte klinische «Irre»-Führung loben. Mein Gastgeber, der neue ärztliche Direktor des PUK, Professor Dr. Franz Müller-Spahn, begrüßte mich nicht als einschüchternder Gott in Weiß, sondern in einer fast «gemütlich» zu nennenden Joppe nebst geknöpfter Weste. Aber er gab sich deswegen keineswegs zugeknöpft. Vom ersten Augenblick an strahlte der junge Chefarzt hinter seiner dunkel gerandeten Nickelbrille auch auf Susanne eine beruhigende Herzenswärme aus. Er stellte es mir frei, mir meine Station selber auszusuchen: die geschlossene oder eine offene. Als ich das freundliche Krankenzimmer sah, mit eigenem Fernsehapparat, seinem hellen Bad und der großen Veranda vor alten Bäumen, und auch den weißgetünchten Gemeinschaftsraum mit fröhlich wirkenden Matisse-Drucken an den Wänden, entschied ich mich für die geschlossene Station. Ich zog ein und führte meinen neuen Namen «Herr Hartmann» nicht nur im Krankenblatt, sondern in großen Buchstaben auch an meiner Tür.

Der Strohhalm

Schon nach seinen ersten gründlichen Untersuchungen wußte mein Professor: Sein berühmter Patient ging nervlich an Krücken. Mein Kopf war in den betrunkenen Tagen und Nächten nach dem Sturz in den Glastisch des Berliner Hotels innerlich so verunglückt, daß ich einem äußerlich Schwerverletzten glich, der regelrecht wieder zusammengeflickt werden mußte. Ich war gewissermaßen ein Fall für die seelische Chirurgie. Trotz dieser verheerenden Psycho-Analyse kam der Professor zu einer neuen Diagnose: Den irreversiblen «Korsakow» bescheinigte er mir trotz meiner Verletzungen nicht, jedenfalls nicht das «Vollbild der Krankheit», wie die Ärzte sagen. Ich litt «nur» an Korsakow-Symptomen: an fatalen Gedächtnislücken bis ins Private; an «illusionären Verkennungen», also an eingebildeten Wirklichkeiten; daneben an halluzinativer Ängstlichkeit vor nicht existierenden Gefahren; an leichtem Verfolgungswahn («Paranoia») und schweren Schlafstörungen. Nicht aus meinem letzten Rausch, sondern aus meiner frühen Kindheit hatte ich überdies meine «manisch-depressiven» Stimmungsturbulenzen mit in die Basler Klinik gebracht. Diese Diagnosen, schlimme genug, waren mein Patienten- und sein Ärzteglück. Sie waren der Strohhalm, an den wir uns beide klammerten. Denn wenn sich bestätigt hätte, was im Martin-Luther-Krankenhaus befürchtet worden war, hätte mich der Professor in meinen Ohrensessel nach Berlin zurückschicken müssen. In ihm hätte ich für den Rest meiner Tage im Dämmerzustand weiter«gelebt». Auch mein Buch gäbe es, ohne die letzten Kapitel, nur als Torso. Ich hätte nicht darin lesen können.

Das Wunder

Bei seiner Therapie nahm ich den Professor in den ersten beiden Wochen nur wie aus der Ferne wahr: seine Gestalt wie hinter einer Milchglasscheibe, seine Worte wie aus einem anderen Raum. Erst mit mählicher Genesung begriff ich, welches «Wunder» sich bei den allabendlichen Zusammenkünften im Krankenzimmer Herrn Hartmanns ereignete. Der erste Schritt dazu war ein ebenso freundliches wie entschiedenes «Nein!». Der Professor verwehrte mir meinen dringenden Wunsch nach einem eigenen Telefon. Noch heute höre ich ihn sagen: «Ihnen wird auch sonst nicht alles gefallen, was ich Ihnen vorschlage, Herr Juhnke. Doch wenn Sie meine Vorschläge beherzigen, *kann* das nicht weniger als Ihr Leben retten.» Trotzig deutete ich den Telefon-«Entzug» als die Verordnung meiner Einsamkeit. Dabei war er der elementare Baustein einer Therapie, die sich meine Gesundung von innerer Ruhe versprach: von der «Reizabschirmung» gegen das Stimmengewirr einer mich nervös machenden Welt. Mit einer Psychopharmaka-Kombination, deren ausgeklügelte Rezeptur mein ärztlicher Giftmischer aus seiner großen Erfahrung bezog, wurden meine schlaflosen Nächte und meine halluzinativen Ängste kuriert. Mit der Hilfe Hollywoods trainierte der Professor mein Gedächtnis: Er applizierte dem Videorecorder in Herrn Hartmanns Zimmer alte Spielfilme, die ich immer wieder nacherzählen mußte. Während dieser medizinischen Kinoabende ging es keineswegs nur trostlos zu. Da der Professor ansteckend heiter sein konnte, haben wir in meinem Leichenhaus auch viel gelacht. Erst nachdem sein Gedächtnistraining mich annähernd in den alten Sportler zurückverwandelt hatte, begann er mit der eigentlichen Suchttherapie. Sie sollte herausfinden, warum ich trinke, aus welchen verborgenen Gründen die Flasche näherrückt: ob ich mit meiner Krankheit gegen irgend etwas protestiere oder ob mein Quartalsrausch ein «gewünschter», halb bewußter Suizid auf Raten ist. Bei diesem Seelenröntgen bezog der Professor auch große Teile meines Buchmanuskripts in die Durchleuchtung mit ein. Bei seiner nächsten Visite machte er mir ein Kompliment. Es war ein zweischneidiges Kompliment, also eines, das mich ehrte und gleichzeitig warnen mußte: «Herr Juhnke, einige der Falltüren zu Ihrer Sucht haben Sie in Ihrem Manuskript selber beschrieben.»

«Comeback»

Die Therapie des Professors war auch sonst: Ermutigung. Kritische Ermutigung! An einem unserer Abende sagte er viel zu bescheiden: «Das Wunder, von dem Sie angesichts Ihrer ‹Rückkehr ins Leben› sprechen, vollbringe nicht ich. Sie selber vollbringen es. Zwei in Anführungsstrichen ‹glückliche Umstände› kommen Ihnen dabei zugute: Sie sind erfahren im ‹Comeback›. Sie sind in der Vergangenheit noch nach K. o.s aufgestanden, die andere meiner Patienten nicht überlebt hätten. Das ist der eine ‹glückliche Umstand›. Aber Sie würden einen tragischen Fehler begehen, wenn Sie dächten, diese Nehmerqualitäten seien Ihr Freifahrtsschein auch für die Zukunft. Bei der nächsten Flasche wird es für Sie möglicherweise keine Zukunft mehr geben. Ihr anderer ‹glücklicher Umstand› ist, daß Ihr Gehirn durch Ihr nahezu tägliches Rollenstudium immer anspruchsvoll trainiert war. Ein Trinker in Ihrem Alter ohne dieses intellektuelle Training würde mir hier gar nicht mehr gegenübersitzen. Ich sage: hier! Vergessen Sie nicht, wo Sie momentan sind.» Richtig, ich lag nicht in irgendeinem

Krankenhaus, ich saß in einem «Irrenhaus». Die Station war abgeschlossen, sogar der Fahrstuhl dazu blockiert. Während der Begegnungen im Gemeinschaftsraum, an denen ich schamvoll spät erst nach Wochen teilnahm, schlurften Menschen an mir vorbei, die mich nicht erkannten, weil sie sich selber nicht mehr kannten. Doch eines Tages sprach mich eine Mitpatientin an: eine alte Schauspielerin, mit der ich vor über dreißig Jahren in einem Theaterstück gespielt hatte. Wieder allein in meinem Zimmer, hörte ich meinen Nachbarn aus dem seinen jaulen: U-u-u-u-u-h. Minutenlang dieses flehende U-u-u-u-u-h. Ich mußte «irgendwie» lachen – und jaulte zurück. Dann sah ich mich plötzlich neben mir stehen und lachte nicht mehr. Binnen einer Sekunde blieb mir mein Gejaule im Halse stecken. Denn ich erschrak bei dem Gedanken: Dieser Nachbar wärest du selbst beinahe gewesen.

Krieg im Kopf

Einige Zeit nach diesem Erschrecken brannte mir meine alte Gretchenfrage auf den Nägeln: «Herr Professor, warum trinke ich, wenn ich trinke, bis zum Exzeß? Warum kann ich meine Freude nicht mit zwei Gläsern Wein feiern und meinen Ärger nicht mit zwei Glas Whisky hinunterspülen – um es wie andere Leute dabei zu belassen?» – «Weil Sie am ‹Verlust der Kontrollfähigkeit› erkrankt sind. Sehen Sie, Herr Juhnke, im Gehirn eines Menschen entspricht jedem psychologischem Vorgang ein ‹biochemisches Korrelat›. Populärer gesprochen, könnte man die Psychologie und die Biochemie in unseren Köpfen Geschwister nennen. Mal leben sie in Harmonie, ein anderes Mal in Zerrüttung miteinander. In Ihrem Kopf leben die Geschwister, sobald

Sie trinken, im Krieg. Denn immer, wenn Ihre Psyche das ganz normale Bedürfnis nach einem entspannenden Glas verspürt, verwandelt Ihre Biochemie es augenblicklich in eine a-normale Gier. Sie glauben nach großen Erfolgen und großen Erschöpfungen mit Alkohol Ihren Akku wieder aufzuladen. In Wirklichkeit zerstören Sie ihn.»

«Trockenrausch»

Als ich mich solchen Gesprächen wieder öffnen und ihrem Sinn geistig folgen konnte, erhielt ich vermehrt Besuch in «Herrn Hartmanns» Zimmer. Susanne hatte schon nach meiner Einweisung eine bange Woche in einem Basler Hotel und täglich stundenweise bei ihrem Mann in der PUK verbracht. Mein Arzt-Sohn Peer kam mit seiner attraktiven Frau, die selber Medizinerin ist, aus München zu mir. «Bleib doch zum Frühstück» hieß das launige Theaterstück (Rückblende Seite 217), mit dem ich 1974 auf Deutschlandtournee gewesen war – an der Seite meiner Kollegin Gaby Gasser. Nun besuchte mich Gaby, die in Basel wohnt, sehr häufig zum Frühstück in der Psychiatrie – und war mir dabei und auf Spaziergängen durch den schönen Park der Klinik eine große emotionale Hilfe. Auch die Post, die ich von den wenigen in meinen Aufenthaltsort Eingeweihten bekam, war an «Herrn Hartmann» gerichtet. Nicht vergessen werde ich einen freundlichen Kartengruß nebst Blumen meines Verlegers. Er hatte dem Basler Blumengeschäft unter anderem mündlich ausrichten lassen, mein Publikum wünsche mich zurück. Das Publikum kam in der schriftlichen Fassung als «Puplikum» bei mir an. Dieser nicht einzige ulkige Schnitzer versetzte mich in einen durchaus vergnüglichen «Trockenrausch». In den geriet ich auch, als mir der Professor in der letzten Woche endlich ein eigenes Telefon gestattete. «Aber gehen Sie sparsam damit um», mahnte er mich milde. «Keine Sorge», versprach ich ihm artig – und griff, sobald er gegangen war, zum Hörer. Wenn er mich dann mal in flagranti an der Quasselstrippe ertappte, sagte ich: «Sie dürfen nicht böse sein, Herr Professor. Ich hab nicht selber gewählt, ich *werde* dauernd angerufen.» – «Bist du verrückt?» schalt mich meine Frau. «Wie kannst du dem Professor das nur erzählen! Er merkt doch spätestens an den Telefonrechnungen, daß du gemogelt hast.» Nicht *nur* gemogelt, ich wurde ja *auch* angerufen. Von Götz George zum Beispiel. Götz drehte gerade den Film, in dem er den Boxer Bubi Scholz spielt, und stiftete mich an, als Bubis alter Kumpel dabei mitzumachen.

«Clown sein»

Nicht nur bei meinem Professor, bei vielen großen und kleinen Menschen, die mich in der Klinik umsorgten oder besuchten, habe ich mich dafür zu bedanken, daß aus mir trauriger Gestalt wieder ein witziger Bursche wurde. Ich möchte ihnen «Clown sein» widmen, von dem manche meinen, es sei das schönste Lied, das ich auf der Bühne singe:

> Clown sein
> Wer möchte nicht manchmal ein Clown sein
> Dem selbst die Kinder vertraun
> Clown sein
> Weises und Dummes herausschrein
> Gut unter Schminke versteckt
> Wer möchte nicht manchmal ein Clown sein
> Möcht nicht geliebt sein

Clown sein
Frag doch mal wer von den Großen
Hätt nicht gern so große Schuh
Wer denn
Möcht nicht sein Herz mal entblößen
Schaut ernst den Lachenden zu

Jeder Clown braucht ein eignes Gesicht
Das es nur einmal gibt
Er kann schön sein oder auch nicht
Und wird dennoch von dir geliebt

Clown sein
Und mit den anderen leben
Das ist was ich an ihm rühm

Clown sein
Wie andere klettern und schweben
Freundlich und ohne Kostüm
Da möcht ich manchmal
Ein Clown sein
Und möcht geliebt sein
Clown sein
Eigene Schwächen erkennen
Und zeigen daß es sie gibt
Clown sein
Schützen und zärtlich benennen
Alles was lebt und man liebt

Auf der Rasierklinge

Der Basler Professor Franz Müller-Spahn ist ein Psychiater, zu dessen Therapie es gehört, seine Patienten, ich habe es selbst gesehen, auch schon mal in den Arm zu nehmen – und nicht auf ihn. Ich weiß, er hört es nicht gerne: Seinem Clown aus Berlin hat er auch durch diese Freundlichkeit das Leben gerettet. Sie paarte er mit ärztlichen Prinzipien, an denen er mich nicht rütteln ließ; und wer mich kennt, der weiß, daß ich gerne an Prinzipien rüttele. So verordnete er mir die von ihm beschworene Ruhe auch für «die Zeit nach der Klinik» und entsorgte bei einer seiner letzten Visiten meinen randvollen Terminkalender. Mit einer Bitte, die einem Verbot nahekam, riet er mir davon ab: als «Hauptmann von Köpenick» gleich wieder auf die Bühne des Maxim Gorki Theaters zu klettern und den betrunkenen Gefängnisaufseher «Frosch» in der Oper «Die Fledermaus» von Johann Strauß zu spielen. Jedem anderen Psycho-General hätte ich wohl den Befehl verweigert. Diesem hier gehorchte ich merkwürdigerweise. Warum? Weil er sich im Zimmer «Herrn Hartmanns» nie zu dessen Komplizen gemacht hatte. «Komplizen Ihrer Sucht, Herr Juhnke, sind Leute, die Ihnen noch in der Krankheit Beifall klatschen. Nach dem gefährlichen Motto: Harald, Sie schaffen das schon. Sie sind und bleiben unser Größter.» Mein Basler Professor nahm mir diese Nelke sachte aus dem Knopfloch. Als ich mich am Sonntag, dem 30. November 1997, von ihm verabschiedete, gab er mir mit auf die Reise, was er während meiner sechs Wochen in seiner Klinik auffallend häufig gesagt hatte: «Lieber Herr Juhnke. Ich kann Sie nur als wieder lebensfähig, jedoch nicht als ‹vom Alkohol geheilt› entlassen. Überwitzeln Sie Ihre Krankheit also nicht länger. Geben Sie sich Mühe, sie ernst zu nehmen – als täglich neue

Gefährdung. Selbst wenn Sie zehn Jahre lang keinen Tropfen angerührt haben, müßten Sie sich nach wie vor als ‹Alkoholiker› akzeptieren. Denn Ihre ganze Energie wird jeden
Tag neu auf die Vermeidung des Rückfalls ausgerichtet sein.
Von Herzen wünsche ich Ihnen, daß Sie sich bei Ihrem Leben auf der Rasierklinge nicht noch einmal schneiden…»

Das Foto

Vor und in dem Zimmer «Herrn Hartmanns» wurden an
einem einzigen Tag auch intime Fotos von mir gemacht.
Nicht von einem Paparazzo, der sie gestohlen und als Sensation hätte verkaufen können. Die Fotos wurden vom dreizehnjährigen Timm aufgenommen, den ein Besucher meines
Vertrauens mit in mein Zimmer brachte. Nachdem der kleine
Kerl auf den Auslöser seines Geburtstagsgeschenks gedrückt
hatte, rollte er auf einem riesigen Gymnastikball zum Spielen in den Gemeinschaftsraum. Warum ich dem Jungen die
Fotos erlaubte?

Er hat mich gefragt.

Wachsfigur

ZURÜCK IN BERLIN, blätterte ich meinen Terminkalender auf. Der Professor hatte darin fürs erste nicht viel übriggelassen. Die Auftritte, die sein Rotstift verschont hatte, nahm ich gleich im Dezember wahr: Unter großem Beifall des Publikums ließ ich mich in Günther Jauchs Jahresrückblick-Sendung «Menschen, Bilder, Emotionen» blicken. Als letzter Studiogast am späten Abend, bevor die hinreißende Celine Dion ihr Lied zum Film «Titanic» sang. In Wien sagte ich in der Unterhaltungssendung «Vera» meinen österreichischen Fans endlich wieder «Grüß Gott» und stellte, im weißen Anzug, mit Turnschuhen, schwarzem Hut und Zigarre, meine bereits vor Basel aufgenommene «Rap»-CD «Bleib cool, Bel Ami!» vor. Mit meinen Partnern Günther Pfitzmann und Christiane Hörbiger begann ich die Dreharbeiten zum Fernsehspielfilm «Letzte Chance für Harry», in dem ich wie im wirklichen Leben: ein Penner bin, der bei näherem Hinsehen gar keiner ist. Noch vor Weihnachten lud Atze Brauner mich ein, Fred Astaires «Traumtänzer» neu ins Kino zu steppen und auch im Film «Das Genie und die Göttin» zu spielen. Ich selber melde vernehmlich meinen Wunsch an, Gerhart Hauptmanns Stück «Vor Sonnenuntergang» mit mir in der Hauptrolle ins Kino oder Fernsehen zu bringen: als «soignierter siebzigjähriger Geheimer Kommerzienrat Matthias Clausen». Damit nämlich würde ich abermals in ein Kostüm des großen Werner Krauss schlüpfen. Vielleicht mag mir Anja Hauptmann, die Tochter des Dichters, die ich gut kenne, bei der Erfüllung meines Wunsches helfen. Mein Weihnachtsfest 1997 fand nicht am 24., sondern am 27. Dezember statt: An diesem Tage strahlte das Erste Deutsche Fernsehen gleich nach der Tagesschau meinen *Film*-«Köpenick» aus: vor sieben Millionen Zuschauern und durchweg begeisterten Kritikern auch der seriösesten Feuilletons. Unter der Regie von Frank Beyer war und bin ich in diesem Film mit meiner Schauspielerfamilie zusammen: mit Katharina Thalbach als Schwägerin «Marie Hoprecht» und Udo Samel als «Dr. Obermüller». Mit dem brillanten Rolf Hoppe als «Gefängnisdirektor» gibt es im Film eine Szene, die mich, nun vor dem Fernseher mein eigener Zuschauer, an die Basler Klapse erinnerte: Der Gefängnisdirektor, ein glühender preußischer Militarist, läßt mich «Hauptmann» und die anderen Knakkis Krieg nachspielen. Wie absolut infantile Idioten.

*

Mit einem «Hokuspokus» ganz anderer Art ging ich in das neue Jahr 1998. Der Theaternarr Jürgen Wölffer überredete mich, in seiner Privatbühne am Kurfürstendamm für ein mal wieder volles Haus zu sorgen. Ich trat gerne zu den «Hokuspokus»-Proben an. Nicht nur, weil ich erste Kostproben aus diesem Boulevardstück von Curt Goetz vor fünfzig Jahren meinem Gönner Ernst Karchow vorgesprochen hatte. Sondern auch, weil sich damit die Gelegenheit bot, mich bei meiner Basler Kollegin Gaby Gasser für ihre hilfreichen Besuche in der Klinik zu bedanken. Ich bat Jürgen Wölffer um eine Rolle für Gaby, und sie bekam sie. Doch mitten in den Proben stieg ich aus dem «Hokuspokus» aus. Nicht aus den in der Vergangenheit leider üblichen, nun allein aus künstlerischen Gründen. Ich spürte, daß diese Komödie nicht mehr *mein Stück* war: daß ich beim Sprechen meiner langen Monologe lustlos den «Automatischen Piloten» einschaltete. Ich rief den «Hokuspokus»-erfahrenen Heinz Drache an und bat ihn, ob er nicht für mich einspringen und Jürgen Wölffer so aus der Patsche helfen könne. Erst zögerte der Drache, dann sagte er feuerspuckend ab. Nachdem ich mich zur Geburtstagsfeier eines reichen Knaben nach Hamburg hatte einfliegen lassen, um dort für beträchtliche Kohle (ja, einen ganzen Kohlensack) ein knappes Stündchen lang die singende Geburtstagtorte zu spielen, reiste ich zum Fasching ins österreichische Villach. In der falschen «Peter-Alexander-Show» begrüßte ich dort ein wie ich gehendes und wie ich singendes Juhnke-Double und den echten Bundeskanzler Viktor Klima. Am nächsten Tag stand in den Zeitungen: «Juhnke: ‹Ich bin ein Villacher›.»

*

Privat begann 1998 mit einem Neujahrsbesuch bei mir selbst. Ich schüttelte meiner gleich neben Wolfgang Gruner stehenden Wachsfigur im Berliner Panoptikum die Hand und staubte sie ein wenig ab. Ich will achtzig Jahre alt werden, sagte ich meinem Ebenbild. Dann hätte ich gerne einen blauen Grabstein mit goldener Inschrift, die mich mit einem Bonmot Karl Valentins verewigt.

Grabstein

Harald Juhnke
1929–2009
Wie geht's?
Könnte
besser sein,
muß
aber nicht!

Nachspiel

Bargeflüster

DIESES BUCH ist mein Vermächtnis. Es ist meine gültige Lebensgeschichte. Aus zwei Gründen könnten aufmerksame Leser darüber die Nase rümpfen. Um sie bei guter Laune zu halten, möchte ich ein kleines Rollenspiel inszenieren, dessen Helden meine Leser Herr Meier und Frau Müller sind. Stellen wir uns vor, die beiden hätten mich zur Besprechung dieses Buches in eine Hotelbar eingeladen. Nichts Böses ahnend, mache ich es mir dort in einem englischen Ledersessel bequem und genehmige mir eine meiner Montecristo-Zigarren. Doch die Stimmung ist merkwürdig gereizt. Herr Meier etwa hat, als wolle er mir jeden Moment an den Kragen gehen, mit nur einer Gesäßbacke auf einer Couchkante Platz genommen und verschießt sein Pulver bereits *vor* der Lektüre des Buches: Lieber Herr Juhnke, flüstert Herr Meier spitz, Sie haben doch schon zwei Autobiographien unter die Leute gebracht. Wollen Sie Ihr Publikum auf den Arm nehmen, oder können Sie einfach die Tinte nicht halten? – Mit diesem Ton habe ich, offen gestanden, nicht gerechnet; und so droht er mir eine Sekunde lang den Lackschuh auszuziehen. Ich rufe: Herr Ober, einen Kaffee bitte! Als er ihn höchst elegant serviert hat, drehe ich zu meiner Beruhigung das Löffelchen in der Tasse umher. Dann antworte ich Herrn Meier: Sehen Sie, das ist wie bei einem Testament. Das wird auch häufig neu poliert. Manchmal gibt es sogar neun davon, und außer den darin nicht Erwähnten stört das keinen Menschen. Mit diesem Buch habe ich mir die Freiheit genommen, *mein* Testament zu ändern. Noch Fragen? – Allerdings. Denn Sie werden doch nicht so frei gewesen sein, die Tatsachen Ihres Lebens zu frisieren; und die sind jedem Knirps bekannt. – Ich lächle dünn: Was sagen Sie da? Jedem Knirps! Ich hätte Sie für älter gehalten. Aber mal im Ernst: Natürlich ist mein Geburtsdatum immer noch der 10. Juni 1929, und meine beiden Söhne heißen nach wie vor Peer und Oliver Marlon. Ich frisiere mich auch nicht in einen Musterknaben um, denn der bin ich sowenig wie mein großer Bruder. – Was? Sie haben einen Bruder, das wußte ich ja gar nicht. – Ja, er lebt in Los Angeles und nennt sich Sinatra. – Sie scherzen, Herr Juhnke. – Ich scherze keineswegs, sondern bin mir sicher, daß Sie in meinem Buch noch ganz andere Überraschungen finden werden. Ein Vorschlag zur Güte: Wie wäre es mit Lesen, Meier?

Daumenkino

Frau Müller ist anscheinend Nichtraucherin. Mit beiden Händen nämlich in der Barluft fuchtelnd, hatte sie während meines Scharmützels mit Herrn Meier ihre liebe Mühe, sich den Qualm meiner Montecristo aus dem Gesicht zu wedeln. Als sie nun das Wort ergreift, sehe ich in eine ebenso umwölkte wie gequälte Miene – und befürchte auch von Frau Müllers Buchkritik das Schlimmste. Aber zu meiner großen Freude gibt sie sich vergleichsweise milde. Mit leicht abschätzigem Blick sogar den Kritiker Meier musternd, pocht sie sogleich darauf, daß *sie* ihre Noten *nach* der Lektüre verteile. Sie habe mein Buch von der ersten bis zur letzten Zeile gründlich geprüft. Zum Beweis schiebt sie es mir, zweimal hustend, kurz unter die Nase und läßt es wie im Daumenkino durch die Finger schnippen: Nahezu jede

Seite ist mit Eselsohren, verschiedenfarbigen Leuchtstiften und Dutzenden von Klebezettelchen markiert – von den energisch zustimmenden Ausrufezeichen an den Seitenrändern gar nicht zu reden! – Das ist ja der komplette Wahnsinn, murmele ich in die Krawatte. – Offenbar kann ich meine Befriedigung darüber nicht ganz verheimlichen. Denn Frau Müller unterstreicht sie prompt mit dem Satz: Ja, da staunen Sie, Herr Juhnke, nicht wahr. Das ist so, als hätten Sie Ihren Mercedes zum TÜV gebracht, und ich sei Ihre Inspektorin gewesen. – Wie lautet denn das Ergebnis Ihres Memoiren-TÜV, Frau Müller, frage ich, mir meiner Plakette sicher. – Das Ergebnis, Herr Juhnke? Annehmbar! Ich darf Ihnen das Kompliment machen, daß ich Ihr Buch mit Gewinn studiert habe. Ich habe Neuigkeiten über Sie erfahren, mit denen ich nicht einmal im Alptraum gerechnet hätte. Doch, doch, ich muß sagen: Mein Spaziergang durch Ihre vierhundert Seiten ist im großen und ganzen ein ausgesprochen abenteuerlicher Erlebnisbummel gewesen. Zuweilen schaukelte mich sogar das Gefühl, als läse ich Ihr Buch mit dem Magen. Denn angesichts Ihrer kitzligen Höhen und Tiefen ging es hier und da zu wie bei einer Achterbahnfahrt. – Was höre ich da? Kompliment, Gewinn, Erlebnisbummel! Das klingt ja wie Ostern und Pfingsten an einem Tag. Wäre ich ein Hahn, mir stünde vor Stolz der Kamm. Mich höflich verbeugend, sage ich: Danke, Frau Müller, und bin schon geneigt, ihrer Samtpfötigkeit zuliebe meine Montecristo im Aschenbecher verschwinden zu lassen. Da wirft mich ein unerwartet schrilles Crescendo ruckartig in den Ledersessel zurück. – Herr Juhnke, peitscht es aus der Müllerin Mund durch die Bar: Sie brauchen sich nicht so fix zu bedanken. Denn ich habe doch noch gar nicht richtig ausgepackt. Ich habe durchaus auch ein wenig Gift im Köcher. – Gift? durchzuckt es mich. Will die Dame mir vielleicht einen Whisky bestellen? – Entsetzlicher, ihr Betäubungsmittel ist eine Rezension: Herr Juhnke, bei allem Vergnügen, das mir Ihr Buch bereitet hat, das ist doch einfach nicht Ihr Jargon. Kommen Sie mir bitte nicht damit, daß ich das nicht beurteilen kann. Dazu habe ich Sie viel zu oft in diesen Fernseh-Talkshows erlebt. Wie waschecht Sie da waren, Pardon, Ihre herrliche Schnauze. Und nun? Ihr Buch? Wo sind Ihre charmanten Versprecher, Ihre menschlichen Haspler, wo Ihre Ähs und Ohs und überhaupt: wo ist Ihr durchgängiges Berlinerisch geblieben, dieses: Ach, wissen Se, Frollein, det jeht nich so? – Det jeht ja ooch nich so, Madame! repliziere ich. Det eene is jesprochen, und det andere is jeschrieben. Wenn Sie sich 'nen Brief abringen oder saren wa 'n Bewerbungsschreiben, ziehn Se doch ooch nich wie in der Küche vom Leder. Dann jeben Se sich möglichst jestochen. Un meen Buch da, det is ja ooch irjendwie 'ne Bewerbung, bei Literarischen Quartetten, wenn Se verstehn, wat ick meene. Un wenn Se denen mit Ähs und Ohs oder charmanten Hasplern kommen oder wie inna Ku'damm-Kneipe salbadern, dann ham Se verdammt schlechte Karten. Die gucken jenau, wie wat jeschrieben, un nich, wie wat jesprochen is. Sehen Se, verehrte Frau Müller, det is det janze Jeheimnis.

Schifferklavier

Mein lieber Scholli, das saß, denke ich triumphierend. Von dieser überzeugenden Geraden wird sich die Müllerin so schnell nicht erholen. Tatsächlich wirkt sie einen Augenblick lang so benommen, daß ich zufrieden mutmaße: Jetzt ist endlich Ruhe im Karton. Pustekuchen, sie nimmt den Handschuh wieder auf und tritt zur nächsten Runde an:

Okay, Herr Juhnke, aber das reicht mir nicht, das reicht mir einfach nicht. Was mir zu selten in Ihrem Buch vorkommt, das ist das Berlineske. – Das Berlineske, schüttele ich den Kopf, wo haben Se det denn her? Machen Sie bei Marlon Brandos Reminiskus «Mein Leben» – det sin Reminiszenzen, die unsereins auf Knien liest –, machen Se da ooch son Wind darum, ob die Los-Angelesk oder im Hawaiihemd durch die Druckerschwärze stelzen? Nee, das tun Sie sicher nich. Det können Se einfach gar nich. Weil Se partout nich wissen, wie der alte Knabe sich naturjetreu anhört. – Der Brando ist wohl auch Ihr Bruder? – Niente, der gewichtige Künstler ist mein göttlicher Vetter, mit großem F. Und wenn Ihnen auch diese Lektion nicht reicht, Frau Müller, dann muß ich etwas tun, was mir normalerweise keine Menschenseele zutraut. Ich muß nämlich in die Bildungskiste greifen. Sind Ihnen die Namen Schiller und Goethe vertraut? – Nun bleiben Sie doch bitte sachlich, Herr Juhnke. – Aha, Sie kennen die Herren. Wußten Sie, daß der eine, dieser Schiller, unverschämter geschwäbelt hat als Lothar Späth beim Frühstück? Aber in seinem langen Gedicht «Die Glocke», mit dem wir alle in der Schule gepiesackt wurden, schwäbelt er nicht. Geht Ihnen ein Licht auf, Frau Müller? Und der andere, Goethe, soll ein so hundsgemeines Hessisch gebabbelt habe, daß er damit spielend wem die Schau gestohlen hätte? Richtig, meinem Kollegen Heinz Schenk vom «Blauen Bock». Doch in seinem Buch «Wilhelm Meisters Lehrjahre», das ja, wenn Sie erlauben, auch irgendwie eine Autobiographie ist, spürt man von diesem Frankfurteresken absolut nullamente. Det is janz prima, weil et jeschrieben is. – Frau Müller hebt die Augenbrauen: Also «Prima!» nennen Sie diese Kunst… Bei allem Prima für Sie und Ihr Buch, Herr Juhnke – aber Sie wollen sich, nur weil Sie im Herbst Ihres Lebens Ihr Tingeltangel-Ko-

stüm ausgezogen und einen zugegeben famosen «Hauptmann von Köpenick» auf die Bühne gezaubert haben, doch
nicht allen Ernstes mit dem Autor des «Faust» verglei-
chen. – Frau Müller, gebe ich zurück: Mir geht nun wirklich
langsam nicht der, sondern *die* Faust in der Tasche auf. Denn
ich habe mich mit niemandem verglichen, weder mit Schiller noch mit Goethe noch mit Schenk. Ich antworte nur auf
Ihre Buchkritik. Schließlich will ich mich von Ihnen nicht
pausenlos verbarnhelmen lassen. – Verbarnhelmen, Herr
Juhnke? – Das sagen Leute wie ich mit Notabitur, wenn sie
sich nicht zur Minna machen lassen wollen. Mal 'ne persönliche Frage, Frau Müller, spielen Sie Klavier? – Ach leidlich,
mehr Hobbyklavier. Am liebsten übrigens mit einem unter-
stützenden Partner. Ich habe mich mit meinen drei geschiedenen Männern oft vierhändig ausprobiert. – Drei! Det har
ick mir inzwischen beinah jedacht. Un wie kam det rüber,
Ihr gemeinsames Spiel mit den drei getürmten Kameraden?
Ick meene, mußten Sie die Fenster schließen? – Keine
Sorge, Herr Juhnke, es klang durchaus wie das überzeu-
gende Klavierspiel zweier Leute. – Gucken Se ma, Frau
Müller, da ham Se't nu aber auf dem Silbertablett. Wenn Sie
bei all Ihrer Pingeligkeit nur einen einzigen schiefen Blick
auf meinen Buchdeckel geworfen hätten, dann wär Ihnen
garantiert in die Brille gesprungen, daß meine Autobiographie auch so eine Art vierhändiges Klavierspiel ist. Da hat
nämlich ebenfalls ein unterstützender Partner mitgeklim-
pert. Ob unser Ergebnis nun wie ein Schifferklavier häm-
mert oder wie Ragtime swingt, das soll das Publikum und
von mir aus die Akademie für Piano und Dichtung in Darm-
stadt entscheiden. Zufrieden? – Noch bevor die Müllerin
wieder nach Luft schnappen kann, jubele ich ihr eine besonders grimmige Wolke meiner Zigarre vor den Nerz. – Ein
edler Fummel, lobe ich, als ich ihre Atemnot nutze und

mich erhebe. Drum nur noch eine Kleinigkeit, Madame. Sie haben nicht zufällig auch schon die Autobiographie von Brigitte Bardot inspiziert? – Doch, warum? – Weil ich mir wünschen würde, daß Sie mit der Bardot auch mal über deren Buch debattieren. Ich könnte Ihnen vielleicht ein Entree verschaffen. – Wie, das würden Sie für mich tun? – Auf der Stelle, subito. Nur müßten Sie mir dafür versprechen, daß Sie sich bei diesem Interview genauso tierisch kleiden wie jetzt. Dann greife ich zu Hut und Mantel und rufe beherzt: Herr Ober, die Dame möchte zahlen!

Katzenleben

Ich will schon durch die Drehtür des Hotels ins lange vermißte Freie entschwinden, da hechtet mir der Kritiker Meier hinterher und versperrt mir wie ein Polizist den Weg. Nun sehe ich erst, was für ein großer Schlaks er ist, fast wie mein dritter Gott Yves Montand einer war. – Herr Juhnke, ereifert sich leider nicht Montand, sondern Meier: Ich habe mich ja nun wirklich lange zurückgehalten. Aber zum einen darf ich nicht ohne ein Autogramm nach Hause kommen, und zum anderen ist mir noch etwas unklar. – Also gut, aber beeilen Sie sich, Meier. – *Herr* Meier, bitte, soviel Zeit muß sein. – Verzeihen Sie, Herr Meier, was paßt Ihnen denn immer noch nicht? – Wenn Sie mir netterweise Ihren Namenszug… Während ich ihn auf eines dieser immer mit mir geführten schmeichelhaften Bildnisse pinsle, legt sich der Riese hastig ins Zeug: Okay, ich habe Ihr Buch noch nicht gelesen. Doch Frau Müller, der haben Sie ja ordentlich den Kopf gewaschen, die hat mir gesteckt, Sie erzählten Ihre achtundsechzig Jahre keineswegs lückenlos. – Richtig. Mein Buch, das ist wie ein Flickenteppich. Er präsentiert teuren

Gobelin und Kaschmirwolle neben billigen Jute- und Leinenfetzen. Hundertpro wie mein richtiges Leben. Einige Muster des Teppichs sind handgeknüpft, andere nur gewoben. Aber eines garantiere ich Ihnen: Sie sind alle mit so solidem Garn zusammengenäht, daß Sie weder über Lücken noch Tücken stolpern; es sei denn, Sie fallen nicht auf mein sparsam verwendetes Seemannsgarn herein. Capito? – Leichter Regen setzt ein, und ich hoffe, auch Meier werde nun endlich in jenem stehen. Doch er wiederholt: Capito! und setzt nach: Und wie ist das mit dem Stimmungschaos, das Frau Müller Ihrem Buch übrigens auch ankreidet. Sie seien darin ja gar nicht *ein* Juhnke. Sie seien mindestens zwei, wie Dr. Jekyll und Mr. Hyde. – Mein Lieber, knurre ich versöhnlich, da hat Ihre Frau Müller ausnahmsweise einmal untertrieben. Denn Dr. Jekyll und Mr. Hyde sind Waisenknaben gegen mich. Ich bin nicht zwei, ich bin sieben Personen. Darum habe ich auch wie ein Kater sieben Leben. War Ihnen bekannt, daß ich keine Schlüsselbeine habe? Wenn ich aus dem zwölften Stock auf die Straße stürze, und ich bin, falls Sie verstehen, nicht nur einmal auf die Straße gestürzt, ist das alles andere als angenehm. Aber Sie konnten bisher sicher sein, daß ich immer wieder auf den Beinen landete. – Sieben Leben, Herr Juhnke! sinniert Meier sichtlich beeindruckt, indem er den Regenschirm aufspannt. Und die schildern Sie alle in Ihrem Buch? – Ungefähr so ist es, Herr Meier. – Dann werde ich mich geschwind ans erste Kapitel machen. – Ich gebe ihm die Hand. Doch wie bei einem dieser Fototermine läßt er sie nicht los: Nur noch ein Quentchen, eine allerletzte Frage. – Nein, nein, zugenäht nein! Mein Geduldsfaden ist nun endgültig strapaziert. Wird Ihr Pulver denn nicht einmal bei diesem Sauwetter naß? – Wie vom Gewitter überrascht, gibt Meier meine Hand wieder frei. Immer noch erhitzt, trabe ich davon, drehe mich zum

Abschied jedoch noch einmal um und sehe in seinen offenen Mund. Dieser Anblick erinnert mich urplötzlich daran, daß meine Frau nicht nur eine höchst attraktive Halbchinesin, sondern auch eine gute Köchin ist und seit einer geschlagenen Stunde mit der Wan-Tan-Suppe wartet. Also galoppiert mein innerer Gaul dem renitenten Meier zum definitiven Gefecht entgegen und schnaubt: Sie sollten auch mal lernen, nicht ständig das letzte Wort zu haben. Gehen Sie doch einfach an die Bar zurück und halten es dort mit dem Motto meines jungen Kollegen Heiner Lauterbach. – Ist das nicht der mit der Stirnglatze, der im Fernsehen den Krimi-Kommissar «Faust» gespielt hat? – Ja, und bestellen Sie Ihrer Müllerin, daß der sich deswegen auch nicht für Johann Wolfgang Goethe hält. – Was sagt der denn, wie lautet denn sein Motto? – «Der Klügere kippt nach.» Schönen Abend. Auf dem Weg nach Hause schwöre ich mir, in diesem Punkt einen allerletzten dummen Witz gemacht zu haben.

Das künstlerische Werk
(Auswahl)

Theater

1948 – 1960

Berlin

Haus der Kultur der Sowjetunion, 11 / 1948: *Ljubow Jarowaja* (*Die Entscheidung*) von Konstantin Trenjow, Inszenierung Hans Rodenberg, neben Tilly Lauenstein, Herwart Grosse, Gerda Zinn und Hans Rodenberg

Freie Volksbühne / Theater am Kurfürstendamm (*TaK*), 10 / 1950: *Karthagische Komödie* von Per Schwenzen, Inszenierung Ernst Karchow, Rolle des Gaius neben Otto Graf, Walther Buschhoff, Maria Secher

TaK, 11 / 1950: *Die Saat ist grün* von Emlyn Williams (deutsche Fassung Hans Rehfisch), Inszenierung Julius Gellner, Rolle des Glyn Thomas neben Wolf Trutz, Maria Secher, Hugo Werner-Kahle, Eberhard Fechner, Hardy Krüger

TaK, 2 / 1951: *Ende gut, alles gut* von William Shakespeare (Neufassung Hans Rothe), Inszenierung Hans Lietzau, Rolle eines jungen Hauptmanns neben Wolfgang Lukschy, Günther Hadank

TaK, 5 / 1951: *Don Juan* von Molière, Inszenierung Giorgio Strehler, Rolle des Bauern Pierrot neben Siegmar Schneider, Ernst Karchow

TaK, 7 / 1951: *Morgen ist auch ein Tag* von Heinz Coubier, Inszenierung Ernst Karchow, Rolle eines Banditen neben Rolf Kutschera, Edith Teichmann

TaK, 11 / 1951: *Sechs Personen suchen einen Autor* von Luigi Pirandello, Inszenierung Oscar Fritz Schuh, Rolle eines Schauspielers neben Kurt Meisel, Wolfgang Kieling, Franziska Kinz

TaK, 1 / 1952: *Ein Wintermärchen* von William Shakespeare, Inszenierung Ludwig Berger, Rolle des Dion neben Karl John, Heidemarie Hatheyer, Ernst Karchow, O. E. Hasse, Martin Benrath

TaK, 2 / 1952: *Wolken sind überall* von F. Hugh Herbert (deutsche Fassung Hans Hellwig), Inszenierung Erik Ode, ab 1. April eingesprungen für Karl John in der Hauptrolle als Donald Gresham neben Ursula Lingen, Ernst Walow, Walter Buschhoff

TaK, 3 / 1952: *Fips mit der Angel* von Dieter Rohkohl, Inszenierung Christoph Groszer, Rolle des Jünglings Jacob neben Nils-Peter Mahlau, Martin Benrath

TaK, 6 / 1952: *Polizeistation 21* von Sidney Kingsley, Inszenierung F. R. Wendhousen, Rolle des Arthur Kindred neben Hans Nerling, Franz Nicklich, Rolf Heydel

TaK, 8 / 1952: *Zu treuen Händen* von Melchior Kurz, Inszenierung Erik Ode, Rolle des Hannes neben Hans Nielsen, Alice Treff

TaK, 10 / 1952: *Dorado* von Franz Seitz, Inszenierung Werner Kelch, Rolle eines Boten neben Kurt Weitkamp, Willy Witte, Günther Hadank

TaK, 12 / 1952: *Viel Lärm um Nichts* von William Shakespeare, Inszenierung F. R. Wendhousen, im Januar 1953 kurzfristig eingesprungen für Victor de Kowa in der Rolle des Benedick neben Klaramaria Skala, Gisela Mayen, Herbert Hübner, Fritz Genschow, Kurt Weitkamp, Hugo Werner-Kahle

TaK, 2 / 1953: *Die lockende Tiefe* von Terence Rattigan (deutsche Fassung Alfred H. Unger), Inszenierung F. R. Wendhousen, Rolle des Philip Welch neben Gisela Mattishent, Ilse Fürstenberg

TaK, 4 / 1953: *Brötchen und Tee* von Ursula Hancke, Inszenierung Malte Jaeger, Hauptrolle des Martin Engler neben Rolf von Sydow, Eva Rimski, Rolf Heydel

TaK, 7 / 1953: *Gemachte Leute* von Louis d'Alton (deutsche Fassung Erich Paetzmann), Inszenierung Otto Kurth, Rolle des Derry Murnaghan neben Käte Haack, Klaramaria Skala, Walter Suessenguth

TaK, 1 / 1954: *Tartuffe* von Molière und *Wozzeck* von Georg Büchner; Inszenierung für einen kombinierten Abend mit demselben Ensemble Oscar Fritz Schuh, Rolle des Valère (in *Tartuffe*) und des Tambourmajors (in *Wozzeck*) neben Ernst Schröder, Ursula Lingen, Tilla Durieux, Maria Sebaldt, Kurt Meisel

TaK, 5 / 1954: *Mamselle Nitouche* von Henri Meilhac und Ray Milland (Neufassung Alexander Steinbrecher und Hans Weigel), Inszenierung Oscar Fritz Schuh, Rolle des Leutnants Champlatreux neben Wolfgang Neuss, Inge Konradi, Peer Schmidt, Maria Sebaldt

TaK, 12 / 1954: *Der zerbrochne Krug* von Heinrich von Kleist, Inszenierung Oscar Fritz Schuh, Rolle des Ruprecht neben Walther Suessenguth, Ernst Schröder, Hanne Hiob, Klaramaria Skala

Hebbel-Theater, 2 / 1952: *Die Zwanzigjährigen* von Julien Luchaire, Inszenierung Walther Suessenguth, neben Klaus Kinski, Wolfgang Kieling, Klaus Schwarzkopf, Ernst Jacobi, Ursula von Manescue, Renate Barken

Komödie, 3 / 1953: *Eine unmögliche Frau* von André Roussin, Inszenierung Erik Ode, Hauptrolle neben Alice Treff, Franz Lederer

Renaissance-Theater, 10 / 1953: *Der Engel von Montparnasse* von Jean Gilténe, Inszenierung Kurt Meisel, neben Ursula Lingen, Hilde Volk

Renaissance-Theater, 2 / 1957: *Die Silberschnur* von Sidney Howard, Inszenierung Ludwig Berger, Hauptrolle des David neben Werner Bruhns, Käthe Dorsch, Antje Weisgerber

Renaissance-Theater, 2 / 1958: *Bunbury* von Oscar Wilde, Inszenierung Harry Meyen, Rolle des John Worthing neben Harry Meyen, Brigitte Grothum, Ursula Herking

Tournee
1956 mit dem Hamburger reisenden Theater «Der grüne Wagen», Theater-
Tourneegesellschaft Collien: *Oberst Chabert* von Hans J. Rehfisch nach
Honoré de Balzac, Inszenierung Hans Schweikart, Hauptrolle eines Advo-
katen neben Hilde Krahl, O. E. Hasse, Charles Regnier, Gig Malzacher

1961 – 1970

Berlin
Komödie, 3 / 1961: *Wolken sind überall* von F. Hugh Herbert, Inszenierung
Harry Meyen, Hauptrolle neben Chariklia Baxevanos, Wolfgang Lukschy,
Hans Wocke
Komödie, 3 / 1962: *Irma La Douce* von Alexandre Breffort und Marguerite
Monnot, Inszenierung Rolf Kutschera, Hauptrolle neben Paul Esser, Vio-
letta Ferrari, Benno Hoffmann
Komödie, 2 / 1963: *Gog and Magog* von Roger MacDougall und Gabriel Arout,
Inszenierung Rudolf Schündler, Hauptrolle neben Marianne Prenzel,
Edith Schollwer, Herbert Weissbach
Komödie, 8 / 1963: *Die aufrichtige Lügnerin* von Marcel Achárd, Inszenierung
Rudolf Schündler, Hauptrolle des Camille Sévigné neben Chariklia Baxe-
vanos, H. P. Scholz, Gisela Fackeldey, H. W. Clasen
Komödie, 9 / 1963: *Hören Sie zu – Geben Sie acht* von Peter Shaffer, Inszenierung
Harry Meyen, Hauptrolle neben Chariklia Baxevanos, Ernst Jacobi
Komödie, 7 / 1965: *Halt die Welt an – Ich will aussteigen!* von Anthony Newley
und Leslie Bricusse (deutsche Fassung Mischa Mleinek), Inszenierung Ed-
gar Walther, Rolle des Littlechap neben Violetta Ferrari
Komödie, 6 / 1966: *Ausreißer* von Neil Simon, Inszenierung Wolfgang Spier,
neben Christiane Krüger, Ilse Ragi, Inge Scheurat
Hansa Theater, 10 / 1970: *Liliom* von Franz Molnár, Inszenierung Paul Esser,
Titelrolle neben Christine Diersch, Inge Wolffberg, Jutta Stahnke, Hilde
Sessak
München
Kleine Komödie, 8 / 1964: *Wolken am Himmel* von Samson Raphaelson, Insze-
nierung Erik Ode, Hauptrolle des Tony Kenyon neben Eva Pflug, Horst
Naumann, Thomas Reiner
Kleine Komödie, 3 / 1966: *Die Jungfrau auf dem Wolkenkratzer (Wolken sind über-
all)* von F. Hugh Herbert, Inszenierung Jochen A. Blume, Hauptrolle
neben Chariklia Baxevanos, Albert Lieven und Artur Binder
Kleine Komödie, 6 / 1967: *Ein Ehemann zur Ansicht* von Lawrence Roman, In-
szenierung Wolfgang Spier, Hauptrolle des Hogan neben Chariklia Baxe-
vanos, Eckart Dux, Hannelore Cremer
Kleine Komödie, 8 / 1968: *Ein seltsames Paar* von Neil Simon, Inszenierung
Wolfgang Spier, Hauptrolle neben Hans Clarin
Die Kleine Freiheit, 2 / 1969: *Paradies oder Die Versuchung* von Jerry Bock und
Sheldon Harnick nach Mark Twains «Tagebuch von Adam und Eva» und

411

Jerome Coopersmith, New Yorker Originalproduktion (deutsche Fassung Max Colpet), Inszenierung Trude Kolman, Hauptrolle des Adam neben Rosemarie Seehofer als Eva und Elisabeth Volkmann als Schlange
Hamburg
Thalia Theater, 5/1968: *Liliom* von Franz Molnár (deutsche Fassung Alfred Polgar), Inszenierung Hans Deppe, Titelrolle neben Ingrid Andree, Elisabeth Stierli, Fresa-Renate Bortfeld, Celia Steinbach
Köln
Theater am Dom, 5/1967: *Die Jungfrau auf dem Wolkenkratzer (Wolken sind überall)* von F. Hugh Herbert, Einrichtung Harry Meyen, Regie Harald Juhnke, Hauptrolle neben Chariklia Baxevanos, Wolfgang Lukschy
Theater am Dom, 10/1969: *Alfie* von Bill Naughton (Musik Charles Kálmán), Inszenierung Peter Goldbaum, Hauptrolle neben Chariklia Baxevanos (Gastspiel auch in Düsseldorf, *Komödie*, 12/1970)

1971–1980

Berlin
Hansa Theater, 12/1971: *Alfie* von Bill Naughton (Musik Charles Kálmán), Inszenierung Peter Goldbaum, Hauptrolle neben Chariklia Baxevanos, Ursula Lillig, Hans-H. Nitschke
Hansa Theater, 10/1972: *Helden* von George Bernard Shaw, Inszenierung Paul Esser, Rolle des Hauptmann Bluntschli neben Christine Diersch, Inge Wolffberg
Freie Volksbühne, 2/1973: *Der Damenschneider* von Georges Feydeau, Inszenierung Hansjörg Ützerath, Titelrolle neben Loni Heuser, Dagmar Biera, Ina Haller, Wolfram Schaarf, Jo Herbst
Freie Volksbühne, 4/1973: *Othello* von William Shakespeare (deutsche Fassung Leopold Lindtberg nach Wolf Heinrich Graf Baudissin), Inszenierung Leopold Lindtberg, Rolle des Rodrigo
Freie Volksbühne, 6/1973: *August, August, August* von Pavel Kohout, Inszenierung Helmut Käutner, Titelrolle neben Hans Putz, Claus Hofer
Freie Volksbühne, 1/1975: *Dreyfus* von Jean-Claude Grumberg, Inszenierung Helmut Käutner, Rolle des Arnold neben Wolfgang Condrus, Buddy Elias
Komödie, 9/1973: *Sechs Zimmer – Seeblick* von Bob Randall, Inszenierung Herbert Ballmann, Hauptrolle neben Liane Hielscher
Komödie, 1/1977: *Spiel mit dem Feuer* von Martin Worth und Peter Yeldham (deutsche Fassung Wolfgang Spier), Inszenierung Jürgen Wölffer, Hauptrolle des Toni Piper neben Barbara Schöne
Komödie, 4/1977: *Arc de Triomphe* von Marcel Mithois, Inszenierung Wolfgang Spier, Hauptrolle des Gaston neben Gisela Uhlen, Corinna Genest
Theater am Kurfürstendamm (TaK), 5/1975: *Rosa Zeiten* von Murray Schisgal, Inszenierung Rolf Henniger, Hauptrolle neben Janice Krieger, Gaby Gasser

TaK, 7/1975: *Süß und verrückt* von Jean Jacques Bricaire und Maurice Lasaygues, Inszenierung Stefan Behrens, Hauptrolle des Bernard neben Karin Eickelbaum als Françoise, Ilona Schütze, Friedrich Schönfelder
TaK, 10/1980: *Sie spielen unser Lied* von Neil Simon (Musik Marvin Hamlisch), Inszenierung Jürgen Wölffer, Hauptrolle des Vernon neben Gaby Gasser als Sonia
Hamburg
Kleine Komödie, 1/1979: *Die Eule und das Kätzchen* von Wilton Manhoff, Inszenierung M. Haensel, Hauptrolle des Felix neben Christiane Rücker als Doris
Ernst Deutsch Theater, 6/1980: *Spiel mit dem Feuer* von Martin Worth und Peter Yeldham (deutsche Fassung Wolfgang Spier), Inszenierung Jürgen Wölffer, Hauptrolle des Toni Piper neben Evelyn Maron, Helmut Schmid, Barbara Schöne
Tourneen
3/1971 Frankfurt, Städtische Bühnen, 4/1971 Osnabrück, Theater am Domhof, et al.: *Das System des Monsieur Ribadier* von Georges Feydeau, Inszenierung Wolfgang Spier, Rolle des Thommereaux neben Chariklia Baxevanos (Madame Angèle) und Claus Biederstaedt in der Titelrolle
10/1974 mit dem «Schweizer Tourneetheater» im Bürgerhaus Nordweststadt, Frankfurt, et al.: *Bleib doch zum Frühstück* von Gene Stone und Ray Cooney, Inszenierung Wolfgang Spier, Hauptrolle neben Gaby Gasser
11/1976 mit dem «Schweizer Tourneetheater» im Konzertsaal Bonn: *Hokuspokus* von Curt Goetz, Inszenierung Christian Wölffer, Hauptrolle des Peer Bille neben Johannes Killert, Vera Müller. Desgleichen 10/1976 in Rottweil/Schwarzwald, 9/1976 in Paderborn im Kongreßhaus, et al.

1981 – 1990

Berlin
Theater am Kurfürstendamm (TaK), 6/1982: *Ein besserer Herr* von Walter Hasenclever, Inszenierung Jürgen Thormann, Titelrolle des Möbius neben Walter Jokisch, Ute Willing, Ulrich Matthes, Ingeborg Körner
TaK, 8/1983: *Ein klarer Fall* von Claude Magnier, Inszenierung Jürgen Wölffer, Rolle des René neben Chariklia Baxevanos
TaK, 1/1985: *Plaza Suite* von Neil Simon (deutsche Fassung Harry Meyen), Inszenierung Christian Wölffer, Hauptrolle des Sam Nash neben Anaid Iplicjian (Gastspiel im Hamburger *Ernst Deutsch Theater* 1/1986)
TaK, 6/1985: *Mein Freund Harvey* von Mary Chase, Inszenierung Wolfgang Spier, Hauptrolle des Elwoock neben Elisabeth Wiedemann
TaK, 9/1986: *California Hotel* von Neil Simon, Inszenierung Christian Wölffer, Hauptrolle neben Chariklia Baxevanos
Renaissance-Theater, 9/1987: *Der Entertainer* von John Osborne, Inszenierung Gerhard Klingenberg, Titelrolle des Archie Rice neben Ulrike Jackwerth, Margret Homeyer, Erik Frey

Renaissance-Theater, 11/1988: *Tartuffe* von Molière, Inszenierung Peter Lotschak, Titelrolle des Tartuffe neben Almut Eggert, Peter Ehrlich, Magret Homeyer
Renaissance-Theater, 9/1989: *Schon wieder Sonntag* von Bob Larbey, Inszenierung Barbara Basel, Rolle des John Cooper neben Doris Haffner, Inge Wolffberg, Marina Krause
Renaissance-Theater, 3/1990: *Eines langen Tages Reise in die Nacht* von Eugene O'Neill, Inszenierung Gerhard Klingenberg, Rolle des Tyrone neben Judy Winter, Waltraut Habicht, Benedict Freitag
Renaissance-Theater, 9/1990: *Der Geizige* von Molière, Inszenierung Jean-Paul Roussillon, Titelrolle des Harpagon neben Volker Brandt, Daniela Strietzel
München
Residenztheater, 6/1981: *Happy End* von Bert Brecht und Elisabeth Hauptmann (Dorothy Lane), Musik Kurt Weill, Inszenierung Helmut Baumann, Hauptrolle des Bill Cracker neben Christine Ostermayer als Lilian, Annemarie Wernicke, Heini Göbel

1991 – 1997

Berlin
Theater am Kurfürstendamm, 12/1993: *Sonny Boys* von Neil Simon, Inszenierung Jürgen Wölffer, Hauptrolle des Willie Clark neben Wolfgang Spier als Al Lewis
Staatliche Schauspielbühnen Berlin/Schloßpark-Theater, 3/1993: *Alpenglühen* von Peter Turrini, Inszenierung Alfred Kirchner, Hauptrolle neben Hannelore Hoger
Maxim Gorki Theater, 1/1996: *Der Hauptmann von Köpenick* von Carl Zuckmayer, Inszenierung Katharina Thalbach, Titelrolle des Wilhelm Voigt neben Gerd Michael Henneberg, Wolfgang Hosfeld, Hilmar Baumann, Katharina Thalbach, Jaecki Schwarz

Kinofilme

1950 – 1960

Drei Mädchen spinnen (*Komplott auf Erlenhof*; *Mutti muß heiraten*), nach dem Roman von Fedor von Zobeltitz, Buch: Gustav Lohse, Regie: Carl Froelich, neben Albrecht Schoenhals, Adelheid Seeck, Georg Thomalla, Axel von Ambesser, 10/1950
Die blaue Stunde, Buch und Regie: Veit Harlan, Rolle des Fred neben Kristina Söderbaum, Hans Nielsen, Kurt Kreuger, 3/1953

Die Stärkere, nach dem Roman von Christa Linden, Buch: Walther von Hollander, Regie: Wolfgang Liebeneiner, Rolle des Alfred neben Gertrud Kückelmann, Hans Söhnker, Antje Weisgerber, Tilly Lauenstein, 8/1953

Wenn am Sonntagabend die Dorfmusik spielt, Buch: Werner P. Zibaso, Regie: Rudolf Schündler, neben Rudolf Prack, Hans Stüwe, Ingeborg Körner, O. E. Hasse, 9/1953

Das tanzende Herz, nach einer Novelle von W. F. Fichelscher, Buch und Regie: Wolfgang Liebeneiner, Rolle des Julius neben Gertrud Kückelmann, Gunnar Möller, Paul Hörbiger, 10/1953

Schlagerparade (Musikfilm), Buch: Aldo von Pinelli, Hans Fritz Köllner, Regie: Erik Ode, neben Germaine Damar, Walter Giller, Bully Buhlan, Nadja Tiller, 11/1953

Gitarren der Liebe, Buch: Per Schwenzen, Ursula Bloy, Joachim Wedekind, Regie: Werner Jacobs, neben Vico Torriani, Elma Karlowa, Annunzio Mantovani, 10/1954

Oberarzt Dr. Solm, nach dem Roman von Harald Baumgarten, Buch: Kurt Heuser, Ilse Lotz-Dupont, Regie: Paul May, neben Hans Söhnker, Sybil Werden, Antje Weisgerber, 3/1955

Heldentum nach Ladenschluß, nach Geschichten von John Forster, Buch: Joachim Fernau, Hanns H. Fischer, Regie: Erik Ode, Wolfgang Becker, Fritz Stapenhorst, Wolfgang Schleif, Hauptrolle des Burmann neben Wolfgang Wahl, Ed Tracy, Charles Regnier, 5/1955

Wie werde ich Filmstar?, Buch: Curth Flatow (Idee Hans Georg Dammann), Regie: Theo Lingen, Georg Dammann, Michael Jary, neben Theo Lingen, Oskar Sima, Bibi Johns, Nadja Tiller, 7/1955

Wunschkonzert (Musikfilm), Buch: Gunther Philipp, Regie: Erik Ode, Rolle des Horn neben Peter Frankenfeld, Renate Holm, Germaine Damar, 9/1955

Wenn die Alpenrosen blüh'n, Buch: Ilse Lotz-Dupont, Tibor Yost, Regie: Richard Häußler, neben Claus Holm, Christine Kaufmann, Maria Andergast, Theo Lingen, 9/1955

Der Frontgockel, Buch: Hans Fitz und F. B. Cortan, Regie: Ferdinand Dörfler, neben Peter Pasetti, Beppo Brem, Nadja Regin, 10/1955

Parole Heimat (drei Episoden), Buch: Hans H. Fischer, Regie: Hans Fritz Wilhelm, Fritz Stapenhorst, Wolfgang Becker, neben Michael Cramer, Ed Tracy, Werner Lieven, Hermann Speelmanns, 11/1955

Ihr Leibregiment, Buch: Bobby E. Lüthge, Regie: Hans Deppe, Rolle des Hansen neben Ingrid Andree, Gerhard Riedmann, Günther Pfitzmann, 12/1955

IA in Oberbayern (Zwei Preuß'n in Bayern), Buch: Hans Fitz, Hans Albin, Regie: Hans Albin, Rolle des Fred Roland neben Joe Stöckel, Paul Westermeier, Renate Ewert, 2/1956

Der Glockengießer von Tirol, Buch: Karl Heinz Busse, Joachim Bartsch, Regie: Richard Häußler, neben Heinrich Gretler, Nicole Heesters, Claus Holm, 8/1956

Kann ein Mann sooo treu sein ... (Der Mustergatte), Buch: Jacob Geis, Helmuth M. Backhaus, Hanns H. Fischer, Regie: Erik Ode, Hauptrolle des Billy Haber neben Inge Egger, Theo Lingen, Gardy Granass, Boy Gobert, 11/1956

Jede Nacht in einem anderen Bett, nach dem Roman von Hans Gustl Kernmayr, Buch: Eckart Hachfeld, Iwa Wanja, Regie: Paul Verhoeven, Rolle des Hans von Meier neben Gerhard Riedmann, Waltraut Haas, Elma Karlowa, 1/1957

Tolle Nacht, Buch: Gustav Kampendonk, Regie: John Olden, Hauptrolle des Michael Haller neben Maria Sebaldt, Rudolf Platte, Hans Nielsen, 5/1957

Unter Palmen am blauen Meer, Buch: Kurt E. Walter, Regie: Hans Deppe, Rolle des Fredy Glass neben Bibi Johns, Lil Dagover, Heidemarie Theobald, 7/1957

Der tolle Bomberg, nach dem Roman von Josef Winkler, Buch: Hans Jacoby, Per Schwenzen, Regie: Rolf Thiele, Rolle des Dr. Roland neben Hans Albers, Marion Michael, Paul Henkels, 8/1957

Mit Rosen fängt die Liebe an, Buch: Ursula Bloy, Werner Hill, Karl Heinz Busse, Regie: Peter Hamel, neben Ingmar Zeisberg, Alice und Ellen Kessler, Theo Lingen, 10/1957

Gruß und Kuß vom Tegernsee, Buch: Joachim Wedekind, Regie: Rudolf Schündler, Rolle des Billy neben Elma Karlowa, Bert Fortell, Ruth Stephan, 12/1957

Almenrausch und Edelweiß, Buch: Franz Marischka, Regie: Harald Reinl, Rolle des Max neben Theo Lingen, Karin Dor, Elma Karlowa, 12/1957

Die grünen Teufel von Monte Cassino, Buch: Joachim Bartsch, Michael Graf Soltikow nach dem Roman *Monte Cassino* von Böhmler, Regie: Harald Reinl, neben Joachim Fuchsberger, Ewald Balser, Elma Karlowa, 4/1958

Bühne frei für Marika, Buch: Helmuth M. Backhaus, Regie: Georg Jacoby, Rolle des Frank Flemming neben Marika Rökk, Johannes Heesters, Carla Hagen, 8/1958

U 47 – Kapitänleutnant Prien, Buch: Joachim Bartsch nach Udo Wolter, Regie: Harald Reinl, Rolle des Smut neben Dieter Eppler, Sabina Sesselmann, Joachim Fuchsberger, 9/1958

Piefke, der Schrecken der Kompagnie, Buch: Hanns H. Fischer, Heinz Fiedler, Regie: Wolfgang Wehrum, Hauptrolle neben Hubert von Meyerinck, Rolf Weih, Herbert Weißbach, 10/1958

Wenn Mädchen ins Manöver zieh'n, Buch: Franz Marischka, F. M. Schiller, Regie: Rudolf Schündler, Hauptrolle des Ferdinand von Pottenstein neben Joe Stöckel, Gunther Philipp, Grethe Weiser, 10/1958

Skandal um Dodo, Buch: Hugo Wiener, Eduard von Borsody nach einem Schwank von Franz Arnold, Regie: Eduard von Borsody, Hauptrolle des Toni neben Olive Moorefield, Karin Dor, Kai Fischer, 1/1959

Hula-Hopp, Conny, Buch: Fritz Böttger, Per Schwenzen, Regie: Heinz Paul, Rolle des Dr. Berning neben Conny Froboess, Susi Nicoletti, Rudolf Vogel, 3/1959

La Paloma, Buch: Gustav Kampendonk, Regie: Paul Martin, neben Bibi Johns, Karlheinz Böhm, Rudolf Platte, Hubert von Meyerinck, 7/1959

Tausend Sterne leuchten, Buch: Joachim Wedekind, Harald Philipp, Regie: Harald Philipp, Hauptrolle des Robert Faber neben Germaine Damar, Toni Sailer, Maria Sebaldt, 8/1959

Bei der blonden Kathrein, Buch: Ilse Lotz-Dupont, Regie: Hans Quest, Rolle des Manager Weihrauch neben Gerhard Riedmann, Marianne Hold, Michl Lang, 11/1959

Mein Schatz, komm mit ans blaue Meer, Buch: Ilse Lotz-Dupont, Franz Marischka, Regie: Rudolf Schündler, Rolle des Bubi Hannemann neben Joachim Fuchsberger, Christine Görner, Renate Ewert, 12/1959

Das hab' ich in Paris gelernt, Buch: Fred Ignor, Thomas Engel, Regie: Thomas Engel, Rolle des Mathias Mai neben Chris Howland, Christa Williams, Gisela Trowe, 4/1960

Schick Deine Frau nicht nach Italien, Buch: Ilse Lotz-Dupont, Regie: Hans Grimm, Rolle des Karl neben Marianne Hold, Gerlinde Locker, Claus Biederstaedt, 9/1960

Der letzte Zeuge, Buch: Robert A. Stemmle, Thomas Keck nach einem Bericht von Maximilian Vernberg, Regie: Wolfgang Staudte, neben Martin Held, Hanns Lothar, Ellen Schwiers, 12/1960

1961 – 1970

Schön ist die Liebe am Königssee, Buch: Janne Furch, Regie: Hans Albin, neben Marianne Hold, Gustavo Rojo, 1/1961

Davon träumen alle Mädchen, Buch: Fred Ignor, Thomas Engel, Regie: Thomas Engel, Hauptrolle des Bandleaders Jochen neben Marion Michael, Ursula Herking, Hubert von Meyerinck, 9/1961

Am Sonntag will mein Süßer mit mir segeln gehn, Buch: Helmuth M. Backhaus, Franz Marischka, Regie: Franz Marischka, Hauptrolle des Albert neben Elma Karlowa, Vivi Bach, Adrian Hoven, 10/1961

Isola Bella, Buch: Ilse Lotz-Dupont, Regie: Hans Grimm, Rolle des Anton neben Marianne Hold, Paul Hubschmid, Claus Biederstaedt, 11/1961

So liebt und küßt man in Tirol, Buch: Janne Furch, Ilse Lotz-Dupont, Regie: Franz Marischka, Rolle des Meyer neben Vivi Bach, Adrian Hoven, Monika Dahlberg, 12/1961

Der verkaufte Großvater, Buch: Ilse Lotz-Dupont, Regie: Hans Albin, neben Hans Moser, Hubert von Meyerinck, Vivi Bach, 3/1962

So toll wie anno dazumal, Buch: Franz Marischka, Thomas Keck, Regie: Franz Marischka, Hauptrolle des Dieter neben Hans Nielsen, Karin Baal, Renate Ewert, 8/1962

Ohne Krimi geht die Mimi nie ins Bett, Buch: Johannes Kai, Hugo Wiener, Regie: Franz Antel, Rolle des Thomas Steffen neben Heinz Erhardt, Karin Dor, Peter Vogel, 10/1962

Allotria in Zell am See, Buch: Madeleine Sudek, Regie: Franz Marischka,

Hauptrolle des Pit Tann neben Adrian Hoven, Hannelore Elsner, Ingrid van Bergen, 8/1963

Die goldene Göttin vom Rio Beni, Buch: Gustav Kampendonk, Eugenio Martin, Regie: Eugenio Martin, Rolle des Tom neben Pierre Brice, René Deltgen, Emma Penella, 9/1964

Die drei Scheinheiligen, Buch: Jutta Bornemann, Willy Schultes, Hanns Schott-Schöbinger, Regie: Hanns Schott-Schöbinger, Hauptrolle des Itzenblitz neben Willy Millowitsch, Walter Groß, Margret Aust, 9/1964

Das Geheimnis der drei Dschunken, Buch: Hanns-Karl Kubiak, Werner P. Zibaso, Regie: Ernst Hofbauer, Rolle des Smoky neben Stewart Granger, Rosanna Schiaffino, Horst Frank, 7/1965

Die letzten Drei der Albatros, Buch: Werner P. Zibaso, Regie: Wolfgang Bekker, Hauptrolle des Kuddel Homann neben Joachim Hansen, Horst Niendorf, Gisella Arden, 10/1965

Der Mörder mit dem Seidenschal, Buch und Regie: Adrian Hoven, Rolle eines Kriminalbeamten neben Folco Lulli, Susanne Uhlen, Carl Möhner, Adrian Hoven, 5/1966

Pepe, der Paukerschreck – Die Lümmel von der ersten Bank, 3. Teil, Buch: Georg Laforet, Regie: Harald Reinl, Rolle des Oberstudienrats Blaumeier neben Hansi Kraus, Uschi Glas, Gustav Knuth, 6/1969

Klein Erna auf dem Jungfernstieg, Buch: Janne Furch, Dieta Borchers, Regie: Hans Heinrich, Rolle als Ernas Vater neben Heidi Kabel, Gitta Zeidler, Heinz Erhardt, 10/1969

Ludwig auf Freiersfüßen, nach Erzählungen von Ludwig Thoma, Buch: Georg Laforet, Regie: Franz Seitz, Hauptrolle neben Hansi Kraus, Kristina Nel, Monika Greving, 12/1969

1971 – 1980

Mit der Liebe spielt man nicht, Buch und Regie: Hans W. Busse, neben Johanna Liebeneiner, Wolfgang Schwarz, 11/1973

Auch ich war nur ein mittelmäßiger Schüler, Buch: Georg Althammer, Regie: Werner Jacobs, Rolle eines Arztes neben Detlev Eckstein, Jutta Speidel, Horst Tappert, 10/1974

1981 – 1990

Sigi der Straßenfeger, Buch: Kalle Schmidt, Bert Schrickel, Volker Kühn, Wolf Gremm, Regie: Wolf Gremm, Hauptrolle des Sigi Stenz neben Iris Berben, Guido Gagliardi, Günther Ungeheuer, 10/1984

Jenseits von Blau, Buch: Michael Laux, Regie: Christoph Eichhorn, Rolle des Dream Boy neben Sarah Jane Denalane, Karin Boyd, Peter Sattmann, 8/1989

Die Hallo-Sisters, Buch: Richard Hey, Lisa Kristwaldt, Regie: Ottokar Runze, Rolle des Henne neben Gisela May, Ilse Werner, Tuncel Kurtiz, 11/1990

1991 – 1997

Schtonk!, Buch: Helmut Dietl, Ulrich Limmer, Regie: Helmut Dietl, Rolle des Kummer neben Götz George, Uwe Ochsenknecht, Christiane Hörbiger, 3/1992
Der Papagei, Buch: Andy T. Hoetzel, Ralf Huettner, Hans Dräxler, Regie: Ralf Huettner, Hauptrolle des Did Stricker neben Dominic Raacke, Ilse Zielstorff, Ludwig Haas, 12/1992 ARD (ab 3/1993 in den Kinos)
Des Kaisers neue Kleider, nach dem Märchen von Hans Christian Andersen, Buch: Bernd Fiedler, Regie: Juraj Herz, Hauptrolle des Kaisers neben Carsten Voigt, Jan Kalous, Andréa Ferréol, 3/1994
Alles auf Anfang, Buch: Pamela Katz, Reinhard Münster, Regie: Reinhard Münster, Rolle des Georg Kuballa neben Katharina Thalbach, Udo Samel, Christiane Hörbiger, 5/1994
Gespräch mit dem Biest, Buch: Armin Mueller-Stahl, Tom Abrams, Regie: Armin Mueller-Stahl, Rolle des Ferdinand Muskat neben Armin Mueller-Stahl, Robert Balaban, Katharina Böhm, Dietmar Mues, 2/1997

Fernsehen

Filme, Serien und Auftritte
in und seit den sechziger Jahren

Aufruhr, 1/1960, ARD, Buch: Eugen York, E. Klein-Rottau nach einer Vorlage von Hugh Forbes, Regie: Eugen York, Hauptrolle neben Wolfgang Wahl, Stanislav Ladinik, Wolfgang Völz
Sie können's mir glauben, 7/1960, ARD, Buch: John C. Mortimer, Regie: Theo Lingen, Hauptrolle neben Gardy Granass, Theo Lingen, Agnes Windeck
Biographie und Liebe, 7/1961, ARD, Buch: Samuel N. Behrmann, Regie: Carl Heinz Schroth, Hauptrolle des Richard Kurth neben Ernst Schröder, Gisela Uhlen, Karl Schönböck
Annelie – Annelou, 9/1962, ARD, Buch: Klaus Munro, Regie: Klaus Überall, halbstündige Komödie
Ich liebe dich, 8/1963, ARD, Komödie von Roman Niewiarowicz, Regie: Carl Heinz Schroth, Rolle des Percy neben Chariklia Baxevanos als Eva
Strandgeflüster, 9/1963, ARD, Buch und Regie: Harald Vock, Urlaubsshow mit 160 Mitwirkenden, Gastauftritt
Cyprienne oder Lassen wir uns scheiden!, 3/1966, ARD, Buch: Victorien Sardou, Emile de Najac, Regie: Wolfgang Glück, Hauptrolle neben Peter Pasetti, Elfriede Kuzmany, Herbert Tiede

Ist er gut? Ist er böse?, 7/1967, ARD, nach Denis Diderot, Regie: Wolfgang Glück, Rolle des Herrn von Surmont neben Horst Tappert, Anneliese Römer, Gisela Trowe, Chariklia Baxevanos

... in und seit den siebziger Jahren

Der Kommissar, «Eine Kugel für den Kommissar», 9/1970, ZDF, Buch: Herbert Reinecker, Regie: Erik Ode, Rolle eines Zuhälters

Meerschweinchenrevue, 3/1972, WDR, Regie: Bob Rooyens, Sketchepisoden, Mitwirkender

Die aktuelle Schaubude, Folge 679, 1/1974, NDR, Unterhaltungsmagazin mit Marie-Louise Steinbauer und Christian Schnipkoweit, Gastauftritt mit Chariklia Baxevanos und Charles Kálmán; desgleichen in Folge 808, 2/1977, moderiert von Carlo von Tiedemann und Alida Fischer

Preußenkorso Nr. 17, 1/1974, 5/1975, 1/1977, ZDF, Buch: Curth Flatow, Werner E. Hintz, Horst Pillau, Regie: Claus Peter Witt; Hans Dieter Schwarze; Erik Ode, Episoden aus der Chronik der Familie Sawatzki (zwischen 1880 und 1913), Juhnke in den fünf männlichen Hauptrollen der Familie neben Wera Frydtberg, Marie Versini, Georg Wondrak, Manfred Seipold

Die Buchholzens, 8/1974 bis 10/1974, ZDF, Buch: Karl Wittlinger nach der literarischen Vorlage von Julius Stinde, Regie: Harald Philipp, siebenteilige Reihe, Rolle des Fritz Köper neben Eva Kotthaus, Hans Caninenberg, Giulia Follina, Lisi Mangold

Sergeant Berry, Folge 14 bis 26, 6/1975 bis 9/1975, ZDF, Buch: Viola Liessem, Gert Nickstadt, Regie: Harald Philipp, Juhnke übernimmt in der zweiten Staffel die Rolle des Al Berry neben Hannes Messemer, Gerhard Frickhöffer, Marie Versini, Andrea Rau

Die Buschspringer, von 10/1976 bis 1/1977, ZDF, Buch: Rolf Schulz, Regie: Peter Harlos, halbstündige Serie, Hauptrolle des Thomas Dreger neben Stefan Behrens

Ein verrücktes Paar, 2/1977, 10/1978, 12/1978 bis 12/1980, ZDF, Buch: Peter Vincent, Brad Ashton, Werner Hanns, Ephraim Kishon u. a., Regie: Wolfgang Spier, Helmut Herrmann, Sketchreihe mit Harald Juhnke und Grit Boettcher sowie verschiedenen Partnern

Klimbim, 5/1977, ARD, Buch: Jack Lloyd, Klaus Peter Schreiner, Joe Hembus, Augustin Steele, Peter Vincent, David Cumming, Michael Pfleghar, Regie: Michael Pfleghar, Unterhaltungssendung mit Sketchen, Gastauftritt; desgleichen bei *Klimbim* 7/1977

Arc de Triomphe, 9/1977, ARD, Buch: Marcel Mithois, Regie: Hans Sommerfeld, Hauptrolle neben Gisela Uhlen, Gisela Trowe, Corinna Genest

Dalli Dalli, 10/1977, ORF/ZDF, Regie: Truck Branss, Rateshow mit Hans Rosenthal, Kandidat

Schaukelstuhl, Eine Sendung für Senioren, 11/1977, SFB in ARD, Buch: Wilfried W. Bruchhaeuser, Maria Sack, Regie: Hans Drechsel

Lokalseite unten links: Tournee, Folge 45/IV, 12/1977, NDR, Buch: Rochus
Bassauer, Regie: Dieter Kehler, halbstündiges Fernsehspiel, Hauptrolle
neben Uwe Dallmeier, Ruth-Maria Kubitschek, Uwe Friedrichsen
Ein Mann will nach oben, 13 Folgen, 4/1978 bis 6/1978, ZDF, Buch: Karl
Wittlinger nach dem gleichnamigen Roman von Hans Fallada, Regie:
Herbert Ballmann, Rolle des Franz Wagenseil neben Mathieu Carrière,
Ursela Monn, Rainer Hunold, Walter Buschhoff
Tritsch-Tratsch, Folge 5, 1/1979, ORF, Talkshow, Gastauftritt
Ein Mann für alle Fälle, 7/1978, 3/1979, 5/1979, ZDF, Buch: Curth Flatow,
Regie: Wolfgang Liebeneiner, drei Teile in loser Folge, Rolle des Frank
Engelmann neben Johanna von Koczian, Barbara Schöne, Kristina Nel,
Nadja Tiller
Musik ist Trumpf, 3/1979 bis 9/1981, ZDF, Regie: Ekkehard Böhmer, Fern-
sehwunschkonzert mit vielen internationalen Stars, präsentiert von
Juhnke und Barbara Schöne
Das Karussell fährt immer rund herum, Melodien von Michael Jary, 7/1979, ZDF,
Buch: Dieter Pröttel, Musikshow, Präsentator
Café Wernicke, Folge 1 bis 20, 11/1979 bis 4/1980, SFB, Buch: Rolf Schulz,
Regie: Herbert Ballmann, Wolfgang Teichert, Rolle eines Fahnenfabri-
kanten neben Peer Schmidt, Almut Eggert, Ursula Heyer, Johanna von
Koczian

... in und seit den achtziger Jahren

Pension Schöller, 1/1980, ZDF, Schwank von Carl Laufs und Wilhelm Jacoby,
Regie: Wolfgang Spier (Fernsehbearbeitung Hugo Wiener), Rolle des
Herrn Robitzky, neben Edeltraut Elsner, Christine Schild, Christel Hart-
haus, Walter Jokisch, Aufzeichnung aus dem Theater am Kurfürsten-
damm, Berlin
Leute wie du und ich, zwischen 2/1980 und 8/1984, ZDF, Buch: Herbert Rei-
necker, Herbert Lichtenfeld, Curth Flatow u.a., Regie: Rolf von Sydow,
Wolf Dietrich, Wolfgang Liebeneiner u.a., Episodenreihe, Hauptrollen
neben wechselnden Partnern
Lieder aus der Küche, Verklungene Melodien von Liebe und Leid, 4/1980, ZDF,
Regie: Otto Meyer, Auftritt neben Edith Elsholtz, Edeltraut Elsner, Ange-
lika Milster, Barbara Schöne
Es bleibt in der Familie, 6/1981, ZDF, Buch: Louis Verneuil, Regie: Wolfgang
Spier, Dreifachrolle des Francois, Gustave und Philippe Chantrel neben
Edda Seippel, Simone Rethel, Walter Jokisch
Fasching in Österreich, 2/1982, ORF, Buch und Regie: Peter Elsner, Gastauftritt
Harald Juhnke: Schuld sind nur die Frauen, 4/1982, ZDF, Buch: Curth Flatow,
Regie: Rolf von Sydow, Eugen York, Hauptrolle des Bernard Philipe ne-
ben Barbara Schöne, Jutta Speidel, Karin Eickelbaum, Simone Rethel
Bitte zu Tisch – Prominente kochen ihr Lieblingsgericht, 1/1983, ORF, Stargast
Die aktuelle Schaubude, Folge 1079, 9/1983, NDR (von der Internationalen

Funkausstellung Berlin), Unterhaltungsmagazin mit Carlo von Tiedemannn und Victoria Voncampe, Gastauftritt; desgleichen in Folge 1133, 12/1984, mit Heiner Stelter und Ramona Leiß, in Folge 1179, 1/1986 und Folge 1224, 2/1987 (von der Grünen Woche Berlin)

Leute, Eine Talkshow aus dem Café Kranzler, 9/1983 und 10/1984, SFB, Moderation Gisela Marx und Wolfgang Menge, jeweils Gast

Caterina, Folge 3/83, 10/1983, ORF, Buch: Felix Dvorak, Regie: Herbert Grunsky, Show mit Caterina Valente, Gastauftritt

Spiegelbilder, Folge 19, 12/1983, ORF, Buch und Regie: Rosemarie Kern, Rätselsendung, mit Kurzporträt und Interview

Tonight Harald, 3/1984, ZDF, Regie: Ekkehard Böhmer, Musikshow mit Gästen, präsentiert von Juhnke

Freundschaften, 4/1984, ZDF, Regie: Eugen York, Episodenfilm, Hauptrolle neben Edda Seippel, Peter Pasetti

Wie wär's heut mit Revue?, 10/1984, ZDF, Buch: Oliver Spiecker, Curth Flatow u. a., Regie: Ekkehard Böhmer, Gastgeber der Musikshow

Reserviert – für Harald Juhnke, 11/1984, RTL, halbstündige Interviewsendung mit Birgitt Wolff

Mein Freund Harvey von Mary Chase, Theateraufzeichnung aus dem Theater am Kurfürstendamm, Berlin, 7/1985, ARD, Inszenierung Wolfgang Spier, Hauptrolle des Harvey neben Elisabeth Wiedemann

Die Goldene Eins 1985 (ARD Fernsehlotterie), 8/1985, ARD, von der Internationalen Funkausstellung Berlin, Regie: Dieter Pröttel, Gastauftritt; desgleichen bei der *Goldenen Eins 1987*, 8/1987, ebenfalls von der Internationalen Funkausstellung Berlin

Dall As, Folge 13/I, 8/1985, RTL, Show mit Karl Dall und Gästen

Wir vom Preußenkorso, 8/1985, ZDF, Buch: Curth Flatow, Werner E. Hintz, Horst Pillau, Regie: Erik Ode, Hans Dieter Schwarze, Claus Peter Witt, Episodenfilm, basierend auf dem Dreiteiler *Preußenkorso Nr. 17* (s. o.), Juhnke in den fünf männlichen Hauptrollen, neben Olivia Silhavy, Wera Frydtberg, Karl Lieffen

Harald Juhnke führt durch sein Berlin, 9/1985, ORF, Buch und Regie: Michael Fischer-Ledenice

Mit Axel auf Achse, 10/1985, ZDF, Buch: Hanno Lunin, Regie: Wilfried Dotzel, Fernsehspiel mit Uwe Friedrichsen, Judy Winter, Dinah Hinz

Seniorenclub – Rendezvous für Junggebliebene, Folge 642, 11/1985, ORF, Buch: Silke Schwinger, Regie: Sylvia Dönch, Stargast

Willkommen im Club, Ein Abend mit Harald Juhnke, Unterhaltungsreihe Folge 1 bis 26, 12/1985 bis 10/1991 und ein Spezial 12/1990, ORF/ARD, Buch (vor allem): Dieter Finnern und Günter Tolar, Regie: Herbert Grunsky (bei wenigen BRD-Aufzeichnungen, etwa 8/1991 und 12/1991, Buch: Harald Schmidt, Regie: Pit Weyrich oder Klaudi Fröhlich), Juhnke als Gastgeber vieler internationaler Stars, Show mit Sketchen und Musik

Ein Abend für Johannes Heesters, 3/1986, ARD, Festgala mit Georg Thomalla, Gastauftritt

NDR-Talkshow, 4/1986, NDR, mit Barbara Friedrichs, Wolfram Thomas, Wolf Schneider und Hermann Schreiber im Gespräch

Baden-Badener Roulette, Folge 7, 5/1986, ARD, Regie: Dieter Pröttel, Galashow aus dem Kurhaus Baden-Baden, Gastauftritt

Plaza Suite von Neil Simon, Aufzeichnung aus dem Theater am Kurfürstendamm, Berlin, 7/1986, ARD, Inszenierung Christian Wölffer (Fernseheinrichtung mit Isolde Müller-Rinker), Hauptrolle des Sam Nash neben Anaid Iplicjian

Ein Abend für Freddy Quinn, 8/1986, ARD, Buch: Thomas Woitkewitsch, Regie: Ekkehard Böhmer, Festgala mit Max Schautzer, Gastauftritt

Harald und Eddi, Pilotsendung 12/1986, NDR, Buch: Collin Bostock-Smith, Terry Ravenscroft, Phil Gould u.a., Regie: Joachim Röring, Sketche mit Eddi Arent und Harald Juhnke und verschiedenen Mitwirkenden, basierend auf der britischen Sketchreihe «The Two Ronnies»; anschließend vier Staffeln, ARD, zwischen 3/1987 und 4/1990, Regie: Joachim Röring, George Moorse; Stefan Lukschy

Ein Abend für Harald Juhnke, 3/1987, ARD, Regie: Ekkehard Böhmer, Festgala mit Gästen

Solo für 12, Folge 12, 5/1987, SWF/SDR, Buch: Wolfgang Hofer, Regie: Friedrich Schaller, Spielshow, Gastauftritt

Aufgelesen, 6/1987, RTL, Magazin rund um Literatur, mit Rainer Holbe, Interview und Lesung

ARD-Wunschkonzert, 7/1987, ARD, live aus der Messehalle 1 am Berliner Funkturm, Regie: Heinz Lindner, Gastauftritt

Das Jahrhundert der Operette, Folge 4, 9/1987, ORF, Buch: Marcel Prawy, Regie: Imre Csekö, Gastauftritt

Showgeschichten, Heute von: Harald Juhnke, 9/1987, BR, Regie: Michael Pfleghar

Tingel-Tangel: Berlin 1930, 2/1988, ORF, Buch: Istvan Kallai, Peter Hofbauer, Herbert Holba, Regie: Ivan Banki, Gastauftritt

Anekdoten nach Noten, Folge 25, 2/1988, ORF, Buch: Günter Tolar, Regie: P. W. R. Lauscher, Gastauftritt

Weihnacht in Europa, 12/1987, ORF/ARD, Buch: Günter Tolar, Regie: Hermann Leitner, Josef Meinrad präsentiert Weihnachtslieder und -geschichten aus aller Welt, Gastauftritt

60 Jahre mit Musik, Rolf-Hans Müller zum Geburtstag, 4/1988, SWF, Buch: Helga Tiedemann, Inge Kümmerling, Regie: Helga Tiedemann

MAZ ab!, Folge 4, 6/1988, SFB, Buch: Wolfgang Hofer, Regie: Rolf W. Lauschke, Spiele um aktuelle Fernsehereignisse, Gastauftritt

Drei Damen vom Grill, ab der 3. Staffel, Folge 80, 6/1988, bis Folge 139, 8/1992, NDR/SR/SFB, Buch: Ulrich del Mestre, Heinz Oskar Wuttig; Marius del Mestre, Wolfgang Kirchner, Regie: Harald Philip; Dieter Kehler; Bernhard Stein, Herrmann Zschoches, Vorabendserie mit Brigitte Mira, Brigitte Grothum, Gabriele Schramm, Rolle des Ottmar Kinkel neben Günther Pfitzmann, Ilja Richter, Jörg Pleva

Mensch Meier, 2/1989, WDR, Show mit Alfred Biolek aus der Meier-Halle in Köln, Gastauftritt

Der Entertainer von John Osborne, Aufzeichnung aus dem Renaissance-Theater Berlin, 4/1989, ARD, Inszenierung Gerhard Klingenberg, Hauptrolle des Archie Rice

Harald Juhnke Special, Ein Abend im Zelt, 6/1989, ARD, aus Anlaß des 60. Geburtstages, Buch: Georg Preusse, Regie: Herbert Grunsky, Georg Preusse, Entertainershow aus dem Zelt in der Berliner Uhlandstraße

Im Gespräch: Christof Schmid mit Harald Juhnke, 6/1989, SDR

Freitagnacht, Folge 18: «Die neue Volkskrankheit: Sucht ohne Drogen», 7/1989, SFB, Regie: Sigrid Schroeder, Gastauftritt; desgleichen in Folge 27: «Frei und verzweifelt, wenn Partnerschaften zerbrechen», 6/1990, SFB, Regie: Sigrid Schroeder

1 ist Trumpf, 8/1989, ARD aus dem Sommergarten unter dem Berliner Funkturm, Buch: Wolfgang Hofer, Regie: Dieter Pröttel, Gastauftritt

Verstehen Sie Spaß?, Folge 48, 10/1989, ARD, Regie: Max Sieber, Späße mit der versteckten Kamera mit Kurt Felix, Mitwirkender

Prominenz im Renitenz, Folge 53, 11/1989, SDR, Talkrunde, Gastauftritt

Musikantenstadl, 12/1989, ARD, live aus Cottbus, Regie: Kurt Pongratz, mit Karl Moik und Gästen

... in den neunziger Jahren

Dall As, 2/1990, RTL, Show mit Karl Dall und Gästen

Goldene Europa 90, 4/1990, ARD, Regie: Pit Weyrich, Unterhaltungsshow und Preisverleihung, Auftritt als Preisträger

Spaziergang mit Harald Juhnke, 5/1990, ARD, halbstündiges Interviewporträt von und mit Michael Strauven

Mannsbilder, Heute: Harald Juhnke im Gespräch mit Jutta Ditfurth, 10/1990, SR, Buch: Marie Bardischewski, halbstündiges Porträt

Nachtcafé, 11/1990, SDR, Gesprächsrunde mit Wieland Backes, Gastauftritt

Juhnkes Schauspielführer, 12/1990, ARD, Buch und Regie: Joachim Röring, Gastgeber der Unterhaltungsshow

Leo's, Magazin aus München, 12/1990, ARD, Gesellschaftsmagazin mit Andreas Lukoschik und Gästen, Gastauftritt

Treffpunkt Bühne – Ein Abend mit Dagmar Koller und ihren Freunden, 1/1991, ORF/ZDF, Buch: Rolf Kutschera, Günter Tolar, Regie: Kurt Pongratz, Gastauftritt

Ein Kessel Buntes, 1/1991, ARD, Buch: Evelin Matt, Regie: Winfried B. Teubner, Live-Übertragung aus dem Berliner Friedrichstadt-Palast, Gastauftritt; desgleichen in der Sendung 10/1992 aus der Stadthalle Chemnitz

Der Geizige von Molière, Aufzeichnung aus dem Berliner Renaissance-Theater, 2/1991, ARD Eins plus, Inszenierung Jean-Paul Roussilion (Fernsehregie Gerhard Klingenberg), Hauptrolle des Harpagon neben Volker Brandt, Daniela Strietzel

MAZ ab!, Folge 27, 4/1991, ARD, Buch: Wolfgang Hofer, Regie: Pit Weyrich, Spiele um aktuelle Fernsehereignisse, Gastauftritt

Erinnern Sie sich, 6/1991, 3SAT, Stefan Schulze-Hausmann im Gespräch mit Juhnke und Grit Boettcher

Das tu ich alles aus Liebe, Peter Alexander zum 65. Geburtstag, 6/1991, ORF/ZDF, Buch und Regie: Ursula Stiedl, Gastauftritt

Willkommen in Berlin, 9/1991, ORF/ARD, Buch: Harald Schmidt, Regie: Pit Weyrich, große Berlin-Gala zum Abschluß der Internationalen Funkausstellung, präsentiert von Juhnke

Ein seltsames Paar von Neil Simon, Theateraufzeichnung (deutsche Fassung Gina Klaus, Fernsehregie Michael Günther), 12/1991, ORF/ARD, Rolle des Oscar Madison neben Eddi Arent als Felix Unger, Anita Kupsch, Christine Schild

Die Harald-Juhnke-Gala, 6/1992, ARD, Buch: Thomas Woitkewitsch, Regie: Klaudi Fröhlich, Unterhaltungsshow mit vielen Gästen, präsentiert von Harald Juhnke

Liebesbarometer, Zu Gast: Harald Juhnke, 6/1992, BR, ein sogenannter Prominententest mit Herz und Seele, mit Christine Maier

Begegnungen, 6/1992, 3SAT, Regie: Wolfgang Drescher, im Gespräch mit Paul Burkhalter

Gala, 8/1992, ARD, große Hauptstadtgala «Aus Berlin, für Berlin» mit Harald Schmidt, Regie: Anke Böttcher, Gastauftritt als Ratekandidat

Wer lacht, gewinnt, Folge 1, 9/1992, ORF/ARD, Regie: Andreas Kornprobst, Herbert Grunsky, Spielshow mit wechselnden Gästen, Kandidat

Die Goldene Eins (ARD Fernsehlotterie), 9/1992, ARD, Regie: Heinz Lindner, Unterhaltungssendung mit Max Schautzer, Gastauftritt

Harald Juhnke: Die Show, ein Leben – Ein Leben für die Show, 10/1992, ORF/ZDF, Buch und Regie: Ursula Stiedl, Höhepunkte der Karriere

Die aktuelle Schaubude, Folge 1460, 10/1992, NDR, Unterhaltungsmagazin mit Christian Schröder, Gastauftritt; desgleichen in Folge 1626, 1/1997, mit Carlo von Tiedemann und Isabel Varell

ARD-Wunschkonzert, 10/1992, ARD, Regie: Heinz Lindner, Unterhaltungssendung, Gastauftritt; desgleichen in der Sendung 8/1994

Gottschalk täglich, Folge 16/I, 10/1992, RTL, Unterhaltungssendung mit Thomas Gottschalk und Studiogästen; Studiogast auch in Folge 62/II, 5/1993

Der Papagei, 12/1992, ARD, Buch: Andy T. Hoetzel, Ralf Huettner, Hans Dräxler, Regie: Ralf Huettner, Hauptrolle neben Dominic Raacke, Ilse Zielstorff, Ludwig Haas

Ein Schloß am Wörthersee: Frank und Eddie, Folge 26/V, 12/1992, ORF/RTL, Regie: Peter Hill, Vorabendserie, Gastrolle

Salzburger Nockerln, 2/1993, RTL, Regie: Berthold Mittermayr, zwölfteilige Unterhaltungsserie, Gastrolle

Harry und Sunny, Folge 1 bis 13, 3/1993 bis 5/1993, ARD, Buch: Krystian Martinek, Neithardt Riedel, Regie: Dietrich Haugk, Titelrolle neben

Nadja Goldhorn als Sunny und Hannelore Elsner, Anita Kupsch, Eberhard Feik

Muwie, Folge 16, 3/1993, SFB, Regie: Siegfried Thiel, Studiogespräch mit Harald Juhnke

Romy '93, 4/1993, ORF, Buch und Regie: Herbert Grunsky, Preisverleihung an die beliebtesten Fernsehstars des Jahres, Ehrengast und Preisträger

Heimatgeschichten (4): Ein Kerl wie Samt und Seide, 5/1993, ARD, Buch: Rudi Strahl, Regie: Bodo Fürneisen, Hauptrolle neben Claudia Geisler, Judy Winter, Chariklia Baxevanos; desgleichen Folge 7: *Hase und Igel*, 9/1993, ARD, Buch: Marius del Mestre, Regie: Karsten Wichniarz, Hauptrolle neben Guntbert Warns, Tayfun Bademsoy, Özay Fecht

Danke! Ein Jahr «Menschen in Not», 5/1993, NDR/ORF, Regie: Herbert Grunsky, Spendenshow aus Wien und Hamburg, Gastauftritt

Hoppla Berlin, 8/1993, ARD, Eröffnungsgala der Internationalen Funkausstellung Berlin, Buch: Max Colpet, Regie: Klaudi Fröhlich, präsentiert von Harald Juhnke

Glückliche Reise, 10/1993, Pro 7, Buch: Peter Weissflog, Regie: Stefan Bartmann u.a., Unterhaltungsserie mit dreizehn Folgen, Gastrolle in der ersten Folge (7.10.)

Der Showmaster, 10/1993, ZDF, Buch: Krystian Martinek, Neithardt Riedel, Regie: Hartmut Griesmayr, Titelrolle des Theo Ottberger neben Claudia Rieschel, Hans-Peter Korff, Udo Samel

Gala zur Schlußziehung der Klassenlotterie, 10/1993, ORF, Regie: Peter Nagy, Stargast; desgleichen 4/1994

Harald Juhnke – Entertainer, 12/1993, RTL, Musikshow mit Juhnke und Gästen

Das Double, 12/1993, RTL, Buch: Krystian Martinek, Neithardt Riedel, Regie: Ralf Huettner, Hauptrolle des Gunther Eck/Ferdinand Mrozowdi neben Christine Kaufmann, Magdalena Ritter, Hanno Pöschl

Salut für Harald Juhnke, 6/1994, ORF/ARD, Buch: Dieter Finnern, Michael Kunze, Gerhard Tötschinger, Regie: Herbert Grunsky, Gala zum 65. Geburtstag mit vielen Gästen

Nachtclub Hexenkessel, 8/1994, SFB, Regie: Lutz Braune, Show und Talk mit Romy Haag, Gastauftritt

Happy Birthday Heidi Kabel, 8/1994, NDR, Unterhaltungsshow (Sonntakte) mit Friedhelm Mönter zu Ehren des 80. Geburtstages von Heidi Kabel, Gastauftritt

Stern TV, 10/1994, 1/1996 und 2/1997, RTL, Abendmagazin mit Günther Jauch, Gast

Zwei alte Hasen («Goldfieber»), Pilotfilm 11/1994, anschließend 13 Folgen, 11/1994 bis 2/1995, ZDF, Buch: Krystian Martinek, Neithardt Riedel, Regie: Stefan Bartmann, Dieter Kehler, Hauptrolle des Paul Jablonsky neben Heinz Schubert, Martin Semmelrogge, Jeanette Rauch

Alex, Das aktuelle Kulturstudio, Folge 79, 11/1994, SFB, Talkgast bei Juliane Bartels; desgleichen in Folge 124, 12/1996, bei Liane von Pein

Sonny Boys von Neil Simon, Aufzeichnung aus dem Berliner Theater am Kurfürstendamm, 3/1995, ARD, Inszenierung Jürgen Wölffer (Fernsehregie Rainer Bertram), Hauptrolle des Willie Clark neben Wolgang Spier

Fröhlich eingeschenkt (aus Geisenheim), 4/1995, HR, Buch: Buch: Heinz Schenk, Regie: Dieter Pröttel, Unterhaltungsshow mit Heinz Schenk, Gastauftritt

Der Trinker, 12/1995, ARD, Buch: Ulrich Plenzdorf nach dem Roman von Hans Fallada, Regie: Tom Toelle, Hauptrolle des Erwin Sommer neben Jutta Wachowiak als Magda Sommer, Deborah Kaufmann, Eberhard Esche

Oh je – Du Fröhliche, 12/1995, NDR, Buch: Gunther Beth mit Stefan Lukschy, P. Pursche, Alan Cooper, Regie: Stefan Lukschy, Weihnachtskomödie, Hauptrolle des Felix Bollmann neben Nicole Heesters, Mirijam Agischeva, Karen Friesicke

Harald Schmidt Show, 12/1995 und 2/1996, SAT.1, Unterhaltungssendung mit Harald Schmidt und Gästen

Inter-City Spezial: Berlin, 12/1995, ORF/3SAT, Buch und Regie: Günther Schilhan, Präsentator

Harald Juhnke – Ein Starporträt, 8/1996, ORF, Buch und Regie: Rosemarie Kern, vierzigminütiges Einzelporträt

Ein Herz für Kinder, 9/1996, ARD, Regie: Pit Weyrich, Benefizgala, Gastauftritt

Friedemann Brix – Eine Schwäche für Mord, 10/1996 bis 1/1997, ZDF, Buch: Eva und Volker A. Zahn, Regie: Jürgen Brauer, Peter Weissflog, Jan Ruzicka, Stefan Bartmann, Titelrolle neben Gertraud Jesserer, Ben Becker, Anja Kling, Michael Brandner

Silvestergala, 12/1996, SAT.1, Harald Juhnke führt durch die Show mit Gästen

Nonstop Comedy, Folge 1 und 2, 12/1996 und 1/1997, NDR, Regie: Christian Pötschke, Sketche mit Harald Juhnke, Eddi Arent, Rufus Beck und verschiedenen Partnern

Zu Gast bei Christiane Herzog, Folge 4, 1/1997, ARD, Harald Juhnke und Franziska van Almsick im Kochstudio der Bundespräsidentenehefrau

Wunschkonzert zum Muttertag, 5/1997, SFB, Gastauftritt

Vera, 6/1997, ORF, Talkshowgast

Herman und Tietjen, 12/1997, NDR, Talkgast bei Eva Herman und Bettina Tietjen

Der Hauptmann von Köpenick, 12/1997, ARD, Buch: Wolfgang Kohlhaase nach dem gleichnamigen Bühnenstück von Carl Zuckmayer, Regie: Frank Beyer, Titelrolle des Wilhelm Voigt, neben Udo Samel, Elisabeth Trissenaar, Götz Schubert, Katharina Thalbach, Rolf Hoppe

Musik

Aufnahmen in den sechziger Jahren

Die Dame mit dem giftgrünen Schleier / Der schwarze Joe aus Idaho, Hamburg 1962
Mr. Brown Madison / Was nützt das schlechte Leben, Hamburg 1962
Eine schöner als die andere / Die Dolly von den Folies Bergere, Hamburg 1962
Was mir an Paris so gefällt / Ach laß' doch bloß den blonden Pianisten, Hamburg 1963
Ich versetze Berge / Mich nennen alle Frauen Casanova, Hamburg 1964
Mit beiden Händen in den Taschen (LP), Hamburg 1968

... in den siebziger Jahren

... aber vor allem würde ich trinken!: Harald Juhnke singt Lieder von Carl M. Bellmann, begleitet von Hans Haider und Herb Geller, Hamburg 1976
Ein Mann für alle Fälle: Zwölf Lieder mit dem Fernsehstar, Hamburg 1979

Sammelaufnahmen:
Der Zarewitsch: Operette von Franz Lehár, mit Wieslaw Ocham als Zarewitsch, Teresa Strata als Sonja, Birke Bruck als Mascha, Harald Juhnke als Iwan und Paul Esser als Großfürst, Hamburg 1975
Fete mit Jesang: Alt-Berliner Gassenhauer, Lieder und Spezialitäten zum Tanzen und Mitsingen (Nr. 2), mit Edith Hancke, Harald Juhnke, Wichart von Roell und den Schöneberger Sängerknaben, o. O., 1977
Das große Hit-Feuerwerk aus «Musik ist Trumpf», mit Harald Juhnke (auch Geleitwort), Caterina Valente, Salvatore Adamo, Freddy Quinn u. a., Köln 1979
Musik bleibt Trumpf: Spitzenstars präsentieren die große Revue ihrer Lieblingsmelodien, mit Peter Alexander, Harald Juhnke, Peter Rubin, Anneliese Rothenberger u. a., Hamburg 1979

... in den achtziger Jahren

Harald Juhnke, Hamburg 1981
Schuld sind nur die Frau'n, Köln 1982
Goodbye Madame, Hamburg 1983
Das gibt es nur bei Mutti – ich wünsch' euch eine gute Nacht, Hamburg 1984
Nein, zärtlich bist du nicht, Dalida zusammen mit Harald Juhnke, München 1984
Ick liebe dir, ick liebe dich, ick lieb' euch alle beede, Berlin 1987
Barfuß oder Lackschuh. Eine Nacht mit einem Fremden, Frankfurt a. M. 1989

Barfuß oder Lackschuh. Darum liebe ich dich so, Single zusammen mit Veronika Fischer, Frankfurt a. M. 1989

Sammelaufnahmen:
Das große Fernseh-Wunschkonzert: 33 Fernsehstars singen ihre Lieblingsmelodie, mit Peter Alexander, Erika Köth, René Kollo, Anneliese Rothenberger, Harald Juhnke u. a. , Hamburg 1980
Peter Alexander, Danke Robert Stolz: Live-Aufnahmen aus der gleichnamigen Fernsehsendung, mit Peter Alexander, Anneliese Rothenberger, Hermann Prey, Harald Juhnke, Milva u. a., München 1980/81
Spezialitäten serviert von …, mit Peter Alexander, René Kollo, Hermann Prey, Paul Hörbiger, Edith Hancke, Harald Juhnke u. a., Hamburg 1981
Klein Erna auf dem Jungfernstieg, Originalmusik aus dem gleichnamigen Film, mit Heidi Kabel, Harald Juhnke, Gitta Zeidler u. a., Diepholz 1983
Paul Lincke: Frau Luna (Auswahl), mit Ingeborg Hallstein (Frau Luna), Willy Brokmeier (Prinz Sternschnuppe), Maria Tiboldi (Venus), Beate Granzow (Stella), Harald Juhnke als Theophil u. a., Berlin (Ost) 1983
Musical-Starparade, mit Caterina Valente, Vico Torriani, Lys Asia, Harald Juhnke u. a., Hamburg 1984
Musik liegt in der Luft: Melodien des Komponisten Heinz Gietz, Originalaufnahmen aus der gleichnamigen Fernsehsendung, mit Harald Juhnke, Cornelia Froboess, Ireen Sheer, Bill Ramsey u. a., Köln 1984
Lieder der vier Jahreszeiten: Frühling, präsentiert von Carolin Reiber, mit Ingeborg Hallstein, Rex Gildo, Reinhard Mey, Harald Juhnke u. a., Frankfurt a. M. 1985
Souvenirs, Souvenirs, mit Karel Gott, Bata Illic, Ulla Norden, Cindy und Bert, Harald Juhnke, Siw Inger u. a., o. O. 1985
Das ist die Berliner Luft, mit Bully Buhlan, Willi Rose, Brigitte Mira, Bruno Fritz, Harald Juhnke u. a., Quickborn 1986
Musikalischer Spaß, mit Peter Alexander, Harald Juhnke, Rudi Bohn und Orchester u. a., o. O., 1986
Das ist Spitze. Da kommt Freude auf, mit der Party-Service-Band, Gottlieb Wendehals, Rudi Carrell, Fips Asmussen, Harald Juhnke u. a., Hamburg 1986
Berlin bleibt doch Berlin, mit Hildegard Knef, Evelyn Künneke, Cornelia Froboess, Rudolf Schock, Harald Juhnke, Brigitte Mira u. a., Stuttgart 1987
Berlin, wenn du Geburtstag hast, mit Harald Juhnke, Edith Hancke, Katja Ebstein u. a., Schneverdingen 1987
Berlin-Evergreen, mit Cornelia Froboess, Paul Kuhn, Bully Buhlan, Harald Juhnke, Peter Frankenfeld u. a., Köln 1987
Danke Berlin, mit einer Ansprache des Oberbürgermeisters Ernst Reuter und Liedern von Bully Buhlan, Hildegard Knef, Harald Juhnke, Schöneberger Sängerknaben u. a., Berlin 1987

... in den neunziger Jahren

My Way. Pour l'amour, Frankfurt a.M. 1990
Clown sein. Meilenweit und *Berlin, Berlin*, Berlin 1992
Wir faxen ... gib mir noch einmal etwas Zeit. Erwachsen werd ich nie, Berlin 1993
Wir sind für Berlin, Harald Juhnke und der Große Chor der Berliner, München 1993
Jeden Tag, jede Nacht, Harald Juhnke zusammen mit der Gruppe Extrabreit, München 1996
Nichts ist für immer. Viel zu blond, Harald Juhnke mit der Gruppe Extrabreit, München 1996
Mit beiden Händen in den Taschen, Vollersode 1996
Wand zwischen dir und mir, Hamburg 1996
Bleib cool Bel Ami, Vollersode 1997

Sammelaufnahmen:
Die goldene Volksmusik-Hitparade, Folge 2, mit Lolita, Karl Moik, Harald Juhnke u. a., o. O., 1990
So ein Tag, so wunderschön wie heute, mit Heino, Vico Torriani, Harald Juhnke u. a., Hamburg 1991
Humor & Heimatmelodien, Folge 2, mit Lydia Huber, Karl Moik, Vico Torriani, Margit Sponheimer, Harald Juhnke u. a., o. O., 1993
Salzburger Nockerln, mit Peter Kraus, Herbert Prikopa, Harald Juhnke, dem Jürgen-Erbe-Chor u. a., München 1993
Peter Steiner präsentiert: Humor und Heimatmelodien, mit den Pitztaler Nachtigalln, Harald Juhnke, Original Tiroler Echo u. a., Quickborn 1995
Berlin, Berlin: Lieder einer großen Stadt, mit Uschi Brüning, Harald Juhnke, Frank Schöbel u. a., München 1995
Berliner Originale von gestern und heute, mit Fredy Sieg, Manfred Korth, Claire Waldorf, Wolfgang Gruner, Harald Juhnke u. a., Berlin 1995

Bücher

Die Kunst, ein Mensch zu sein, Herbig, München 1980
Alkohol ist keine Lösung, R. S. Schulz, München 1982
Na wenn schon: «Die Kunst, ein Mensch zu sein» (Neuausgabe des 1980 erschienenen Bandes), Ullstein Taschenbuch, Frankfurt a. M. / Berlin 1987
Was ich Ihnen noch sagen wollte ..., Heyne, München 1994

Preise

Goldener Vorhang, Theaterclub Berlin 1978
Goldene Kamera, Hör zu 1980
Goldene Europa, 1990 – als *Entertainer der 80er und 90er Jahre*

Deutscher Filmpreis, 1992
Bambi, Burda 1992
Ernst-Lubitsch-Preis, 1993 – für die Rolle des Ressortleiters Kummer in
  Schtonk!
Bayerischer Fernsehpreis, 1993 – für die Rolle des Stricker in *Der Papagei*
Karl-Valentin-Orden, 1993
Romy 1993, ORF – Ehrung der beliebtesten TV-Stars des Jahres
Kritikerpreis der Berliner Zeitung 1995 – für das Gesamtwerk
Telestar 96 von ZDF/ARD – für das Lebenswerk

Bild- und Zitatnachweis

Fotos

«Archiv-Foto» H. Muther, Berlin: 105, 178. David Baltzer/ZENIT: 263,
283, 322. Bildarchiv Frankfurter Allgemeine Zeitung (Aufnahme: Scherl, Ber-
lin): 73. Peter Bischoff, Worpswede: 55, 59, 69, 183. FACE/Jürgen Pocholl,
Berlin: 176. Filmwelt, München: 255. Foto Croner, Berlin: 159. Jirka Jansch,
Berlin: 249. Andreas Laible: 144. Winfried Löschburg, *Ohne Glanz & Gloria:
Die Geschichte des Hauptmanns von Köpenick*, Morgenbuch Verlag, Berlin 1996,
S. 148: 306. Privat: 51, 75, 77. Peter Rondholz, Berlin: 49, 232, 239, 241.
Timm Schmidt, Bremen: 396. Thomas Seufert/Sequenz: 2. Staatsbibliothek
zu Berlin, Preußischer Kulturbesitz. Unter den Linden: 300, 307. Ullstein Bil-
derdienst, Berlin: 97 (Aufnahme: Alexander Czechatz), 111, 116 (Aufnahme:
Fritz Eschen), 123, 189 (Aufnahme: Abraham Pisarek), 194 (Aufnahme: Ber-
lin-Bild), 207 (Aufnahme: Irm Kühn), 213 und 215 (Aufnahme: RICH), 220
(Aufnahme: Bernd Thiele), 225 (Aufnahme: Thomas Hartmann), 237 (Aufnahme: Peter Rondholz), 257 (Aufnahme: Hipp-Foto), 321 oben, 321 unten
(Aufnahme: Hugo Jehle).

Gedichte, Lieder

«Nur eine Art», S. 87: Loriot/Diogenes Verlag, Zürich. «Hab'n Sie
nicht...», S. 124 f, und «Was nützt das schlechte Leben», S. 204 f: Sonja
Gaze/Sidemton Verlag GmbH., Köln, und Song Edition, Berlin. «Clown
sein», S. 392 f: Bertelsmann Music Group (BMG), Ariola, München/BMG
Amiga Ariola, Berlin (Text Thomas Natschinski und Gisela Steineckert)